电子商务概论

（第 4 版）

主　编　彭　媛　傅　岚　唐建军
副主编　熊奇英　郑　静　沈俊鑫　简　凌
参　编　齐海燕　刘珊慧　涂传清　罗　煌
　　　　马　威

北京理工大学出版社
BEIJING INSTITUTE OF TECHNOLOGY PRESS

内 容 简 介

本书全面系统地介绍了电子商务的整体框架及其涵盖的主要内容,并着重从管理层面对电子商务的理论问题和实践问题进行了深入的探讨。章节主要内容涵盖电子商务的发展和内涵,数字经济原理,电子商务相关的技术原理和工具,电子商务领域的金融、营销、企业应用和法律等方面的知识。

本书适合作为高等院校电子商务及相关专业本科生的教材,也可作为政府机关、教育机构等相关领域从业者的参考书籍。

图书在版编目(CIP)数据

电子商务概论 / 彭媛, 傅岚, 唐建军主编. --4 版
. -- 北京 : 北京理工大学出版社, 2024.1
　　ISBN 978-7-5763-3434-0

　　Ⅰ. ①电… Ⅱ. ①彭… ②傅… ③唐… Ⅲ. ①电子商务 Ⅳ. ①F713.36

中国国家版本馆 CIP 数据核字(2024)第 032974 号

责任编辑:申玉琴　　文案编辑:申玉琴
责任校对:刘亚男　　责任印制:李志强

出版发行 / 北京理工大学出版社有限责任公司
社　　址 / 北京市丰台区四合庄路 6 号
邮　　编 / 100070
电　　话 / (010) 68914026 (教材售后服务热线)
　　　　　 (010) 68944437 (课件资源服务热线)
网　　址 / http://www.bitpress.com.cn

版 印 次 / 2024 年 1 月第 4 版第 1 次印刷
印　　刷 / 涿州市新华印刷有限公司
开　　本 / 787 mm×1092 mm　1/16
印　　张 / 18
字　　数 / 416 千字
定　　价 / 95.00 元

前言

党的二十大报告中深刻阐述了中国式现代化的中国特色和本质要求。中国式现代化，是中国共产党领导的社会主义现代化，既有各国现代化的共同特征，更有基于自己国情的中国特色。全面建设社会主义现代化国家，以中国式现代化全面推进中华民族伟大复兴，必须切实把握好中国式现代化的中国特色和本质要求。

以互联网为代表的数字技术正在加速与经济社会各领域深度融合。我国电子商务已深度融入生产生活各领域，在经济社会数字化转型方面发挥了举足轻重的作用。电子商务的发展带来的不只是一个行业一个产业的进步与改变，它影响的是整个经济社会。

因此，党的二十大也做出了加快发展数字经济、加快建设贸易强国的决策部署，大力推动电子商务规范健康持续发展。我国"十四五"时期电子商务的发展大方向以高质量发展为主线，是催生数字产业化、拉动产业数字化、推进治理数字化的重要引擎，是提升人民生活品质的重要方式，是推动国民经济和社会发展的重要力量。

本书全面系统地介绍电子商务的整体框架及其涵盖的主要内容，并着重从管理层面对电子商务的理论问题和实践问题进行深入的探讨。本书在编写上有两个特点：第一，便于自学，每章都设有学习目标，以及应了解、掌握的知识点，每课均附有章节总结以及相应的复习思考题；第二，内容简洁，突出重点，着重对知识的全面把握。

随着电子商务产业的迅速发展，"电子商务概论"课程教材也需要适时更新与不断完善。第4版的修订在吸取前三版的编写经验的基础上，保持"原版特色、组织结构和内容体系"大框架不变的前提下，努力在电子商务行业案例、产业资讯、教学资料等内容的时效性方面有所更新和充实。修订的主要内容有：

第一，对有关章节的案例进行了更新，力求达到资料翻新、个案全新、思考创新。

第二，对有关章节的教材内容和条目顺序进行调整、充实、更改，甚至重写。通过修改，力求达到与时俱进、强调实用、强化实践。

第三，贯彻思政融入教材的方针，在每章内容中融入了思政目标。

本书由江西农业大学彭媛、唐建军、涂传清、刘珊慧、齐海燕、罗煌，江西农业大学南昌商学院熊奇英，江西财经大学傅岚、郑静，湖南大学马威，新余学院简凌，以及昆明理工大学沈俊鑫共同合作完成。全书由彭媛、傅岚、唐建军共同制定框架，熊奇英、郑静、简凌负责资料整理，全文图表由沈俊鑫、马威负责整理，彭媛、傅岚负责统稿校对。具体的编写分工如下：第一章，彭媛；第二章，熊奇英；第三章，彭媛；第四章，唐建军、彭媛；第五章，刘珊慧；第六章，彭媛、罗煌；第七章，涂传清、齐海燕；第八章，齐海燕；第九章，彭媛、唐建军；第十章，彭媛。

本书还采用了国家自然科学基金项目"数字化转型背景下基于组织间认同的企业知识联盟间协同创新机制研究"（7216202）、江西省社会科学基金项目"数字经济驱动下江西省生鲜农产品供应链协同路径和策略研究"（21YJ06）、2021年江西省高校人文社会科学研究一般项目"'广谱式'创新创业教育对提升大学生创业人力资本的影响——基于江西高校的实证研究"（JC21102）的部分研究成果。本书也是江西省普通本科高校教学改革研究课题（JXJG-23-3-15）和江西农业大学教学改革课题（2022B2ZZ30）的阶段性研究成果之一。

本书在编写过程中参考了国内外电子商务教材、相关的文献资料和一些网站资料，在此一并向相关作者表示衷心的感谢！

由于水平有限，书中难免有不足之处，真诚地希望广大读者提出宝贵意见，以利于今后的进一步修订、完善。

编　者

目 录

第一章　电子商务概述

导　读

　　在网络技术快速发展的当代社会，人们已深深领略到信息革命浪潮的冲击。现代信息网络已经在世界形成，其应用范围从单纯的通信、教育和信息查询向更具效益的商业领域扩张。认识电子商务，参与电子商务，成为管理者、企业家和消费者都必须认真对待的一项新任务。本章在介绍电子商务的发展历程和前景的基础上，系统讨论了电子商务的概念、分类、基本流程和参与各方的法律关系，阐述了电子商务在现代经济中的地位和作用，使读者对电子商务有一个系统性的了解。

知识目标

1. 了解电子商务的发展阶段
2. 理解电子商务的概念
3. 掌握电子商务的分类和应用
4. 了解电子商务对社会经济的影响

素养目标

1. 了解科技变革对电子商务发展的作用
2. 认识电子商务的发展给中国经济社会带来的变革和影响
3. 认识中国电子商务发展的特点并思考新时代中国特色社会主义如何助推电子商务的进一步发展

核心概念

　　电子商务　电子商务分类

第一节　电子商务的兴起和发展

一、电子商务产生和发展的条件

电子商务最早产生于 20 世纪 60 年代，发展于 90 年代，其产生和发展的重要条件主要有以下几个方面。

(一)计算机的广泛应用

近 30 年来，计算机的处理速度越来越快，处理能力越来越强，价格越来越低，应用越来越广泛，这为电子商务的应用提供了基础。

(二)网络技术的成熟和应用的普及

由于互联网逐渐成为全球通信与交易的媒体，因此全球上网用户呈指数增长趋势，快捷、安全、低成本的特点为电子商务的发展提供了应用条件。

(三)信用卡的普及应用

信用卡以其方便、快捷、安全等优点成为人们消费支付的重要手段，并由此形成了完善的全球性信用卡计算机网络支付与结算系统，使"一卡在手，走遍全球"成为可能。

(四)电子交易安全协议的制定

1997 年 5 月 31 日，由美国 VISA 和 Master Card 国际组织等联合制定的 SET 协议，即电子安全交易协议的出台，以及该协议得到大多数厂商认可和支持的事实，为开发网络上的电子商务提供了一个关键的安全环境。

(五)政府的支持与推动

自 1997 年欧盟发布了欧洲电子商务协议，美国随后发布《全球电子商务纲要》以后，电子商务受到世界各国政府的重视，许多国家的政府开始尝试"网上采购"，这为电子商务的发展提供了有力的支持。

二、电子商务的发展阶段

世界电子商务的发展历程基本可以分为酝酿起步、迅速膨胀、稳步发展、全程电子商务以及移动互联等五个阶段。

(一)酝酿起步阶段

20 世纪 70 年代，欧美一些发达国家开始采用 EDI(Electronic Data Interchange)技术进行贸易，形成涌动全球的"无纸贸易"热潮。20 世纪 90 年代以来，随着网络、通信和信息技术的突破性进展，互联网在全球爆炸性地增长并迅速普及，使得现代商业具有不断增长的供货能力、客户需求和全球竞争三大特征。在这一新趋势下，一种基于互联网，以交易双方为主体，以银行电子支付和结算为手段，以客户数据为依托的全新商务模式——电子商务出现并发展起来。

(二)迅速膨胀阶段

1996年12月16日，联合国第85次全体会议通过了第51/162号决议，正式颁布了《贸易法委员会电子商业示范法及其颁布指南》(以下简称《电子商业示范法》)。《电子商业示范法》的颁布，规范了电子商务活动中的各种行为，极大地促进了世界电子商务的发展，并为各国电子商务立法提供了一个范本。

1997年4月5日，欧盟提出了"欧盟电子商务行动方案"，对信息基础设施、管理框架和商务环境等方面的行动原则进行了规定。同年7月1日，美国政府发表了"全球电子商务框架"文件，提出了开展电子商务的基本原则、方法和措施。该文件第一次将互联网的影响与200年前的工业革命相提并论，极大地推动了美国和世界电子商务的发展。这一年，通过互联网形成的电子商务交易额达到26亿美元。

1998年，IBM、HP等跨国公司相继宣布该年度为"电子商务年"，得到众多信息技术公司和商务公司的响应。1999年12月14日，Ziff-Davis杂志牵头组织了301位世界著名的互联网和IT(Information Technology，信息技术)业巨头、相关记者、民间团体、学者等，对7项47款标准进行了历时半年的两轮投票，确定了世界上第一个互联网商务标准(The Stanford for Internet Commerce，Version 1.0-1999)，虽然这并不是一个法律文本，但遵守这一标准的销售商的确在随后的几年中获得了更大的发展。

(三)稳步发展阶段

进入21世纪，互联网经济遭到第一次沉重的打击。美国纳斯达克指数暴跌，网络股的价值缩水使得投资人忧心忡忡。一时间，众多的注意力集中在互联网经济的泡沫上。尤其是作为电子商务典范的美国亚马逊公司经营情况的恶化、中国8848等电子商务公司的倒闭，更加大了人们对电子商务的心理恐惧，似乎电子商务已经走到崩溃的边缘。甚至有人惊呼"网络公司已经开始分享'最后的晚餐'"。

面对电子商务发展的严峻形势，联合国有关组织加大了电子商务发展工作的力度。2001年5月10日，联合国促进贸易和电子商务中心(UN/CEFACT)与结构化信息标准发展组织(OASIS)正式批准了ebXML(Electronic Business Extensible Markup Language)标准，为拓展一个统一的全球性的电子商务交易市场奠定了基础。

2001年11月，联合国贸易和发展委员会发表了由联合国秘书长安南亲自作序的《2001年电子商务和发展报告》。这一长达40万字的报告，在充分考察电子商务发展过程的基础上，深入分析了电子商务对发达国家和发展中国家的影响，构造了电子商务发展环境模式和实践方法，并对电子商务的应用进行了全面总结。应当说，在电子商务发展的关键时刻，这一报告对世界电子商务的应用进行了全面总结，对促进世界电子商务的发展起到了极为重要的作用。

2002年1月24日，联合国第56届会议通过了《联合国国际贸易法委员会电子签字示范法》(以下简称《电子签字示范法》)，这是联合国继《电子商业示范法》后通过的又一部涉及电子商务的重要法律。该法试图通过规范电子商务活动中的签字行为，建立一种安全机制，促进电子商务在世界贸易活动中的全面推广。会议之后，联合国国际贸易法委员会电子商务工作组将工作的重点转移到电子订约的立法工作上，并提出了电子订约立法的整体构思。与此同时，各国政府也相继推出各种鼓励政策，继续支持电子商务的发展。电子商务摆脱了世界经济萎缩和IT行业泡沫破灭的影响，步入了稳定发展阶段。

(四)全程电子商务阶段

"非典"给电子商务带来了意外的发展机遇。电子商务的大环境日趋成熟，消费群体从线下往线上转移，线上消费额爆发式增长。随着 SaaS(Software as a Service)软件服务模式的出现，软件纷纷登陆互联网，延长了电子商务链条，形成了"全程电子商务"概念模式。电子商务流量的转化率以及高效的供应链和物流管理成为企业关注的重点。

(五)移动互联阶段

随着智能手机等设备的普及，电商企业多年来一直在改善他们的移动用户体验，以便增加他们的线上销售。任何通过移动设备完成的交易活动都被称为移动电商。移动电商的发展使得消费者可以随时随地购买商品和服务。同时，移动设备也进一步地促进了电子商务模式的飞速发展。头部电商公司成为电商发展的领跑者，一边是 Target 和 Best Buy 等传统零售巨头将业务线上化迁移，另一边是 Amazon 和阿里巴巴等数字原生零售平台风靡全球的扩张，使得电商成为最为重要的销售渠道。

三、世界电子商务的发展现状

(一)总体概况

疫情的全球蔓延、线下实体店铺关闭和人们对在线消费需求的增加，促使越来越多的企业、品牌和新零售平台进入了电商市场，全球电商市场规模持续扩大。根据 eMarketer 的统计数据，全球零售电商市场规模在 2014 年至 2022 年间几乎增长了三倍。2022 年，全球零售电商销售额约为 5.7 万亿美元，约占全球零售总额 20%。预计这一数字在未来几年将持续增长，到 2026 年将达到约 8.1 万亿美元。

(二)不同地区的发展情况

1. 北美

美国电商市场的收入在过去几年中持续增长。据 Statista 预测，2023 年美国零售电商销售额总额超过 1 万亿美元，然而，电商占美国零售总额比例不足五分之一。预计 2023 年至 2027 年间，美国电商市场的收入将持续增长，2027 年收入将连续四年增长至 1.6 万亿美元。随着行业收入的持续增长，企业数量也有望增加，但利润率增长乏力。IBISWorld 预计，美国电商行业利润率在 2022 年占行业收入的 5.9%，与 2017 年的 5.6% 相比增长微弱。电子商务的日益发展使得北美消费者的跨境购买行为越来越普遍。根据 Dynata 的一项调查，在美国受访者中，占比高达 41% 的美国购物者近年来通过跨境线上购物平台从中国购买商品。

2022 年，加拿大零售电商创造了超过 520 亿美元的收入。根据 Statista 预测，到 2027 年，这一数字预计将增至 940 亿美元。加拿大时尚和电子这两个细分部门在 2022 年分别占加拿大所有电商零售额的 27% 和 25%。受访者中 46% 的加拿大购物者近年来通过跨境线上购物平台从美国购买商品，32% 的加拿大购物者则是从中国购买商品。

根据 2022 年 Ipsos MORI 与 PayPal 进行的调查，服装和服饰作为美国受访者从国外购买的最受欢迎的产品类别，占比 33%；14% 的人购买玩具及消费电子产品。加拿大受访者购物的首要类别是服装，占 35%；第二大类别是玩具，占 16%；第三大类别是消费电子产品，占 13%。

2. 欧洲

得益于互联网和移动设备的高普及率以及更好的物流服务体验，在欧洲南部与东部市场中，年轻消费群体偏向于移动端线上体验。据欧盟统计局开展的家庭及个人信息通信年度使用情况调查显示[①]，欧盟电子商务市场持续繁荣，电商网络购物人数快速增长。2022年，欧盟16岁至74岁人口中，互联网用户数占比高达91%，其中75%的欧盟民众曾使用电商渠道购买商品或服务。欧盟网络购物人数占比自2012年的55%增长至2022年的75%。2022年，欧盟互联网用户数中的网络购物人数占比最高的国家是荷兰(92%)、丹麦(90%)和爱尔兰(89%)，占比最低的国家是保加利亚(49%)。2012—2022年，欧盟网络购物人数增速最快的国家是爱沙尼亚(增长47%)、匈牙利(增长43%)、捷克和罗马尼亚(两国均增长41%)。此外，共享经济开辟了欧洲实物商品和服务的数字化交易新渠道。2022年，欧盟有21%的互联网用户通过共享经济平台订购实物商品，6%的互联网用户通过共享经济平台购买租房服务。2022年欧洲线上租房服务的购买水平已超过疫情暴发前，而线下传统旅游业住宿水平仍未恢复至疫情前。

3. 非洲、拉丁美洲与加勒比地区

(1)非洲。

非洲总人口数约为13.9亿，其中尼日利亚以2.15亿人口位居第一，成为非洲人口最多的国家。非洲人口增速快，男女占比相对平衡，人口结构呈现年轻化，拥有全球最大、最年轻的用户群体。巨大的人口红利，为非洲的经济、互联网、电商、科技等领域的发展提供了得天独厚的用户基础。非洲的互联网用户增长非常快，据世界银行统计，截至2022年6月，非洲有6.58亿互联网用户，互联网普及率为46.8%。随着移动互联网不断普及和手机价格的下降，非洲的社交媒体渗透率也在不断增加。Nox聚星数据显示，2022年非洲有3.75亿社交媒体用户，占全球社交媒体用户的8.18%。数字化基础设施的持续改善以及疫情影响，加速推动了非洲消费者从线下市场转向网络购物，进一步加速了非洲电子商务的发展。根据Statista的数据显示，2021年非洲电商用户数量为3.34亿，渗透率为27.9%，电商市场收入378.8亿美元；预计到2025年，非洲电商用户数量将达到5.19亿，渗透率为39.5%，电商市场收入达到722.4亿美元。据外媒市场研究公司发布的报告预测，到2025年，整个非洲大陆所有国家的电子商务销售额将达到750亿美元，占总营业额的5.2%，高于现在的3.7%。

非洲的电商发展还面临着不少难点。第一，非洲大部分国家的GDP与消费尚未获得快速增长，大多数国家仍处于中等收入以下水平。第二，非洲互联网整体覆盖度低、网络连接质量差。第三，银行与支付系统尚不完善，约有57%的成年人从未接触银行服务。直到2019年，货到付款仍在尼日利亚电商巨头Jumia的所有交易中占很大比例。第四，非洲整体交通基础设施的落后使得大城市之外的电商物流存在困难。一方面基于非洲当地的物流配送基建还不是特别完善，很多操作的环节还需要人为操作，时效性低；另一方面，融入非洲当地的第三方物流服务商很少。非洲大陆中物流相对成熟一点的国家是南非、尼日利亚等地，由于最后一公里派送还未大面积在非洲推广和普及，收货人大多数需要自行到对应的提货点取货。近两年非洲物流现状慢慢有所好转，包括Jumia、Kilimall在

---

① 资料来源：http://bg.mofcom.gov.cn/article/jmxw/202305/20230503411315.shtml

内的跨境电商平台在物流渠道的配套上有了改善。

（2）拉丁美洲与加勒比地区。

受益于人口红利等因素，拉美电商市场增速领先全球。拉美国家的人口平均年龄为30.43岁，年轻化的人口结构为网络购物消费注入活力；而产业发展不平衡、新兴制造业薄弱和疫情的爆发，催生了跨境网络购物需求的大涨。

2020年，由于疫情，拉丁美洲国家的线上销售收入激增。2021年，拉丁美洲零售电商销售额扩大至850亿美元。eMarketer数据显示，2022年拉美线上消费预计为1 678.1亿美元，同比增速20.4%，这一增速仅次于东南亚地区，排名全球第二。2021年时，拉美电商市场规模为1 393亿美元，预计到2025年将增至2 500亿美元，电商整体增长速度高于线下零售增长速度，并且拉美主要国家在2026年前的年增长率将保持在两位数。2022年全球电商增长最快的10个国家中，拉美的巴西、阿根廷和墨西哥占据了3个席位。其中，巴西作为拉美人口大国，人口红利凸显。2021年，巴西是除去中国、印度、美国以外，移动端人均互联网使用时长最高的地区。随着移动互联网使用时长的增长，巴西在线购物使用时长也增至全球第三，持续带动拉美电商渗透率的提高。电商增速预计达到22.2%。2022年，巴西电商创造了近1 700亿巴西雷亚尔的收入，比前一年的1 500亿增长了12%。2022年，阿根廷的在线销售收入超过2.8万亿阿根廷比索。预计2025年，拉美国家中巴西、墨西哥的电商渗透率将达到和美国同等水平，超过东南亚地区。作为电商发展的蓝海市场，近年拉美成为各大跨境电商巨头重点发力的潜力市场之一，目前依然保持着良好的发展趋势。总体来看，拉美消费者在网络购物时更注重商品性价比，客单价较低。拉美各品类的价格中位数集中在30~40美元，Top 1 000商品中位数价格为32.17美元。考虑到拉美当前受通胀、本币贬值、产业链供应链不畅等因素影响，拉美和加勒比地区国家经济在2022年明显放缓，2023年将面临更大困难，这也会让消费者更加注重商品的性价比。其中，中国商品相当受拉美消费者欢迎。根据摩根大通数据，目前拉美跨境商品主要来自中国、美国和日本，其中中国商品占比高达62%，约为美国的2.6倍。相较中国这样成熟的电商市场，拉美消费者的电商退货率较低。对比Statista 2022年的数据来看，中国市场的退货率为66%，而巴西市场的退货率仅为31%。另据墨西哥在线销售协会发布的数据显示，当地电商商品退货率仅有20%。

4. 亚洲其他地区

亚洲和太平洋地区人口众多，经济发展速度较快，是世界电子商务发展最有潜力的地区。在全球十大电商增速最快的市场排名中，东南亚就占了5个名额，分别为印尼、马来西亚、菲律宾、泰国和越南。谷歌、淡马锡和贝恩公司联合发布的《2022年东南亚数字经济报告》预计，2025年，印尼电商市场将产生950亿美元的在线零售额，显著高于2019年的250亿美元。预计到2025年，印尼将占东南亚电商市场的45%以上，也将是东南亚国家中最大的电商市场之一，这可能是由于中产阶级的增长和互联网普及率的增加。

受疫情影响，大批东南亚消费者从线下转向网络购物。Nox聚星（NoxInfluencer）的数据显示，2021年东南亚有3.5亿网络购物用户，同比2020年增加了3 000万人，占整体网民用户的80%。贝恩数据显示，2021年东南亚有4.4亿互联网用户，互联网普及率高达75%，远高于全球平均水平（59.5%）。东南亚网民每天上网时间7~10小时，上网时长远超中国和欧美。由于东南亚消费者十分热衷于和商家讨价还价，东南亚的社交电商也因此飞速发展，在泰国，几乎一半的电子商务是通过社交媒体（如Facebook、WhatsApp或

LINE)进行的。较高的社交媒体渗透率和电商渗透率，也让东南亚网红营销得到了很好的发展，尤其是越南、印尼、泰国、菲律宾以及马来西亚，这五个国家占据了东南亚网红营销市场90%的份额。其中影响力最大的要属短视频网红，符合当下流量视频化的流行趋势。作为全球增速最快、潜力最大的蓝海市场，东南亚吸引了无数巨头相继入局，短视频企业 TikTok 更是把东南亚作为主要发展方向，在当前已开通的 TikTok Shop 站点里，就有6个站点在东南亚。

随着市场加速渗透，东南亚电商平台正在将业务重点从获客转向提高用户黏性和订单增值。预计到2025年，电子商务将以18%的复合年增长率继续拉动东南亚互联网经济的整体发展。东南亚拥有众多本土电商平台，其中 Shopee、Lazada、Tokopedia 是东南亚目前最主流的三个电商平台。其中 Shopee 是东南亚最大的电商平台，但其更侧重于印度尼西亚市场。Shopee 每月有1.98亿的访问量，此外，Shopee 2021年全年 GMV 达到625亿美元，同比增长76.8%，总订单数达到61亿，同比增长116.5%。Lazada 与 Shopee 的规模相似，但更加侧重泰国和菲律宾市场。Lazada 每月访问量为1.62亿，此外，Lazada 的平台月活卖家数达到92.2万。排名第三和第四的电商平台 Tokopedia 和 Bukalapak，以及第六的 Blibli 仅服务于印尼市场。这三者均销售综合类商品，每月来自东南亚的访问量总计达1.15亿次。Tiki 和 Sendo 则主要服务于越南市场，每月分别有2 200万和1 140万访问量。虽然越南经济势力较弱，但增长速度最快。Zalora 是东南亚唯一一家专门从事时尚服装类视频的东南亚电商平台，其每月访问量达到770万。时尚是东南亚电商市场上最受欢迎的部分，占总销售额的27%。排在最后的电商平台是 Qoo10，其有60%的流量来自新加坡。美国的亚马逊平台自2019年在新加坡推出并进军东南亚市场，但是至今其市场占有份额仍落后于东南亚其他本土电商平台。

(1)日本的电子商务。

作为世界第三大经济体，同时也是亚洲第二大消费市场，日本人口虽然不多，但经济水平和消费能力并不逊色于欧美国家，且互联网经济也很发达。日本电子商务发展已相对成熟，电子商务及移动电子商务普及程度较高，日本网络通信基础环境的迅速发展为电子商务的发展创造了良好的基础环境。日本移动电子商务的发展程度位居世界前列。日本物流业的专业化、自动化、信息化水平位居世界前列。日本邮政、日通、日本邮船、日本大和运输公司等均属于世界百强物流公司。发达的物流业务，加之日本国土面积较小，使得日本电子商务企业基本可以提供当天或第二天配送服务，且提供配送时间指定服务。日本信用卡的普及，加上数量多、分布广的便利店体系，也在一定程度上推动了日本电子商务的发展。日本电子商务从最初的"e-Japan"（电子日本）发展到了"u-Japan"（随时随地联结的日本），其中，"u"代表"ubiquitous"，意为"无所不在"。换言之，日本希望所有物品和人都能在任意时间、任意地点通过互联网接收和发送信息。

截至2022年7月，日本人口总数约为1.25亿，城市人口比例达到了91.8%，平均年龄48.4岁。日本的老龄化非常严重，但不代表消费市场不好；与大多数国家不同，在日本，年龄与薪资待遇密切相关，这也导致了日本的老年人群体比年轻人有着更高的消费能力。而且受疫情影响，日本老龄消费者也开始转向线上购物。据 Humble Bunny 报告显示，日本互联网普及率非常高，网民占比高达97.9%。其中，社交媒体活跃人数约9 000万，占日本总人口的70%。近几年，越来越多的日本人通过社交媒体平台进行购物，社交媒体是用户发现和搜索品牌产品不可或缺的渠道之一。预计到2026年，日本社交媒体用户将达到 1.12 亿名，占总人口的 90%。最常用的社交媒体平台为 Line、Instagram、Twitter、Facebook、TikTok、YouTube 等。

（2）韩国的电子商务。

2020 年 3 月 11 日，韩国电子商务企业排名第一的 Coupang 以 580 亿美元的 IPO 企业价值在美国纳斯达克成功上市，这不仅是 2020 年最大规模的一次 IPO 上市，同时也创下了有史以来美国上市企业中市值排名第 18 的纪录。韩国电商市场得到世界关注的背后与其便民的经商政策和形势良好的 GDP 趋势以及迅速成长的 5G 无线通信设置有着密切的联系。尽管韩国的经济持续低迷，但是韩国电子商务市场却保持了涨势。受疫情等外部环境因素影响，网民外出时间减少，一般去超市或百货商店购买的东西也转向网上购买，这些都刺激了韩国电子商务的增长。根据 Global Data 的调研数据显示，自 2016 年开始持续增长的韩国线上零售市场，在疫情暴发的 2020 年达到增长高峰，市场规模达到 901 亿美元，且将在 2024 年达到 1 220 亿美元，赶超日本，成为继中国、美国、英国后的第四大电商市场。

（三）中国的电子商务发展状况

中国互联网络信息中心（CNNIC）发布的第 51 次《中国互联网络发展状况统计报告》显示，截至 2022 年 12 月，我国网民规模达 10.67 亿，较 2021 年 12 月增长 3 549 万，互联网普及率达 75.6%。2022 年，我国各类个人互联网应用持续发展。具体各类互联网应用如表 1-1 所示。其中，网络购物用户规模达 8.45 亿，占网民整体的 79.2%，网络支付用户规模达 9.11 亿，占网民整体的 85.4%，如图 1-1 所示。

表 1-1　2021.12—2022.12 中国各类互联网应用用户规模和增长率

应用	2021.12 用户规模/万人	2022.12 用户规模/万人	增长率
即时通信	100 666	103 807	3.1%
短视频	93 415	101 185	8.3%
网络支付	90 363	91 144	0.9%
网络购物	84 210	84 529	0.4%
网络新闻	77 109	78 325	1.6%
网络音乐	72 946	68 420	−6.2%
网络直播	70 337	75 065	6.7%
网络游戏	55 354	52 168	−5.8%
网络文学	50 159	49 233	−1.8%
网上外卖	54 416	52 116	−4.2%
线上办公	46 884	53 962	15.1%
网约车	45 261	43 708	−3.4%
在线旅行预定	39 710	42 272	6.5%
互联网医疗	29 788	36 254	21.7%
线上健身	—	37 990	—

（数据来源：www.cnnic.net）

中国的电子商务市场规模已经成为全球最大的市场之一。国内普及率相对较高的互联网技术已经让越来越多的人开始通过线上渠道消费，这种趋势在未来也不会有太大的变化。随着网络投入能力以及物流等相关技术的不断提高，在线购物日益便捷，越来越多的消费者依赖电商进行购物。同时，电商也开始覆盖到更多的生活领域，如旅行、房产、医疗等，这些扩大的领域为电商市场的未来发展带来了更大的空间。中国商务部发布的《中国电子商务报告（2022）》指出，2022年，我国电子商务模式与业态迭代创新，即时零售、直播电商、短视频电商、社区团购等新业态加速演进，无人零售、大规模订制、小程序电商等新消费场景不断涌现。电子商务拉动消费增长的作用持续提升，为消费者提供了层次丰富、形式多样的消费选择，推动人民生活水平从全面小康向更高目标迈进。2022年，新品消费、绿色消费、智能消费和工厂直供市场消费的趋势相对明显，进一步推动了生产制造端绿色化、数字化、智能化发展。

从用户结构角度来看，一二线城市中高收入及年轻用户作为网络零售存量市场的主要消费群体，更注重产品品质和消费体验，该群体有望带动网络用户的消费需求释放和品质升级。同时，随着物流条件的改善和电商渠道的下沉，网络购物用户群体不断延伸拓展，地域鸿沟日益弥合，低线城市"长尾"用户成为网络零售市场的增量消费群体，融合社交功能的电商平台通过低价拼团模式满足价格敏感度相对较高群体的消费需求，且受益于低线城市用户的购买力提升及需求培育，低线城市中高端消费客单价与一二线城市差异不断缩小，消费潜力有望得到进一步释放。同时，电商平台积累了消费者行为及产品偏好的海量数据，能够为上游供应商的产品设计及营销策略提供方案建议，从而促进供给侧和需求侧的高度耦合和精准对接，加快推动产业结构优化升级。

图1-1 2018—2022年中国网络购物用户规模及占比示意

（数据来源：www. cnnic. net）

2022年，中国网络零售继续保持增长，成为推动消费扩容的重要力量。2022年全国电子商务交易额达43.83万亿元，同比增长3.5%。全国网上零售额达13.79万亿元，同比增长4.0%，其中，实物商品网上零售额11.96万亿元，增长6.2%，占社会消费品零售总额的比重为27.2%，在消费中占比持续提升。农村网络零售额达2.17万亿元，同比增长3.6%。跨境电商进出口总额达2.11万亿元，同比增长9.8%，占进出口总额的5.0%。此外，电子商务服务业营收规模达6.79万亿元，同比增长6.1%。电子商务从业人数达6 937.18万人，同比增长3.1%。2022年中国电子商务相关数据如图1-2所示。

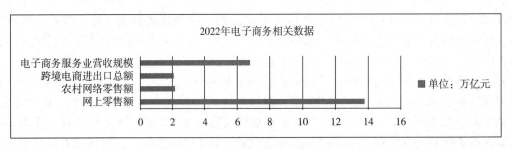

图 1-2　2022 年中国电子商务相关数据

从地区情况看，东、中、西和东北地区网络零售额占全国比重分别为 83.92%、8.87%、5.73% 和 1.48%，同比增速分别为 3.8%、8.7%、3.0% 和 13.2%（见图 1-3），东西部地区网络市场零售额差距悬殊。分省看，网络零售额占比排名前十位省市为广东、浙江、北京、上海、江苏、福建、山东、河北、河南、安徽，这些省市在 2022 年的网络零售额合计占全国比重为 86.91%（见图 1-4）。

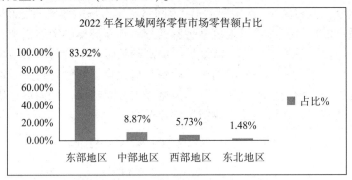

图 1-3　2022 年中国各区域网络零售市场零售额占比示意

（数据来源：中商情报网 www.askci.com）

图 1-4　2022 年中国网络零售额前十的省市占比示意

（数据来源：中商情报网 www.askci.com）

中国的电商市场正面临着越来越激烈的竞争，行业巨头和小型电商平台不断涌现。在这种竞争中，巨头企业之间的竞争格局非常明显，像阿里巴巴、京东、拼多多等知名电商平台逐渐成为市场的主流。而小型电商平台则更能满足特定的行业需求，并通过价格、质量、服务等方面的优势来生存。从电商渠道的运营模式角度而言，商家直营、第三方代运营及线上经销商运营等多模式蓬勃发展，导致市场参与者众多，市场集中度较低，绝大多数的市场份额由大量小规模、区域性、单渠道的零售分销商组成，而提供全链路、全方位综合电子商务服务的分销及零售商屈指可数。根据 GMV（Gross Merchandise Volume）网站的成交金额指标统计数据来看，表 1-2 为 2021 年和 2022 年国内主要平台的 GMV 变化，阿里巴巴、京东和拼多多等头部电商平台仍为三足鼎立局面，抖音、快手以及小程序和视频号等其他电商数据增速明显。

表 1-2　国内主流平台 GMV 对比数据

平台	2021 年成交金额/亿元	2022 年成交金额/亿元	同比变化
阿里巴巴	81 190	80 000	−1.47%
京东	32 900	30 000	−8.81%
拼多多	24 400	30 000	22.95%
抖音电商	8 000	14 000	75%
抖音本地生活	110	600	445.45%
美团	7 021	—	—
快手电商	6 500	7 000	7.69%
小程序私域	—	30 000	—
视频号电商	—	500	—

GMV 指网站的成交总金额，包括付款金额和未付款（并非实际的最终交易，只要顾客点击了购买，无论有没有实际购买，都是统计在 GMV 里面的）。因此，GMV＝销售额＋取消订单金额＋拒收订单金额＋退货订单金额。一般 GMV 可以用来研究顾客的购买意向。

2023 年 5 月，中国连锁经营协会联合德勤（Deloitte）共同发布了 2023 中国网络零售TOP100 榜单。根据实际销售额统计指标数据，京东、阿里、唯品会分别位列前三名。前十名如表 1-3 所示。

表 1-3　2023 年中国网络零售企业前十

排位	企业名称	2022 年网络销售额/万元
1	北京京东世纪贸易有限公司	8 615 061 200
2	阿里巴巴集团控股公司	26 095 500
3	广州唯品会信息科技有限公司	9 725 008
4	苏宁易购集团股份有限公司	8 904 000
5	汇通达网络股份有限公司	7 943 624
6	海尔智能股份有限公司	7 795 200
7	北京小米科技有限责任公司	7 620 667
8	美的集团股份有限公司	6 801 236
9	沃尔玛（中国）投资有限公司	4 427 877
10	居然之家新零售集团股份有限公司	4 300 000

商务大数据监测显示，2021 年全国农村网络零售额 2.05 万亿元，占全国网络零售额的 15.66%，同比增长 11.3%。2022 年上半年，全国农村网络零售额 9 759.3 亿元，同比

增长 2.5%。其中，农村实物商品网络零售额 8 904.4 亿元，同比增长 3.6%。党中央、国务院高度重视农村电商发展。2021 年中央一号文件提出，加快完善县乡村三级农村物流体系，改造提升农村寄递物流基础设施，深入推进电子商务进农村和农产品出村进城。2022 年中央一号文件提出，实施"数商兴农"工程，推进电子商务进农村；促进农副产品直播带货规范健康发展。在顶层设计方面，《电子商务"十四五"发展规划》明确要将电子商务与一二三产业加速融合，全面促进产业链供应链数字化改造，成为助力传统产业转型升级和乡村振兴的重要力量。商务部积极推动电子商务进农村综合示范项目建设，累计建设县级电子商务公共服务中心和物流配送中心 2 400 个，村级电商服务站点 14.8 万个，带动 618 万贫困农民增收。商务部实施"数商兴农"行动计划，聚焦"三农"，发展农村电商新基建，打造农产品网络品牌，培育直播新农人。农业农村部出台《关于加快农业全产业链培育发展的指导意见》，提出"加强农村电商主体培训培育""实施'互联网+'农产品出村进城工程""发展直播带货、直供直销等新业态"等。农村物流网络日益完善，邮政营业网点实现了乡镇全覆盖，建制村全部通邮。"快递进村"比例超过 80%，交快、邮快、快快等合作进一步深化，共同配送、客货邮融合等新模式不断涌现。

农村生活和商业服务正在全面走向数字化、在线化和智能化。电子商务成为扶贫助农的新抓手。疫情期间，我国农村生活服务在线化加速普及，在线教育、在线问诊、餐饮外卖、在线旅游、在线休闲娱乐等发展迅速。大型电商平台不断下沉，为县域生活服务业商户提供线上化经营渠道，推动农村传统商超、小卖店加速数字化改造。很多地方通过电商平台、社交网络、在线旅游和外卖平台等渠道，将本地的特色商品、自然风光、文化旅游资源及时发布出去，带动乡村旅游、餐饮及民宿等产业发展，数字技术和电子商务正在深刻改变着农业生产和农民生活的方式。农村电商的蓬勃发展为农村地区带来更多的发展机遇，吸引一批大学生、企业家、退役军人等加速返乡就业创业，也创造出大量新的乡村创业就业机会，推动乡村人才振兴和组织振兴。

（四）中国电子商务的发展趋势

全球电子商务日趋活跃，业务模式不断创新，我国电子商务进入快速发展机遇期。未来的发展将突出表现出以下几点趋势。

1. 电子商务与产业发展深度融合，加速形成经济竞争新态势

电子商务广泛深入地渗透到生产、流通、消费等各个领域，改变着传统经营管理模式和生产组织形态，正在突破国家和地区局限，影响着世界范围内的产业结构调整和资源配置，加速经济全球化进程。发达国家和新兴工业化国家把电子商务作为强化竞争优势的战略举措，制定了电子商务发展政策和行动计划，力求把握发展主动权。随着我国对外开放水平的提高和市场化进程的加快，大力发展电子商务已成为我国参与全球经济合作的必然选择。

2. 电子商务服务业蓬勃发展，逐步成为国民经济新的增长点

技术创新加速社会专业化分工，为电子商务服务业提供了广阔的发展空间。基于网络的交易服务、业务外包服务、信息化技术外包服务规模扩大，模式不断创新。网络消费文化逐步形成，面向消费者的电子商务服务范围不断拓宽，网上消费服务日益丰富。电子商务服务业正成为新的经济增长点，推动经济社会活动向集约化、高效率、高效益、可持续

方向发展。

3. 跨境电商成"一带一路"重要落脚点，打开供给侧改革新通道

2016 年"两会"，供给侧改革和"一带一路"成为关键词。跨境电商是互联网时代的产物，是"互联网+外贸"的具体体现。跨境电商新供给创造外贸新需求，提高发展的质量和效益，对接"一带一路"助力"中国制造"向外拓展，并将搭建一条"网上丝绸之路"，成为建设"丝绸之路经济带"新起点的重要支撑。中国政府还出台了一系列支持跨境电商的有利政策，包括降低关税、简化通关程序、增加进口配额等，进一步刺激了这一趋势的发展。电子商务国际规则构建取得突破，区域全面经济伙伴关系协定（RCEP）中电子商务章节成为目前覆盖区域最广、内容全面、水平较高的电子商务国际规则。因此，跨境电商预计将在 2023 年及以后继续成为中国电商市场的重要趋势。

4. 寡头垄断局面弱化，社交电商从以物聚人向以人聚人转变

从近年国内电商行业投融资情况分析出资本对于细分赛道的倾向及未来电商发展趋势，品质电商以及垂直细分领域将为其他电商平台实现突围发展提供机会。社交电商行业增速迅猛。传统电商平台是先有消费需求，然后消费者到电商平台上寻找想要购买的商品；而社交电商则是从社交入手，通过优质内容分享引导至交易。以云集、有赞、小红书等为代表的四种不同模式社交电商平台接连获得融资的行业级现象，一定程度上反映了资本对于社交电商模式的认可度提高，与社交媒体的嫁接正在成为电商平台的趋势。此外，中国电商市场趋势从关键意见领袖（Key Opinion Leader，KOL）转变为关键意见消费者（Key Opinion Consumer，KOC）和文化意见领袖（Cultural Opinion Leader，COL），这是因为中国消费者在做出购买决定时越来越多地寻找真实的、小众的、有联系的，且与文化相关的内容。关键意见消费者（KOC）和文化意见领袖（COL）是对特定产品类别具有真正兴趣和专业知识的日常消费者，他们提供同行推荐、用户生成的内容和专业见解，与消费者产生共鸣，促进信任，并鼓励互动和参与。随着短视频平台、直播和社交商务的兴起，这一转变也受到了中国不断发展的社交媒体环境的影响。这些都为关键意见消费者（KOC）和文化意见领袖（COL）提供了机会，使其产生的内容符合中国消费者在数字时代不断变化的偏好和期望。

"十四五"时期我国进入新发展阶段，电子商务高质量发展面临的国内外环境发生深刻复杂变化。

从国际看，世界经济数字化转型加速，新一轮科技革命和产业变革深入发展，由电子商务推动的技术迭代升级和融合应用继续深化。双边、区域经济合作势头上升，"丝路电商"朋友圈不断扩大，消除数字鸿沟、推动普惠发展的需求日渐增强。同时，世界经济陷入低迷，经济全球化遭遇逆流，单边主义、保护主义、霸权主义抬头，电子商务企业走出去壁垒增多；围绕隐私保护、数据流动等数字领域规则体系的竞争日趋激烈，我国规则制定的话语权有待进一步增强。

从国内看，我国已转向高质量发展阶段。新型基础设施加快建设，信息技术自主创新能力持续提升，为电子商务创新发展提供强大支撑。新型工业化、信息化、城镇化、农业现代化快速发展，中等收入群体进一步扩大，电子商务提质扩容需求更加旺盛，与相关产业融合创新空间更加广阔。同时，我国宏观环境面临复杂变化，电子商务发展面临的不平衡、不充分问题仍然突出。城乡间、区域间、不同领域间电子商务发展水平仍不平衡，企

业核心竞争力不强，技术创新能力还不能适应高质量发展要求。数据产权、交易规则和服务体系不健全，数据要素价值潜力尚未有效激活，与电子商务业态模式创新相适应的治理体系亟待健全。电子商务是网络化的新型经济活动，是推动"互联网+"发展的重要力量，是新经济的主要组成部分。

综合判断，"十四五"时期，我国电子商务发展机遇大于挑战，必须增强机遇意识和风险意识，认清矛盾变化，把握发展规律，抓住机遇，应对挑战，努力在危机中育先机、于变局中开新局。电子商务经济以其开放性、全球化、低成本、高效率的优势，广泛渗透到生产、流通、消费及民生等领域，在培育新业态、创造新需求、拓展新市场、促进传统产业转型升级、推动公共服务创新等方面的作用日渐凸显，成为国民经济和社会发展新动力，孕育全球经济合作新机遇。到 2035 年，电子商务目标成为我国经济实力、科技实力和综合国力大幅跃升的重要驱动力，成为人民群众不可或缺的生产生活方式，成为推动产业链供应链资源高效配置的重要引擎，成为我国现代化经济体系的重要组成，成为经济全球化的重要动力。

第二节 电子商务的概念和分类

一、电子商务的概念

一直以来，国内外的专家学者都试图对电子商务的概念做出确切的表述，但目前还没有形成完全一致的看法。这里，我们介绍电子商务会议、联合国国际贸易法委员会(UNCITRAL)和经济合作与开发组织(OECD)的表述，希望读者能对电子商务的概念有深入了解。

(一)世界电子商务会议关于电子商务的概念

1997 年 11 月 6—7 日，国际商会在法国巴黎举行了世界电子商务会议(The Word Business Agenda for Electronic Commerce)，从商业角度提出了电子商务的概念：电子商务是指实现整个贸易活动的电子化。从涵盖范围方面可定义为：交易各方以电子交易方式而不是通过当面交换或直接面谈方式进行的任何形式的商业交易；从技术方面可以定义为：电子商务是一个多技术的集合体，包括交换数据(如电子数据交换、电子邮件)、获得数据(如共享数据、电子公告牌)以及自动捕获数据(如条形码)等。

电子商务涵盖的业务包括：信息交换、售前售后服务(如提供产品和服务的细节、产品适用技术指南、回答顾客意见)、销售、电子支付(如使用电子资金转账、信用卡、电子支票、电子现金)、运输(包括商品的发送管理和运输跟踪以及可以电子化传送的产品的实际发送)、组建虚拟企业(组建一个物理上不存在的企业，集中一批独立中小公司的权限，提供比任何单独公司多得多的产品和服务)、公司和贸易伙伴可以共同拥有和运营共享的商业方法等。

(二)联合国国际贸易法委员会(UNCITRAL)的表述

为了适应使用计算机技术或其他现代技术进行交易的当事方之间通信手段发生的重大变化，1996 年 12 月 16 日联合国国际贸易法委员会通过了《电子商业示范法》。但《电子商业示范法》并未给出明确的"电子商业"的定义，只是强调这种电子商业交易手段的特殊性，即在商业交易中使用了数据电文作为交易信息的载体。

《电子商业示范法》对"电子商业"中的"商业"一词作广义解释："使其包含不论是契约型或非契约型的一切商务性质的关系所引起的种种事项。商务性质的关系包括但不限于下列交易：供应或交换货物服务的任何贸易交易；分销协议；商务代表或代理、客账代理；租赁；工厂建造；咨询；工程设计；许可贸易；投资；融资；银行业务；保险；开发协议或特许；合营或其他形式的工业或商务合作；空中、海上、铁路或公路的客、货运输。"《电子商业示范法》第2条对数据电文作了明确的定义："'数据电文'系指经由电子手段、光学手段或类似手段生成、储存或传递的信息，这些手段包括但不限于电子数据交换（EDI）、电子邮件、电报、电传或传真。"

联合国贸易法委员会认为，在"电子商业"的标题下，可能广泛涉及数据电文在贸易方面的各种用途。"电子商业"概念所包括的通信手段有以下各种以使用电子技术为基础的传递方式：以电子数据交换进行的通信，狭义界定为电子计算机之间以标准格式进行的数据传递；利用公开标准或专有标准进行的电文传递；通过电子手段例如通过互联网络进行的自由格式的文本的传递。电子商业的一个显著特点是它包括了可编程序电文，通过计算机程序制作是此种电文与传统书面文件之间的根本差别。

（三）OECD关于电子商务概念的理解

经济合作与发展组织（OECD）曾对电子商务的定义做过深入研究，其研究报告《电子商务的定义与统计》指出，狭义的电子商务定义主要包括利用计算机网络技术进行的商品交易，而广义的电子商务将定义的范围扩大到服务领域。公共统计部门为了数据收集的需要和便利，常常将电子商务局限于某一领域，如互联网商务。而国家政策部门为了扩大影响，其电子商务定义几乎涵盖了经济生活的各个方面，将电子政务归于电子商务之中就是一个典型。

所以，OECD认为，类似于其他横向活动一样，很难对电子商务做出一个精准的定义。作为一个通用的定义，"电子商务"应当包括两个方面：一是交易活动或形式；二是能够使交易活动进行的通信设施。交易活动或形式所涵盖的范围可以是广义的，也可以是狭义的，前者包括大部分不同层次的商务活动，如工程设计、商务、交通、市场、广告、信息服务、结算、政府采购、保健、教育等，后者仅仅包括通过电子化实现的零售或配送等。通信设施可以再分为两个部分：应用软件与网络。所有软件（如网络软件、EDI软件等）应可以在所有可能的通信网络（如开放的、封闭的、私人的或非私人的网络）上运行。

理解技术与商务过程的相互关系是理解电子商务定义的关键。电子商务的定义应当反映现代经济活动转变的状态，反映信息技术在商务活动中的应用，否则，就不能区别存在多年的利用传真或电话进行的电子交易；电子商务的定义也不能局限于信息软件和通信技术，它应当反映信息软件和通信技术在全部商业过程价值链中的应用。2004年，OECD从业务流程的角度对电子商务进行了再次定义：电子商务是以计算机网络为媒介的自动商务流程，既包括企业内部（intra）流程，也包括企业外部（inter）流程。电子商务的处理过程需要整合各项任务并且逾越单独的和个人的应用。

(四)《电子商务发展"十一五"规划》对电子商务的定义

2007 年 6 月 26 日，国家发展和改革委员会、国务院信息化工作办公室联合发布了我国《电子商务发展"十一五"规划》(以下简称《"十一五"规划》)。《"十一五"规划》首次提出，电子商务是网络化的新型经济活动，即基于互联网、广播电视网和电信网络等电子信息网络的生产、流通和消费活动，而不仅仅是基于互联网的新型交易或流通方式。电子商务涵盖了不同经济主体内部和主体之间的经济活动，体现了信息技术网络化应用的根本特性，即信息资源高度共享、社会行为高度协同所带来的经济活动高效率和高效能。

相对于前面所述的各种定义，《"十一五"规划》对电子商务的定义更为宽泛。从宏观角度讲，这样的定义有利于整个社会对电子商务的发展给予高度重视，其核心思想是促进网络经济与实体经济的高度融合，在国民经济各领域和社会生活各层面，全方位推进不同模式、不同层次的电子商务应用。但从实际应用角度看，这种定义很难界定电子商务的应用范围，从而给电子商务的统计、政策制定和法律调整带来较大的难度。

(五)《中华人民共和国电子商务法》对电子商务的定义

2018 年出台的《中华人民共和国电子商务法》在第一章总则的第二条中规定"本法所称电子商务，是指通过互联网等信息网络销售商品或者提供服务的经营活动。"

可以看出，以上几类观点有的侧重于描述电子商务所包括的技术和商务范围，有的倾向于刻画技术对商务的功用，有的则更注重商务对技术的应用。总而言之，电子商务是在商务发展的内在要求及技术发展的外在推动下应运而生的。现在，人们已逐步认识到技术始终只是手段，商务才是电子商务的本质。

(六)本书对电子商务的定义

综合各方面不同看法，本书对电子商务的概念做如下表述：电子商务是指交易当事人或参与人利用现代信息技术和计算机网络所进行的各类商务活动，包括货物贸易、服务贸易和知识产权贸易。

一方面，对电子商务的理解，应从"现代信息技术"角度涵盖各种以电子技术为基础的通信方式；另一方面，对"商务"一词应作广义解释，使其包括契约型的一切商务性质的关系所引起的种种事项。如果将"现代信息技术"看作为一个子集，"商务"看作为另一子集，则电子商务所覆盖的范围应当是这两个子集所形成的交集，即"电子商务"标题之下可能广泛涉及的互联网、内部网和电子数据交换在贸易方面的各种用途(见图1-5)。

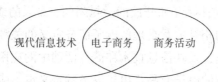

图1-5　电子商务是"现代信息技术"与"商务"两个子集的交集

电子商务不等于商务电子化，真正的电子商务绝不仅仅是企业前台的商务电子化，更重要的是包括后台在内的整个运动体系的全面信息化，以及企业整体经营流程的优化和重组。也就是说，建立在企业全面信息化基础上，通过电子手段对企业的生产、销售、库

存、服务以及人才资源等环节实行全方位控制的电子商务才是真正意义上的电子商务。

二、电子商务的特性

电子商务的特性可归结为以下几点：商务性、服务性、集成性、可扩展性、安全性、协调性。

（一）商务性

电子商务最基本的特性为商务性，即提供买、卖交易的服务、手段和机会。网上购物提供一种客户所需要的方便途径。因而，电子商务对任何规模的企业而言，都是一种机遇。就商务性而言，电子商务可以扩展市场，增加客户数量；通过将万维网信息连至数据库，企业能记录下每次访问、销售、购买形式和购货动态以及客户对产品的偏爱，这样企业方向就可以通过统计这些数据来获知客户最想购买的产品是什么。

（二）服务性

在电子商务环境中，客户不再受地域的限制，不再像以往那样，忠实地只做某家邻近商店的老主顾，他们也不再仅仅将目光集中在最低价格上。因而，服务质量在某种意义上成为商务活动的关键。技术创新带来新的结果，万维网应用使得企业能自动处理商务过程，并不再同以往那样强调公司内部的分工。如今，在互联网上许多企业都能为客户提供完整服务，而万维网在这种服务的提高中充当了催化剂的角色。企业通过将客户服务过程移至万维网上，使客户能以一种比过去简捷的方式完成过去他们较为费事才能获得的服务。如将资金从一个存款户头移至一个支票户头、查看一张信用卡的收支、记录发货请求，乃至搜寻购买稀有产品，这些都可以足不出户而实时完成。显而易见，电子商务提供的客户服务具有一个明显的特性：方便。不仅对客户来说如此，对于企业而言，同样也能受益。我们不妨来看这样一个例子：比利时的塞拉银行通过电子商务，使得客户能全天候地存取资金账户，快速地阅览诸如押金利率、贷款过程等信息，服务质量大为提高。

（三）集成性

电子商务是一种新兴产物，其中用到了大量新技术，但并不是说新技术的出现就必然导致老设备的死亡。万维网的真实商业价值在于协调新老技术，使用户能更加行之有效地利用他们已有的资源和技术，更加有效地完成他们的任务。电子商务的集成性，还在于事务处理的整体性和统一性，它能规范事务处理的工作流程，将人工操作和电子信息处理集成为一个不可分割的整体，不仅能提高人力和物力的利用，也提高了系统运行的严密性。

（四）可扩展性

要使电子商务正常运作，必须确保其可扩展性。万维网上有数以百万计的用户，传输过程中会时不时地出现高峰状况。倘若一家企业原来设计每天可受理 40 万人次访问，而事实上却有 80 万，它就必须尽快配有一台扩展的服务器，否则客户访问速度将急剧下降，甚至还会拒绝数千次可能带来丰厚利润的客户的来访。对于电子商务来说，可扩展的系统才是稳定的系统。如果在出现高峰状况时能及时扩展，就可使得系统阻塞的可能性大为降低。

电子商务中,耗时仅2分钟的重新启动也可能导致大量客户流失,因而可扩展性极其重要。

(五)安全性

对于客户而言,无论网上的物品如何具有吸引力,如果对交易安全性缺乏把握,他们根本就不敢在网上进行买卖。企业和企业间的交易更是如此。在电子商务中,安全性是必须考虑的核心问题。欺骗、窃听、病毒和非法入侵都在威胁着电子商务,因此要求网络能提供一种端到端的安全解决方案,包括加密机制、签名机制、分布式安全管理、存取控制、防火墙、安全万维网服务器、防病毒保护等。为了帮助企业创建和实现这些方案,国际上多家公司联合开展了安全电子交易的技术标准和方案研究,并发表了SET(安全电子交易)和SSL(安全套接层)等协议标准,使企业能建立一种安全的电子商务环境。随着技术的发展,电子商务的安全性也会相应得以增强,成为电子商务的核心技术。

(六)协调性

商务活动是一种协调过程,它需要雇员和客户,生产方、供货方以及商务伙伴间的协调。为提高效率,许多组织都提供了交互式的协议,电子商务活动可以在这些协议的基础上进行。传统的电子商务解决方案能加强公司内部相互作用,电子邮件就是其中一种。但那只是协调员工合作的一小部分功能。利用万维网将供货方连接到客户订单处理,并通过一个供货渠道加以处理,这样公司就节省了时间,消除了纸张文件带来的麻烦并提高了效率。电子商务是迅捷简便的、具有友好界面的用户信息反馈工具,决策者们能够通过它获得高价值的商业情报、辨别隐藏的商业关系和把握未来的趋势。因而可以做出更有创造性、更具战略性的决策。

三、电子商务的分类

(一)按照商务活动形式分类

按照商务活动形式可把电子商务分为两类:完全电子商务(Pure EC)和不完全电子商务(Partial EC)。在分别介绍这两类电子商务之前,我们先来分析一个典型的商务过程,如表1-4所示。

表1-4　典型的商务过程

步骤	买方活动	卖方活动
1	确定需要	进行市场调查,确定顾客需要
2	寻找能满足这种需要的产品或服务	创造满足客户需求的产品或服务
3	选择供应商	推广产品或服务
4	采购谈判,包括交货条款、验货、测试和收货条款	销售谈判,包括交货、验货、测试和收货
5	支付货款	接收货款
6		产品运输和提供发票
7	日常维修并要求质量担保	售后服务

如果在全部商务活动中，所有业务步骤都是以传统方式完成的，则称之为传统商务。如在表 1-4 中，对买方来说，在确定了需要后，通过查看报纸广告、企业黄页及朋友推荐等方式寻找产品或服务和供应商，然后与供应商进行面对面的谈判，并付清货款，提取货物，最后，接受企业的定期维修服务。对卖方来说，首先，以问卷方式或人员咨询等传统方式进行市场调查，制造有形产品，再通过报纸广告、登录企业黄页等途径进行产品宣传，当有客户购买时与之进行面对面的谈判，接收客户当面支付的货款，手工开发票给客户，最后，定期为客户提供上门的售后服务。如果在全部商务活动中，所有业务步骤都是以数字化方式完成的，则称之为完全电子商务。如在表 1-4 中，买方在确定了需要后，通过互联网搜索到所需产品或服务的信息，并通过在线比较选定了供应商，双方通过 E-mail 或实时沟通(如视讯会议)等方式进行谈判，签订电子合同，买方完成在线支付，卖方通过网上银行查知货款支付情况，并允许客户以下载等方式获得所需产品，当然目前能以在线方式获得的只能是数字化产品(如音乐、电影、数字化信息服务、全文文献资料等)。在整个交易过程中，双方根本无须见面，甚至可以足不出户，这就是我们理想中的电子商务。但是，现实生活中还存在着相当一部分介于两者之间的商务形态，即并非商务活动的所有环节都以传统方式或电子方式开展，而是二者兼而有之。一部分业务过程是通过传统方式完成的，另外一部分则应用了 IT 技术手段。这种在全部商务活动中，至少有一个或一个以上的业务环节应用了 IT 技术的商务形态，一般称为不完全电子商务。三种商务形态形成一个三维的商务形态模型，如图 1-6 所示。

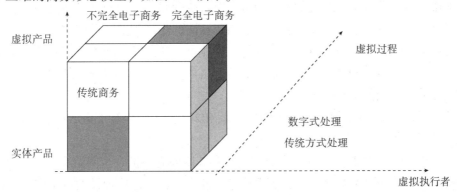

图 1-6　商务形态模型

(二)按照交易对象分类

按照交易对象可把电子商务分为六类：B2C，B2B，C2C，B2G，C2G，G2G。B，C，G 分别代表企业(Business)、个人消费者(Consumer)和政府(Government)三个交易主体。

1. 企业与消费者之间的电子商务

企业与消费者之间的电子商务即 B2C(Business to Consumer)电子商务。这是人们最熟悉的一种电子商务类型，交易起点为企业，终点为消费者，基本等同于电子零售。它类似于联机服务中的进行商品买卖，是利用计算机网络使消费者直接参与经济活动的高级形式。这种形式随着网络的普及迅速发展，现已形成大量的网络商业中心，提供各种商品和服务。如我国的京东商城(http：//www.jd.com)就是典型的 B2C 型电子商务企业。图 1-7

是京东商城的网站首页截图。

图 1-7 京东商城的网站主页

2. 企业与企业之间的电子商务

企业与企业之间的电子商务即 B2B(Business to Business)电子商务。B2B 包括特定企业间的电子商务与非特定企业间的电子商务。特定企业间的电子商务是在过去一直有交易关系或者今后还要继续进行交易的企业间，为了相同的经济利益，共同进行设计、开发或全面进行市场及库存管理而进行的商务交易。企业可以使用网络向供应商订货、接收发票和付款。非特定企业间的电子商务是在开放的网络中为每笔交易寻找最佳伙伴，与伙伴进行从订购到结算的全部交易行为。

按照电子商务交易网站(平台)模式的不同，B2B 电子商务还可以分为综合 B2B 模式、垂直 B2B 模式、自建 B2B 模式。

综合 B2B 模式一般都是由一个专业的电子商务服务商提供一个网站平台，在网站上聚集了分布于各行业中的大量客户群，供求信息来源广泛，通过这种模式供求信息可以得到较高的匹配。这些提供电子商务服务平台的专业电子商务服务商一般都能够为企业提供从构建企业 Web 网站到网站推广、贸易撮合等一系列的专业服务，为企业顺利进入互联网开展电子商务提供了极大的便利。

在这种 B2B 电子商务中，参与主体主要包括：供应商、采购商、B2B 电子商务服务平台、网上银行、物流配送中心、认证机构等。供应商完成的主要业务包括：产品目录制作和发布、产品数据库维护、在线投标、在线洽谈、网上签约、订单处理、在线业务数据统计等。采购商完成的主要业务包括：在线招标、在线洽谈、网上签约、订单处理、支付货款、货物接收、在线业务数据统计等。服务平台由专业电子商务服务商(第三方)进行管理。后台管理并不涉及交易双方企业之间的商务活动，而是主要负责会员管理、系统运营维护、产品管理、订单管理、信息发布等。但综合 B2B 模式可能会出现缺乏对各行业的深入理解和对各行业的资源深层次整合的现象，导致供求信息的精准度不够，进而影响到买卖双方供求关系的长期确立。B2B 型电子商务工作模式如图 1-8 所示。

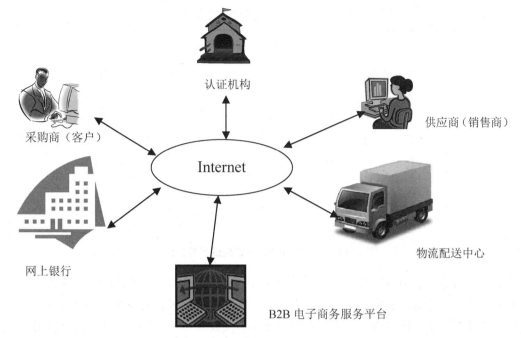

图 1-8 基于交易中介服务平台的 B2B 型电子商务工作模式示意

我国著名的阿里巴巴最开始发展的就是 B2B 模式。图 1-9 为阿里巴巴的 B2B 网站截图。

图 1-9 阿里巴巴网站页面

垂直 B2B 模式着力整合、细分行业资源，以专业化的平台打造符合各行业特点的电子化服务，提高供求信息的准确度。网盛科技是这种模式的代表，如图 1-10 所示。垂直 B2B 模式避开了综合 B2B 模式的优势和锋芒，明确了供求关系，使供求双方形成了牢固的交易关系。但垂直 B2B 模式容易导致供求信息的广泛性不足。此外,随着垂直网站的发展,自身行业专家不足的问题也会逐步凸显,进而遭遇发展瓶颈。

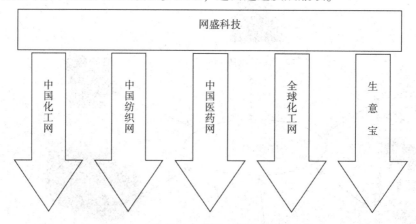

图 1-10　垂直 B2B 模式(以网盛科技为例)

　　行业龙头企业自建 B2B 模式是行业龙头企业基于自身的信息化建设程度,搭建以自身产品供应链为核心的行业化电子商务平台。行业龙头企业通过自身的电子商务平台,串联起行业整条产业链,供应链上下游企业通过该平台实现资讯、沟通、交易。但此类电子商务平台过于封闭,缺少产业链深度整合,若不能独立成为电子商务 B2B 交易平台,则不能适应未来市场发展的需要。中国石油、中国石化、宝山钢铁集团等都是这种模式。图 1-11 是这种模式的基本框架。

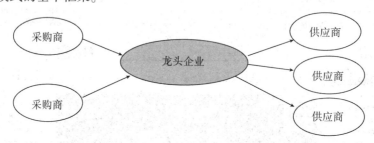

图 1-11　行业龙头企业自建 B2B 模式

　　3. 消费者与消费者之间的电子商务(C2C)

　　C2C 电子商务是在消费者与消费者之间进行的电子商务模式。网上拍卖就是典型的 C2C 型电子商务的应用。它通过互联网为买卖双方消费者提供一个在线交易平台——C2C 商务平台,使卖方可以主动提供商品上网拍卖,而买方可以自行选择商品进行竞价。如美国的 eBay(http://www.ebay.com),其主页如图 1-12 所示。

　　如今 eBay 已有 1.471 亿注册用户,有来自全球 29 个国家的卖家,每天都有涉及几千个分类的几百万件商品销售,是世界上著名的电子集市。2023 年 6 月,eBay 以 97.95 亿美元营收,入选 2023 年《财富》美国 500 强排行榜,排名第 393 位。

图1-12　eBay主页

中国著名的 C2C 购物网站 淘宝(http：//www.taobao.com)，其主页如图 1-13 所示。

图1-13　淘宝主页

4. 企业与政府之间的电子商务

企业与政府方面的电子商务即 B2G(Business to Government)电子商务。这种商务活动覆盖企业与政府组织间的各项事务。如政府可通过网络采购、招标，企业可通过网络做出回应，甚至可在线竞价。这种电子商务模式有利于加强政府采购工作的透明度，同时也可促进营造企业的公平竞争环境，节省政府开支，提高政府的工作效率。如中国采购与招标网(http：//www.chinalideling.com.cn)是我国发布政府招标公告的唯一一家国家级招标代理机构。此外，政府还可以通过这类电子商务实施对企业的行政事务管理，如政府用电子商务方式发放进出口许可证及开展统计工作，企业可以通过网上办理交税和退税等，实现网上报关、网上报税、网上申领执照或营业许可证、网上产权交易等涉及企业与政府之间的行为。图1-14是中国采购与招标网的主页截图。

图1-14 中国采购与招标网主页

5. 消费者与政府之间的电子商务

消费者与政府间的电子商务(C2G),是政府的电子商务行为,不以营利为目的,将消费者与政府间的许多事务通过网络环境进行,如网上报税、网上身份认证、网上发放福利基金、网上社区服务、网上公益活动、网上政策发布和信息查询,政府通过网上的各类服务为大众创造良好的服务环境,提高了政府的工作效率。

(三)按照使用网络类型分类

根据使用网络类型的不同,电子商务目前主要有四种形式:EDI(Electronic Data Interchange,电子数据交换)商务、互联网(Internet)商务、内联网(Intranet)商务、移动(Mobile)电子商务。

EDI商务,按照国际标准组织的定义,是"将商务或行政事务按照一个公认的标准,形成结构化的事务处理或文档数据格式,从计算机到计算机的电子传输方法"。简单地说,EDI就是按照商定的协议,将商业文件标准化和格式化,并通过计算机网络在贸易伙伴的计算机网络系统之间进行数据交换和自动处理。

EDI主要应用于企业与企业、企业与批发商、批发商与零售商之间的批发业务。相对于传统的订货与付款方式,EDI大大节约了时间和费用。相对于互联网,EDI较好地解决了安全保障问题,这是因为使用者均有较可靠的信息保证,并有严格的登记手续和准入制度,加之多级权限的安全防范措施,从而实现了包括付款在内的全部交易工作电脑化。但是,由于EDI必须租用EDI网络上的专线,即通过购买增值网(VAN,Value Added Networks)服务才能实现,费用较高,还需要有专业的EDI操作人员,同时需要贸易伙伴也使用EDI,因此只有大公司才有能力使用EDI。正是这种状况使得EDI虽然已经存在了30多年，但至今仍未广泛普及。近年来，随着计算机大幅度降价，互联网网络的迅速普及，基于互联网、使用可扩展标识语言（XML，Extensible Mark Language）的 EDI，即 web-EDI，或称 open-EDI 正在逐步取代传统的 EDI。在 EDI 基础上发展起来的 ebXML 已经成为 21 世纪电子商务推广的重点。

互联网商务是现代商务的新形式。它以计算机、通信、多媒体、数据库技术为基础，通过互联网络，在网上实现营销、购物服务。它突破了传统商业生产、批发、零售及进、销、存、调的流转程序与模式，真正实现了少投入、低成本、零库存、高效率，避免了商品的无效搬运，实现了社会资源的高效运转和最大节余。消费者可以不受时间、空间、厂商的限制，广泛浏览，充分比较，模拟使用，力求以最低的价格获得最为满意的商品和服务。

内联网商务是利用企业内部网络开展的商务活动。Intranet 是 Intra-business Internet 的缩写，是指运用互联网技术，在企业内部所建立的网络系统。互联网只有企业内部的人员可以使用，信息存取只限于企业内部，并在安全控制下连接内联网。一般内联网多设有防火墙程序，以避免未经授权的人进入。由于建立成本较低，所以内联网目前发展迅速。企业开展内联网商务，一方面可以节省许多文件往来时间，方便沟通管理并降低管理成本；另一方面可通过网络与客户提供双向沟通，适时提供产品与服务的特色，提升服务品质。互联网商务、EDI 商务和内联网商务的关系可以用图 1-15 表示。

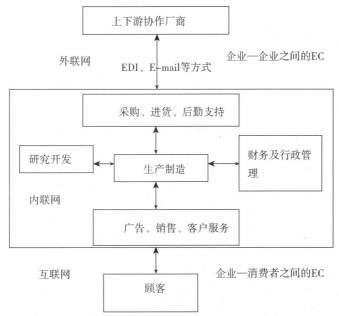

图 1-15　互联网商务、EDI 商务和内联网商务的关系

移动电子商务（Mobile e-Commerce）由电子商务（E-Commerce）的概念衍生出来。电子商务以 PC 机为主要界面，是有线的电子商务；移动电子商务利用移动网络的无线连通性，允许各种非 PC 设备（如手机、PDA、车载计算机、便捷式计算机等）在电子商务服务器上检索数据，开展交易。它将互联网、移动通信技术、短距离通信技术以及其他信息处理技术相结合，使人们可以在任何时间、任何地点进行各种商贸活动，实现随时随地、线上线下的购物与交易、在线电子支付以及各种交易活动、商务活动、金融活动和相关的综合服务活动等。目前,移动电子商务已经成为电子商务发展的主要趋势。在全球范围内,电子商务增长的很大一部分是由消费者使用他们的移动设备、手机和平板电脑来获取商品和服务推动的。根据 Statista 的市场洞察,2023 年移动电子商务销售额达到 2.2 万亿美元,占全球电子商务销售额的 60%。随着整个行业在全球范围内的不断扩张,移动电子商务销售本身的增长甚至更加迅猛。Statista 分析师预计,到 2027 年,移动电子商务销售额将达到 3.4 万亿美元,与 2018 年的 9 820 亿美元形成鲜明对比。如图 1-16 所示。

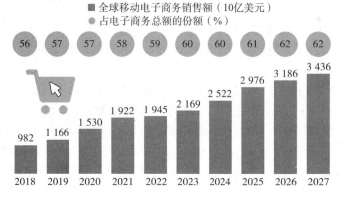

图1-16　2018—2027 年全球移动电子商务数据(预计)

(来源:Statista Market Insight)

(四)新兴电子商务模式

社交电子商务(Social Commerce)是一种全新的电子商务形式。它是通过社交网络、微博、微信等社交媒体进行社交互动,通过用户自身等方式辅助商品或服务的销售行为,同时将关注、点赞、分享、评论互动等社交化元素应用于交易过程的购物模式;它是电子商务和社交媒体的融合;它以信任为核心的社交交易模式是新型电子商务的主要表现形式。社交电子商务包括以下四种模式。

①拼购型社交电子商务。将低价作为核心竞争力,围绕两人及以上的用户,通过拼团然后降价的模式,激发用户分享,形成自传播。拼多多是典型的例子。

②会员制社交电子商务。S2B2C 模式,平台提供商品、仓库、配送、售后服务等全产业链,以分销的方式激励用户成为经销商并利用自己的社交网络进行分享,从而达到"自购省钱,分享赚钱"的目的。

③社区型社交电子商务。以社区为单位,用户在社区中注册后,可以通过微信等工具下单,在规定的时间内,将产品送到团长那里,消费者可以自己去拿,也可以让团长来完成"最后一公里"的配送。各种社区团购群、美团、多多买菜都属于这种类型。

④内容型社交电子商务。通过各类内容影响,引导消费者进行购物,同时通过内容进一步了解用户偏好,实现商品与内容的协同,提升营销转化效果。抖音、快手、小红书等平台是以短视频和直播内容转型电子商务的代表。

直播电子商务是一种典型的社会化电子商务模式,它是一种以主播(明星、网红、创作者等)为代表的新型电子商务平台,通过直播来推广商品,从而达到"品效合一"的效果。

直播电子商务的实质是消费升级。消费者更注重心理的整体体验,更多的人想要获得更具知识性、专业性的信息，以作为决策的参考。所以，直播电商的背后是消费升级，是用户需求的不断提升。直播电子商务则通过消费数据和消费者的导向，将商品和情感的传递、人性结合得更加紧密，从而更好地满足用户的需求。

 【拓展阅读1-1】电子商务对社会经济的作用和影响

本章小结

　　全球电子商务作为网络化的新型经济活动，正以前所未有的速度迅猛发展，并成为各国增强经济竞争实力、赢得全球资源配置优势的有效手段。我国电子商务持续快速发展，各种新业态不断涌现，在增强经济发展活力、提高资源配置效率、推动传统产业转型升级、开辟就业创业渠道等方面发挥了重要作用。当前，全球经济正处于低迷状态，贸易保护主义、单边主义、逆全球化思潮不断抬头，给我们的发展带来了空前的风险和挑战。在抗击疫情的斗争中，电子商务充分利用"非接触"的优势，创造出更多的网上服务新形式，加快了整个社会的数字化进程，显示出强大的生命力和韧性。电子商务在现代流通体系中发挥先导性、战略性作用，成为服务构建新发展格局的关键力量。同时，电子商务企业的发展带动就业、拉动消费、放缓经济增长下滑的步伐，使得电子商务成为我国经济实力、科技实力和综合国力大幅跃升的重要驱动力，成为人民群众不可或缺的生产生活方式，成为推动产业链供应链资源高效配置的重要引擎。电子商务的飞速发展已经是不争的事实，作为网络时代的学生，掌握必要的电子商务基础知识成为基本素质要求。通过本章的学习，应该了解什么是电子商务，掌握电子商务的定义、分类和特点，理解电子商务的内涵。

复习题

一、选择题

1. 企业之间的网络交易指以下哪一种电子商务基本形式？（　　　）
A. C2C　　　　　　　　B. B2C　　　　　　　　C. B2B　　　　　　　　D. B2G

2. 企业和消费者间的网络交易指以下哪一种电子商务基本形式？（　　　）
A. C2G　　　　　　　　B. B2B　　　　　　　　C. B2C　　　　　　　　D. B2G

3. 政府和消费者间的电子商务指以下哪一种电子商务基本形式？（　　　）
A. B2G　　　　　　　　B. B2B　　　　　　　　C. B2C　　　　　　　　D. G2C

4. 亚马逊网上商城是一家以（　　　）业务为主的电子商务企业。
A. C2C　　　　　　　　B. B2C　　　　　　　　C. B2B　　　　　　　　D. B2G

5. 以下属于阿里系的是（　　　）。
A. 唯品会　　　　　　　B. 拼多多　　　　　　　C. 小红书　　　　　　　D. 盒马鲜生

二、简答题

1. 什么是电子商务?

2. 电子商务有哪几种分类?每种分类请举例说明。

3. 有人说"电子商务是纯技术的问题",你的看法是什么?

4. 如何理解目前我国电子商务行业的政策方针?

三、论述题

论述我国"互联网+"发展对人们经济生活的影响。

四、实践题

选择身边熟悉的一家企业或组织,分析其是否开展了电子商务。如果有,开展的电子商务属于什么类型?

第二章 数字经济

导 读

　　随着大数据、物联网、人工智能、区块链等数字技术迅猛发展，数字经济已经成为国家经济的重要组成部分。数字经济的概念最早可追溯到20世纪90年代，被誉为"数字经济之父"的唐·塔普斯科特(Don Tapscott)在1995年出版了《数字经济：网络智能时代的承诺与危机》，详细论述了互联网对经济的影响，预言了数字经济的到来。继唐·塔普斯科特之后，经济学界对数字经济概念及内涵的讨论随着数字经济的迅猛发展而不断深入。

知识目标

1. 了解数字经济的内涵
2. 理解数字经济对传统经济的影响
3. 掌握数字经济的相关理论分析
4. 了解我国数字经济发展情况

素养目标

理解数字经济时代"精准思政"理念

核心概念

数字经济　摩尔定律

第一节　数字经济的理论基础

一、数字经济的定义

数字经济的内涵界定在不同历史阶段各有侧重，并没有统一标准。早期定义侧重于数字技术生产力，强调数字技术产业及其市场化应用，例如通信设备制造业、信息技术服务行业、数字内容行业等(Landefeld and Fraumeni，2001；OECD，2014)。随着研究的深入，关注点逐渐转移到对数字技术经济功能的解读以及数字技术对生产关系的变革。

2016 年，G20 杭州峰会通过了《二十国集团数字经济发展与合作倡议》，首次将"数字经济"列为 G20 创新增长蓝图中的一项重要议题，数字经济的概念从那时起应运而生。

2018 年，OECD 在《数字经济测度框架》中提出了定义数字经济的新视角，即通过交易的性质来界定一项经济活动是否属于数字经济。如果交易通过电子订购或者电子交付的方式实现，则对应的经济活动属于数字经济。OECD 这种概念界定与数字化最突出的表现形式相吻合，而伴随着信息技术的不断更迭及其与国民经济各行业的不断融合，数字经济已经不仅局限在产业经济层面，而是一种基于数字技术运行的广泛的新型经济形态。

2019 年 9 月 4 日，联合国贸发会议(UNCTAD, United Nations Conference on Trade and Development)发布《2019 年数字经济报告：价值创造和捕获，对发展中国家的影响》，报告指出，数字革命以前所未有的速度和规模改变了我们的生活和社会，带来巨大的机遇和严峻的挑战。数字化正在以不同的方式改造价值链，并为增值和更广泛的结构变革开辟新的渠道。

对于数字经济的概念，本书引用最普遍的定义即为：数字经济指的是伴随全球数字化浪潮，在新一轮科技革命和产业变革中孕育兴起的新经济模式。它是以数字化知识、信息(数据)作为关键生产要素，以现代信息网络作为重要载体，以信息通信技术的有效使用作为效率提升和经济结构优化重要推动力的一系列活动。

随着近年来数字技术与产业深度结合，数字经济的概念也在不断丰富，衍生出"数字经济 2.0"和"数字新经济"等数字经济新概念，人们对数字经济的认知在不断深入。

二、数字经济的理论分析

(一)数字经济中的边际收益

传统经济学认为，在技术水平不变的情况下，当把一种可变的生产要素投入到一种或几种不变的生产要素中时，最初这种生产要素的增加会使产量增加，但当它的增加超过一定限度时，增加的产量将要递减，最终还会使产量绝对减少，这就是所谓边际效益递减规律。也就是说，总存在一点，在这一点后边际效益递减。在传统的农业经济和工业经济中，由于物质、能量资源的有限性或稀缺性、技术进步的相对稳定性、市场容量的饱和性，当需求依靠供给来满足时，任意一个投入产出系统中，随着投入的增加边际产出(即边际效益)呈递减趋势，是符合边际效益递减规律的。

但是，这个流行了两百多年的规律在数字经济面前却遭遇到了严峻的挑战，那就是数字经济的边际收益递增。

在数字经济中，消费者对某种商品使用得越多，增加该商品消费量的欲望就越强，出现了边际效益递增规律。之所以如此，是由于数字经济有着与传统经济大相径庭的发展规律。具体说来，主要原因如下。

1. 数字经济的边际成本递减

边际效益随着生产规模的扩大会显现出不同的增减趋势。在工业社会物质产品生产过程中，边际效益递减是普遍规律，因为传统的生产要素——土地、资本、劳动都具有边际成本递增和边际效益递减的特征。信息网络成本主要由三部分构成：一是网络建设成本；二是信息传递成本；三是信息的收集、处理和制作成本。由于信息网络可以长期使用，并且其建设费用与信息传递成本及入网人数无关，所以前两部分的边际成本为零，平均成本都有明显递减趋势。只有第三种成本与入网人数相关，即入网人数越多，所需信息收集、处理、制作的信息也就越多，这部分成本就随之增大，但其平均成本和边际成本都呈下降趋势。因此，信息网络的平均成本随着入网人数的增加而明显递减，其边际成本则随之缓慢递减，但网络的收益却随入网人数的增加而同比例增加，如图 2-1 所示。网络规模越大，总收益和边际收益就越大。

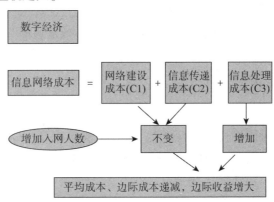

图 2-1 数字经济中的成本递减

2. 数字经济的锁定

锁定是数字经济的规律，因为信息是在一个由多种硬件和软件组成的系统中存储、控制和流通的，还因为使用特定的系统需要专门的训练。比如从苹果计算机转移到英特尔计算机不但要牵涉到新硬件，还要牵涉到新软件。不仅如此，你和你的雇员为了能使用软件和硬件而建立的知识也需要更新，更新计算机系统的转移成本可能会达到天文数字。微软企业的用户一旦使用了该企业的产品，就像吸毒上瘾一样，对其具有越来越大的依赖性。这是由于软件用户已被锁定在某一个文字处理系统或排版系统上。他们不愿学习使用新系统，于是不断购买原系统的新版本。根据美国学者克劳德·艾尔伍德·香农（Claude Elwood Shannon）的定义，"信息是不确定性的消除量"，他认为信息具有使不确定性减少的能力，信息量就是不确定性减少的程度。不被受体理解的信息没有使不确定性减少，也就不称其为信息。而要想理解这些信息，用户需要花费时间和金钱进行再学习。因此，软件用户被其最熟悉的微软视窗锁定。

3. 知识是唯一不遵守效益递减规律的工具

由于信息等高科技产业以知识为基础，而知识具有可共享、可重复使用、可低成本复制、可发展等特点，对其使用和改进越多，其创造的价值越大。而且，知识作为资本要素投入，通过与其他要素的有机配比和使用，提高了投入要素的边际效益，最终导致效益递增。著名经济学家约翰·贝茨·克拉克(John Bates Clark)较早地发现了这一规律，他曾指出，"知识是唯一不遵守效益递减规律的工具"。如美国微软企业为开发第一套视窗软件投入了5 000万美元，其额外生产上千万套只需复制即可，成本几乎可以不计，但仍能以与第一套同样的价格发行，这样，在新经济部门就出现了不同于传统产业部门的"边际效益递增"的情况。美国经济学家保罗·罗默(Paul M. Romer)据此提出了"新增长理论"，认为好的想法和技术发明是经济发展的推动力量，知识的传播以及它可以几乎无止境地变化与提炼是经济增长的关键，而好的想法和知识有其自身的特性，即非常丰富且能以极低的成本复制，因而产生"边际效益递增"，这一观点是对新古典微观经济学的毁灭性挑战。

在数字经济阶段，信息资源成了主要资源，该资源可再生和重复利用，对其生产者无竞争性而对其使用者无排他性，它的成本不随使用量的增加而成比例增加；同时信息技术发展快、变化大、生命周期短，而且需求往往是由供给创造的，产品受市场容量饱和的影响较小。因此，在投入与产出的关系中出现了类似"边际效益递增"的现象，使边际效益递减规律的作用范围缩小。

(二)数字经济的定律

1. 梅特卡夫定律

梅特卡夫定律是一种网络技术发展规律，梅特卡夫定律是3Com企业的创始人，计算机网络先驱鲍勃·梅特卡夫(Bob Metcalfe)提出的。最初主要针对电话网络：假设起初只有一个用户安装了电话，由于其无法通过电话与别人交流，因此这部电话对他而言效用是0；当又有一位用户安装了电话时，对这两个用户而言，既可以打给对方又可以接听对方打来的电话，这样总效用为2，边际效用(即增加一个用户所增加的效用)为2；当第三个用户安装了电话时，总效用增加为6，边际效用为4；当电话用户增加到4时，总效用已达到12，边际效用为6……以此类推可以发现，当用户数量越过10以后，总效用值就会迅速增大。当用户数 n 很大时，电话用户的总效用就趋近于 n^2(见表2-1)。

表2-1 电话网络的总效用与边际效用

电话用户数	1	2	3	4	5	…	$n\to\infty$
边际效用(MU)	0	2	4	6	8	…	$2(n-1)$
总效用(TU)	0	2	6	12	20	…	$n(n-1)\to\infty$

对以上的这一规律，鲍勃·梅特卡夫总结为：网络的价值以用户数量的平方速度增长，即 $V=n^2$(V表示网络的总价值，n表示该网络的用户数量)，我们称之为梅特卡夫定律。虽然梅特卡夫定律是针对电话网络提出的，但它不仅适用于电话、传真等传统的通信网络，而且也适用于互联网这样的虚拟网络世界。

这个定律告诉我们：如果一个网络中有 n 个人，那么网络对于每个人的价值与网络中其他人的数量成正比，这样网络对于所有人的总价值与 $n \times (n-1) = n^2-n$ 成正比。如果一个网络对网络中每个人价值是 1 元，那么规模为 10 倍的网络的总价值等于 100 元；规模为 100 倍的网络的总价值就等于 10 000 元。

20 世纪 90 年代以来，互联网络不仅呈现了这种超乎寻常的指数增长趋势，而且爆炸性地向经济和社会各个领域进行广泛的渗透和扩张。计算机网络的数目越多，它对经济和社会的影响就越大。换句话说就是，计算机网络的价值等于其节点数目的平方。梅特卡夫定律揭示了互联网的价值随着用户数量的增长而呈算术级数增长或二次方程式增长的规则。应用梅特卡夫定律可以对网络市场的规模效应进行研究，特别是作为对 C2C 市场效益价值研究的理论依据。

2. 摩尔定律

摩尔定律是指 IC 上可容纳的晶体管数目约每隔 18 个月便会增加一倍，性能也将提升一倍。摩尔定律是由英特尔（Intel）公司的联合创始人之一的戈登·摩尔（Gordon Moore）经过长期观察提出来的。

1965 年，戈登·摩尔准备了一个关于计算机存储器发展趋势的报告。他整理了一份观察资料，在他开始绘制数据时，发现了一个惊人的趋势，每个新芯片大体上包含其前任两倍的容量，每个新芯片的产生都是在前一个芯片产生后的 18~24 个月内。如果这个趋势继续的话，计算能力相对于时间周期将呈指数式的上升。摩尔的观察资料，也就是现在所谓的摩尔定律，所阐述的规律一直延续至今，且仍不同寻常地准确。人们还发现这不光适用于对存储器芯片的描述，也适用于说明处理机能力和磁盘驱动器存储容量的发展。该定律成为许多工业对于性能预测的基础。在 26 年的时间里，芯片上的晶体管数量增加了 3 200 多倍，从 1971 年推出的第一款 4004 的 2 300 个增加到奔腾 II 处理器的 750 万个。

由于高纯硅的独特性，即集成度越高，晶体管的价格越便宜，这样也就引出了摩尔定律的经济学效益。在 20 世纪 60 年代初，一个晶体管要 10 美元左右，但随着晶体管越来越小，小到一根头发丝上可以放 1 000 个晶体管时，每个晶体管的价格只有千分之一美分。据有关统计，按运算 10 万次乘法的价格算，IBM704 电脑为 1 美元，IBM709 降到 20 美分，而 60 年代中期 IBM 耗资 50 亿研制的 IBM360 系统电脑已变为 3.5 美分。但另一方面，Intel 高层人士开始注意到芯片生产厂的成本也在相应提高。1995 年，Intel 董事会主席罗伯特·诺伊斯（Robert Norton Noyce）预见到摩尔定律将受到经济因素的制约。同年，摩尔在《经济学家》杂志上撰文写道：“现在令我感到最为担心的是成本的增加……这是另一条指数曲线。”他的这一说法被人称为摩尔第二定律。

摩尔定律的提出，是基于对过去几年半导体技术进步的观察和预测，而不是一个物理或自然定律。然而，这个经验法则却在过去半个多世纪中得到了惊人的验证和延续，推动了计算机、互联网、智能手机等信息技术的革命性发展和创新。从最早的 4004 处理器上的 2 300 个晶体管，到如今处理器上的 230 亿个晶体管，半导体工业大致按照摩尔定律的节奏不断刷新着纪录。然而，随着集成电路的尺寸越来越小，越来越接近物理极限，摩尔定律面临着越来越多的挑战和困难。例如，当晶体管的门长足够短时，就会发生量子隧穿效应，导致漏电流增加。此外，随着集成度越高，芯片制造厂的成本也越高，经济效益也受到影响。因此，有人预测摩尔定律将在 2025 年左右到达极限。但是，这并不意味着半导体技术和信息技术的发展就会停止或放缓。相反，许多学术机构和工业公司都在不断地探索新的材料、结构和原理，以尽可能地延续或突破摩尔定律。例如，纳米线晶体管将晶体管的门包围在四面，从而进一步改善了门对电流的控制。还有一些新兴的技术，如量子计算、神经形态计算、光子计算等，也有可能为信息技术带来新的变革。如今看来，摩尔定律并不是一种不可逾越的界限或束缚，而是一种激励和指引。人们更相信"摩尔定律或许会消失，但计算机的革命将永不停止"。

3. 达维多定律

达维多定律认为在数字经济中，由于人们的心理反应和行为惯性，在一定条件下，优势或劣势一旦出现并达到一定程度，就会导致不断加剧而自行强化，出现"强者更强、弱者更弱"的垄断局面。实际上达维多定律体现的是数字经济中的马太效应(Matthew Effect)，说明了数字经济中的主流化现象。

马太效应，是指好的愈好、坏的愈坏，多的愈多、少的愈少的一种现象，来自圣经《新约·马太福音》中的一则寓言："凡有的，还要加给他叫他多余；没有的，连他所有的也要夺过。"1968 年，美国科学史研究者罗伯特·莫顿(Robert K. Merton)提出这个术语用以概括一种社会心理现象："相对于那些不知名的研究者，声名显赫的科学家通常得到更多的声望，即使他们的成就是相似的。同样地，在同一个项目上，声誉通常给予那些已经出名的研究者。例如，一个奖项几乎总是授予最资深的研究者，即使所有工作都是一个研究生完成的。"此术语后为经济学界所借用，反映贫者愈贫、富者愈富、赢家通吃的经济学中收入分配不公的现象。

马太效应反映了数字经济时代企业竞争中一个重要因素——主流化。"非摩擦的基本规律其实很简单——你占领的市场份额越大，你获利就越多，也就是说，富者越富。"Compuserve 和 AOL 是美国的两家联机服务供应商，1995 年之前，Compuserve 占有市场较大份额，在相互竞争中占有优势。而从 1995 年开始，AOL 采取主流化策略，向消费者赠送数百万份 PC 机桌面软件，"闪电般地占领了市场"，迅速赶超了 Compuserve 企业。

4. 吉尔德定律

据美国激进的技术理论家乔治·吉尔德(George Gilder)预测：在可预见的未来(未来10 年)，通信系统的总带宽将以每年 3 倍的速度增长。吉尔德断言，随着通信能力的不断提高，每比特传输价格朝着免费的方向下跃，费用的走势呈现出"渐进曲线"(Asymptotic Curve)的规律，价格点无限接近于零，如图 2-2 所示。

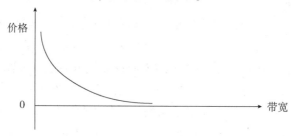

图 2-2　吉尔德定律

　　吉尔德定律中所描述的主干网增长速度比 CPU 的增长速度要快得多。微软企业最近的一次实验证明，在 300 千米的范围内无线传输 1GB 的信息仅需 1 秒钟，这是我们计算机里 Modem 传输能力的 1 万倍！这一事实表明带宽的增加早已不存在什么技术上的障碍，而只取决于用户的需求——需求日渐强烈，带宽也会相应增加，而上网的费用自然也会下降。会有那么一天，人们因为每时每刻都生活在网络的包围中而逐渐忘却"上网"之类的字眼。

　　乔治·吉尔德认为，正如 20 世纪 70 年代昂贵的晶体管如今变得如此便宜一样，如今还是稀缺资源的主干网的网络带宽有朝一日会变得足够充裕，那时上网的代价也会大幅下降。在美国，目前已经有很多的 ISP 向用户提供免费上网服务，随着带宽的增加，并且将会有更多的设备以有线或无线的方式上网，这些设备本身并没有什么智能，但大量这样的"傻瓜"设备通过网络连接在一起时，其威力将会变得很大。就像利用便宜的晶体管可以制造出价格昂贵的高档电脑一样，只要将廉价的网络带宽资源充分利用起来，也会给人们带来巨额的回报，未来的成功人士将是那些更善于利用带宽资源的人。

（三）数字经济的竞争原则

　　数字经济有着与传统经济迥然不同的特征、原理和规律。在数字经济中，企业必须顺应环境的变化，采取全新的竞争原则和竞争策略，方有可能在激烈的竞争中取胜。下面提出的五大竞争原则，勾画出一家企业由弱变强的若干重要途径。

1. 主流化原则

　　网络企业相信，要使软件在市场中获得成功，必须激发大量需求。通过快速形成巨大的市场占有率，导航者成为这个领域的标准。这种为了赢得市场最大份额而赠送第一代产品的做法被称为主流化原则。主流化原则有助于吸引顾客，迅速提高市场份额，使企业在市场上占有主流地位。主流化原则可以推广为：企业降低价格、锁定特定的用户群、发展长远的顾客。所谓锁定，是指通过吸引顾客，使顾客无法放弃你的产品以占领市场的过程。由于惯性、懒惰与时间的珍贵，人们愿意始终只与一个相对固定的企业进行交易。低价推动的正反馈机制是主流化原则的灵魂。微软企业通过每六个月发行一个新版本的方法从用户身上获取大量利润。原用户不但本身被锁定在微软产品上，通过重复购买产生累积效应，而且还会向其亲戚朋友进行推荐，使微软产品的影响迅速扩大，在消费者心目中逐步变成一种时尚、一种非买不可的产品。这时，该产品已取得主流地位。

2. 个人市场原则

　　在传统经济中，通行以全体顾客为对象的大批量生产、大众化销售方式。在数字经济中，出现了"柔性生产"技术。由于互联网的互动作用，企业易于了解消费者的个人偏好，可以借助于网络和计算机，适应个人的需要，有针对性地提供低成本、高质量的产品或服务。个体化产品的售价要比大批量生产的产品价格高，这不但因为支出的成本较高，而且因为它更容易激起顾客的购买欲望。例如 Broad Vision 可在网上向人们提供经过剪裁的个人报纸。只要说出你感兴趣的新闻的范围、类型和侧重点，以及对于版面设计或其他方面的基本要求，你就能得到一份充满个人色彩的、图文兼茂的报纸。

3. 特定化原则

与个人市场原则密切相关的是特定化原则，即挖掘个人市场，然后瞄准市场中某类特定顾客。企业必须首先找出具有代表性的个人习惯、偏好和品位，据此生产出符合个人需要的产品。然后，企业找出同类型的大量潜在客户，把他们视作一个独立的群体，向他们出售产品(服务)。为了吸引特定顾客的注意力，企业应迎合他们共同的人生经历、价值观念和兴趣爱好，创造一个虚拟社会，唤起一种社区意识。虚拟社会能使客户树立对品牌的忠诚，在建立虚拟社会上投入的越多，得到的客户忠诚和收入回报就越多。一项产品一旦成了虚拟社会注意的焦点，它就达到了锁定客户的目标，该社区的成员将会拒绝购买其他同类产品。为了锁定客户，仅靠产品的品牌化是不够的，客户还应因其忠诚而受到奖励。瞄准特定市场是一个循环往复的过程：企业跟踪调查单个顾客的消费行为，将有关数据输入电脑，从而对某一消费者群体的购买行为做出预测，并施加一定的影响，如邮寄广告或有针对性的购物指南；对于那些老客户，还可以享受额外的打折优惠。

瞄准特定客户是弱小企业的最佳策略。由于小企业的资源和能力有限，只能瞄准范围有限的特定客户群。随着锁定一部分客户并不断扩大战果，企业可遵循主流化原则迅速提高市场占有率。但是，随着市场份额的上升，瞄准特定市场的效果也就逐步下降，因为未受控制的份额在迅速缩小。当然，随着企业的发展，它所瞄准的客户的范围将会不断扩大。

4. 价值链原则

一种产品的生产经营会有多个环节，每个环节都有可能增值，我们将其整体称作价值链。价值链原则包括三层含义：

其一，企业不应只着眼于价值链某个分支的增值，而应着眼于价值链的整合，着眼于整个价值链的增值。

其二，企业应尽可能多地拥有或控制价值链上的分支，并从中赚取尽可能多的利润。

其三，企业应缩短价值链，获取由被砍掉的价值链分支曾经获取的收入。

价值链的每一环节都应有价值增值，并使价值乘数达到最大。所谓价值乘数，是指增值总量与增加的投资之比。价值乘数的大小与客户数量、反应率、结账率(实际购买人数)和价格成正向关系，与广告费用成反向关系。企业应设法稳定价格、增加客户数量、提高反应率和结账率，减少广告费用。而要做到这一点，关键是瞄准特定市场、创造虚拟社会，锁定比较狭窄的客户群，或者运用"柔性生产"，使个人需要得到较大的满足，使产品可以有更高的售价。换而言之，个人市场原则和特定化原则可使价值乘数达到最大化。

在控制价值链分支上，最能带来巨额利润的是建立一个新的价值链，即建立一个由相关企业组成，存在着上、下游关系的产业。例如，微软企业是一个产业，苹果企业只是一个企业。微软企业产业不仅包括了本企业，还包括成千上万的开发商、合作伙伴和追随者。索尼等游戏机制造商出售的游戏机是亏损的，但它可以锁定用户并将之纳入自己的价值链中。索尼企业不但可以通过出售游戏软件大发横财，还可以从影院、快餐店及玩具制造厂等生产相关产品的价值链的分支上获取利润。

5. 适应性原则

由于互联性的存在，市场竞争在全球范围内进行，市场呈现出瞬息万变之势。精心制定好的发展计划很可能在转眼间就成为一堆废纸。因此，对企业的经营策略及时做出调整，或使企业的组织结构具有足够的弹性，以适应市场的急剧变化，已成为任何企业必须遵循的最基本的竞争原则之一。企业的适应性原则包括三方面的内容：企业产品的适应性、企业行为的适应性和企业组织的适应性。

①企业产品的适应性：即企业产品（服务）能适应消费者不断变化的个人需要。

②企业行为的适应性：即企业行为要适应市场的急剧变化。

③企业组织的适应性：即企业组织要富于弹性，能随着市场的变化而伸缩自如。企业组织通常等级森严、权力集中。在数字经济中，面对着大量信息的快速传递，面对着市场的急剧变化，面对着全球范围的竞争对手，现有的僵化的组织结构已经难以为继了。如果任何一项行动都必须等待企业总裁的批准，这项行动往往会变得毫无意义。

在数字经济中，由于外界环境的变化极其迅速，推动企业发展的不再是效率，而是高度的适应性。应该把企业看成是有机体，它可以感受环境、适应环境，甚至改变环境。市场环境则是一种选择机制，它可以判定哪种有机体更适合生存。

 【拓展阅读2-1】数字经济对传统经济理论的影响

第二节 我国数字经济的发展情况和面临的挑战与对策

一、我国数字经济的发展情况

2014年，在中央网络安全和信息化领导小组第一次会议上，习近平总书记首次提出了"信息经济"。2015年，我国发布了《国务院关于积极推进"互联网+"行动的指导意见》及《促进大数据发展行动纲要》，标志着我国开启全面利用数据资源的大数据时代，以及全行业与互联网、信息技术深度融合的"互联网+"时代。

2015年12月，在第二届世界互联网大会开幕式上，习近平总书记首次提出了"数字经济""数字中国"概念；2016年二十国集团领导人杭州峰会上，我国正式确立数字经济的概念；2017年党的十九大报告及2018年的《政府工作报告》中进一步阐述了数字经济、数字中国发展思路和发展情况，并于2018年8月正式出台了《数字经济发展战略纲要》，标志着我国不论从发展实际还是发展理念上已全面进入数字经济发展时代。

我国数字经济发展至今，高端制造业、数字农业、数字工业、数字服务业、数字医疗、数字交通、智慧物流、智慧教育为代表的全产业数字化迅猛发展，我国数字经济在规模、结构、"四化"人才队伍建设、技术创新、发展环境优化等领域取得颇多成就。

(一)数字经济规模持续快速增长

根据《中国数字经济发展白皮书(2023 年)》,截至 2022 年,我国数字经济规模达到 50.2 万亿元,同比增加 4.68 万亿元,占 GDP 比重达到 41.5%,数字经济作为国民经济的重要支柱地位更加凸显。2022 年,我国国内生产总值同比名义增长 5.3%,数字经济同比名义增长 10.3%,高于 GDP 名义增速 4.98 个百分点。自 2012 年以来,我国数字经济增速已连续 11 年显著高于 GDP 增速,数字经济持续发挥经济"稳定器""加速器"作用。具体情况如图 2-3、图 2-4 所示。

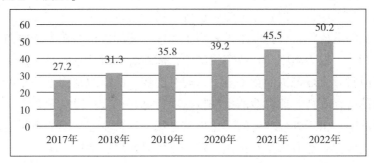

图 2-3　2017—2022 年我国数字经济规模(单位:万亿元)

(数据来源:中国信息通信研究院)

图 2-4　2016—2022 年我国数字经济与 GDP 名义增速对比

数据来源:中国信息通信研究院

(二)数字经济结构持续优化

产业数字化占数字经济比重在 82% 左右波动。2022 年,我国数字产业化规模达到 9.2 万亿元,同比名义增长 10.3%,占 GDP 比重为 7.6%,占数字经济比重为 18.3%,数字产业化向强基础、重创新、筑优势方向转变。同时,互联网、大数据、人工智能等数字技术更加突出赋能作用,与实体经济融合走深向实,产业数字化探索更加丰富多样,产业数字化对数字经济增长的主引擎作用更加凸显。2022 年,产业数字化规模为 41 万亿元,同比名义增长 10.3%,占 GDP 比重为 33.9%,占数字经济比重为 81.7%。

目前,在我国数字经济规模中,产业数字化占比远高于数字产业化占比,表明数字技术、产品、服务正在加速向各行各业融合渗透,对其他产业产出增长和效率提升的拉动作用不断增强。产业数字化成为数字经济增长主引擎,数字经济内部结构优化。具体情况如

图 2-5 所示。

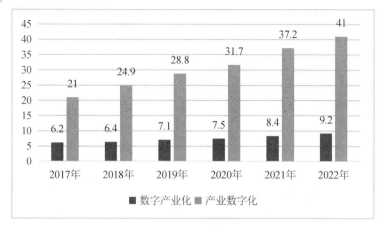

图 2-5　2017—2022 年我国数字产业化和产业数字化规模(单位：万亿元)

数据来源：中国信息通信研究院

(三)各行业数字化快速发展

突如其来的疫情在为社会经济发展带来挑战的同时也为数字经济发展带来了新机遇，在线办公、在线教育、网络视频等数字化新业态、新模式在疫情倒逼下蓬勃涌现，企业利用大数据、工业互联网等加强供需精准对接、高效生产和统筹调配，打造强劲的数字化加速器。2020 年，我国服务业、工业、农业数字经济占行业增加值比重分别为 40.7%、21.0% 和 8.9%，同比上涨 2.9、1.5、0.6 个百分点，产业数字化转型提速，融合发展向深层次演进。具体情况如图 2-6 所示。

图 2-6　2016—2020 年我国数字经济的渗透率(产业占比)

数据来源：中国信息通信研究院

(四)数字经济助力实现稳就业目标

2021 年中国信息通信研究院发布了《中国数字经济就业发展研究报告：新形态、新模式、新趋势(2021 年)》，从数字经济就业结构来看，数字产业化领域招聘岗位占总招聘数的 32.6%，占总招聘人数比重达 24.2%，就业岗位占比显著高于同期数字产业化规模占比。产业数字化招聘占比仍高于数字产业化，招聘岗位和招聘人数占比分别达到 67.5% 和

75.8%，吸纳数字经济就业能力更强。由此可见，产业数字化是就业吸纳的主体。从产业数字化招聘岗位来看，第三产业数字经济就业岗位占比高达60.2%，远高于第二产业的7.1%和第一产业的0.1%；从薪资方面看，第三产业的平均薪资为8 200.7元/月，高于第二产业的1 256.7元/月和第一产业的1 976元/月。具体情况如图2-7所示。

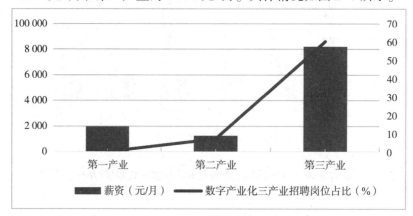

图2-7 产业数字化三产业招聘岗位占比及薪资分布情况(2021年)

(数据来源：中国信息通信研究院)

相关就业数据说明占据优势地位的产业数字化在吸纳就业上的强劲作用以及三大产业构成中第三产业劳动力数字化转型难度最小、第二产业劳动力数字化转型难度很大的事实情况，为后续如何着力扩大数字经济吸纳就业人数、在哪些领域加速劳动力数字化转型提供了方向。

(五)数字人才队伍不断扩张

过去，我国数字人才分布呈现明显的"南强北弱""东多西少"的区域特点。近年来，随着国家和社会对数字经济关注程度的提升和数字经济自身的深入发展，上述情况得以缓解，中西部数字人才竞争力凸显，我国也逐渐形成中心城市聚集、分散辐射四周的总数72万以上的数字人才队伍。而在具体行业分布上，我国数字人才约40%分布在互联网、电子通信等行业中。同时，传统行业尤其是机械制造、房地产、金融和消费品四大行业数字人才开始大规模渗透，四大行业数字人才总数约占总人数的40%。具体情况如图2-8所示。

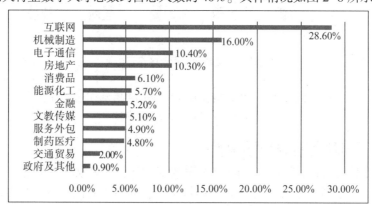

图2-8 我国数字人才行业分布(2021年)

数据来源：猎聘大数据研究院

（六）数字科技创新能力快速提升

当前，我国在人工智能、大数据、云计算、智慧城市、工业互联网、物联网、量子通信、5G 等领域，以及实体经济与数字经济融合发展方面，新技术、新产品、新业态层出不穷，实现了数字技术与应用从跟跑向并跑和部分领跑迈进的新格局，涌现出一批数字经济领域领军企业。

（七）数字经济发展环境不断完善

当前，我国已经基本形成了适应数字经济发展的政策体系。在国家层面，我国出台了《促进大数据发展行动纲要》《国家信息化发展战略纲要》《新一代人工智能发展规划》等一系列文件，明确提出实施加快培育经济发展新动能专项行动，启动数字经济重大工程，进一步提升信息通信业供给能力、补齐发展短板、优化发展环境。

在社会、市场层面，2017 年，我国出台了《国务院关于强化实施创新驱动发展战略进一步推进大众创业万众创新深入发展的意见》，旨在优化创新创业生态环境，充分释放全社会创新创业潜能，在更大范围、更高层次、更深程度上推进大众创业万众创新；随后又发布了《数字经济发展战略纲要》等，强化系统性设计，打破制约数字生产力发展的制度障碍，推进市场化的生产资料分享，提升市场配置资源效率，加速数字化转型，引领和适应数字经济发展；2022 年印发了《"十四五"数字经济发展规划》，明确了"十四五"时期推动数字经济健康发展的指导思想、基本原则、发展目标、重点任务和保障措施。

而在国际层面，2017 年，在第四届世界互联网大会上，中国、老挝、沙特阿拉伯、塞尔维亚、泰国、土耳其、阿联酋等国家相关部门共同发起《"一带一路"数字经济国际合作倡议》，希望"本着互联互通、创新发展、开放合作、和谐包容、互利共赢的原则，探讨共同利用数字机遇、应对挑战，通过加强政策沟通、设施联通、贸易畅通、资金融通和民心相通，致力于实现互联互通的'数字丝绸之路'，打造互利共赢的'利益共同体'和共同发展繁荣的'命运共同体'"。

（八）国内外开放合作日益扩大

在国际上，近年来我国在世界互联网大会、世界人工智能大会、中国国际智能产业博览会等相关平台的影响逐渐扩大，成为全球数字经济高端对话、交流合作、成果展示的重要平台。同时，随着《"一带一路"数字经济国际合作倡议》的发布，我国与"一带一路"沿线各国的数字经济战略合作与业务布局日益广泛。

而在国内，京津冀、长三角、粤港澳等区域数字经济协同联动、优势互补日益加深。上述区域在自身合作发展的同时，也在辐射带动周边地区及全国整体数字经济的快速发展。

总而言之，纵观我国数字经济发展历程，虽然起步较晚，但追赶迅速，取得了巨大的成就。1996 年，我国数字经济规模仅为美国的 1/63，日本的 1/23，英国的 1/6，但今天我国数字经济规模仅次于美国，位居世界第二。互联网企业成为我国数字经济发展的最大亮点，在国内，以腾讯、阿里巴巴、京东等为代表的互联网企业或互联网融合企业发展迅速，无论是收入还是市值都远超传统企业；而在国际上，截至 2023 年 4 月发布的世界互联网公司市值排名前十中，我国阿里巴巴公司排名第六名，其市值超过了 7 千亿美元，腾讯公司排名第八名，其市值超过了 5 千亿美元，字节跳动公司排名第九，市场价值超过 4

千亿美元。

当然，我国数字经济发展不可能止步于此。在未来数字经济发展过程中，如何推动传统企业的数字化转型以增加产业价值、市场价值，如何加速制造业"互联网+"发展以催生高端制造业，如何发展人工智能技术以抢占科技革命与产业变革的先机，成为摆在我国面前的重要问题。

二、我国数字经济发展面临的挑战与对策

(一)我国数字经济发展面临的挑战

长期以来，我国数字经济发展取得了巨大成就，但相较于以美国为代表的发达国家还存在着一定差距，面临着国际与国内的诸多挑战。

1. 对数字经济的发展还需进一步重视

2020年，我国数字经济规模约为5.4万亿美元，而同期美国约为13.6万亿美元，我国数字经济规模与美国相比差距明显；我国数字经济GDP占比(38.6%)要低于美、英、德等发达国家(约60%)，反映出数字经济对GDP的贡献与发达国家相比存在一定差距。同时，以美国为代表的发达国家凭借其在数字技术、产业融创方面所具备的领先优势，依旧领跑世界数字经济。近几年，我国虽逐渐成为数字经济创新策源地，但高新技术、数字技术与产业融合方面仍在一定程度上落后于领先发达国家。

另外，我国对数字经济范围的划分起步较晚，对其范围的认识也不够成熟。中国信息通信研究院在《中国数字经济发展白皮书(2017年)》中总结了我国对于数字经济的早期划分，即数字经济包含数字产业化(基础部分)和产业数字化(融合部分)；直到2021年，我国才在充分借鉴OECD和美国商务部经济分析局关于数字经济分类的方法的基础上，发布了具有国际可比性的数字经济产业统计分类《数字经济及其核心产业统计分类(2021)》。而英国、美国则在2015年和2018年完成数字经济范围划分，如表2-2所示。

表2-2 英、美、中三国数字经济范围划分

国家	机构	数字经济范围
英国	国家统计局(2015年)	电子商务(E-commerce E-business)支撑基础设施(Supporting Infra-structure)：硬件、软件、电信
美国	商务部经济分析局 (2018年)	数字使能基础设施(Digital-enabling Infrastructure)：硬件、软件、电信、相关支持服务 电子商务(E-commerce) 数字媒体(Digital Media)
中国	国家统计局 (2021年)	01 数字产品制造业 02 数字产品服务业 03 数字技术应用业 04 数字要素驱动业 05 数字化效率提升业

2. 数字经济发展对国民收入核算体系带来新的挑战

在农业经济时代，经济衡量标准是人口；在工业经济时代，经济衡量标准是货币，是

GDP 和 GNP。但在数字经济时代，仅以市场价格记录交易的 GDP，完全无视人们可能获得的、由原有付费项目转变而来的免费产品、服务，以及以自助点餐、ATM 机、无人超市为代表的使消费者转变为"生产者"的自助服务；未能适应个性化定制、互联网包月服务、订阅服务等由技术进步带来的可比价格测度与单位价格核算难度提升；也暂未解决在分享经济中，如何使现行调查方法涵盖个人，以及 GDP 核算如何划分（或多大比例划分）消费品和投资品，如何处理居民关于闲置日用品交换等问题。可以说，数字经济对我国乃至世界国民收入核算体系都带来了巨大挑战。

3. 数字经济发展对政府监管方式带来新的挑战

目前，我国政府监管方式包含了 3 个层面：一是属地管理、科层管理，即按行政区划分为国、省、市、县、乡 5 个属地、5 个层级，包括电信运营商、银行、烟草等大型国有企业也按省、市、县三级设立相应的分支机构，进行属地化运作，分区域管理；二是行业管理，我国行业管理呈现明显的条块划分，例如农业、工业、流通、金融、旅游等行业管理相对独立、互不统属；三是准入管理，即事前设置门槛、发放牌照，事后出现问题、照章处罚，相对缺少事中管理。

互联网发展是无国界、无边界的。在数字经济时代，个人或团体借助一个平台即可突破空间制约、辐射全国，实现要素的高效流动。"互联网+"企业往往是跨行业的、需要时时监管的，例如盒马鲜生就涉足零售、餐饮、快递等多个行业，P2P 公司也可能瞬间泡沫破灭。互联网和"互联网+"企业特点为现有监管体系带来了巨大挑战，

虽然国家已出台《关于促进互联网金融健康发展的指导意见》《关于鼓励和规范互联网租赁自行车发展的指导意见》等多项文件，但如何实现跨区域、全国范围监管，如何完善事中监管，如何设置"互联网+"企业准入门槛仍然是尚未解决的问题。

4. 数字经济发展呼唤经济理论的新突破

当前，已有经济理论诸如马克思主义政治经济学和西方经济学，是适合工业经济发展需求的经济学理论体系，难以系统解释数字经济现象。而经济学家虽然已从计量经济学、新制度经济（互联网产权归属/数据产权归属）、市场营销学等角度对特定的新经济现象有所解释，但没有系统有效解释数字经济发展，数字经济领域亟待新理论的突破。

5. 产业互联网是数字经济发展的新方向

中美互联网的发展有一个共同的特点：在消费互联网领域，中美领先全球，共同拥有全球市值最高的 13 家公司，有"双子星"之说。但中美互联网的发展也有一个显著的区别：美国呈现消费互联网和产业互联网"双腿跳"的态势——从 1994 年开始，消费互联网在美国起步，到 1999 年，B2B 电商、供应链金融和现代物流等产业互联网快速跟进，至 2012 年，通用电气公司正式提出了产业互联网中最为重要的"工业互联网"的相关概念；而中国在较长的一段时间里呈现消费互联网"单脚跳"的态势——从 1998 年开始，消费互联网在我国起步，当时正处于我国人口红利的释放期，该领域相关企业的收益较高，吸引了更多企业进入和高研发投入，而进入产业互联网领域的企业相对较少，研发投入也不足，这导致 B2B 电商、供应链金融和现代物流等产业互联网的发展速度较慢，而作为产业互联网重中之重的工业互联网在当时的发展速度更慢，直到《2015 年政府工作报告》发布后才逐渐被相关企业重视起来。

为什么产业互联网是未来数字经济发展的新方向？其原因在于：与消费互联网相比，

产业互联网的服务对象由个人转变为企事业单位、政府和社会团体，由改变生活方式转变为改变生产方式；竞争主角与竞争关系由互联网公司间、互联网公司与传统行业间的此消彼长，转变为传统企业间、传统企业与互联网公司间的共赢共生；竞争重点与市场结构也从互联网公司间争夺"流量"和"赢者通吃"转变为互联网公司帮助传统行业企业洞悉行业、各类行业企业百花齐放。简言之，产业互联网能够带动数字经济发展居主导地位的产业数字化发展，必将成为未来全球数字经济发展的新方向。而我国产业互联网起步晚、发展慢的现实情况也要求我们未来必须加大投入力度，进一步加快其发展速度，从而赶上数字经济发展的潮流，让数字经济成为国民经济发展的有力支撑。

总而言之，虽然我国数字经济发展取得了长足的进步，但与发达国家相比，仍存在较大差距。同时，受外部环境不稳定、不确定因素影响，当前我国数字经济面临的风险挑战加大，包括：第一，基础软件、芯片、高端装备、材料仍是严重短板；第二，操作系统和工业软件等尚未完全实现自主可控；第三，我国数字人才87.5%集中在产品研发领域，大数据分析和商业智能等深度分析人才缺口较大；第四，对经济发展具有较强支撑作用的互联网新型交换中心、大科学装置和测试试验平台等新型基础设施相对不足。而美国在教育、文化和科研等领域拥有众多世界排名靠前的高等院校、智库和研究机构及其所吸纳的全球人才，中美人才竞争，我国处于不利境地。在数字经济理念上，美国现已形成包括人工智能、共享经济、电子政务、电子商务、数字地球、物联网、云计算、大数据和工业互联网等在内的完备数字经济理念；与之相比，我国数字经济理念起步晚，发展还不成熟，差距明显。而在信息技术和互联网领域，美国不但是第一台电子计算机和通用计算机的发明地，也是以摩尔定律为代表的一系列信息技术、互联网理论的发源地，更是现阶段世界互联网的中心。与之相比，我国信息技术和互联网不论是在理论上还是在实际发展上，都有很长的路要走。

(二)我国数字经济发展对策

基于我国数字经济现状及面临的挑战，我国数字经济发展后续对策大致集中在以下六个方面。

第一，统筹全国布局，发挥各地优势。统筹全国经济发展全局，充分发挥数字经济的优势。一是统筹京津冀、长三角和粤港澳等重点地区，发挥特色优势，形成新高地，在国际竞争中取得优势；二是协调创新主体和人才等要素，加快国家实验室的建设，培养和引进全球领先的创新团队，形成世界领先的研发实力；三是协调数字产业化和产业数字化，深化供给侧结构性改革，在核心技术突破、新兴产业发展、传统产业数字化、新型商业中心和新兴金融中心建设等方面提升综合效益和整体效益，开放共享数据资源，构建创新生态，拓展开放合作；四是突出世界互联网大会和世界人工智能大会等全球性会议的特色主题，加强科技、产业和资金合作，打造高地，提升辐射能力。

第二，实施关键核心技术攻关计划。我国应充分发挥在中国共产党坚强领导下集中力量办大事的制度优势，统一组织实施关键核心技术攻关。具体包括：一是国家主管部门要从政府和企业两个层面组织并全面梳理数字经济领域的网络信息、高端设备技术和新材料等关键技术，形成科技突破清单；二是领军企业与大型科研平台发挥引领作用，利用全国相关领域的高校、科研院所和具有创新突破能力的研究平台等创新资源，以及产业链上下游企业等开展联合研究；三是加大基础研究投入，坚持短期与长期相结合，提升短期技术问题解决能力及长期基础研究能力；四是在国家、省、市、县和企业的共同支持下，建立国家重点科研开发项目，进行市场经济条件下国家科研体系的合力探索。

第三，打造国家数字科创生态系统。想要打造国家数字科创生态系统，需要坚持国家引领，加强基础设施建设，全面发挥科研组织、科研平台装备和科研人才的作用。具体表现：一是协调全国企业、高校、研发机构、用户、资金、人才、政府、环境和基础设施等创新促进要素，构建各方互联的创新生态系统；二是建设一批硬件条件一流的大型科学设施，吸引世界各地科学家来中国进行研究；三是建设和完善数字经济中的开源平台体系，如人工智能和工业互联网等；四是加强基础研究和应用研究，组织共性技术创新；五是引进和培养数字经济高端人才，突出"高精尖缺"方案，建立立体化人才培养体系，完善人才培养结构。

第四，构建安全可控的产业生态。要构建安全可控的产业生态，需突破关键技术，发挥企业作用，强化系统建设并加强政策规范和措施监管。具体包括：一是突出关键行业和关键技术，明确要求，落实责任，扩大新产品的应用；二是支持整机企业车头，形成产业链上下游企业合作机制，组织材料、零部件、配套设备和整机等生产企业对接；三是鼓励领军企业推出拥有自主知识产权的操作系统，加快安全可控的软硬件生态系统建设；四是完善配套政策和监管措施，提供构建安全可控产业生态的环境保障。

第五，改革完善体制机制。欧盟和英国的经验表明，发展数字经济需要拥有顺应其发展形式的治理能力和完善的法律、法规保障。我国应具体做到：一是深化"放管服"改革，加快政府数字化转型，提升制度供给能力；二是强化安全保障，充分考虑国家数据安全与数字主权等问题；三是推动数字经济地方立法，加快清理修订不适应数字经济发展的相关法规政策；四是构建政府管平台、平台管企业、行业协会及公众共同参与的多方治理机制，建立政府、平台及用户互动的治理模式；五是建立包容审慎的监管机制，着力消除阻碍新业态和新模式发展的各种行业性、地区性和经营性的壁垒。

第六，保障相关资源要素。数据是数字经济发展最重要的生产要素，如何优化数据资源的利用，充分释放数据价值，是未来中国数字经济发展的重要课题；同时，数字经济的发展也与土地、能源和资本等传统要素资源密不可分，相关要素资源需要适当倾斜。特别要注意：一是政府和企业共同推动大数据的创新发展，促进数据资源的共享、开放及应用；二是优先考虑发展数字经济所需的土地、金融、能耗、排放和财政等资源要素，适当优先考虑优势地区；三是加强用地占补平衡的跨区域统筹力度，研究能源使用权和排放权的跨区域协调方式，突破现行管理体制；四是根据不同地区数字经济发展的需要，加快部署新型互联网交换中心，扩容国际出口信道、骨干直联点等信息基础设施，突破网络瓶颈限制。

本章小结

数字经济是现代经济中非常活跃的组成部分，甚至有人把数字经济作为现代经济的主要代表，由此可见数字经济的重要性。数字经济，一种建立在计算机网络（特别是互联网）基础之上，以现代信息技术为核心的新的经济形态。它不仅是指以计算机为核心的信息技术产业的兴起和快速增长，也包括以现代计算机技术为基础的整个高新技术产业的崛起和迅猛发展,更包括由于高新技术的推广和运用所引起的传统产业、传统经济部门的深刻的革命性变化和飞跃性发展。因此,不能把数字经济理解为一种独立于传统经济之外、与传统经济完全对立的纯粹的"虚拟"经济。它实际上是一种在传统经济基础上产生的、经过以计算机为核心的现代信息技术提升的高级经济发展形态。数字经济中呈现的摩尔定律、梅特卡夫定律、吉尔德定律,反映了网络中信息的正反馈现象,数字经济中边际成本递减又充分指出了网络产品免费提供的原因,数字经济中的各种规律为我们更好地理解网络中的各种经济现象提供了依据。本章主要掌握的知识点是数字经济的主要规律。

复习题

1. 数字经济的内涵是什么?
2. 请解释一下摩尔定律。
3. 你如何理解数字经济中的马太效应?
4. 网络数字产品为什么总是能够免费提供呢?
5. 传统经济与数字经济的区别在哪里?

第三章 电子商务的技术基础

导读

　　电子商务是基于计算机网络、通信、安全认证等技术的产生而发展的。计算机网络就是使用通信线路连接起来的计算机集合，它的基本功能就是能够互相交换信息，共同享有网络资源。计算机网络与通信技术的发展大大促进了电子商务的兴起，促进了电子商务的健康快速发展。本章主要介绍与电子商务有关的计算机网络、互联网网络以及介绍电子商务发展中不断更新应用的大数据、云计算、物联网、人工智能等新技术。

知识目标

1. 计算机网络基本结构和类型
2. 互联网网络相关知识
3. 电子商务的技术发展应用

素养目标

　　了解电子商务技术的原理和应用价值，培养学生应用技术的职业道德观念

核心概念

　　互联网　物联网　云计算　大数据　区块链

第一节　计算机网络技术概述

一、计算机网络基础知识

本节主要对计算机网络基础知识作一下介绍，包括计算机网络概况、计算机网络的分类、计算机网络协议等内容。

(一)计算机网络概况

1. 计算机网络的产生和发展

21世纪是计算机网络的时代。随着计算机技术的迅速发展，计算机应用已逐渐渗透到社会发展的各个领域，单机操作的时代已经满足不了社会发展的需要。社会资源的信息化、数据的分布式处理、各种计算机资源的共享等种种应用的需求推动了通信技术和计算机技术的发展与结合。计算机网络就是计算机与通信技术相融合的产物。计算机网络的发展经历了从简单到复杂的过程，大体上可分为面向终端的计算机通信网、分组交换网、形成计算机网络体系结构、互联网的应用与高速网络技术四个阶段。

目前，计算机网络的发展正处于第四阶段，其主要标志是互联网的应用与高速网络技术的发展。互联网是覆盖全球的信息基础设施之一。对于广大互联网用户来说，它好像是一个庞大的广域计算机网络。用户可以利用互联网来实现全球范围内的电子邮件、信息查询与浏览、电子新闻、文件传输、语音与图像通信服务等功能。互联网对推动世界科学、文化、经济和社会的发展有着不可估量的作用。

自20世纪90年代以来，世界经济已经进入了一个全新的发展阶段。世界经济的发展推动着信息产业的发展，信息技术与网络的应用已成为衡量21世纪综合国力与企业竞争力的重要标准。

2. 计算机网络的定义

在计算机网络发展过程的不同阶段中，人们对计算机网络提出了不同的定义。这些定义可分为三类：广义的观点、资源共享的观点与用户透明性的观点。从目前计算机网络的特点看，资源共享的观点的定义能比较准确地描述计算机网络的基本特征。资源共享的观点将计算机网络定义为：将分布在不同地理位置上的具有独立工作能力的计算机、终端及其附属设备用通信设备和通信线路连接起来，并配有网络软件，以实现计算机资源共享的系统。这个定义符合目前计算机网络的基本特征，这主要表现在：

(1)计算机网络是通信技术与计算机技术的结合。

在硬件设备上，计算机网络增加了通信设备，网络内的计算机通过一定的互联设备与通信技术连接在一起，通信技术为计算机之间的数据传递和交换提供了必要的手段。因此，网络中的计算机之间能够互相进行通信。

(2)计算机网络建立的主要目的是实现计算机资源的共享。

计算机资源主要指硬件、软件与数据。网络用户不但可以使用本地计算机资源，而且可以通过网络访问联网的远程计算机资源，还可以调用网中几台不同的计算机共同完成某项任务。

（3）计算机网络是分布在不同地理位置的多台独立的计算机的集合系统。

互联的计算机之间可以没有明确的主从关系，每台计算机可以联网工作，也可以脱网独立工作，联网计算机可以为本地用户提供服务，也可以为远程网络用户提供服务。网络中的计算机最少是两台，大型网络可容纳几千甚至几万台主机。目前世界上最复杂的最大的网络就是国际互联网，它将全世界的计算机相互连接在一起，并且能够互相进行通信，实现全球范围内的资源共享。

（4）联网计算机必须遵循全网统一的网络协议。

3. 计算机网络的组成部分

通常在每种网络中都有大量的软件、硬件，名称也各不相同，但是对任何计算机网络有以下三个组成部分：①至少两台独立的分离的计算机；②一种能保持计算机之间进行接触的通道；③一些保证计算机之间相互通信的规则。

这三部分又常被称为网络三要素，如图 3-1 所示。

图 3-1　计算机网络的三要素

（二）计算机网络的分类

计算机网络的分类方法很多，常用的主要有两种：按传输技术分类和按网络规模分类。

1. 按传输技术分类

网络所采用的传输技术决定了网络的主要技术特点，因此根据网络所采用的传输技术对网络进行分类是一种很重要的方法；按传输技术，可把网络分为两类：广播式网络（Broadcast Networks）、点到点网络（Point—to—Point Networks）。

（1）广播式网络。

在广播式网络中，所有联网计算机都共享一条公共通信信道；当一台计算机利用共享通信信道发送报文分组时，所有其他的计算机都会"收到"这个分组。由于发送的分组中带有目的地址与源地址，接收到该分组的计算机将检查目的地址是否与本节点地址相同。如果被接收报文分组的目的地址与本节点地址相同，则接收该分组，否则将它放弃。

（2）点到点网络。

与广播式网络相反，在点到点式网络中，每条物理线路连接一对计算机。假如两台计算机之间没有直接连接的线路，那么它们之间的分组传输就要通过中间节点的接收、存储、转发，直至目的节点。由于连接多台计算机之间的线路结构可能是复杂的，因此从源节点到目的节点可能存在多条路由，通常是多条路径，并且可能长度不一样；从通信子网的源节点到达目的节点的路由需要由路由选择算法来决定,采用分组存储转发与路由选择是点到点网络与广播式网络的重要区别之一。

2. 按计算机网络规模分类

计算机网络按照其覆盖的地理范围进行分类,可以很好地反映不同类型计算机网络的技术特征:由于网络覆盖的地理范围不同,它们所采用的传输技术也就不同,因而形成了不同的网络技术特点与网络服务功能。按计算机网络规模分类,可把计算机网络分为:局域网(LAN)、区域网(MAN)、广域网(WAN)。

(1)局域网。

局域网运用于有限距离内的计算机之间进行数据和信息的传递,一般指覆盖范围在10千米以内,如一个楼房或一个单位内部的网络。传输距离直接影响速度,因此,局域网内的通信由于传输距离短,传输的速率一般都比较高。目前,局域网的传输速率一般可达到10 MB/s 和 100 MB/s,高速局域网传输速率可达到 1 000 MB/s。

(2)区域网。

区域网是介于广域网与局域网之间的一种高速网络,通常覆盖一个地区或城市,在地理范围上从几十千米到上百千米。区域网设计的目标是要满足几十千米范围内的大量企业、机关、公司的多个局域网互联的需求,以实现大量用户之间的数据、语音、图形与视频等多种信息的传输功能。

(3)广域网。

广域网指远距离、大范围的计算机网络,覆盖的地理范围从几十千米到几千千米。由于广域网的覆盖范围广、联网的计算机多,因此广域网上的信息量非常大,共享的信息资源很丰富。互联网是全球最大的广域网,它覆盖的范围遍布全世界。

(三)计算机网络协议

1. 网络协议的概念

协议是联网的实体之间用来保证相互通信的规则。协议包括三部分:语义、语法、时序。语义是指构成协议的控制信息或命令及应答;语法是指数据或控制信息的数据结构形式或格式;时序是指时间的执行顺序。协议既可以是一个也可以是一组完全的规则和标准,这些规则和标准使不同的设备之间能够互相交谈。就像行驶的车辆必须遵守交通规则一样,网络中不同主机间的数据交换同样也需要遵循一定的规则,这样主机间的数据交换就会有效地进行,减少不必要的网络拥挤和阻塞。

实际上,目前正在使用的协议有许多种,一方面是由于各种不同的应用场所使得不可能有一种"万能协议",另一方面,是各种利益集团间互不妥协的结果。各种协议处理的问题不同,互相之间的风格和方法更是千差万别,但是我们可以通过国际标准化组织提出的开放系统互联参考模型来对协议有个大体的了解。

2. 开放系统互联参考模型(OSI 模型)

OSI(Open System Interconnection,开放系统互联)参考模型自推出后,逐渐成为网络技术界所公认的标准,目前大多数流行协议都遵守该模型,如图3-2所示。

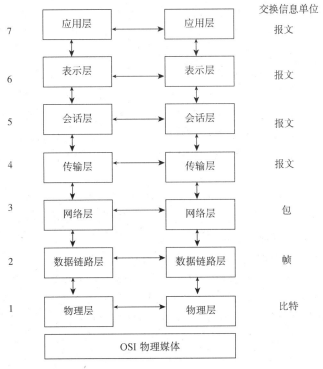

图 3-2　OSI 七层参考模型

OSI 模型从最基础的物理硬件到最终的用户程序之间共分七层，由底到顶分别是：物理层、数据链路层、网络层、传输层、会话层、表示层、应用层。从通信的角度看，信息是从一方的应用层发送到另一方的应用层中去，发送方的信息从应用层向下流动，在流动过程中每一层都向下加入自己的标识，使得信息越来越多，到达物理层后通过传输通道到达接收方的物理层，然后一层层向上传递，最后到达应用层。在接收方数据向上流动的过程中，每一层都去掉发送方相应层加上的标识，在到达应用层就恢复了发送的信息。

（1）物理层。

物理层的作用是在物理媒体上传输原始的数据比特流。它是为了确保当一方发送二进制比特"1"时，对方能正确接收到此信号，并识别出来。对于媒体信道上应有多少条线、相应的插头和插座的机械形状的大小、插针的个数和排列、什么电信号代表"1"和什么电信号代表"0"，比特的持续时间是多长、每个插针或每条线传输的是什么信号和它们之间应按什么顺序升起或落下、最初的连接应如何建立、传输完成后连接又如何终止等，在传输的双方间都要有一致统一的约定，这就是物理层的协议。归结为一句话，物理层的功能是为在物理媒体上建立、维持和终止传输数据比特流的物理连接提供机械、电气、功能和过程的手段。

（2）数据链路层。

原始的物理连接由于外界噪声干扰等因素，在传输比特流时可能发生差错。数据链路层的一个主要功能就是通过校验、确认和反馈重发等手段将该原始的物理连接改造成无差错的数据链路。另外物理层传输的是原始比特流，并不关心其意义和结构，在数据链路层我们将比特组合成数据单元，也就是我们所说的帧（Frame）。在一帧中我们可以判断哪一段是地址、哪一段是控制域、哪一段是数据、哪一段是校验码。数据链路层还要解决防止高速的发送方发来的数据过快而淹没慢的接收方的问题，即流量控制(Flow Control)的问题。高级数据链路控制(High-Level Data Link Control，HDLC)规程就是一个数据链路层协议的例子。

（3）网络层。

网络层关心的是通信子网的运行控制，主要解决如何把网络协议数据单元(分组)从源传送到目标。这就需要在通信子网中进行路由选择。路由选择算法可以是简单的、固定的，也可以是复杂的、动态适应性的。如果同时在通信子网中出现过多的分组，会造成阻塞，因而要对其进行控制。当分组要跨越多个通信子网才能到达目标时，还要解决网际互联的问题。X.25分组级协议和网际协议IP是网络层协议的例子。

（4）传输层。

传输层是第一个端对端，也就是主机到主机的层次。有了传输层后，高层用户就可以利用传输层的服务直接进行端到端的数据传输，从而不必知道通信子网的存在。通信子网的更替和技术的变化通过传输层的屏蔽将不被高层用户看到。通常，传输层在高层用户请求建立一条传输虚通信连接时，就通过网络层在通信子网中建立一条独立的网络连接。但是，若需要较高的吞吐量，传输层也可以建立多条网络连接来支持一条传输连接，这就是分流。或者为了节省费用，传输层也可以将多个传输通信合用一条网络连接，称为复用。传输层还要处理端到端的差错控制和流量控制的问题。概括地说，传输层为上层用户提供端对端的透明优化的数据传输服务。

（5）会话层。

会话层允许不同机器上的进程之间建立会话关系。传输层是主机到主机的层次，而会话层是进程与进程之间的层次，会话层组织和同步进程间的对话。它可管理的对话允许双向同时进行，或任何时刻只能一个方向进行。在后一种场合下，会话层提供一种数据权标来控制哪一方有权发送数据。会话层还提供同步服务，若两台机器进程间需进行数小时的文件传输，而通信子网故障率又较高，对传输层来说，每次传输中途失败后都不得不重新传输这个文件。会话层提供了在数据流中插入同步点的机制，在每次网络出现故障后可以仅重传最近一个同步点以后的数据，而不必从头开始。

（6）表示层。

表示层为上层用户提供共同需要的数据或信息语法表示。大多数用户间并非仅交换随机的比特数据，而是要交换诸如人名、日期、货币数量和商业凭证之类的信息。它们是通过字符串、整型数、浮点数以及由简单类型组合成的各种数据结构来表示的。不同的机器采用不同的编码方式来表示这些数据类型和数据结构。为了让采用不同编码方法的计算机通信交换后能相互理解数据的值，可以采用抽象的标准方法来定义数据结构，并采用标准的编码表示形式。管理这些抽象的数据结构，并把计算机内部的表示形式转换成网络通信中采用的标准表示形式，都是由表示层来完成的。数据压缩和加密也是表示层可提供的表示变换功能。数据压缩可用来减少传输的比特数，从而节省经费；数据加密可防止敌意的窃听和篡改。

（7）应用层。

应用层是开放系统互联环境的最高层，为特定类型的网络应用提供访问OSI环境的手段。网络环境下不同主机间的文件传送、访问和管理(File Transfer，Access and Management，FTAM)；网络环境下传送标准电子邮件的文电处理系统(Message Handling System，MHS)；方便不同类型终端和不同类型主机间通过网络相互访问的虚拟终端(Virtual Terminal，VT)协议等，都属于应用层的范畴。

二、互联网(Internet)基础知识

本节主要介绍互联网的基础知识,包括互联网概论、互联网的运行和发展、互联网协议(TCP/IP 协议)、域名系统等内容。

(一)互联网的概念

依传统的定义,Internet 可理解为"网络的网络",即网际互联的意思。那么,什么又是网络呢?例如,某公司将办公室的所有计算机连接起来,或一所大学将校园中的计算机连接起来进行通信,这些计算机的连接就组成了网络。

如果两个网络使用相同的协议和标准,或在两个网络之间增设一个接口装置进行两种标准的转换,两个网络之间用一定的媒质连接后,那么,两个网络中的任何计算机或计算机与打印机等外部设备之间便可以交换命令和数据,也可以通过一台计算机向网络中多台计算机以广播的方式传送数据。

显然,要把计算机连接起来组成一个网络,网中的各计算机都必须有一个地址,才可相互通信。地址可以用一组字母或一组数字表示。例如,某图书馆采访部计算机的地址可以是字形(如"cf"),也可以是数字(如"17")。当两个或更多的网络连接起来时,地址不仅要能标识计算机,还要能标识计算机或其他设备所在的本地网络。为此,通常表示的方式是使用一个点符号"."把计算机的名字与网络的名字隔开。例如,"cf"计算机在"CB"网络上时,那么,表示该计算机的地址就是"cf. CB";也可将其看作是"17"计算机在"205"网络上,则该计算机的地址是"17. 205",其中"CB"或"205"表示网络名。如果某计算机有多个用户,每个用户都应有相应的名称,用户名用"at"符(@)来与计算机名区别开。例如,要给用户"小王"送一个消息,而小王又是"cf"计算机的用户之一,则他的名称应为 xiaowang@ cf. CB(可读作"小王在采访点采编网络上")。既然每台计算机的每个用户都有自己的名称,那么把文件从一台计算机送到另一台计算机上,或给指定的用户发送消息不仅能实现,而且这些事情在网络上办起来都是简单易行的事情了。

当把众多网络连在一起时,情况变得更复杂了。例如,如果 A 图书馆与 B 图书馆的网络连接在一起时,那么两个图书馆的网络中都可能有采编"CB"网络上的计算机"cf. CB"。因此,在地址中必须加入更多的信息来区别不同图书馆的网上计算机才能使各个地址是唯一的。此时,A 图书馆小王的地址可写为 xiaowang@ cf. CB. ALIB,其中 ALIB 代表 A 图书馆。如果每个用户都使用相同的编名和编址系统,那么信息也可以通过中间网络送到第三、第四或第五等网络上的计算机上去。所以,如果 A 与 B 和 C 三图书馆网络相连时,那么 A 图书馆也能与 C 图书馆互送信息。当更多的图书馆,如 D 与 E 图书馆也进入网络,可以想象到各图书馆之间流通的数据量将增加,并使每个系统负担加重。如 B 或 C 图书馆最终会发现由于自己网中过多的流量用于传送其他图书馆信息,而不能自如地处理自己内部的信息。这时,五个联网的主管人将研究、重新调整系统。他们可利用一台计算机建立一个中心集线器(HUB)或用一条主干线将所有的设备连接起来,而不采用以前各个网络之间相互串联的连接方案。如果五个本地网上的所有计算机都使用相同的语言(或使用转换设备进行语言的互译),那么,任何用户与其他用户互换信息和数据就不成问题了。

以此推论,几个更大网络连在一起形成一个大系统,该系统中任一方可将它的网络与其他网络相连。任何用户都可以使用这些网络的线路。如果这条线路的另一端还与另一个主干网相连,则互联网络便可覆盖一个面积更大的区域,形成网际互联(Internet)局面。

(二)全球性互联网

从广义上来说,以上网络连接就是互联网的基本工作方式。HTML是全球计算机系统的集合,这些计算机系统通过主干系统互联在一起,它们有一套完整的编址和命令系统。

互联网在1969年始建于美国,它起源于一个广域网建造的研究项目。1973年首次和挪威及英格兰的国际网络互连。到1983年,美国完成该项目,即ARPANET,它是互联网的网络基础。由于ARPANET的成功,美国国家科学基金会NSF(National Science Foundation)于1986年采用传输控制协议/互联网协议,即TCP/IP通信协议,建立起NSFNET网络。NSFNET是一个非常成功的模式,它不仅向研究人员提供可获得无限资源的通信网络,而且深深地影响着世界各地的网络建设。

NSFNET的主干网是以全美13个节点为主干节点构成的,再由各主干节点向下连接地区性网络,再到各大学校园网络的局域网。主干节点是以T3(45Mb)为主,各地区网络是以64K专线为主,而且采用TCP/IP为其通信传输标准。其地区性网络、校园网络的层次结构,是现在美国最著名的US Internet结构,其主干线包括大容量电话线、微波、激光、光纤和卫星等多种通信手段,以此网络为基础和全世界各地区网络相连,便构成了一个世界性互联网网络。它具有开放存取、网络通信协议一致和相互交换信息的公用程序等特点。现在,互联网网上不仅提供非常丰富的科技、教育、发明、产品等信息资料,还能提供许多其他的资源。

除了网络资源共享的特点外,分布式控制的特点也是明显的,例如,NSF巨型计算机中心不断地扩展着互联网的工作能力和用途,它们已经组成了分布式计算机系统。分布式计算机系统可将该中心的巨型机与其他各类计算机连接起来,组成"虚拟计算机"系统,使需要处理大量数据的科学问题的处理成群分布式计算机的分工协作,明显优于单台计算机,通过NSF巨型机中心提供的软件,分布式计算机系统上的所有计算机都达到了最好的协调工作。目前互联网系统中连有上万的网络和几千万台计算机。它的发展是如此迅速,以致没有人能精确说明系统上到底有多少用户。随着越来越多的系统加入互联网,越来越多的信息形式被转换为数字形式。网络用户可使用的资源不断地增长。可利用的资源可以是文本信息、图片、录音磁带、图书馆目录和软件等(包括可在个人计算上运行的许多程序)。当通过某一调制解调器或某一区域网将个人计算机与互联网相连时,计算机便可以与全球互联网上任何计算机互换资源。

以上是从数据通信工程师的眼光来看互联网。若从社会学家的角度来看互联网,又是怎样的呢?互联网作为一种社会现象,其物理连接并非重要,当全国以及全球的互联网网络发展时,人们会把它看作一个具有自己传统和风格的社会团体。例如,某人在一次会议上提出一个问题,而另一个陌生人将会回答这个问题。那些没有看到原答案的人会多次提出同样的问题,为此,其他人便会列出一张"高频问题表",并将它放在新加入的用户能找到的地方,互联网老用户把这个表称为FAQ,很快,互联网便成为所有用户的公共资源,而没有人独自占有互联网,但许多人在为它的正常运行做出贡献。可以说,互联网是为共同利益而分享各自资源的、人们互相合作组成的团体,通过互联网,用户可以与其他百万台计算机相连,并和有共同爱好的人交流,它是个人计算机通往世界的窗口。

(三)互联网网络运行和发展

互联网是一个包含成千上万相互协作的组织及网络的集合体。它不受政府或某个中心的管理和控制,看起来像是处于无政府状态。同时,它的每个组织作为一个成员,负责本网络的管理及费用，并且自愿与相邻网络协作指导网络数据的来回传送，其运行和管理形式分局域网、区域网、主干网三种方式。

局域网是互联网的基础模块。通过局域网可将大学、企业、公司以及机关等单位内的计算机进行连接。每个局域网的管理和费用都由本单位的组织负责控制和支付。

区域网由局域网通过线路互连而构成，它还可与其他区域网连接，所以区域网是许多不同的局域网和组织的联合。

主干网是连接全国和洲际的大容量的线路，是由政府机构或大公司出租的，例如，我国教育科研网 CERNET 和美国国家科学基金会等提供的干线主要是为教育和科技服务的，鼓励教育和科研方面的通信和研究。世界上有很多具有同样目的的其他类似的组织。此外，商业服务部门向用户提供远程通信系统及线路服务，也向区域网提供线路和干线的租用服务。租用线路的选择多种多样，可能是一条电话线、光纤电路、微波电路，甚至是一条卫星传输电路。通常，用户按月为租用线路付费，而不是按实际发送的数据量计算。决定线路的价格是线路传送的距离以及带宽。一旦用户租用了一条线路，用户就可以在一整月之内的任何时间随意传送带宽所允许的任意多的数据量。为了节省开支，相邻网络可以共同分担连接它们的租用线路的费用。

无论哪种形式，所有与互联网相连的组织和网络都应相互协作共享资源，互相发送电子邮件和数据。同时，它们都遵循允许 TCP/IP 数据包在网络间传送的通用协议，保证用户能方便地用自己的计算机和互联网上的其他计算机进行通信和传输数据。此外，各个网络和组织应遵循由互联网用户通过评论请求（RFC）方式而建立的协议。例如，如果某个用户的网络由于不适当地使用了互联网而损害了与其相邻的网络正常工作，那么其相邻网络就会切断同它的联系。这种来自网络同行的压力是保障互联网可靠运行的重要条件之一。

目前，互联网网络协会是帮助引导互联网发展的最高组织。它是一个非营利组织，其成员由与互联网相连的各组织和个人组成，会员全凭自愿参加，但必须交纳会费。而互联网网络协会并不经营互联网，但它支持互联网网络活动协会（IAB）。IAB 由两部分组成：一部分是互联网网络工程任务队，它关心的主要事情是正在应用和发展的 TCP/IP 协议；另一部分是互联网网络研究任务队，它主要致力于发展网络技术。此外，IAB 协会控制着互联网网络号码分配局，以便监督网络四地址的分配，同时 IAB 还控制着互联网登记处，它跟踪域名系统（DNS）的根数据库并且负责域名与 IP 地址的联系。今天的互联网已经变成了一个开发和使用信息资源的覆盖全球的信息海洋。在互联网上，按从事的业务分类包括了广告公司、航空公司、农业生产公司、艺术、导航设备、书店、化工、通信、计算机、咨询、娱乐、财贸、各类商店、旅馆等 100 多类，覆盖了社会生活的方方面面，构成了一个信息社会的缩影。

（四）互联网基础通信协议——TCP/IP

在覆盖范围较小的局域网内，主机间的数据交换都遵守相同的网络通信协议。而互联网由数十万个网络与数千万台计算机组成，它涉及不同的网络间的相互通信。互联网上不同子网间的主机进行数据交换所遵守的网络通信协议，泛指所有与互联网有关的一系列的网络协议的总称。传输控制协议（TCP）和互联网协议（IP）是其中最重要的两个协议，是互联网最基本的协议、互联网国际互联网络的基础。TCP/IP 定义了电子设备如何连互联网，以及数据如何在它们之间传输的标准。协议采用了 4 层的层级结构，每一层都呼叫它的下一层所提供的协议来完成自己的需求，如表 3-1 所示。通俗而言：TCP 负责发现传输的问题，一旦发现有问题就发出信号，要求重新传输，直到所有数据安全正确地传输到目的地。而 IP 是给互联网的每一台联网设备规定一个地址。

表 3-1　TCP/IP 与 OSI 分层模式对照

OSI 分层模式	TCP/IP 分层模式	TCP/IP 常用协议
应用层	应用层	DNS，HTTP，SMTP，POP，Telnet，FTP
表示层		
会话层		
传输层	传输层	TCP，UDP
网络层	网络层	IP，ARP，RARP，ICMP
数据链路层	物理层	Ethernet，FDDI，令牌环
物理层		

1. TCP/IP 的分层模式

TCP/IP 是一组协议，与前面讲过的 OSI 开放系统互联模式类似，它也采用分层模式，自上而下分为四层，其与 OSI 分层模式的对应关系如表 3-1 所示。

2. TCP/IP 中几个常用的协议及其特点

根据上述 TCP/IP 的分层模式，下面具体来说一下几个常用的协议及其特点。

(1)物理层。

由于 TCP/IP 在设计时考虑到与具体的传输介质无关，即任何网络都可以接入互联网，因此物理层只提供了各种物理网络与 TCP/IP 之间的接口。例如，TCP/IP 实现了与其他网络如 Ethernet(以太网)、FDDI、令牌环网的通信。

(2)网络层。

网络层又叫寻址层。TCP/IP 网络层运行的协议是 IP 协议。同 OSI 的网络层功能类似，此层的任务是将要发送的信息分成若干个较短的小包，并为其选择合适的路由器发送和传递包；IP 为互联网上的每一台主机分配独一无二的 IP 地址，并且 IP 地址的分层结构使我们在互联网上可以很方便地寻找主机地址。与 IP 配套使用的有三个协议。

地址转换协议 ARP(Address Resolution Protocol)：IP 地址是网络层的地址，若将网络层中传送的数据最终交给目的主机，必须知道该主机的物理地址，因此必须将 IP 地址转换为物理地址。ARP 就是完成 IP 地址到物理地址转换的协议。

反向地址转换协议应为 RARP(Reverse Address Resolution Protocol)：实现物理地址到 IP 地址转换的协议。

互联网控制报文协议 ICMP(Internet Control Message Protocol)：发送消息，并报告数据包的传送错误。

总之，网络层实现网络和网络间发送数据的路由选择，先找出 IP 地址的网络地址部分，根据各种路由选择协议，选择合适的路径发送数据包。

(3)传输层。

提供端到端的可靠通信，这一层通常使用的两个协议为 TCP 和 UDP。

TCP 是可靠的面向连接的协议。面向连接服务具有建立连接、数据传输和连接释放三个阶段，而且传输的数据是按顺序到达的。在发送数据之前，通信双方首先建立连接，就好像占有了一条完整的端到端的物理线路一样（互联网采用的是分组交换，链路是逐渐被占用的）。连接建立之后，用户就可以将报文按顺序发送给远端用户，接收报文也是按顺序进行的。数据发送完毕，就释放连接。

UDP（User Datagram Control Protocol，用户数据报文协议）提供数据包的传递服务。在传递服务时，通信双方不建立连接，发送方发送完数据，它的任务就完成了。它的优点是比较灵活，适合发送少量数据。

（4）应用层。

应用程序通过此层访问网络，为用户和主机间提供了一个接口。常用的应用层协议有：

DNS（Domain Name System，域名系统）：域名和 IP 地址之间转换所用的协议。

FTP（File Transmission Protocol，文件传输协议）：主机之间进行文件交换所使用的协议。

Telnet：远程登录协议。

HTTP（Hypertext Transmission Protocol，超文本传输协议）：浏览器查询 Web 服务器上超文本信息所使用的协议。

SMTP（Simple Mail Transfer Protocol）：简单邮件传输协议。

POP（Post Office Protocol）：邮局协议。

（五）域名系统

1. IP 地址

连接到互联网的每台计算机都必须有一个唯一的地址，就如信件要通过复杂的邮政系统途经许多邮局转发最后投递到目的地而必须有特定地址一样，用数字来表示的互联网上主机的地址称为 IP 地址，现行的 IPV4（Internet Protocol Version 4），其核心技术属于美国，它是互联网主机的一种数字型标识，它由四个字节也就是 32 位的二进制数组成，由于二进制数不直观，所以 IP 地址一般用小数点隔开的十进制数表示，如 202.204.67.55。

IPV4 地址由网络标识和主机标识两部分组成，网络标识用来区分互联网的各个网络，主机标识用来区分同一网络上的不同计算机。

（1）IPV4 的分类。

IP 地址分为 A 类、B 类、C 类、D 类和 E 类，大量使用仅为 A、B、C 三类。

①A 类地址。

A 类地址中第一个字节表示网络地址，而后三个字节表示该网络内计算机的地址，其有效范围是 1.0.0.1—126.255.255.254。

②B 类地址。

B 类地址中前两个字节表示网络地址，后两个字节表示网络内计算机的地址。其有效范围是 128.0.0.1—191.255.255.254。

③C 类地址。

C 类地址则是前三个字节表示网络地址，后一个字节表示网络内计算机的地址。其有效范围是 192.0.0.1—222.255.255.254。

A 类地址用于非常巨大的计算机网络，主机可以达到 2^{24} 个，除去系统占用的两个地址共 16 777 214 个主机地址。B 类地址次之，C 类地址则用于小网络，最多只能有 2^8 个，除去系统占用的地址，共 254 个主机地址。

相对日益增长的用户数，它的最大问题是网络资源有限，从理论上讲，编址 1 600 万个网络、40 亿台主机。但采用 A、B、C 三类编址方式后，可用的网络地址和主机地址的数目大打折扣，以至于 IP 地址已经于 2011 年 2 月 3 日分配完毕了。其中北美占有 3/4，约 30 亿个，而人口最多的亚洲只有不到 4 亿个，严重制约了除美国以外的其他国家尤其是亚洲国家的互联网应用和发展。

IPV6 是 Internet Protocol Version 6 的缩写，是 IETF(Internet Engineering Task Force，互联网工程任务组)设计的用于替代现行版本 IPV4 的下一代 IP。单从数量级上来说，IPV6 所拥有的地址容量大约是 IPV4 的 $8×10^{28}$ 倍，达到 2^{128} 个。这不但解决了网络地址资源数量的问题，同时也为除了计算机外的其他设备连入互联网扫清了数量限制上的障碍。当然，IPV6 并不是十全十美的，它仍然是在发展中不断完善，从 IPV4 到 IPV6 的过渡也需要时间和成本。

(2) IPV6 的表示方法。

① 冒分十六进制表示法。

格式为 X：X：X：X：X：X：X：X，其中每个 X 表示地址中的 16 bit，以十六进制表示，例如：

ABCD：EF01：2345：6789：ABCD：EF01：2345：6789

这种表示法中，每个 X 的前导 0 是可以省略的，例如：

2001：0DB8：0000：0023：0008：0800：200C：417A → 2001：DB8：0：23：8：800：200C：417A

② 0 位压缩表示法。

在某些情况下，一个 IPV6 地址中间可能包含很长的一段 0，可以把连续的一段 0 压缩为"：："。但为保证地址解析的唯一性，地址中"：："只能出现一次，例如：

FF01：0：0：0：0：0：0：1101 → FF01：：1101

0：0：0：0：0：0：0：1→：：1

0：0：0：0：0：0：0：0 →：：

③ 内嵌 IPV4 地址表示法。

为了实现 IPV4-IPV6 互通，IPV4 地址会嵌入 IPV6 地址中，此时地址常表示为：X：X：X：X：X：X：d.d.d.d，前 96 bit 采用冒分十六进制表示，而最后 32 bit 地址则使用 IPV4 的点分十进制表示。例如：：192.168.0.1 与：：FFFF：192.168.0.1 就是两个典型的例子，注意在前 96 bit 中，压缩 0 位的方法依旧适用。

2. 域名

互联网在全世界拥有信息发布主机上千万台，IP 地址是互联网主机的一种数字型标识，数字型标识对于计算机网络是有效的，但是对于网络使用者来说，有不容易记忆的缺点。为此，人们就研究出一种字符型标识，这就是域名(Domain Name)。它如同每个人的姓名一样，域名是互联网中联网计算机的名字。

(1) 定义。

网络上的数字型 IP 地址相对应的字符型地址，被称为域名(Domain Name)。在网络系统中通过域名解析服务器(DNS, Domain Name System)完成 IP 地址与域名的双向映射。域名服务器接收一个域名，将它翻译成 IP 地址，再将这个 IP 地址返回提出域名请求的计算机，如图 3-3 所示。

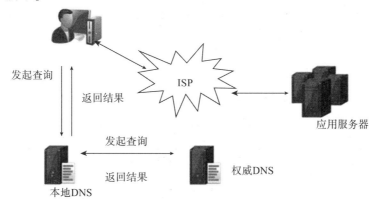

图 3-3　域名解析示意

（2）域名的基本结构。

http：//www.baidu.com 是一个网址，也称为 URL（统一资源定位符），其中 http：// 是协议名，www 是主机名，baidu.com 是域名。一个完整的域名可以由 26 个英文字母、10 个阿拉伯数字、"-"（英文连字符）等组成，多个字符串之间用"."分隔，组成了域名的层次结构。域名的书写沿用了欧美人书写地址的习惯，域名的层次机构中从后往前看级别越来越低。

（3）域名的类型和域名的管理机构。

①国际一级域名。

国际一级域名由美国商业部授权的互联网名称与数字地址分配机构（The Internet Corporation for Assigned Names and Numbers）即 ICANN 负责注册和管理，一级域名可以分为两类：一类表示国家或行政区，另一类表示机构类别。域名的层级展示如图 3-4 所示，地区域和行业域的部分分类列表举例如表 3-2 和表 3-3 所示。

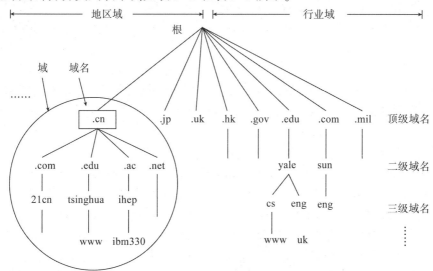

图 3-4　国际一级域名示意

表 3-2　国家或行政区分类(部分)

域名	国家或行政区	域名	国家或行政区	域名	国家或行政区
.uk	英国	.au	澳大利亚	.us	美国
.ca	加拿大	.ch	瑞士	.in	印度
.cn	中国	.hk	中国香港	.fr	法国
.de	德国	.tw	中国台湾	.jp	日本
.it	意大利	.sg	新加坡	.ru	俄罗斯

表 3-3　国际一级域名按机构类别常见分类

域名	类别	域名	类别
.com	工商、金融等企业	.biz	网络商务向导
.edu	教育机构	.int	国际组织
.gov	政府组织	.org	非营利性组织
.mil	军事部门	.info	信息相关机构
.net	网络相关机构	.name	个人网站
.coop	合作组织	.acro	航空运输
.pro	医生、律师、会计专用	.museum	博物馆

②中国的国内二级域名管理。

中国的域名管理机构是中国互联网络信息中心(CNNIC),该中心成立于 1997 年 6 月 3 日,行使国家互联网络信息中心的职责。CNNIC 的运行和管理工作由中国科学院计算机网络信息中心承担。

 【案例 3-1】kaixin001. com VS kaixin. com 开心网的域名之争

(4)域名的重要性。

域名绝不只是一个简单的网址,对于具有长远眼光的公司,在运营网站前确定一个好域名,对日后市场推广、产品营销、企业品牌的建立至关重要。其重要性体现在以下几个方面:

①有利于树立良好的企业形象。

如果域名简明、易记、与企业名称或品牌相一致,会让客户记忆深刻,一个好域名可以吸引更多的回头率、激发更多潜在的客户。比如提到百度,就会想到它的域名是 baidu. com;淘宝,它的域名就是 taobao. com;京东,它的域名就是 jd. com。

②便于推动市场,推广产品和服务。

好的域名能够让客户很快记住并找到你,使推广事半功倍。在各大门户网站微博竞争中,新浪收购 weibo. com 以及 weibo 系列后缀域名就是极为成功的一个案例,weibo. com 让网友感觉"微博"就是"新浪微博"。由于域名本身的优势将其他微博类网站远远地甩在了后面。

③保护品牌。

为避免企业相关域名被恶意使用，影响品牌形象，需要购买最能反映网站名称的域名，并确保好的域名不落在竞争对手手中。尽量将与自己品牌有关的主流域名全部保护起来。也可以购买其他有价值的域名来指向你的网站。奇虎360公司花费1亿人民币收购域名360.com，可见域名对品牌保护起到非常重要的作用。

④获取更多的流量。

某些域名自身就带有流量，像car.com域名未建立网站前，就有很多对车感兴趣的网友访问此域名。这样的域名建立网站后，未推广就会有很大的浏览量。一个好域名能带来访问量，并省下巨额的广告费用，难怪business.com以750万美金在美国出售。好域名将是个人和企业的一笔巨大无形资产，Yahoo网站光域名的价值就超过了1亿美金。

三、电子数据交换技术

EDI(Electric Data Interchange，电子数据交换)是一种利用计算机进行商务处理的方法。它是将贸易、运输、保险、银行和海关等行业的信息，用一种国际公认的标准格式，通过计算机通信网络使各有关部门、公司和企业之间进行数据交换和处理，并完成以贸易为中心的全部业务过程。由于EDI的使用可以完全取代传统的纸张文件的交换，因此也有人称它为"无纸贸易"或"电子贸易"。随着我国经济的飞速发展，各种贸易量逐渐增大，为了适应这种形势，我国将陆续实行"三金"工程，即金卡、金桥、金关工程，这其中的金关工程就是为了适应贸易的发展、加快报关过程而设立的。

传统的贸易过程通常是参与贸易的有关各方通过电话、传真等方式进行贸易磋商、签约和执行，有关的贸易文件的制作和传输也要通过人工来处理。贸易过程要经过银行、海关、商检、运输等环节，含有同样交易信息的不同文件要经过多次重复的处理，这就增加了重复劳动量、额外的开支以及出错的机会。同时出于邮寄的延误和丢失，常常给贸易双方造成意想不到的损失。自从计算机技术开始使用，人们就一直探索用电子手段来代替传统的纸面消息记录和信息传输方式。EDI就是模拟传统的商务单据流转过程，对整个贸易过程进行简化的技术手段。

(一)EDI的概念

EDI是一种计算机应用技术。商业伙伴们根据事先达成的协议，对经济信息按照一定的标准进行格式化处理。并将这些格式化的数据，通过计算机通信网络在他们的计算机系统之间进行交换和自动处理。

美国国家标准局EDI标准委员会对EDI解释是："EDI指的是在相互独立的组织机构之间所进行的标准格式、非模糊的具有商业或战略意义的消息的传输。"

联合国EDIFACT培训指南认为："EDI指的是在最少的人工干预下，在贸易伙伴的计算机应用系统之间标准格式数格的交换。"

从上述解释中，可以归纳出以下五点：

①EDI是计算机系统之间所进行的电子信息传输。

②EDI是标准格式和结构化电子数据的交换。

③EDI是由发送者和接收者达成一致的标准和结构。

④EDI由计算机自动读取而无须人工干预。

⑤EDI 是为了满足商业用途。

EDI 的应用是现代信息技术和经济管理相结合的一个例子。它极大地改变了传统的商贸手段和管理手段，不仅使商务业务的操作方式根本改观，而且影响了企业的行为和效率，在市场结构、国民经济的运行方式等方面都引起了根本性的变化，因而被认为是一次影响深远的结构性商业革命。

EDI 作为计算机通信技术的一部分，其应用范围远不止通常意义上的贸易部门，实际上，它可以应用于各种经济部门之中：制造业、运输业、零售业以及卫生保健和政府部门，甚至可以应用于经济部门以外的其他部门，只要那里是用计算机进行管理的，而且需要在不同的单位间进行文件资料的交换和处理。当然，在大多数情况下，人们谈到 EDI 时，还是指各经济部门之间的计算机数据交换，是指计算机通信技术在各项经济业务中的应用。

(二)EDI 结构和业务流程

1. EDI 的结构

EDI 可以分成三个部分：EDI 的标准、EDI 的软件和 EDI 的硬件。下面我们主要介绍 EDI 的标准和 EDI 软件。

(1)EDI 的标准。

这里所说的 EDI 标准，是指它的数据标准。我们知道，EDI 是以格式化的、可用计算机自动处理的方式来进行公司间的文件交换。在用人工处理订单的情况下，工作人员可以从各种不同形式的订单中得出所需信息，如要什么货、什么规格、数量多少、价格、交货日期等。这些信息可以是手工书写的方式，也可以是打字的方式；可以是先说明所要的规格、型号，再说明价格，也可以先说明价格，再说明所要的规格、型号。订单处理人员在看到这些格式各异的订单时，能看懂其上所传达的信息，但计算机却没有这种本领。要使计算机"看懂"订单，订单上的有关信息就不应该是自然文字形式，而应是数码形式，并且这些数码应该按照事先规定的格式和顺序排列。事实上，商务上的任何数据和文件的内容，都要按照一定的格式和顺序，才能被计算机识别和处理。这些大家共同制定并遵守的格式和顺序，就是 EDI 的标准。

EDI 标准主要包括以下内容：语法规则、数据结构定义、编辑规则与转换、公共文件规范、通信协议、计算机语言。

EDI 的标准有四种：企业专用标准、行业标准、国家标准和国际标准。

①企业专用标准。

当某一公司采用计算机进行管理时，就需要使输入计算机的数据或文件具有一定的格式。这种标准专门适用于某个公司的情况，并将该公司的数据都纳入这个标准中去。

②行业标准。

在 EDI 应用于商务领域的初期，企业各自维持互不相通的数据标准是难免的。但随着 EDI 应用的发展，各个企业都认识到，如果能把各个不同的企业专用标准进行统一，就会给大家都带来好处。在此共同的认识下，大家克服在建立统一标准问题上的分歧，从而形成该行业企业共同采用的行业标准。

③国家标准。

行业标准的出现和企业专有标准相比，是一个巨大的进步，但它还不是最终解决问题

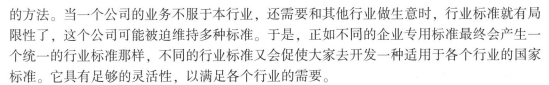

的方法。当一个公司的业务不服于本行业，还需要和其他行业做生意时，行业标准就有局限性了，这个公司可能被迫维持多种标准。于是，正如不同的企业专用标准最终会产生一个统一的行业标准那样，不同的行业标准又会促使大家去开发一种适用于各个行业的国家标准。它具有足够的灵活性，以满足各个行业的需要。

④国际标准。

20世纪90年代是各国寻求实现一个世界范围内的EDI标准的时代。如果能有一种全球范围的标准，其好处是十分明显的。EDI用户用不着支持多种标准，便能进行国际间的电子数据交换。

目前，世界上通用EDI标准有两个：一个是由美国国家标准局（ANSI）主持制定的X.12数据通信标准，它主要在北美使用；另一个标准是EDIFACT（EDI for Administration Commerce and Transportation），最早在西欧使用。近年来，联合国鉴于EDI有助于推动国际贸易程序与文件的简化，经有关标准化组织的工作，EDIFACT已被作为事实上的EDI国际标准，现在，ANSI X.12和EDIFACT两个标准已经被合并成为一套世界通用的EDI标准，可以使现行EDI客户的应用系统能够有效地移植过来。

（2）EDI的软件。

人们所说的EDI软件，在多数情况下是指翻译软件，其主要功能是把某个公司专有的各种商务文件和单证文件格式转换成某种标准的格式，比如说转换成X.12格式或EDIFACT格式，同时，这个翻译软件也能够把某种标准格式的文件转换成某公司的专用格式。之所以需要翻译软件是因为计算机应用系统只能够处理符合某种格式的数据或文件，各个公司由于自己业务特点和工作需要，它们在设计自己的计算机应用系统的时候，不可能采用完全相同的格式。因此，要实现不同公司之间的EDI通信，翻译软件是不可缺少的，EDI翻译软件除了转换文件格式以外，还必须指导数据的传输，并保证传输的正确和完整，它应该知道贸易伙伴用的是什么标准，并能处理有关的问题等。例如：一个公司可能使用不同的增值网向许多贸易伙伴发送电子单证，如发票、订购单等；另外，这些电子单证有可能使用不同的标准，或虽使用同一标准却用了不同的版本，要确保每个贸易伙伴在适当的网络上自动地接收到这个公司所发送的那个标准文本，并不容易。另外，如果发生了什么传输或翻译上的问题，这个系统应该能够辨明发生了什么问题，并采取适当的行动去纠正。

一般地说，一个翻译软件应包括五个主要文件：贸易伙伴文件、标准单据文件、网络文件、安全保密文件、差错管理文件。它们和主处理程序相互作用来完成翻译、发送和接受电子单证的工作。

①贸易伙伴文件。

贸易伙伴文件中保存着使用者的所有贸易伙伴的信息，包括这些贸易伙伴的名字、地址、标识、所使用的增值网、在紧急情况下和谁联系、被发送和接收的单据等。随着公司业务的不断发展，其贸易伙伴会不断增加，此文件也要不断更新。

②标准单据文件。

技术人员用现存的标准格式制作单据，并把它们存储起来以备将来之用。例如：把符合X.12标准的采购订单文件存储在标准单据文件里，它把所有的单证及其结构都罗列出来，同时还把必备的数据段和可选数据段的定义以及它们的形态结构等都列了出来。当和贸易伙伴发生联系时，用户可以很容易地利用标准单据文件里存储的单证模式构造出一个符合标准的单证来。

③网络文件。

网络文件里包含着公司的贸易伙伴所使用的网络的信息，诸如网络识别、电话号码、传输协议以及传输速度等。根据贸易伙伴的标识符就可以由此文件知道应该向哪儿，以及怎样传送 EDI 报文。

④安全保密文件。

安全保密文件的作用就是限制对这个系统的访问，并规定每个用户的功能能力(Functional Capability)。

⑤差错管理文件。

差错管理文件包含着有关被退回的报文的信息，如被退回的原因以及有关对这个报文在发送过程中的踪迹进行检查的信息。它还有日志文件，以便当某些数据或报文在传输过程中被破坏或被删除时，可以根据日志文件来恢复或再造这些数据或报文。

EDI 的软件除了翻译软件外，常常还有另一种形式的软件，那就是"搭桥"软件。"搭桥"软件的作用是像"桥"一样将一个组织内的各种计算机应用程序连接起来。当这个组织收到 EDI 报文后，有关数据就能为这个组织的各个部门的计算机应用系统所用，而不必在组织内部各部门之间再进行键盘输入。比如，当一个企业收到一份订单后，其数据就能自动被用于更新销售文件的内容。同样地，这些数据不需要重新键入，就能用于更新各部门的文件内容，于是就能自动生成一份发票单证。有了"搭桥"软件，企业在发出去的订购单和收到的发票之间，就用不着人工核对，而完全可以由计算机自动核对以消除可能的错误支付。

2. EDI 的业务流程

一般来说，EDI 较多地应用于有大量表单式数据处理的部门和单位，而且要求有一定的规范性。从应用领域看，通常可以分为如下类型：

①贸易数据交换系统：用 EDI 来传送订单、供应单等。

②金融汇兑系统：用 EDI 进行费用汇兑。

③公用事业系统：主要用于商检、海关以及税务等部门。

④交叉式应答系统：如机票预订、饭店预订等。

下面我们以采购业务为例，说明在采用 EDI 进行商务处理的情况下，买卖双方是如何处理业务的。图 3-5 给出了商品贸易 EDI 系统的工作模型。由此图可以看 EDI 进行商品交易信息处理的流程：

当买方的库存管理系统提出购买某种物资的数据时，EDI 的翻译软件据此编制一份 EDI 单。

通信软件将订单通过网络送至网络中心指定的卖方邮箱内。同时，利用公司内部计算机应用程序之间的"搭桥"软件，将这些数据传达给应付账部门和收货部门，进行有关登记。

卖方定时经通信网络到网络中心的邮箱内取回订单，EDI 的翻译软件把这份订单翻译成卖方数据格式。

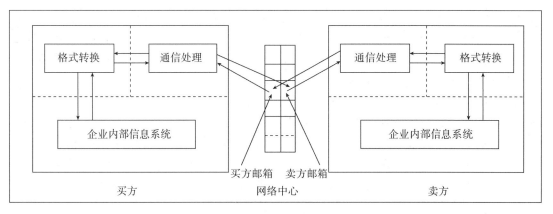

图 3-5 EDI 系统的工作模型

如果确认可以售给买方指定的物资，则送出供应单经相反方向返回给买方。若只有部分满足买方要求或不能满足要求，则以相同的方向返回相应信息。卖方收到订单时，卖方的"搭桥"软件把有关的数据传送给仓库或工厂，以及开票部门，并对计算机发票文件的内容进行相应的更新。

买方收到供应单后，在订单基础上产生一份商品情况询问表，传送给卖方。双方就商品价格等问题进行讨论，直到达成一致。

达成一致后，卖方的仓库或工厂填制装运单，编制船期通知，并将其传送给买方。同时，通过"搭桥"软件，将船期通知传送给开票部门，生成电子发票，传送给买方。卖方在开立发票时，有关数据就进入应收账部门，对应收账的有关数据进行更新。

买方接到船期通知后，有关数据自动进入收货部门文件，产生收货通知。收货部门的收货通知通过"搭桥"软件传送给应付账部门。

买方收到电子发票以后，产生一份支付核准书，传送给应付账部门。

买方应付账部门开具付款单据通知自己的开户银行付款，同时通知卖方付款信息。

卖方收到汇款通知后，有关数据经过翻译进入应收账户，买方则因支付而记入贷方项目。

由此可见，当买方提出购买的要求后，EDI 就可以自动进行转换操作，生成不同用途的数据，送至各相关伙伴，直至该事务处理结束。

第二节 物联网技术

一、物联网定义

物联网是新一代信息技术的重要组成部分，也是信息化时代的重要发展阶段。物联网概念最早出现于微软创始人比尔·盖茨（Bill Gates）1995 年《未来之路》一书，在《未来之路》中，比尔·盖茨已经提及物联网概念，只是当时受限于无线网络、硬件及传感设备的发展，并未引起世人的重视。1998 年，美国麻省理工学院创造性地提出了当时被称作 EPC 系统的"物联网"的构想。2005 年 11 月 27 日，在突尼斯举行的信息社会峰会上，国际电信联盟(ITU)发布了《ITU 互联网报告 2005：物联网》，正式提出了物联网的概念。物联网(Internet of Thing)是通过射频识别(RFID)、全球定位系统、激光扫描器、红外感应器等各种信息传感设备，按约定的协议，把物品与互联网连接起来，进行信息交换和通信，以实现智能化识别、定位、跟踪、监控和管理的一种网络。其英文名称是："Internet of Things(IoT)"。顾名思义，物联网就是物物相连的互联网。这有两层意思：其一，物联网的核心和基础仍然是互联网，是在互联网基础上的延伸和扩展的网络；其二，其用户端延伸和扩展到了任何物品与物品之间，进行信息交换和通信，也就是物物相息。物联网具有普通对象设备化、自治终端互联化和普适服务智能化这 3 个重要特征。物联网通过智能感知、识别技术与普适计算等通信感知技术，广泛应用于网络的融合中，也因此被称为继计算机、互联网之后世界信息产业发展的第三次浪潮。

二、关键技术

(一)传感器技术

传感器技术是物联网应用中的关键技术。大家都知道，到目前为止绝大部分计算机处理的都是数字信号。自从有计算机以来，就需要传感器把模拟信号转换成数字信号，计算机才能处理。传感器是物联网针对自身内部及外部环境而进行感知的装置系统，同时传感器也能够辅助实现数据的分析和传输等。近年来，科技的快速发展，使得传感器技术趋于智能化，这也成为一种主流趋势，由原本的传统传感器逐渐转变为嵌入式 Web 传感器。无线传感器网络是通过微型传感器节点在检测区中的布局规划而构成的，利用无线通信技术建立一个集结化的网络结构，这也是传感器实现网络化的重要条件。因此，从某种角度上分析，传感器是物联网快速发展的一个标识。目前，传感器技术的主要发展方向包括测试技术与网络化测控、传感器网络组织结构与底层协议、传感器自我检测及控制等。物联网是利用分布于监控区域中的传感器和传感器自组织形成的无线传感网络，对声音、温度、运动信息等数据进行感测。其中的无线传感网络是集稳定性、安全性、高效性于一身的自组织无线网络信息系统，能够实现分布式的信息收集、信息处理、信息共享等功能。无线传感器网络具有非常多的传感器节点，而传感器中的各个节点都处于协同运行的状态，对监控区域的所有点位和所有时间都能实现信息的感知、收集、处理、传输，利用网关与公用网络进行连接，最后将信息向监测人员传输。

(二)射频识别技术

射频识别技术(Radio Frequency Identification，RFID)是融合了无线射频技术和嵌入式技术为一体的综合技术，是一种简单的无线系统，由一个询问器(或阅读器)和很多应答器(或标签)组成。标签由耦合元件及芯片组成，每个标签具有扩展词条唯一的电子编码，附着在物体上标识目标对象，它通过天线将射频信息传递给阅读器，阅读器就是读取信息的设备。RFID 技术让物品能够"开口说话"，这就赋予了物联网一个特性即可跟踪性，使得人们可以随时掌握物品的准确位置及其周边环境。RFID 在自动识别、物品物流管理有着广阔的应用前景。

(三)嵌入式系统技术

嵌入式系统技术是综合了计算机软硬件、传感器技术、集成电路技术、电子应用技术为一体的复杂技术。经过几十年的演变，以嵌入式系统为特征的智能终端产品随处可见：小到人们身边的 MP3，大到航天航空的卫星系统。嵌入式系统正在改变着人们的生活，推动着工业生产以及国防工业的发展。如果把物联网用人体做一个简单比喻，传感器相当于人的眼睛、鼻子、皮肤等感官，网络就是神经系统用来传递信息，嵌入式系统则是人的大脑，在接收到信息后要进行分类处理。这个例子形象地描述了传感器、嵌入式系统在物联网中的位置与作用。

三、物联网应用和发展趋势

物联网用途广泛，遍及智能交通、环境保护、政府工作、公共安全、平安家居、智能消防、工业监测、环境监测、路灯照明管控、景观照明管控、楼宇照明管控、广场照明管控、老人护理、个人健康、花卉栽培、水系监测、食品溯源、敌情侦察和情报搜集等多个领域，如图 3-6 所示。

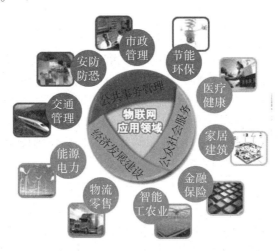

图 3-6　物联网应用领域

物联网将是下一个推动世界高速发展的"重要生产力"，是继通信网之后的另一个万亿级市场。2021 年 9 月，中国工信部等八部门印发《物联网新型基础设施建设三年行动计划（2021—2023 年）》，明确到 2023 年年底，在国内主要城市初步建成物联网新型基础设施，促使我国社会现代化治理、产业数字化转型和民生消费升级的基础更加稳固。

业内专家认为，物联网一方面可以提高经济效益，大大节约成本；另一方面可以为全球经济的复苏提供技术动力。美国、欧盟等都在投入巨资深入研究探索物联网。我国也正在高度关注、重视物联网的研究，工业和信息化部会同有关部门，在新一代信息技术方面正在开展研究，以形成支持新一代信息技术发展的政策措施。

此外，普及以后，用于动物、植物和机器、物品的传感器与电子标签及配套的接口装置的数量将大大超过手机的数量。物联网的推广将会成为推进经济发展的又一个驱动器，为产业开拓了又一个潜力无穷的发展机会。按照对物联网的需求，需要按亿计的传感器和电子标签，这将大大推进信息技术元件的生产，同时增加大量的就业机会。

第三节　大数据技术

一、大数据概述

当今，信息技术为人类步入智能社会开启了大门，带动了互联网、物联网、电子商务、现代物流、互联网金融等现代服务业发展，"大数据"这一概念的提出可以追溯到2008年。当年9月，《自然》杂志出版了《大数据》(*Big Data*)专刊。2011年2月，《科学》(*Science*)期刊联合其姊妹刊推出了一期关于数据处理的专刊"*Dealing with Data*"，从互联网技术、互联网经济学、超级计算、环境科学、生物医药等多个方面介绍了海量数据所带来的技术挑战。与此同时，麦肯锡、BM等知名跨国商业机构纷纷提出"大数据"概念和行业展望。

(一)大数据概念

对于"大数据"(Big Data)，研究机构 Gartner 给出了这样的定义："大数据"是需要新处理模式才能具有更强的决策力、洞察发现力和流程优化能力来适应海量、高增长率和多样化的信息资产。麦肯锡全球研究所给出的定义是：一种规模大到在获取、存储、管理、分析方面大大超出了传统数据库软件工具能力范围的数据集合，具有海量的数据规模、快速的数据流转、多样的数据类型和价值密度低四大特征。在国内外相关领域的共同推动下，"大数据"已从概念演化为集科学原理、信息技术数据理念为一体的集合。

1. 大数据是新的生产要素，体现了一种全新的资源观

自2000年以来，以 Hadoop 为代表的分布式存储和计算技术迅猛发展，极大地提升了互联网数据管理能力，引发全社会开始重新审视"数据"的价值，开始把数据当作一种独特的战略资源对待。根据国际数据公司(International Data Corporation，IDC)统计显示，全球数据成指数级增长，如图3-7所示。

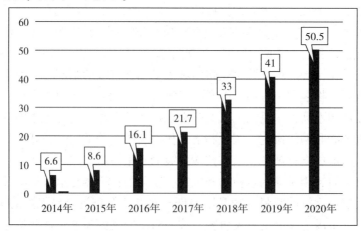

图3-7　2014—2020年全球每年产生的数据量(单位：ZB)

(资料来源：IDC、Seagate、Statista estimates 前瞻产业研究院统计)

预计到 2025 年，全球数据量将是 2016 年的十倍，达到 163ZB。中国数据产生量约占全球数据产生量的 23%，其中，媒体、互联网数据量占比约为 1/3，政府部门、电信企业数据量占比约为 1/3，其他的金融、教育、制造、服务业等数据量占比约为 1/3。

2. 大数据代表了新一代数据管理与分析技术

传统的数据管理与分析技术以结构化数据为管理对象，在小数据集上进行分析，以集中式架构为主，成本高昂。与"贵族化"的数据分析技术相比，源于互联网的、面向多元异构数据、在超大规模数据集上进行分析、以分布式架构为主的新一代数据管理技术，与开源软件潮流叠加，在大幅提高处理效率的同时，成百倍地降低了数据应用成本。类似 Hadoop 的开源技术，在极大提高了数据分析效能的同时，大大降低了数据分析的技术门槛，为企业提供了低成本的大数据技术方案。如图 3-8 所示为大数据基础技术图谱。

图 3-8 大数据基础技能图谱

3. 大数据是一种全新的思维角度

大数据的应用，赋予了"实事求是"新的内涵，其一是"数据驱动"，即经营管理决策可以自下而上地由数据来驱动；其二是"数据闭环"，互联网行业往往能够构建包括数据采集、建模分析、效果评估到反馈修正各个环节在内的完整"数据闭环"，从而能够不断地自我升级、螺旋上升。

当前,国内外缺乏对大数据产业的公认界定。从技术体系的角度来看,市场普遍认同的大数据技术体系,包括以 Docker 为代表的容器微服务技术、以 Hadoop 为代表的大规模分布式存储计算技术、以 Spark 为代表的大规模数据分析建模技术、以 Kaka 为代表的数据总线技术、以 HBase 为代表的非结构化查询语言(No Structured Query Language,NoSQL)技术、以 Redis 为代表的内存数据库等。从数据应用的角度来看,大数据产业既包括在大数据采集、存储、管理、挖掘等环节提供数据资源供给、数据分析服务、数据应用产品的"核心大数据企业",也包括诸多非信息技术领域中,运用大数据理念、技术来提升运作效率、提高决策水平的大数据生态企业。

中国信息通信研究院结合对大数据相关企业的调研测算结果显示,我国大数据产业规模稳步增长。2016—2019 年,短短四年时间,我国大数据产业市场规模由 2 840.8 亿元增长到 5 386.2 亿元,增速连续四年保持在 20%以上。当前,中国正在加速从数据大国向着数据强国迈进。随着中国物联网等新技术的持续推进,到 2025 年,其产生的数据将超过美国。数据的快速产生和各项配套政策的落实推动我国大数据行业高速发展,预计未来中国行业大数据市场规模增速将维持在 15%~25%,到 2025 年中国大数据产业规模将达 19 508 亿元。

未来,大数据技术将呈现出数据更丰富、处理技术更强大、分析技术更精准等趋势。数据源方面,经过行业信息化建设,医疗、交通、金融等领域已经积累了大量的数据资源。而随着物联网的应用、移动互联网的普及,来自社交网络、可穿戴设备、车联网、物联网以及政府公开信息平台的数据,将成为大数据增量数据资源的主体。数据处理技术方面,谷歌文件系统(Google File System)、Hadoop 分布式文件系统(Hadoop Distributed File System,HDFS)技术的出现,奠定了大数据存储技术的基础;而日后出现的 MapReduce(映射规约梭型)、Som、Dremel、Spark、Pregel 等各类大数据技术,进一步提升了大数据处理能力,在开源社区的不断努力之下,性能更高的新技术将不断涌现、快速更新。数据分析技术方面,大数据为人工智能、深度神经网络的研究突破提供了技术和数据保障。未来,大数据技术不但能够大大降低企业部署联机分析处理(On Line Analytical Processing,OLAP)、数据挖掘等数据分析工作的成本,更可在大量结构化半结构化数据及文字、图片、音频、视频等非结构化数据中获得更多的价值。

(二)大数据的特征

1. 数据体量巨大

数据集合的规模不断扩大,已经从 GB[①] 级增加到 TB[②] 级、PB[③] 级,近年来数据量甚至开始以 EB[④] 和 ZB[⑤] 来计数。

2. 快速

数据产生、处理和分析的速度在持续加快,加速的原因是数据创建的实时性特点,以

---

① GB, Gigabyte, 千兆字节, 1 GB = 1 024 MB = 1 048 576 KB = 1 073 741 824 B。
② TB, Terabyte, 太字节, 1 TB = 1 024 GB。
③ PB, Petabyte 千万亿字节、拍字节, 1 PB = 1 024 TB。
④ EB, Exabyte 百亿亿字节 艾字节, 1 EB = 1 024 PB。
⑤ ZB, Zettabyte, 十万亿亿字节、泽字节, 1 ZB = 1 024 EB。

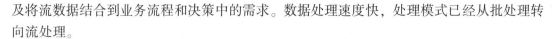

及将流数据结合到业务流程和决策中的需求。数据处理速度快，处理模式已经从批处理转向流处理。

3. 数据类型繁多

传统 IT 企业产生和处理的数据类型较为单一，大部分是结构化数据。大数据时代，传感器、智能设备、物联网设备、移动计算等新的渠道和技术不断涌现，传输的数据类型种类繁多，包含结构化数据、半结构化数据以及非结构化数据等。

4. 数据价值密度低

由于数据体量不断变大，数据的整体价值在提升，单位数据的价值密度则在不断降低。以监控视频为例，在一个小时的视频数据中，有用的数据可能仅仅只有一两秒，但却非常重要。

5. 真实性

大数据由于数据体量大，数据的准确性和可信赖度也在不断提升，即为数据的质量在提升。

二、大数据对电子商务的影响

人们在网络上的浏览、购物、搜索等痕迹都会生成数据。这些信息能够通过大数据技术给企业形成有用的数据分析，帮助企业获得新客户、简化运营和扩大市场销售，等等。

(一)供应链渠道优化

订单管理与预测分析是大数据在电商平台中非常广泛的应用。通过分析历史订单数据，电商平台可以实现订单管理自动化，并根据数据模型预测未来订单的规模和趋势。这样，电商平台可以更好地规划仓库、库存和物流等需求，以达到更高的效率和客户满意度。电商平台可以通过分析库存数据，实现库存管理的自动化，并根据数据模型预测未来的需求，以便企业可以高效地进行库存管理。

(二)客户个性化管理

电商平台通过分析用户在平台上的浏览、购买和评价等行为，积累客户数据，结合大数据分析技术，可以通过用户画像将用户细分成不同的群体，并推荐个性化的商品和服务。准确理解客户需求，发掘潜在客户，提升对客户的感知能力和个性化营销服务水平。引入非结构化数据处理技术，结合大数据总线技术，机器学习建模，个性化营销技术，利用内部各渠道积累的数据，强化客户行为数据的收集利用，提升数据获取的颗粒度和数据更新速度，通过线上或线下客户经理等通道，准确感知客户的实时需求，并实现全渠道的伴随式服务和个性化营销。这样，可以提高用户购买的满意度，提高客户转化率。

(三)风控反欺诈

通过对用户网络行为、设备动态、平台行为、交易行为及整体行为的分析，可以形成某个用户的行为数据图片。例如，通过大数据业务分析和技术分析手段特别是特征工程能力对这些海量数据进行处理，通过对大数据关联叠加后利用特征工程可以找出各种"羊毛党"的行为规则。在识别"羊毛党"后，平台需对"羊毛用户"进一步细化分析，综合评判各细分人群对平台的影响，并依照平台的目标制定差异化运营措施，并从技术和业务角度制定相应的运营措施。欺诈行为包括伪造信息提高授信、利用流程漏洞套利甚至盗窃、仿造身份骗货。互联网的非接触性和便捷性，使得这种欺诈实施起来更隐蔽，完成起来更迅速。反欺诈时，通常需要多个风控模型协同工作，这里面包括基于用户个人申请信息的模型、基于用户社交关系的模型和基于用户历史交易的模型的同时，还可以使用机器学习模型来自动挖掘非线性的特征组合，提高识别的准确率。

大数据反欺诈的一个明显优势是，当模型众多、计算量达到一定程度时，结论和数据之间的关系已经无法靠人类经验来解读，这种情况下任何针对单一风控模型的造假就变得极为困难甚至毫无可能。例如，对一些有组织的骗贷行为，比如使用多个手机号登记、用多个空壳公司为其提供在职证明、填写不同的亲属关系等，利用人工手段进行甄别费时费力。通过大数据分析就很容易发现这些数据之间的关联，从而进行预警。

（四）动态定价

动态定价是指抛开传统的围绕产品的固定定价模式，将价格与服务的场景、对象绑定在一起，更精准地用价格杠杆应对风险，达到提高收益的目的，这个应用的典例是电子商务中的退货运费险：通过大数据分析，保险公司能够针对具体的人和商品来进行定价。具体来说，就是通过对退货风险的大数据分析，发现退货概率和消费者属性和消费场景的内在关联关系。例如，女性更容易退货，鞋类退货率高。再通过数据建模和深度学习，制定出总收益最高的保险费策略。于是，对低退货风险的人和商品，运费险只要几毛钱，而在高退货风险的情况下，运费险甚至可能比商品价格还贵。最终保险公司提高了收益。另一个目前开始流行的动态定价的应用是动态利率。对于同一类信贷产品，针对不同用户，甚至针对不同场景下的同一个用户，都可以实现利率实时计算，而不是基于某种预先设置的静态策略。

第四节　云计算

云计算是继20世纪80年代大型计算机—客户端—服务器的大转变之后的又一种巨变。云计算（Cloud Computing）是分布式计算（Distributed Computing）、并行计算（Parallel Computing）、效用计算（Utility Computing）、网络存储（Network Storage Technologies）、虚拟化（Virtualization）、负载均衡（Load Balance）、热备份冗余（High Available）等传统计算机和网络技术发展融合的产物。

一、云计算内涵

（一）云计算的定义

云计算（Cloud Computing）是基于互联网的相关服务的增加、使用和交付模式，通常涉及通过互联网来提供动态易扩展且经常是虚拟化的资源。美国国家标准与技术研究院（NIST）定义：云计算是一种按使用量付费的模式，这种模式提供可用的、便捷的、按需的

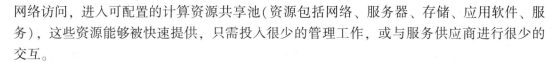

网络访问，进入可配置的计算资源共享池(资源包括网络、服务器、存储、应用软件、服务)，这些资源能够被快速提供，只需投入很少的管理工作，或与服务供应商进行很少的交互。

(二)云计算的特点

云计算是通过使计算分布在大量的分布式计算机上，而非本地计算机或远程服务器中，企业数据中心的运行将与互联网更相似。这使得企业能够将资源切换到需要的应用上，根据需求访问计算机和存储系统。

好比是从古老的单台发电机模式转向了电厂集中供电的模式，它意味着计算能力也可以作为一种商品进行流通，就像煤气、水电一样，取用方便，费用低廉。最大的不同在于，它是通过互联网进行传输的。

被普遍接受的云计算特点如下。

1. 超大规模

"云"具有相当的规模，Google 云计算已经拥有 100 多万台服务器，Amazon、IBM、微软、Yahoo 等的"云"均拥有几十万台服务器。企业私有云一般拥有数百上千台服务器。"云"能赋予用户前所未有的计算能力。

2. 虚拟化

云计算支持用户在任意位置、使用各种终端获取应用服务。所请求的资源来自"云"，而不是固定的有形的实体。应用在"云"中某处运行，但实际上用户无须了解、也不用担心应用运行的具体位置。只需要一台笔记本或者一个手机，就可以通过网络服务来实现我们需要的一切，甚至包括超级计算这样的任务。

3. 高可靠性

"云"使用了数据多副本容错、计算节点同构可互换等措施来保障服务的高可靠性。

4. 通用性

云计算不针对特定的应用，在"云"的支撑下可以构造出千变万化的应用，同一个"云"可以同时支撑不同的应用运行。

5. 高可扩展性

"云"的规模可以动态伸缩，满足应用和用户规模增长的需要。

6. 按需服务

"云"是一个庞大的资源池，用户按需购买；"云"可以像自来水、电、煤气那样计费。

7. 极其廉价

由于"云"的特殊容错措施，可以采用极其廉价的节点来构成"云"，"云"的自动化集中式管理使大量企业无须负担日益高昂的数据中心管理成本，"云"的通用性使资源的利用率较之传统系统大幅提升，因此用户可以充分享受"云"的低成本优势，经常只要花费几百美元、几天时间就能完成以前需要数万美元、数月时间才能完成的任务。

8. 潜在的危险性

云计算服务除了提供计算服务外，还必然提供了存储服务。但是云计算服务当前垄断在私人机构(企业)手中，而他们仅仅能够提供商业信用。政府机构、商业机构(特别像银行这样持有敏感数据的商业机构)对于选择云计算服务应保持足够的警惕。一旦商业用户大规模使用私人机构提供的云计算服务，无论其技术优势有多强，都不可避免地让这些私人机构以"数据(信息)"的重要性挟制整个社会。对于信息社会而言，"信息"是至关重要的。云计算中的数据对于数据所有者以外的其他用户是保密的，但是对于提供云计算的商业机构而言却是毫无秘密可言。所有这些潜在的危险，是商业机构和政府机构选择云计算服务、特别是国外机构提供的云计算服务时，不得不考虑的一个重要的前提。

(三)云存储

云存储是在云计算概念上延伸和发展出来的一个新的概念，是指通过集群应用、网格技术或分布式文件系统等功能，将网络中大量各种不同类型的存储设备通过应用软件集合起来协同工作，共同对外提供数据存储和业务访问功能的一个系统。当云计算系统运算和处理的核心是大量数据的存储和管理时，云计算系统中就需要配置大量的存储设备，那么云计算系统就转变成为一个云存储系统，所以云存储是一个以数据存储和管理为核心的云计算系统。例如目前中国的百度云盘、360云盘等，极大地方便和满足了用户对大容量数据的存储和传输需求。

二、云计算的服务和部署模式

(一)服务模式

1. 基础设施即服务(IaaS: Infrastructure as a Service)

基础设施即服务(IaaS)是面向企业的最基本的云计算服务模型。它提供服务器计算资源、网络技术、存储数据中心空间等基础设施，包括提供操作系统和虚拟化技术来管理资源，使用户能够构建自己的应用程序和环境。借助IaaS，用户可以访问服务器空间、数据存储和网络等基础设施基本要素，并通过API进行配置。企业内部的系统管理员负责管理公司的数据库、应用、安全措施和其他要素，而云计算服务提供商则负责管理服务器、硬盘、网络和存储。这种模式最接近在托管环境中复制传统数据中心的功能。IaaS的关键特点：

①弹性伸缩：用户可以根据需求动态扩展或缩减计算资源，避免了传统IT基础设施中的资源浪费和限制。

②自助服务：用户可以根据自己的需要自主管理和配置基础设施，包括操作系统、网络设置和存储等。

③按需付费：用户只需支付实际使用的资源，无须投资和维护昂贵的硬件设备。

2. 平台即服务(PaaS: Platform as a Service)

平台即服务(PaaS)模式提供了完备的开发环境，让开发人员在部署或更新应用时无须直接处理基础设施层的事务。除了IaaS的要素外，PaaS还提供了开发人员构建、测试和运行应用所需的各种工具和软件。借助PaaS，开发人员可以专注于创造性任务，而无须担心操作系统、数据库、中间件和开发工具的管理问题。PaaS实际上是指将软件研发的平台作为一种服务，供应商提供超过基础设施的服务，一个作为软件开发和运行环境的整套解决方案提交给用户。PaaS 的关键特点：

①开发环境：PaaS 提供了各种开发工具、库和运行时环境，简化了应用程序的开发过程。

②自动化扩展：PaaS 能够根据用户需求自动扩展应用程序的资源，以满足高流量和性能要求。

③多租户支持：PaaS 允许多个用户共享相同的开发和运行环境，提高了资源利用率和开发效率。

3. 软件即服务（SaaS：Software as a Service）

软件即服务（SaaS）可能是大多数用户最熟悉的形式，也是最高级别的云计算模型。SaaS 应用直接为最终用户而设计，底层基础设施则留在"幕后"。用户通常通过网络浏览器或应用访问服务，而且服务往往按用户或席位计费。从文字处理和电子表格程序等业务应用，到客户关系管理（CRM）和企业资源管理（ERM）应用，再到照片编辑套件以及视频托管平台，SaaS 应用能够在云中提供极其丰富的功能。SaaS 的关键特点：

①即插即用：用户可以立即使用已经部署和配置好的应用程序，无须进行任何安装、更新或管理。

②按需定制：SaaS 通常提供一些配置选项，使用户能够根据自己的需求进行定制和设置。

③资源共享：多个用户可以同时访问和使用同一个 SaaS 应用程序，实现资源共享和成本节约。

（二）云计算的部署模式

云部署模式通常取决于云基础设施的物理位置、控制基础设施的人员以及向用户提供云服务的方式。目前主要有四种云计算模式，每种模式都可满足不同的业务需求。

1. 公有云

公有云为经典模式，由云服务提供商（CSP）拥有、维护和管理共享云基础设施。服务通过开放的互联网提供。大型云服务提供商若拥有可实现大规模扩展的数据中心，则称为超大规模提供商，包括微软的 Windows Azure Platform，亚马逊的 AWS、Salesforce.com，以及国内的阿里巴巴等企业。公有云的主要优势是随需应变的可扩展性和即用即付定价模式。公有云计算的常见用途包括文件共享、电子邮件服务以及应用开发和测试等。对于使用者而言，公共云的最大优点是，其所应用的程序、服务及相关数据都存放在公共云的提供者处，自己无须做相应的投资和建设。目前最大的问题是，由于数据不存储在自己的数据中心，其安全性存在一定风险。同时，公有云的可用性不受使用者控制，这方面也存在一定的不确定性。

2. 私有云

私有云运行于企业内网防火墙以内，托管于企业内部部署或主机托管的数据中心内。在这一模式下，基础设施专供单个组织使用，可根据该公司的具体需求进行配置和管理；而云端的所有权、日常管理和操作的主体到底属于谁并没有严格的规定，可能是本单位，也可能是第三方机构，还有可能是二者的联合。云端位于本单位内部，也可能托管在其他地方。一般企业自己采购基础设施，搭建云平台，在此之上开发应用的云服务。私有云可充分保障虚拟化私有网络的安全,私有云的部署比较适合于有众多分支机构的大型企业或政府部门。随着这些大型企业数据中心的集中化,私有云将会成为他们部署 IT 系统的主流模式。私有云部署在企业自身内部,数据存储在私有云中,通常用于对安全性要求较高的关键业务应用,因为这一模式能够以最佳方式解决许多组织的隐私和安全性问题。但其缺点是投资较大,尤其是一次性的建设投资较大。

3. 社区云

云端资源专门给固定的几个单位内的用户使用,而这些单位对云端具有相同诉求(如安全要求、云端使命、规章制度、合规性要求等)。云端的所有权、日常管理和操作的主体可能是本社区内的一个或多个单位,也可能是社区外的第三方机构,还可能是二者的联合。云端可能部署在本地,也可能部署于他处。

4. 混合云

由两个或两个以上不同类型的云(私有云、社区云、公有云)组成,它们各自独立,但用标准的或专有的技术将它们组合起来,而这些技术能实现云之间的数据和应用程序的平滑流转。由私有云和公有云构成的混合云是目前最流行的,混合云允许公司同时利用公有云和私有云两种云计算解决方案,包括使用多个公有云服务提供商。通过混合云,组织可以利用每种云模式的优势,从而增强灵活性和可扩展性、保护敏感数据和运营,并最大限度地减少对任何单一安全策略的依赖。当私有云资源短暂性需求过大时,自动租赁公共云资源来平抑私有云资源的需求峰值。例如,网站在节假日期间点击量巨大,这时就会临时使用公共云资源来应急。混合云是供自己和客户共同使用的云,它所提供的服务既可以供别人使用,也可以供自己使用。相比较而言,混合云的部署方式对提供者的要求较高。

三、云计算在电子商务中的应用

(一)云计算促进电子商务搜索引擎发展

目前云计算在搜索引擎的应用最成功,因此搜索与云计算是分不开的。利用云计算进行搜索,不仅能够搜索相关商品的图片、地址、生产厂家等信息,还可看到不同厂家产品的对比,甚至可以看到如开车线路、公交等相关信息。实际上通过云计算,可以整合几个不同的搜索引擎,一次搜索相当于启动了多个搜索引擎提供服务。未来,语音服务、虚拟现实、物联网技术等都将集成在搜索引擎中,这将对电子商务产生更大的影响,推动电子商务不断前进。

(二)基于云计算的全新电子商务模式构建

强大的分布式计算能力和精简的客户端配置,明显减少了客户端维护的工作量;云安全技术也提供了对未知威胁的评估和防御的推送能力,因此其安全防御级别有了很大的提高。总之,通过云计算可以将互联网上某些节点强大的各种软硬件资源,借助互联网向广大用户提供服务,转变成用户可伸缩的虚拟资源;同时云计算强调需求驱动、用户主导、按需服务、即用即付、用完即散,不对用户集中控制。这些特点适用电子商务,随着企业,特别是中小企业进入电子商务领域,将云计算运用于电子商务中,构建新型商务模式,其主要思想还是基于电子外包服务的应用。利用电子外包服务所提供的"按需分配"能力,电子商务企业可以在需要的时候快速获得相关资源和服务,既能免去电子商务企业前期投入和后期维护的成本，也能实现更深层次的资源共享和技术外包服务。云计算融入电子商务，会将电子商务推入全新的商务模式，如基于"供应链云"的全程电子商务模式、基于"移动云"的移动电子商务模式等，这将会使得云计算的应用将更加普遍，甚至成为电子商务的标准模式，对电子商务的发展有深远影响。

第五节 区块链

一、区块链概述

(一)区块链的含义

在中本聪的论文《比特币：一个点对点电子现金系统》(*Bitcoin：A Peer-to-Peer Electronic Cash System*)中，区块链被描述为用于记录比特币交易账务信息的分布式共享账本，是比特币运行的底层支撑技术。随着比特币区块链的扩容，交易费用开始升高、价格波动性强、容量限制、确认时间变长，区块链技术结合智能合约的优点开始展现。2014年前后，业界开始认识到区块链技术的重要价值，并将其用于数字货币外的应用领域。2015年，《经济学人》(*Economist*)杂志在封面介绍区块链为创造信任的机器，即区块链可以在没有中央权威机构的情况下，为交易双方建立起信任关系。专家学者们从不同的角度给区块链做了一些定义，归纳综合起来主要有两种：

第一种，从数据的角度来看，区块链是一种分布式数据库。这里的"分布式"不仅体现为数据的分布式存储，也体现为数据的分布式记录(即由系统参与者共同维护)；

第二种，从技术的角度来看，区块链是一种源自"比特币"的底层技术，是数字世界中进行"价值表示"和"价值转移"的技术，但是它并不是一种单一的技术，而是多种技术整合的结果。这些技术以不同以往的结构组合在一起，就形成了一种新的数据记录、存储和表达的方式。区块链一面是表示价值的加密数字货币或通证，另一面是进行价值转移的分布式账本与去中心网络。分布式账本与去中心网络也常被称为"链"，它可被视为一个软件平台；而表示价值的通证常被称为"币"。通证存储在链上，通过链上的代码(主要形式的智能合约)来管理，它是可编程的。

在中国，中国信息通信研究院《区块链白皮书(2019)》将区块链(Block Chain)定义为一种由多方共同维护，使用密码学保证传输和访问安全，能够实现数据一致存储、难以篡改、防止抵赖的记账技术；中国人民银行《金融分布式账本技术安全规范》中将区块链定义为：分布式账本技术是密码算法、共识机制、点对点通信协议、分布式存储等多种核心技术体系高度融合形成的一种分布式基础架构与计算范式。

从1994年互联网开始商业化，经过近25年的发展，互联网已经彻底改变了我们周围的一切——经济、产业、生活。互联网从1995年左右的"信息高速公路"的说法，变成了无处不在的力量。之前，互联网处理的是"信息"；现在，互联网可以处理"价值"。从2008年到2018年，酝酿了近十年的区块链技术弥补了互联网与数字世界中一直缺失的另一半。区块链提供了在数字世界中处理价值所需的两个基础功能——价值表示与价值转移，让互联网跃迁到价值互联网(见图3-9)。

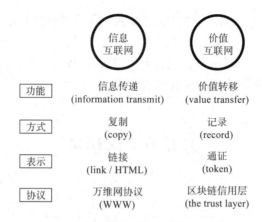

图 3-9 信息互联网 VS 价值互联网

　　不管是网络零售、生活服务交易，还是企业互联网，每个从事交易的互联网项目都需要价值转移的功能。在区块链出现之前，互联网中信息传递的方式是复制。这一特征让人们在数字空间中进行价值转移时，必须依赖可信第三方的协助。如亚马逊、淘宝、支付宝、微信以及传统社会中的银行、交易所、政府机构，等等，都属于各种各样的中心化机构。这些中心化机构在交易中担任信用中介的角色。比如，在互联网上进行金钱的转移时，我们需要信用中介来居中协调，为了进行在线支付，互联网上产生了专门的信用中介，如 PayPal、支付宝、微信支付等。

　　直到 2008 年，当中本聪在比特币系统中开发出区块链这个底层技术并尝试创造新的技术来去掉这些信用中介，让网络本身来扮演信用中介的角色时，我们开始发现，现在互联网中的各种信用中介并非必须存在。经过十年的发展，比特币系统展示了，在数字世界中价值表示可以去中心化，价值转移同样可以去中心化。现在，我们仍需要各种信用中介，因为到现在为止互联网数字世界中的所有基础设施都是为了信息传递而建的。未来，我们不再需要这些信用中介。基于区块链技术，人们可以建立一个通过网络本身进行价值表示、价值转移的全新交易基础设施，如图 3-10 所示。

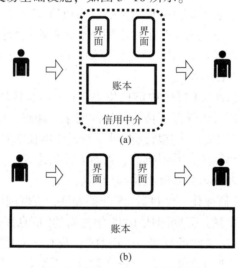

图 3-10 分布式账本改变了互联网上价值转移的流程

（a）信息互联网方式：通过信用中介；（b）区块链方式：通过分布式账本

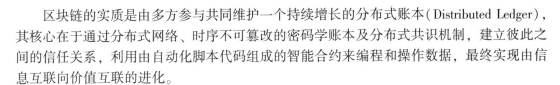

区块链的实质是由多方参与共同维护一个持续增长的分布式账本（Distributed Ledger），其核心在于通过分布式网络、时序不可篡改的密码学账本及分布式共识机制，建立彼此之间的信任关系，利用由自动化脚本代码组成的智能合约来编程和操作数据，最终实现由信息互联向价值互联的进化。

（二）区块链的特点

区块链技术作为创造信任的机器，主要有以下特点。

1. 去中心化

区块链构建在分布式网络基础上，网络中没有中心化的物理节点和管理机构，网络功能维护依赖于网络中所有具有维护功能的节点完成，各个节点的地位是平等的，一个节点甚至几个节点的损坏不会影响整个系统的运作。

2. 共识机制

区块链采用基于协商一致的规范和协议，通过数学原理和公开透明的算法，使得整个系统的所有节点能够在去信任的环境中自由安全地交换数据，建立一种由所有参与者在完全平等和信息充分透明的基础之上达成的"共识"，每当交易发生之后，信息会通知到所有的"点"，各个"点"按照预设的规则独立地对交易进行确认。多数"点"确认的结果就是最终的结论，系统会自动将你的数据修正为大家认可的结果。由所有人共同维护和传承已经形成的"共识"。实现交易双方在不需要借助第三方权威机构（如中央银行等）信用背书下通过达成共识建立信任关系。

3. 公开透明

区块链作为共享账本，除了交易各方的私有信息被加密外，区块链的数据对所有人公开，所有参与者看到的是同一账本，能看到这个账本所发生和记录的每一笔交易，能查询、验证区块链上的数据记录。

4. 时序且不可篡改

区块链利用密码学的方式保证数据传输和访问的安全，采用带有时间戳的链式区块结构存储数据，具有极强的可追溯性和可验证性。系统中每一个节点都拥有最新的完整数据库拷贝，一旦信息经过验证添加到区块链上，就会永久存储。从本质上讲，区块链是一个信息技术领域的术语，它是一个共享数据库，存储于其中的数据或信息，具有"不可伪造""全程留痕""可以追溯""公开透明""集体维护"等特征。基于这些特征，区块链技术奠定了坚实的"信任"基础，创造了可靠的"合作"机制，具有广阔的运用前景。

二、区块链系统的构成

区块链作为比特币的底层技术，它可以理解为一种公共记账的机制，但是它并不是一款具体的产品。其基本思想是：通过建立一组互联网上的公共账本，由网络中所有的用户共同在账本上记账与核账，来保证信息的真实性和不可篡改性。它之所以叫做"区块链"（Blockchain），顾名思义，是因为区块链存储数据的结构是由网络上一个个"存储区块"组成一根链条，每个区块中包含了一定时间内网络中全部的信息流数据，且随着时间的推移，这条链会不断增长。

每个区块由两个部分组成——区块头部和区块数据。其中，区块头里面存储信息，包含上一个区块的哈希值(PreHash)，本区块的哈希值(Hash)以及时间戳(Time Stamp)等。区块体存储着这个区块的详细数据(Data)，这个数据可以是交易信息，也可以是其他信息，如图 3-11 所示。

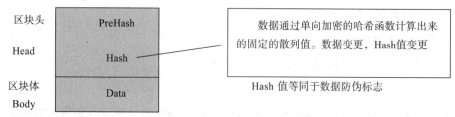

图 3-11　区块链中区块构成

哈希值可以被看成是数据块的指纹，即在后一个区块的头部中均存储有上一个区块数据的指纹。如果上一个区块中的数据被篡改了，那么数据和指纹就对不上号，篡改行为就被发现了。要改变一个区块中的数据，对其后的每个区块都必须相应地进行修改。所谓哈希就是一种压缩映射，是把任意长度的输入通过散列算法变换成固定长度的输出。SHA256 是比特币区块链的算法，不管原始内容是什么，通过这种算法都会得到一个 256位编码。区块与哈希是一一对应的。每个区块的哈希针对区块头计算，把区块头的各项特征值链接在一起组成字符。如果区块体变了，当前区块的哈希就变了，为了让后面的区块还能连接到它，那么后面的区块都要改。因此，短时间内修改区块链是困难的，除非有人掌握了全网51%以上的算力，通过这种方式，保证了区块链数据不被篡改。比特币区块头摘要如图 3-12 所示。

首页 / 块 - 0000000000000000000081d5f6004f806d3ea021b16b31b2aa1f7461fc8de66eb					
摘要					
高度	678,158	版本	0x20006000	块哈希	0000000000000000000081d5f6004f806d3ea021b16b31b2aa1f7461fc8de66eb
确认数	1	难度	34.69 T / 23.14 T	前一个块	00000000000000000004c350d0693d3c227c07b4b0f224670489989521ff592e
大小	1,439,561 Bytes	Bits	0x170c2a48	后一个块	3030303030303030303030303030303030303030303030303030303030303030
Stripped Size	851,331 Bytes	Nonce	0x7089bff7	Merkle Root	dda8109f43fa38b42ab9eefb344288759904c117b56c97e09a2670f88c24c4e7
Weight	3,993,554	播报方	BTC.com		
数量	1,806	时间	2021-04-07 19:44:45	其它区块浏览器	BLOCKCHAIR

图 3-12　比特币区块头摘要(注：截图摘自 BTC 区块浏览器 https：//btc.com)

因为每个区块都包含了上一个区块的哈希值，所有的区块就依次连成一条(逻辑上的)链。"上一个区块的哈希值"就起到了"页码"的作用——给区块排序。区块链构成如图 3-13 所示。

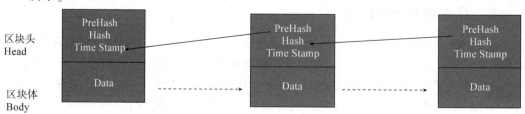

图 3-13　区块链构成

三、区块链在电子商务领域的应用概况

2015 年被业界视为区块链元年，全球掀起了区块链技术研发和投资热潮。2016 年是区块链产业深化发展和全面加速前行的一年，当年全球有超过 24 个国家投资区块链技术，80% 的银行已在 2017 年前启动区块链项目，50% 的第三方数据存证机构已经或正在进行区块链存证的应用尝试，90 多个中央银行加入了区块链讨论，90 多个公司加入了区块链联盟，产生了超过 2 500 项区块链相关专利。区块链之所以引起金融界的一致关注，在于它改变金融的巨大潜力，有可能给金融业带来新机遇、新挑战。互联网巨头微软、阿里、IBM 等公司也都有围绕区块链技术采取行动，高盛集团更是称区块链技术将"颠覆一切"。

2019 年 1 月 10 日，中国国家互联网信息办公室发布《区块链信息服务管理规定》。2019 年 10 月 24 日，习近平总书记强调，"把区块链作为核心技术自主创新的重要突破口""加快推动区块链技术和产业创新发展"。区块链被列为我国"十三五"规划里的"重大任务和重点工程"之一，成为中国社会关注的焦点。

目前在电商平台上使用区块链的企业主要有两种：一种是基于联盟链的电商平台，二是基于私有链的电商平台。联盟链是一种开放的区块链网络，联盟的成员可以通过加入的方式进入到区块链的项目当中。而私有链则是给特定企业定制的区块链，区块链对于零售行业产生了很大的影响。区块链技术能够让整一条链上的各方面进行协作，通过智能合约的方式来降低交易成本，从而实现了多方共赢的效果。区块链技术可以实现电子商务的安全支付，避免了传统电子支付体系中由于存在第三方机构所存在的安全漏洞。例如，国内的支付宝和微信支付，用户通过他们创建的账户向电子商家付款，由支付宝和微信支付完成交易。但是，这种支付方式仍然存在着一定的隐患，攻击者可通过利用系统漏洞非法进入用户的账户并进行恶意操作。而区块链技术用密钥实现了数据加密，用户可以使用自己的私钥进行支付，确保了用户资金的安全。此外，区块链技术的不可逆性和去中心化特点也使得电子商务交易变得更加透明。只要在交易完成后，资金的流向都能够被记录并可查询，使得交易双方更加放心。

区块链技术不仅可以提高电子商务支付的安全性，通过货物运输流程的存证、追踪和验证，也可以提高电子商务物流的透明度。现有物流跟踪系统往往处于中心化控制下，容易造成数据管理机构对历史记录的删除或篡改，从而导致诸如货物丢失或违法渠道洗钱等问题，极大程度上威胁了消费者的权益。与此不同，区块链技术的去中心化模式能够提供不可逆的验证和查询服务。通过将每一个小包裹的物流信息记录在区块链上，并进行时间和地点的戳记，让消费者或者商家可以轻松地查阅货物的运输过程，从而有效地避免了诸如虚假信息、中途更改物流路径等问题。

本章小结

电子商务是计算机信息技术在商务活动中的应用，是一门交叉学科，涉及相当含量的网络技术和网络通信技术，而计算机网络是软件产业的重要组成部分，是信息化过程中重要的技术基础之一。凡是将地理位置上分散的具有独立功能的多台计算机及其他外部设备，通过通信设备和线路互相连接起来，再配有相应的网络软件，能够实现互相通信和资

源共享的系统，就称为计算机网络。

EDI 是一种计算机应用技术，商业伙伴们根据事先达成的协议，对经济信息按照一定的标准进行格式化处理，并把这些格式化的数据，通过计算机通信网络在他们的计算机系统之间进行交换和自动处理。实施 EDI 的效益可从以下一些方面反映出来：缩短交易时间，提高工作效率；减少文件处理成本；员工成本的减少；减少库存；避免重复操作，减少人为差错，提高工作质量；提升时间价值效益等。

物联网是新一代信息技术的重要组成部分，也是信息化时代的重要发展阶段。最早在 1999 年提出：即通过射频识别（RFID）（RFID+互联网）、红外感应器、全球定位系统、激光扫描器、气体感应器等信息传感设备，按约定的协议，把任何物品与互联网连接起来，进行信息交换和通信，以实现智能化识别、定位、跟踪、监控和管理的一种网络。

自 2000 年以来，以 Hadoop 为代表的分布式存储和计算技术迅猛发展，极大地提升了互联网数据管理能力，引发全社会开始重新审视"数据"的价值，开始把数据当作一种独特的战略资源对待。

云计算是基于互联网的相关服务的增加、使用和交付模式，通常涉及通过互联网来提供动态易扩展且经常是虚拟化的资源。美国国家标准与技术研究院（NIST）定义：云计算是一种按使用量付费的模式，这种模式提供可用的、便捷的、按需的网络访问，进入可配置的计算资源共享池（资源包括网络、服务器、存储、应用软件、服务），这些资源能够被快速提供，只需投入很少的管理工作，或与服务供应商进行很少的交互。

复习题

一、选择题

1. 计算机网络可以分为局域网、（　　）、广域网。

A. 校园网　　　　　　B. 城域网　　　　　　C. 宽带网

2. （　　）是 OSI 参考模型的最底层。

A. 网络层　　　　　B. 物理层　　　　　C. 传输层　　　　　D. 数据链路层

3. 哪一个选项按顺序包括了 OSI 模型的各个层次？（　　）

A. 物理层，数据链路层，网络层，传输层，会话层，表示层和应用层

B. 物理层，数据链路层，网络层，传输层，系统层，表示层和应用层

C. 物理层，数据链路层，网络层，转换层，会话层，表示层和应用层

D. 表示层，数据链路层，网络层，传输层，会话层，物理层和应用层

4. DNS 是指（　　）。

A. 域名服务器　　　B. 发信服务　　　　C. 收信服务器　　　D. 邮箱服务器

5. Internet 的协议选择是（　　）。

A. NetBEUI　　　　B. IPX/SPX　　　　C. TCP/IP　　　　D. UDP

6. 互联网的历史最早可追溯到 20 世纪 70 年代，那时候它的名称为（　　）。

A. NSFNET　　　　B. USENET　　　　C. INTERNET　　　D. ARPANET

7. Internet 中的 IP 地址由四个字节组成，每个字节间用（　　）符号分开。

A. "、"　　　　　　B. ","　　　　　　C. "/"　　　　　　D. "."

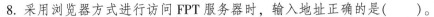

8. 采用浏览器方式进行访问 FPT 服务器时，输入地址正确的是（　　）。

A. HTIP：//192.168.0.1　　　　　　　B. http：\\192.168.0.1

C. ftp：//192.168.0.1　　　　　　　　D. 192.168.0.1

9. 在 Internet 上对每一台计算机的区分是通过（　　）来区别的。

A. 计算机的登录名　　　　　　　　　　B. 计算机的域名

C. 计算机所分配的 IP 地址　　　　　　D. 计算机的用户名

10. 云计算的服务模型不包含（　　）。

A. IaaS　　　　　　B. PaaS　　　　　　C. DaaS　　　　　　D. SaaS

二、简答题

1. 常用计算机网络的拓扑结构有哪几种？

2. OSI 参考模型指的是什么？请扼要说明各层的功能。

3. 简述云计算的功能。

三、论述题

什么样的域名才是一个好的域名？

第四章　电子商务安全

随着互联网的应用和电子商务的发展，其安全问题也变得越来越突出。电子商务的一个重要技术特征是利用IT技术来传输和处理商业信息。因此，电子商务安全从整体上可分为两大部分：计算机网络安全和商务交易安全。计算机网络安全与商务交易安全实际上是密不可分的，两者相辅相成，缺一不可。没有计算机网络安全作为基础，商务交易安全就犹如空中楼阁，无从谈起。没有商务交易安全保障，即使计算机网络本身再安全，仍然无法达到电子商务所特有的安全要求。

知识目标

1. 了解电子商务存在的安全隐患以及安全的基本要求
2. 了解电子商务中数据加密技术和安全认证技术

素养目标

了解电子商务技术的风险，引导学生重视网络信息技术安全问题

核心概念

电子商务安全　数据加密　安全认证　防火墙　SSL协议　SET协议

第一节 电子商务系统存在的安全隐患

一、电子商务的安全问题

(一)网络犯罪已经成为全球现象

如今，通信技术、数字技术和网络空间工具迅速发展，促进和便利了不同民族和文明之间在开放领域中的通信手段和信息传递，所有交易都通过各种通信渠道进行。数据泄露、勒索软件、黑客攻击等事件层出不穷，有组织、有目的的网络攻击愈加明显。由于疫情影响，许多企业的更多的工作以远程办公的形式完成，而这一趋势即使在疫情结束后也很可能将会继续保持下去，同时，随着企业的数字化转型进程加快，越来越多的企业数据被储存于云端服务器，这使得全球互联网"用户无处不在、程序无处不在、威胁无处不在"的特征更加凸显。

Cybersecurity Ventures 发布的"2022 年网络犯罪报告"，预计 2023 年网络犯罪将给全世界造成 8 万亿美元的损失。如果以国家经济体量比较，2023 年网络犯罪将成为仅次于美国和中国的世界第三大经济体。许多国际报告预计，在全球范围内，网络犯罪造成的损失成本将在未来三年内每年增加 15%，到 2025 年每年将达到 10.5 万亿美元，而 2015 年为 3 万亿美元。受利益的驱动，网络罪犯通常瞄准互联网最集中的经济交易平台攻击，以便从网络交易领域中牟利。

 【案例 4-1】西北工业大学遭受美国国家安全局网络攻击揭开"黑客帝国"虚伪面纱

 【案例 4-2】2017 年安全大事件案例：勒索病毒

(二)电子商务系统存在的安全隐患

一般说来，电子商务系统可能遭受的攻击有以下几种。

1. 系统穿透

系统穿透是指未经授权，通过一定手段假冒合法用户接入系统，对文件进行篡改、窃取机密信息、非法使用资源等。一般采用伪装(Masquerade)或利用系统的薄弱环节(如绕过检测控制)、手机情报(如口令)等方式实现。这也是大多数黑客使用的方法。黑客们常常利用各种试探软件反复猜测某个网站的用户密码，一旦成功就可假冒该用户进入系统。1998 年 2 月，美国五角大楼的关键主机遭到了"迄今为止最有组织、有系统的攻击"。这次破译由一个以色列年轻人 Ehud Tenenbaum 领导，他向两个美国加州的年轻人演示了进入五角大楼安全分支的不同方法，于是那两个年轻人在数天之内进入了全美数以百计的网络。

2. 违反授权原则

违反授权原则是指一个被授权进入系统做某件事的用户在系统中做未经授权的其他事情。表面看来这是系统内部的误用或滥用问题，但这种威胁与外部穿透有关联。一个攻击者可以通过猜测口令接入一个非特许用户账号，进而发现系统的薄弱环节，取得特许接入系统权，从而严重危及系统的安全。

3. 植入

在系统穿透或违反授权攻击成功后，入侵者常要在系统中植入一种能力，为其以后能够攻击系统提供方便条件，如向系统中注入病毒、蛀虫、特务，例如一种表面上合法的字处理软件能将所有编辑文档复制存入一个隐藏的文件中，供攻击者检索。"美丽杀"病毒就是一种典型的植入攻击。黑客把病毒作为电子邮件的附件发给受攻击者。一旦对方运行了该附件，其系统就会感染该病毒。更有甚者，如果附件不是病毒，而是远程控制程序，如有名的BOO2K，则被攻击方的系统将完全被黑客控制，黑客可以随心所欲地浏览、删除对方的文件，甚至执行关机、重启等操作。

4. 通信监视

这是一种在通信过程中从信道进行搭线窃听(Interception)的方式。入侵方通过搭线和电磁泄漏等对机密性进行攻击，造成泄密，或对业务流量进行分析，获取有用情报。侦察卫星、监视卫星、预警卫星、间谍飞机、隐身飞机、预警飞机、装有大型综合空径雷达的高空气球、无数微型传感器都可用于截获和跟踪信息。

5. 通信窜扰

通信窜扰是指攻击者对通信数据或通信过程进行干预，对完整性进行攻击，篡改系统中数据的内容，修正消息次序、时间(延时和重放)，注入伪造消息。

6. 中断

中断是指对可用性进行攻击，破坏系统的硬件、硬盘、线路、文件系统等，使系统不能正常工作，破坏信息和网络资源。例如高能量电磁脉冲发射设备可以摧毁附近建筑物中的电子器件，正在研究中的电子生物可以吞噬电子器件。

7. 拒绝服务

拒绝服务是指合法接入信息、业务或其他资源受阻。例如，一个业务口被大量信息垃圾阻塞等。在1999年北约入侵南联盟期间，南斯拉夫的黑客们集中向北约的邮件服务器发送"PING"指令，使其系统不得不全力接收并处理成千上万的该指令，无力处理正常的邮件业务，最终被迫关闭。

8. 否认

一个实体进行某种通信或交易活动，稍后否认曾进行过这一活动，不管这种行为是有意的还是无意的，一旦出现再要解决双方的争执就不太容易了。

9. 病毒

由于互联网的开放型，病毒在网络上的传播比以前快了许多，而且互联网的出现又促

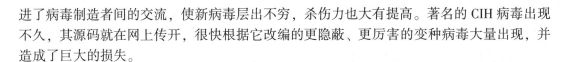

进了病毒制造者间的交流，使新病毒层出不穷，杀伤力也大有提高。著名的 CIH 病毒出现不久，其源码就在网上传开，很快根据它改编的更隐蔽、更厉害的变种病毒大量出现，并造成了巨大的损失。

二、电子商务的安全需求

(一)保密性

保密性是指交易过程中必须保证信息不会被非授权的人或实体窃取(无论是无意的还是恶意的)。要保证信息的保密性，需要防止入侵者侵入系统；对商务机密(如信用卡信息等)要先经过加密处理，再送到网络传输。

(二)完整性

完整性是指数据在输入和传输过程中要求能保证数据的一致性，防止数据被非授权建立、修改和破坏。信息的完整性将影响到贸易各方的交易和经营策略，保持这种完整性是电子商务应用的基础。因此，要预防对信息的随意生成、修改和删除，同时还要防止数据在传送过程中丢失和重复，以保证信息传送次序的统一。

(三)不可抵赖性

信息的不可抵赖性是指信息的发送方不可否认已经发送的信息，接收方也不可否认已经收到的信息。例如因市场价格的上涨，卖方否认收到订单的日期或完全否认收到订单；再如网上购物者订货后，不能谎称不是自己订的货等。因此，要求在交易信息的传输过程中为参与交易的个人、企业或国家提供可靠的标识，使原发送方在发送数据后不能抵赖，接收方在接收数据后也不能抵赖。主要用于保护通信用户对付来自其他合法用户的威胁，如发送用户对他所发消息的否认、接收用户对他已收消息的否认等，而不是对付来自未知的攻击者。一般来说，不可否认业务性不能制止某合法用户对某业务的否认，但可以提供足够充分的证据迅速地辨别出谁是谁非。不可否认业务不仅是为了解决通信双方相互之间可能的欺诈，而且也反映了现实系统的不完整性。现实环境下，当一个事件结束时，双方常会持不同的看法。特别是对商务中起关键作用的纸面文件，如合同、报价、标书、订货单、发票、支票等，在处理过程中常会出现问题，如票据丢失、损坏、被涂改、签章不全或不符、持票人身份不符、时间戳不符、票据伪造等。为了解决这类问题常采用各类手段，如签字、柜台签字、仲裁签字、收据、邮戳、挂号邮件等。一个好的商务系统都采用适当的票据来解决可能出现的争执。类似地，在电子商务系统中也需要不可否认业务，而且解决起来比传统商务更为困难。

(四)真实性

真实性是指商务活动中交易者身份的真实性，亦即是交易双方确实是存在的，不是假冒的。网上交易的双方相隔很远，互不了解，要使交易成功，必须确认对方是真实的。对商家要考虑客户是不是骗子，发货后会不会收不回货款；对客户要考虑商店是不是黑店，付款后会不会收不到货，或者收到货后质量是否能有保证。因此，能否方便而又可靠地确认交易双方身份的真实性，是顺利进行电子商务交易的前提。

(五)可靠性

可靠性是指电子商务系统的可靠性，指由于计算机失效、程序错误、传输错误、硬件故障、系统软件错误、计算机病毒和自然灾害等所产生的潜在威胁状态下，而仍能确保系统安全、可靠。保证计算机系统的安全是保证电子商务系统数据传输、数据存储及电子商务完整性检查的正确和可靠的根基。

(六)内部网的严密性

企业的内部网上一方面有着大量需要保密的信息，另一方面传递着企业内部的大量指令，控制着企业的业务流程。企业内部网一旦被恶意侵入，可能给企业带来极大的混乱与损失。比如，计算机黑客一旦非法闯入某一银行的内部网络，就可以修改存款数据，划拨资金。再如，对一些自动化程度高的企业而言，内部网若被恶意侵入，企业的经营活动就会陷入瘫痪：不按规定的程序生产或生产出大量废品；产品被胡乱送到不需要的地方，资金被划拨等。因此，保证内部网不被侵入也是开展电子商务的企业应着重考虑的一个安全问题。

第二节　电子商务的安全技术

一、数据加密技术

(一)加密技术的基本概念

所谓加密技术，就是指采用数学方法对原始信息(通常称为"明文")进行再组织，使得加密后在网络上公开传输的内容对于非法接收者来说成为无意义的文字(加密后的信息通常称为"密文")。而对于合法的接收者，因为其掌握正确的密钥，可以通过解密过程得到原始数据(即"明文")。一条信息的加密传递的过程如图4-1所示。由此可见，在加密和解密过程中，都要涉及信息(明文/密文)、密钥(加密密钥/解密密钥)和算法(加密算法/解密算法)这三项内容。

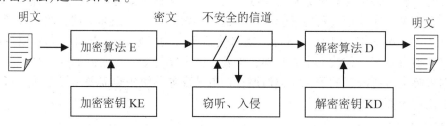

图4-1　数据加密的一般模型

加密的主要作用是提供机密性。明文一般是未经保护的敏感数据。加密技术从原理上可以分为两类：对称密钥加密技术和非对称密钥加密技术。它们的主要区别在于加密时和解密时所使用的密钥加密技术，如果不同，则是非对称密钥加密技术。

(二)对称密钥加密技术

对称密钥加密技术又称私有加密技术。对称加密的算法是公开的，信息的接收方和发送方采用相同的算法和同一个密钥。采用对称密钥加密和解密的过程如图4-2所示。

图 4-2　采取对称密钥加密和解密过程

1. 古典加密算法

（1）移位加密算法（恺撒密码）。

恺撒密码是一种单表替代密码，对于任意密钥 k 将明文的每个字母循环后移 k 位得到密文，表示为如下函数：

$$FA = (a+k) \bmod n$$

其中：a 是明文的字母，n 是字母表里的字母个数，k 就是密钥。

假如我们令 $k=4$，那么替换的方法如下所示：

明文：A B C D E F G H I J K L M N O P Q R S T U V W X Y Z

密文：E F G H I J K L M N O P Q R S T U V W X Y Z A B C D

如果要传送"Let us go"，根据上面的信息，将生成密文"PIX YW KS"。对方收到密文后再根据信息解密即可。

（2）维吉尼亚（Vigenere）密码。

人们在单一恺撒密码的基础上扩展出多表密码，称为"维吉尼亚"密码。它是由 16 世纪法国亨利三世王朝的布莱瑟·维吉尼亚发明的。维吉尼亚密码是一种多表替代密码，它把 26 个英文字母循环移位，再排列在一起，形成 26×26 的方阵。使用时先把一个容易的单词作为密钥，再把它反复写在明文下面，每个明文下面的密钥字母就表示了该明文字母应用列表的那一行加密。历史上以维吉尼亚密表为基础又演变出很多种加密方法，其基本元素无非是密表与密钥，并一直沿用到第二次世界大战以后的初级电子密码机上。

举个例子说明：首先列出 Vigenere 表，如表 4-1 所示。维吉尼亚密码引入了密钥的概念，即根据密钥来决定用哪一行的密表来进行替换，以此来对抗字频统计。假如以上面第一行代表明文字母，左面第一列代表密钥字母，对如下明文加密：

TO BE OR NOT TO BE THAT IS THE QUESTION

当选定 RELATIONS 作为密钥时，加密过程是：明文第一个字母为 T，第一个密钥字母为 R，因此可以找到在 R 行中代替 T 的为 K，依此类推，得出对应关系如下：

明文：TOBEORNOTTOBETHATISTHEQUESTION

密钥：RELATIONSRELATIONSRELATIONSREL

密文：KSMEHZBBLKSMEMPOGAJXSEJCSFLZSY

表 4-1　Vigenere 表

A	B	C	D	E	F	G	H	I	J	K	L	M	N	O	P	Q	R	S	T	U	V	W	X	Y	Z
B	C	D	E	F	G	H	I	J	K	L	M	N	O	P	Q	R	S	T	U	V	W	X	Y	Z	A
C	D	E	F	G	H	I	J	K	L	M	N	O	P	Q	R	S	T	U	V	W	X	Y	Z	A	B
D	E	F	G	H	I	J	K	L	M	N	O	P	Q	R	S	T	U	V	W	X	Y	Z	A	B	C

E	F	G	H	I	J	K	L	M	N	O	P	Q	R	S	T	U	V	W	X	Y	Z	A	B	C	D
F	G	H	I	J	K	L	M	N	O	P	Q	R	S	T	U	V	W	X	Y	Z	A	B	C	D	E
G	H	I	J	K	L	M	N	O	P	Q	R	S	T	U	V	W	X	Y	Z	A	B	C	D	E	F
H	I	J	K	L	M	N	O	P	Q	R	S	T	U	V	W	X	Y	Z	A	B	C	D	E	F	G
I	J	K	L	M	N	O	P	Q	R	S	T	U	V	W	X	Y	Z	A	B	C	D	E	F	G	H
J	K	L	M	N	O	P	Q	R	S	T	U	V	W	X	Y	Z	A	B	C	D	E	F	G	H	I
K	L	M	N	O	P	Q	R	S	T	U	V	W	X	Y	Z	A	B	C	D	E	F	G	H	I	J
L	M	N	O	P	Q	R	S	T	U	V	W	X	Y	Z	A	B	C	D	E	F	G	H	I	J	K
M	N	O	P	Q	R	S	T	U	V	W	X	Y	Z	A	B	C	D	E	F	G	H	I	J	K	L
N	O	P	Q	R	S	T	U	V	W	X	Y	Z	A	B	C	D	E	F	G	H	I	J	K	L	M
O	P	Q	R	S	T	U	V	W	X	Y	Z	A	B	C	D	E	F	G	H	I	J	K	L	M	N
P	Q	R	S	T	U	V	W	X	Y	Z	A	B	C	D	E	F	G	H	I	J	K	L	M	N	O
Q	R	S	T	U	V	W	X	Y	Z	A	B	C	D	E	F	G	H	I	J	K	L	M	N	O	P
R	S	T	U	V	W	X	Y	Z	A	B	C	D	E	F	G	H	I	J	K	L	M	N	O	P	Q
S	T	U	V	W	X	Y	Z	A	B	C	D	E	F	G	H	I	J	K	L	M	N	O	P	Q	R
T	U	V	W	X	Y	Z	A	B	C	D	E	F	G	H	I	J	K	L	M	N	O	P	Q	R	S
U	V	W	X	Y	Z	A	B	C	D	E	F	G	H	I	J	K	L	M	N	O	P	Q	R	S	T
V	W	X	Y	Z	A	B	C	D	E	F	G	H	I	J	K	L	M	N	O	P	Q	R	S	T	U
W	X	Y	Z	A	B	C	D	E	F	G	H	I	J	K	L	M	N	O	P	Q	R	S	T	U	V
X	Y	Z	A	B	C	D	E	F	G	H	I	J	K	L	M	N	O	P	Q	R	S	T	U	V	W
Y	Z	A	B	C	D	E	F	G	H	I	J	K	L	M	N	O	P	Q	R	S	T	U	V	W	X
Z	A	B	C	D	E	F	G	H	I	J	K	L	M	N	O	P	Q	R	S	T	U	V	W	X	Y

2. 现代对称密钥加密技术典型算法

1973 年，美国标准局 NBS 征求非军事领域的国家密码标准方案，IBM 提交的算法被选中，经过修改 1977 年被颁布作为加密标准算法 DES。

DES(Data Encryption Standard)是一种典型的"对称式"加密法，其加密与解密的密钥及流程完全相同，区别仅仅是加密与解密使用的密钥序列的施加顺序刚好相反。DES 算法的入口参数有三个：Key、Data、Mode。其中 Key 为 7 个字节共 56 位，是 DES 算法的工作密钥；Data 为 8 个字节 64 位，是要被加密或被解密的数据；Mode 为 DES 的工作方式，有两种——加密或解密。DES 综合运用了置换、代替、代数等多种密码技术，把消息分成 64 位大小的块，使用 56 位密钥，加密算法的迭代轮数为 16 轮。DES 密码算法输入的是 64 位的明文，在 64 位密钥的控制下产生 64 位的密文；反之输入 64 位的密文，输出 64 位的明文。64 位的密钥中含有 8 位奇偶校验位，所以实际有效密钥长度为 56 位。该算法在 1998 年前没有被公开破解过。1998 年，Electronic Frontier 基金会耗资 250 000 美元建造了一个包含 180 个 Deep Crack 芯片的破解机器，可以在几天内暴力破解 DES 算法的密钥。

除此之外，对称加密算法还包括 IDEA 和 3DES 等。IDEA（International Data Encryption Standard）算法中明文和密文分组长度都是 64 位，密钥长 128 位，最初由瑞士联邦技术学院的学者于 1990 年提出，在 1991 年进行改进。3DES 是采用 3 个 56 位密钥，它的安全性比 DES 要高。AES（Advanced Encryption Standard）是美国基于替代 DES 算法的思想而提出来的，它的密钥可以是 128 位、192 位和 256 位三种情况，相比 DES 算法而言，明显地提高了加密的安全性。对称加密体系加密流程如图 4-3 所示。

对称密钥加密技术的主要优点是加密和解密速度快，加密强度高，且算法公开，而最大的缺点是实现密钥的秘密分发困难，在拥有大量用户的情况下密钥管理复杂，且无法完成身份认证等功能，不适于在开放式网络环境中应用。例如，有 10 个用户，两两之间采用对称加密算法进行信息交换，都需要使用其他人不知道的唯一钥匙，则整个系统需要 45（10×9/2）个密钥。随着用户数量的增加，密钥的数字会急剧增加。因此，密钥的管理和分发都将成为很麻烦的问题。对称加密算法还有一个不足之处是交易双方都使用同样钥匙，安全性得不到保证，在分布式网络系统上使用较为困难

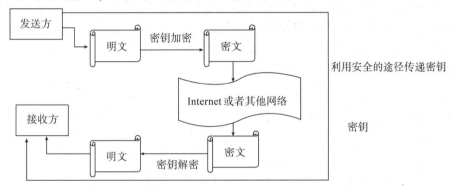

图 4-3　对称加密体系加密流程

（三）非对称性密钥加密技术

非对称密钥加密技术也称为公有密钥加密技术。它所使用的加密密钥和解密密钥是配对使用的，这两者是不一样的，并且很难从其中一个推断出另一个。通常，将其中一个密钥公开，称为公钥（Public Key），另一个密钥由用户自己保存，称为私钥（Private Key），分别用于对数据的加密和解密。加密时采用公钥还是私钥，要根据具体的应用来决定。采取非对称密钥加密和解密过程如图 4-4 所示。

非对称密钥加密技术中的最具代表性的算法是 RSA，算法是以 3 个发明者的名字命名的（Rivets，A. Shamir 和 L. Adleman）来命名的，它从公布至今，一直是加密算法中的主要算法之一。但在数学上还未找到最佳破译方法，安全性也未能得到理论上的证明。它的安全性依赖于大素数分解难题。例如，两个大素数 p 和 q 相乘得到的乘积 n 比较容易计算，但从它们的乘积 n 分解为两个大素数 p 和 q 则十分困难。如果 n 为足够大，当前不可能在有效的时间内把 n 分解。

图4-4 采取非对称密钥加密和解密过程

1999年，由RSA算法的创始人Rivets，A. Shamir和L. Adleman提出RSA-155数字，通过国际协作，由许多科学家在近300台工作和个人计算机以及1台超级计算机上通过共享处理，最终被分解了出来。分解工作总共花了五个多月。只要增大RSA的模数，将大大增大分解因数所需要的代价。目前可以使用1 024位或2 048位的模数，模数越大，其安全性好。RSA算法也有其不足：加密解密速度较慢，RSA最快时也比对称加密技术DES慢上几个数量级，因此，RSA更多地被用于加密少量数据。根据加密时是使用公钥还是私钥，非对称密钥加密技术可以分为两种基本的使用模式。

1. 加密模式

在加密模式中，加密和解密过程为：①发送方用接收方的公钥对要送的信息进行加密；②发送方将加密后的信息通过网络传送给接收方；③接收方用自己的私钥对接收到的加密信息进行解密，得到明文。这样，发送方只要拥有接收方的公钥，就可以给接收方发送机密信息，这个加密信息接收方可以解密。

2. 签名模式

在签名模式中，加密和解密模式过程为：①发送方用自己的私钥对要发送的信息进行加密；②发送方将加密后的信息通过网络传送给接收方；③接收方用发送方的公钥对接收到的加密信息进行解密，得到明文。这样，接收方只要拥有发送方的公钥，就可以验证该信息是否确实来自发送方。这个过程有些类似于生活中的盖私章。一般来说，用于加密和签名模式的两对密钥应该不一样，这样有利于增加安全性。对非对称密钥技术来说，如果明文是与公钥运算来得到密文，则解密应该是与私钥运算来得到明文，这对应于签名模式。

(四)对称与非对称加密技术的结合使用

由于对称加密的算法具有运算速度快的优点，而非对称加密安全性更好，也易于管理。为了提高效率，可以同时采取对称与非对称加密技术。举例说明如下：为了发送信息给用户B，用户A和B都生成一对自己的密钥对。密钥对中的公钥是公开的，但各自的密钥则由用户A和B分别妥善保管。用户A和B进行信息传输的过程如下：

①用户A生成一个对称密钥，该密钥用来对要发送的信息加密，同时，该对称密钥要安全地传送给用户B。

②用户A取用户B的公钥对要传输的对称密钥进行加密。

③用户A把加密后的信息和加密后的对称密钥通过网络传输到用户B。

④用户B用自己的私钥对用户A传送过来的对称密钥进行解密，得到发送方产生的对称密钥。

⑤接收方用解密得到的对称密钥对接收的加密信息进行解密，得到用户A发送的信息的明文。

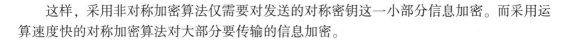

这样，采用非对称加密算法仅需要对发送的对称密钥这一小部分信息加密。而采用运算速度快的对称加密算法对大部分要传输的信息加密。

二、安全认证技术

安全认证技术是为例保证电子商务活动中的交易双方身份及其所用文件真实性的必要手段。包括数字摘要、数字签名、数字水印、数字时间戳、数字证书等。

(一)数字摘要

1. 概念

数字摘要（Digital Digest）又称信息摘要。其原理是采用单向 Hash（哈希）函数将需加密的明文进行某种变换运算，得到固定长度的摘要码。Hash 算法，是 Ron Rivets 发明的一种单向加密算法，其加密结果是不能解密的。

单向散列（Hash）函数 H(M) 作用于任意长度的消息 M，返回一个固定长度的散列值 h：

$$h = \mathrm{H}(M)$$

所谓信息摘要，是指从原文中通过 Hash 算法（一种单向的加密算法）而得到的一个固定长度（128 位）的散列值，不同的原文所产生的信息摘要必不相同，相同原文产生的信息摘要必定相同。因此信息摘要类似于人类的"指纹"，可以通过信息摘要去鉴别原文的真伪。信息摘要的过程如图 4-5 所示。

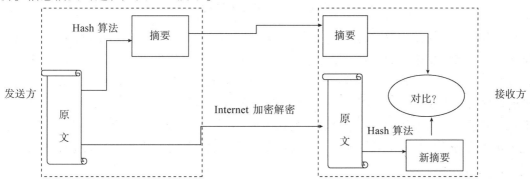

图 4-5　信息摘要的过程

2. 信息摘要的过程

整个信息摘要的过程可以描述如下：
①对原文使用 Hash 算法得到数字摘要。
②将数字摘要与原文一起发送。
③接收方对接收到的原文应用 Hash 算法产生一个摘要。
④用接收方产生的摘要与发送方发来的摘要进行对比，若两者相同则表明原文在传输过程中没有被修改，否则就说明原文被修改过。

(二)数字签名

1. 概念

数字签名是指通过使用非对称加密系统和哈希函数来变换电子记录的一种电子签名，

使得同时持有最初未变换电子记录和签名人公开密匙的任何人可以准确地判断该项变换是否是使用与签名人公开密匙相配的私人密匙做成的,进行变换后初始电子记录是否被改动过。数字签名用于保证信息的完整性和不可否认性。数字签名与用户的姓名及手写签名形式毫无关系,它实际上是采用了非对称加密技术,用信息发送者的私钥变换所需传输的信息,因而不能复制,安全可靠。

2. 数字签名的过程

数字签名的过程描述如图4-6所示。

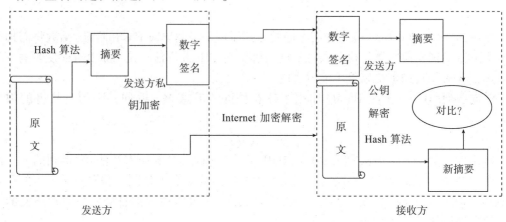

图4-6 数字签名的过程

首先,对原文使用Hash算法得到信息摘要;其次,发送者用自己的私钥对信息摘要加密;发送者将加密后的信息摘要与原文一起发送;接收者用发送者的公钥对收到的加密摘要进行解密;接收者对收到的原文用Hash算法得到接收方的信息摘要;将解密后的摘要与接收方摘要进行对比,相同说明信息完整且发送者身份是真实的,否则说明信息被修改或不是该发送者发送的。由于发送者的私钥是自己严密管理的,他人无法仿冒,同时发送者也不能否认用自己的私钥加密发送的信息,所以数字签名解决了信息的完整性和不可否认性问题。

(三)数字水印

由于图形、图像、视频和声音等数字信息很易通过网络、CD进行传递与复制,存在非法拷贝、传播或篡改有版权的作品的问题,因此,能对数字产品实施有效的版权保护及信息保密的数字水印技术应运而生。

数字水印技术是通过一定的算法将数字、序列号、文字、图像标志等版权信息嵌入多媒体数据中,但不影响原内容的价值和使用,并且不能被人的感知系统觉察或注意到。被其保护的信息可以是任何一种数字媒体,如软件、图像、音频、视频或一般性的电子文档等。在产生版权纠纷时,可通过相应的算法提取出该数字水印,从而验证版权的归属,确保媒体著作权人的合法利益,避免非法盗版的威胁。

(四)数字时间戳

在书面合同中,文件签署的日期和签名一样均是防止文件被伪造和篡改的关键性内容，一般由签署人自己填写。在电子交易过程中，同样需要证明电子文件的有效性，因此，进行数字签名时经常包括相应的时间标记。这种时间戳一般由认证单位的数字时间戳服务(DTS)负责，以 DTS 收到文件的时间为依据。时间戳(Time-Stamp)是一个经加密后形成的凭证文档，它包括三个部分：

①需加时间戳的文件的摘要(digest)。

②DTS 收到文件的日期和时间。

③DTS 的数字签名。

时间戳将日期和时间与数字文档以加密的方式关联。数字时间戳可用于证明电子文档在其时间戳所述的时间期限内有效。数字时间戳的工作过程如图 4-7 所示。

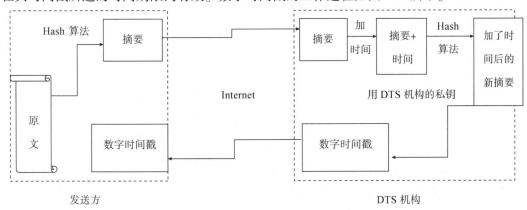

图 4-7　数字时间戳的工作过程

(五)数字证书

1. 概念

数字证书也称为数字标识(Digital ID)，它是采用公钥密码体制经证书授权中心数字签名的，包含公开密钥拥有者信息以及公开密钥的数据文件。它是各类实体(持卡人/个人、商户/企业、网关/银行等)在网上进行信息交流及商务活动的身份证明。

证书内容包括证书申请者的名称及相关信息、申请者的公钥、签发证书的 CA(数字证书授权中心)的数字签名及证书的有效期等内容。最简单的证书包含一个公开密钥、名称以及证书授权中心的数字签名。数字证书的详细信息如图 4-8 所示。

2. 数字证书的作用及分类

数字证书被广泛地用于各种电子交易中，如发送安全电子邮件、网上招投标、网上公文传送、网上缴费、网上炒股、网上购物和网上报关，等等。它提供了一种在互联网上进行身份验证的方式，人们可以通过出示数字证书来证明自己的身份，访问在线信息或享受有关服务，与日常生活中的身份证相似。个人数字证书可存放于计算机硬盘、智能卡、USB 中。

从证书的用途来看，数字证书可分为签名证书和加密证书。签名证书主要用于对用户信息进行签名，以保证信息的不可否认性；加密证书主要用于对用户传送信息进行加密，以保证信息的真实性和完整性。

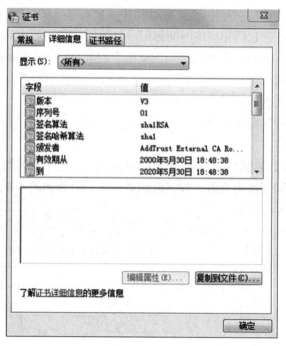

图4-8 数字证书的详细信息

数字证书大致可以分为以下三种类型:

(1)个人凭证(Personal Digital ID)。

它仅仅为某一个用户提供凭证,以帮助其个人在网上进行安全交易操作。个人身份的数字证书通常是安装在客户端的浏览器内的,并通过安全的电子邮件来进行交易操作。

(2)企业(服务器)凭证(Server ID)。

它通常为网上的某个 Web 服务器提供凭证,拥有 Web 服务器的企业就可以用具有凭证的万维网站点(Web Site)来进行安全电子交易。有凭证的 Web 服务器会自动地将其与客户端 Web 浏览器通信的信息加密。

(3)软件(开发者)凭证(Developer ID)。

它通常为互联网中被下载的软件提供凭证,该凭证用于和微软公司 Authenticode 技术(合法化技术)结合的软件,以使用户在下载软件时能获得所需的信息。数字证书由认证中心发行。

3. 数字证书授权中心(Certificate Authority,CA)

(1)认证中心概述。

证书授权中心是采用 PKI 公开密钥基础架构技术,专门提供网络身份认证服务,负责发放、管理、废除数字证书,且具有权威性和公正性的第三方信任机构,承担公钥体系中公钥的合法性检验的责任。它的作用就像现实生活中颁发证件的机构。认证中心的主要功能包括数字证书的颁发、更新、查询、作废及归档等。

对于一个大型的应用环境,认证中心往往采用一种多层次的分级结构,各级的认证中心类似于各级行政机关,上级认证中心负责签发和管理下级认证中心的证书,最下一级的认证中心直接面向最终用户。认证中心的系统结构如同一个树形验证结构。在进行交易时,通过出示由某个 CA 签发的证书来证明自己的身份,如果对签发证书的 CA 本身不信任，可逐级验证 CA 的身份，一直到公认的权威 CA 处，就可确信证书的有效性。SET 证书正是通过信任层次来逐级验证的。每一个证书与数字化签发证书的实体的签名证书关联，沿着信任树一直到一个公认的信任组织，就可确认该证书是有效的。证书的体系结构如图 4-9 所示。

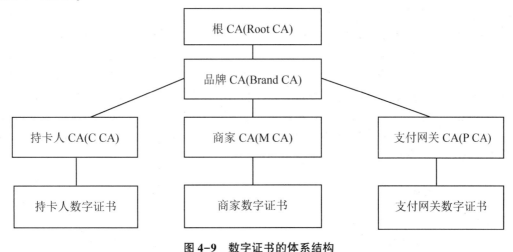

图 4-9　数字证书的体系结构

（2）数字证书的申请。

不同 CA 类型数字证书的申请步骤略有不同，一般有下列步骤。

①下载并安装 CA 的根证书。为了建立数字证书的申请人与 CA 的信任关系，保证申请证书时信息传输的安全性，在申请数字证书前，客户端计算机要下载并安装 CA 的根证书。

②填交证书申请表。不需身份验证的申请表可在线填写后提交；需要个人或单位身份验证的，下载申请表填写后连同身份证明材料一起送达 CA。

③CA 进行身份审核。

④下载或领取证书。普通证书，可以用身份审核后得到的序列号和密码，从网上下载证书；使用特殊介质（如 IC 卡）存储的证书，需要到 CA 领取证书。

（3）数字证书颁发过程。

数字证书颁发过程如下：

①由用户产生自己的密钥对，并将公共密钥及部分个人身份信息传送给一家认证中心。

②认证中心对用户身份进行核实，并对用户发送来的信息进行确认。

③认证中心发给用户一个数字证书，该证书内附了用户和他的密钥等信息，同时还附有对认证中心公共密钥加以确认的数字证书。

第三节　防火墙技术

一、防火墙概述

防火墙（Firewall）在生活中指建筑物大厦用来防止火灾蔓延的隔断墙。网络安全技术中的防火墙技术的作用与之类似，是一种由计算机硬件和软件组合起来的技术，它在外部网与内部网之间建立起一个安全网关(Security Gateway)，具有限制外界用户对内部网络访问及管理内部用户访问外界网络的权限，从而保护内部网络免受非法用户的侵入，在被保护网周边建立起的一个分隔被保护网络与外部网络的安全系统。防火墙常被安装在受保护的网络与连接到的外部网络的节点之间。

防火墙一般由一组硬件设备，如路由器、主计算机再配以相关的软件组成。其主要的功能有：数据包过滤、网络地址翻译、应用级代理、虚拟专用网以及身份认证。只有被允许的通信才能通过防火墙，从而起到内部网与外部网的隔离，可以限制外部用户对内部网络的访问和内部用户对外部网络的访问。它控制所有内部网与外部网之间的数据流量，防止企业内部信息流入内部网；控制外部有害信息流入互联网。防火墙还能执行安全策略，记录可疑事件。换句话说，如果不通过防火墙，公司内部的人就无法访问互联网，互联网上的人也无法和公司内部的人进行通信。

二、防火墙的分类

防火墙一般分为三种类型。

(一)网络层防火墙

网络层防火墙可视为一种 IP 封包过滤器，运作在底层的 TCP/IP 堆栈上。我们可以以枚举的方式，只允许符合特定规则的封包通过，其余的一概禁止穿越防火墙(病毒除外，防火墙不能防止病毒侵入)。这些规则通常可以经由管理员定义或修改，不过某些防火墙设备可能只能套用内置的规则。

我们也能以另一种较宽松的角度来制定防火墙规则，只要封包不符合任何一项"否定规则"就予以放行。操作系统及网络设备大多已内置防火墙功能。

较新的防火墙能利用封包的多样属性来进行过滤。例如，来源 IP 地址、来源端口号、目的 IP 地址或端口号、服务类型(如 HTTP 或是 FTP)，也能经由通信协议、TTL 值、来源的网域名称或网段等属性来进行过滤。

(二)应用层防火墙

应用层防火墙是在 TCP/IP 堆栈的"应用层"上运作，您使用浏览器时所产生的数据流或是使用 FTP 时的数据流都是属于这一层。应用层防火墙可以拦截进出某应用程序的所有封包，并且封锁其他的封包(通常是直接将封包丢弃)。理论上，这一类的防火墙可以完全阻绝外部的数据流进到受保护的机器里。

防火墙借由监测所有的封包并找出不符规则的内容，可以防范电脑蠕虫或是木马程序的快速蔓延。不过就实现而言，这个方法非常复杂，因为软件有千千万万种，所以大部分的防火墙都不会考虑以这种方法设计。

XML 防火墙是一种新形态的应用层防火墙。

应用层防火墙的特点是将所有跨越防火墙的网络通信链路分为两段，所有的连接都在防火墙处终止，外部计算机的网络连接只能到达代理服务器，从而起到了隔离防火墙内外计算机系统的作用。应用层防火墙如图 4-10 所示。

图 4-10 应用层防火墙

(三)数据库防火墙

数据库防火墙是一款基于数据库协议分析与控制技术的数据库安全防护系统。基于主动防御机制，实现数据库的访问行为控制、危险操作阻断、可疑行为审计。

数据库防火墙通过 SQL 协议分析，根据预定义的禁止和许可策略让合法的 SQL 操作通过，阻断非法违规操作，形成数据库的外围防御圈，实现 SQL 危险操作的主动预防、实时审计。

数据库防火墙面对来自外部的入侵行为，提供 SQL 注入禁止和数据库虚拟补丁包功能。

没有任何一个防火墙的设计能适用于所有的环境。它就像一个防盗门，在通常情况下能起到安全防护的作用，但当有人强行闯入时可能失效。所以在选择购买时，应根据站点的特点来选择合适的防火墙。

三、防火墙的作用和局限

(一)作用

1. 保护脆弱的服务

通过定义一个中心"扼制点"及过滤不安全的网络服务，防火墙可防止非法用户进入内部网络，减少内网中主机的风险。

2. 控制对系统的访问

可提供对系统的访问控制。如允许从外部访问某些主机，同时禁止访问另外的主机，允许内部员工可使用某些资源而不能使用其他资源等。

3. 进行集中的安全管理

对内网实行集中的安全管理。通过制定安全策略，其安全防护措施可运行于整个内网系统中而无须在每个主机中分别设立。同时还可将内网中需改动的程序都存于防火墙中而不是分散到每个主机中，便于集中保护。

4. 增强保密性

可阻止攻击者获取被攻击网络系统的有用信息。

5. 有效记录 Internet 上的活动

因为所有进出信息都必须通过防火墙，所以非常适于收集关于系统和网络使用和误用的信息。

(二)局限性

防火墙不是万能的，它的不足之处表现在以下几个方面：

①不能防范来自内部的攻击。对内部用户偷窃数据，破坏硬件和软件等行为无能为力。

②不能防范不通过它的连接。对有意绕过它进/出内网的用户或数据无法阻止，从而带来威胁。如用户可以将数据复制到磁盘中带出内网。

③不能防范未知的威胁。能较好地防备已知的威胁，但不能自动防御所有的新的威胁。

④不能完全防范病毒的破坏。

⑤为了提高安全性，限制和关闭了一些有用但存在安全缺陷的网络服务，给用户带来了使用的不便。

第四节　SSL 与 SET 安全协议

为了保障电子商务的安全性，人们制定了一些安全协议，其中比较著名的有 SSL 安全协议和 SET 安全协议。

一、SSL（Secure Sockets Layer）安全协议

安全套接层协议 SSL 是由 Netscape 公司于 1994 年研究制定的安全通信协议，主要用于 Internet 计算机之间的通信，它能加密浏览器与服务器之间的通信数据。因此，可以采用 SSL 传输密码和信用卡号等敏感信息，在浏览器和服务器之间建立了一个安全通道。

SSL 协议工作在 TCP 层上，高层的应用协议可以透明地工作于 SSL 层之上，它由两层协议构成，共包含四个子协议。

其中比较重要的是 SSL 握手协议和记录协议。

SSL 握手协议位于 SSL 记录协议之上。它用于数据传输前进行服务器和浏览器之间的身份认证，同时双方协商采用的协议版本、加密算法等参数，确定加密数据所需的对称密钥，采用公钥加密技术产生共享机密。

SSL 记录协议定义要传输的数据格式，它位于 TCP 层之上，从高层的 SSL 子协议接收数据进行封装，同时用对称密钥加密，通过 TCP 层进行传输。

SSL 可以实现浏览器和服务器相互的身份认证。

值得注意的是，使用时有的浏览器尤其是比较早版本的浏览器不支持 128 位密钥，仅支持 40 位密钥，这时为了增加安全性，需要下载相应的 128 位补丁。

二、SET（Secure Electronic Transaction）安全协议

SET 协议是 1996 年 Master Card 与 Visa 两大国际信用卡组织会同 IBM、Netscape 等一些计算机供应商共同开发的。SET 主要是为了解决在互联网环境下，用户、商家和银行之间通过信用卡支付而设计的。它给出了一套电子交易的过程规范，通过 SET 实现电子商务交易中的加密、认证机制和密钥管理机制等，从而保证支付信息的机密、支付过程的完整和商家及持卡人的合法身份。

SET 中主要包含：信用卡持卡人、商家、支付网关、CA 及信用卡结算中心。SET 协议比 SSL 协议复杂，它不仅可以加密两个端点间的单个会话，还可以加密和认证三方之间的多个信息。SET 协议的工作过程如图 4-11 所示。

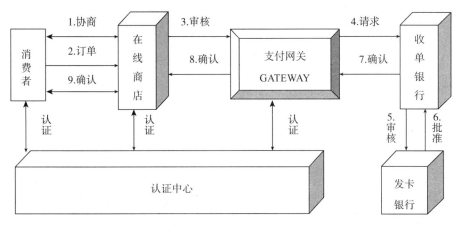

图 4-11 SET 协议的工作过程

其中步骤如下：

第一步，持卡人使用浏览器在商家的 Web 主页上查看在线商品。

第二步，持卡人选择要购买的商品。

第三步，持卡人填写订单。

第四步，持卡人选择付款方式。当选择 SET 方式进行付款时，SET 开始起作用。

第五步，持卡人发送给商家一个完整的订单及要求付款的指令。在 SET 中，订单和付款指令由持卡人进行数字签名。同时，利用双方签名技术保证商家看不到持卡人的账号信息。

第六步，商家接受订单后，向持卡人的金融机构请求支付认可。通过支付网关到银行，再到发卡机构确认，批准交易，然后返回确认信息给商家。

第七步，商家发送订单确认信息给顾客。

第八步，商家给顾客装运货物或完成订购的服务。

第九步，商家从消费者的金融机构请求支付。

SET 标准定义了第四步到第九步使用的通信协议、请求信息的格式和数据类型等。在上述操作的每一步，持卡人、商家和支付网关都通过 CA 来验证通信主体的身份，以确保通信的双方不是冒名顶替。

三、SSL 与 SET 安全协议的比较

SET 协议定义了银行、商家和持卡人之间交换的报文的标准，SSL 只是在通信的两方之间建立了一条安全通道。SSL 是面向链接的，而 SET 允许各方之间的报文交换不是实时的。SET 报文能够在银行内部网或者其他网络上传输。

从费用上看，SET 协议过于复杂，处理速度慢，支持 SET 系统的费用很高，它需要持卡人、商家、支付网关等计算机系统上均安装相应的软件；而使用 SSL 协议成本很低，大部分浏览器内置了能支持 SSL 的代码。SET 协议也可以用在系统的一部分或者全部采用。

从认证方面看，SET 的安全需求较高，持卡人、商家和支付网关都必须先申请数字证书来识别身份，而在 SSL 中，只有商家的 Web 服务器需要认证，客户认证则是可选的，也可以选择不使用客户认证。

从安全方面看，一般认为 SET 的安全性较 SSL 高，在整个交易过程中，持卡人到商

家、商家到支付网关再到银行网络的通信都受到严密的保护。

从市场占有率看，由于 SET 的设置成本较 SSL 高很多，并且进入国际市场的时间不如 SSL 早，目前普及率还不如 SSL 高；SSL 简洁通用。在长时间内，这两个安全协议都会有自己的用户群存在。

本章小结

本章主要阐述了电子商务安全问题及其安全需求和电子商务安全所涉及的主要技术和电子商务安全协议。加密技术主要包括对称密钥加密和非对称密钥加密技术。数字签名技术的实现基础就是公钥加密技术，它是实现交易安全的核心技术之一。数字时间戳技术能提供电子文件日期和时间信息的安全保护。数字证书提供了一种在互联网上验证用户身份的方式，它是由认证中心发行的。电子商务安全协议有 SSL 协议和 SET 协议。

复习题

一、选择题

1. 对称加密方式主要存在的问题是(　　)。

A. 密码安全交换和管理的困难　　　　　　B. 加密，解密复杂

C. 无法鉴别交易双方的身份　　　　　　　D. 漏洞百出

2. 按照(　　)划分，可将密钥体制分为对称和非对称密钥体制。

A. 加密与解密算法是否相同　　　　　　　B. 加密与解密算法是否可逆

C. 加密与解密的密钥是否相同　　　　　　D. 加密与解密的密钥是否可逆

3. 保证商业服务不可否认的手段主要有(　　)。

A. 防火墙　　　　B. 数据加密　　　　C. 身份认证　　　　D. 数字签名

4. 消息经过散列函数处理之后得到的是(　　)。

A. 公钥　　　　B. 私钥　　　　C. 信息摘要　　　　D. 数字签名

5. DES 加密算法所采用的密钥的有效长度为(　　)位。

A. 56　　　　B. 48　　　　C. 128　　　　D. 32

二、简答题

1. 简述常见的加密算法及其分类。

2. SSL 与 SET 安全协议对比，有哪些差异？

3. 简述数字证书的作用。

三、论述题

电子商务安全设计需要注意哪些安全问题？

四、实践题

在 http：//www.verisign.com 或 http：//www.itrus.com.cn 上完成网上数字证书申请和安装，并相互发送签名和加密邮件。

第五章 电子商务系统建设

导 读

　　电子商务系统，广义上讲是商务活动中各参与方和支持企业进行交易活动的电子技术手段的集合。狭义上讲，电子商务系统则是指企业、消费者、银行、政府等在互联网和其他网络的基础上，以实现企业电子商务活动的目标，满足企业生产、销售、服务等生产和管理的需要，支持企业的对外业务协作，从运作、管理和决策等层次全面提高企业信息化水平，为企业提供具备商业智能的计算机网络系统。

　　电子商务系统的开发和建设，是随着电子商务的发展不断演进的。企业内部网络系统是信息传输的媒介，企业管理信息系统是信息加工、处理的工具，电子商务系统是企业拓展网上市场的窗口。因此，电子商务系统是一项复杂的系统工程，不同的企业需求对应着不同的系统建设模式和方法。

知识目标

　　1. 了解电子商务系统的设计原理
　　2. 了解常用的电子商务系统的开发技术与工具
　　3. 掌握电子商务网站的策划以及建设电子商务系统的相关知识

素养目标

　　让学生理解电子商务系统是一项复杂的系统工程，培养学生的团队合作意识、创新意识以及社会责任感

核心概念

　　系统规划设计　开发技术和工具

第一节　电子商务系统的规划与设计

一、电子商务系统的规划

(一)电子商务系统规划

系统规划一般包括两个方面的内容。第一，确定系统总目标：给出系统的功能、结构、性能、可靠性及所需接口等方面的设想，对系统的可靠性进行分析，探讨解决问题的方案。第二，制订开发实施计划：预测系统开发可供使用的资源(如软件、人力资源等)、成本、效益、开发进度安排等，合理制订计划，确保计划的实施。

互联网上有无数的电子商务系统。如何在这些系统中脱颖而出呢？企业着手建设电子商务系统之前，需要定义系统建设的目标。企业需要明确电子商务系统的服务对象，从中确定关键人物。这些关键人物既包括企业内部主要机构人员，也包括供应商和大客户，甚至在某些情况下还包括政府部门。系统尤其是对外的设立站点是为了更好地通过互联网将价值链上下游更紧密地联合在一起，因此必须考虑他们的意见，保证站点目标和各有关方面需求之间的无摩擦连接。

确定电子商务系统的服务对象，必须对访问者有清晰的定义。详尽的访问者定义包括用户个人信息以及他们的访问目的。确定电子商务系统的访问者需要采取以下两个步骤。

1. 确定访问者的范围

参与站点目标制定的关键人物显然包含在访问者之中。企业商务站点的访问者可以分为企业外部访问者和内部访问者。

外部访问者的存在是显而易见的，为他们服务本来就是建立网站目标所在，主要包括现实或潜在客户、供应商、政府、其他组织和个人。在竞争激烈的市场环境中，竞争者也会访问企业的商务网站了解企业的竞争战略，虽然这种情况可能有违企业设立网站的初衷。股东作为特殊的群体，也是不可忽视的访问者。

内部访问者要么被忽略，要么仅仅反映参与站点建设的部门的需求。很长时间以来，信息系统部门负责建企业的网站，以致这样的网站是仅仅反映他们的意志，却忽略了其他重要的部门，例如市场部。事实上，企业组织结构图上的每个部分的需求都要得到反映，而不仅仅是最靠近总裁办公室或者市场的部门。

在确定访问者范围时，设计人员要着眼于企业整个大的经营环境，同时又不能仅仅向外看而忽略了内部访问者，比较好的方法仍然是选择关键人物，充分倾听各方需求，以价值链和组织机构图为起点，将每一个节点具体化为一类访问者。

2. 确定访问者的访问目的

通常来说，不同访问者具有不同的访问目的。

企业的主顾可能通过访问网站，了解产品和服务的种类和价格情况，进行在线采购，也可能因为偶然购买了劣质产品而在网站上大吐苦水，提出刻薄意见。供应商可以通过定期访问网站以了解企业产品生产计划，并推测库存情况，调整相应的产品生产计划。竞争者肯定会通过网络试图了解企业战略。其他外部访问者也许碰巧从其他厂商提供的链接冲浪过来，如果企业的站点确实有值得一看的信息，那么他们还会再来的。如果商务站点可以做出相应对策，提供与企业战略相匹配的信息，很显然，企业可以从外部竞争中获益。内部访问者同样将通过站点获取所需信息。比如，制造部员工可以得知客户对产品的评价；研发部可以了解客户的技术偏好；市场部将利用反馈信息制定特别的促销方案；各个部门可以通过站点了解其他部门的处境，以更好地进行协调。

在确定了访问者后，相对来说，分析他们的访问目的是比较容易的。召开由各类型访问者组成的讨论会，或者采用类似市场调查中经常采用的电话访问、邮寄问卷等方法，设计人员可以获得大致印象，再根据需要对个别类型做进一步了解。有时，如果同行业中有竞争者建立较为成熟的站点，设计人员也可以借鉴，再按照企业实际情况加以调整和改善。显然满足所有访问者的所有访问目的，不仅无效率，同时也是不可行的。但关键一点是要在倾听各方声音后，根据重要性程度的不同，加以协调，而不是在站点设计之初就武断地将一部分访问者拒之门外，不论是有意的还是无意的。

（二）电子商务系统分析

系统分析的基本任务主要有两个：摸清现状和确定系统应有的功能。通常包含可行性研究与需求分析。

可行性研究：此部分的中心任务是要探讨所需解决的问题是否可行。具体而言，开发者需要进行简化的系统分析、设计，列出系统的高层逻辑模型，并制订粗略的开发计划，最终完成可行性研究报告或软件项目计划书，提交管理部门审查。总之，可行性研究需要研究的是解决问题的思路。

需求分析：此部分的中心任务是要确定"目标系统必须做什么"的问题。因此，开发者需要通过深入的调研，围绕系统规划阶段提出的系统总目标，明确和细化用户的需求。另外，开发者还需结合可行性研究所确定的路线、计划及其他约束条件，对各种需求进行权衡、取舍，进而确定关于目标系统所要满足的各项功能及性能需求，并以书面的形式记录在软件需求说明书、系统功能说明书等文档中。

1. 确定系统建设的目标

企业的任务或目标是企业存在的根本原因。在企业决定改变经营模式之前，企业的任务和目标一直是明确的，那么，在运用流行的高效率的电子商务模式时，它们也许可以改变，但不应该模糊。如果无法明确企业的任务和目标，那么企业商务站点同样不能给访问者以清晰的结构，妨碍他们获得正确信息。这样的商务站点注定是要失败的。当然，在转向电子商务模式时，很多企业会发现他们不得不重新设计企业的任务和目标以适应网络时代的特征，并因此对他们的传统业务进行重组。

系统建设一步到位固然好，但在实现中这不太可能做到。因此，企业必须区分系统建设的近期目标和远期目标。一个简单的例子可能是：初期提供企业产品和服务的种类与价格的在线查询和订购；以后根据市场供求状况提供实时定价。任何事先定义的远期目标，在更长时期内看来也不过是近期目标，但它提供了未来发展的方向，并易于实现从近期目标到远期目标的平稳过渡。

2. 确定为访问者提供的信息

企业所能做的，就是如同它在传统业务领域里对市场进行细分那样，对使用者分类，寻找符合企业战略发展的访问者，即网站营销对象，优先满足他们的信息和服务需求。

正如前面按照性质进行分类那样，电子商务有 B2B 和 B2C 众多不同的模式。系统面向的使用者由此会分为组织和个人等不同的对象。这种初步分类是远远不够的。针对前者，可以按地域、经济、文化等进行细分；针对后者，可以按年龄、性别、收入等进行细分。系统使用对象不同，商务站点所要达到的目标和呈现的风格就不同。对使用的对象进行识别和归类，并以此为根据设立商务站点，就可以更好地为目标受众服务，提供更相关的产品和服务，从而更易取得电子商务的竞争优势。当然，企业电子商务系统的开发设计者应该从企业擅长的产品和服务出发来界定访问者，而不能为增加访问者而改变在传统市场上的制胜法宝。

商务站点的设立，在很大程度上就是让现实和潜在的消费者在线获得企业产品和服务的相关信息，以便为其消费决策提供依据。相关信息越丰富、越详细，访问者在线购物的体验越接近真实状态，访问者会对企业在线销售的产品和服务更加了解，也更愿意购买。因此，企业在建设商务站点时，必须根据提供的产品和服务为访问者提供尽可能详细的资料，并在成本与效益的平衡中做出决定。现在，我国的大部分快运企业甚至允许客户通过互联网对货物进行全程监查，以随时了解货物到达的时间和所经路线。显然，这些快运企业在设立站点时充分考虑了访问者的要求，为他们提供传统快运方式下所无法提供的信息。相比之下，国内大多数企业的商务网站所提供的信息无非就是企业简介加产品服务价目单，根本无法发挥互联网所具有的多媒体和超媒体特性，与之相应的当然是商务站点的无效率。

3. 明确竞争者的站点

通过搜索引擎，可以不费力地找到主要竞争者的站点。由这些站点提供的链接，可以迅速跳跃到其他相关站点。如果还不放心，甚至可以使用 BBS 和新闻组，搜寻不甚出名但可能领导未来潮流的站点。

4. 建立评价每个网站的一系列特征和规则

以企业站点的目标作为开端，把它们作为竞争性分析的特征的基础。评价网站时，加入其他的特征和功能。规则包括下载时间、页面大小、布局和感受。有必要建一个表格：网站名作为行，特征和规则作为列。这个表格提供了一个对其他网站进行比较的粗略的、客观的度量。

结合上面确定的特征和规则，加上访问者的评价(即访问量)可以轻易判断出哪些站点处于竞争优势，而哪些又处于劣势。以这两类不同站点为两端，可以描绘出竞争地位的高低变化，确定企业站点的位置，明确努力方向。这样的分析绝不是静止的，要求企业不断地对互联网进行连续追踪。

二、电子商务系统的设计

(一) 确定站点的内容和功能

弄清了网站的目标、访问者及其访问目的，进行了竞争性分析之后，电子商务系统的设计人员基本上可以描绘出未来站点的框架，现在需要做的就是确定内容和功能。

电子商务系统的内容可以划分为静态和动态两类。静态内容是一些一般性的、常规的信息，比如企业的历史、文化、所属行业、交易规则等，通常只在站点建立初期编制，而在比较长的时期内不需修改。提供这样的信息，主要是在访问者心目中形成认同感、亲切感，使得他们在站点上得心应手。试想一下，如果有一天某个原本代表美国文化的企业在它的站点上宣称代表源远流长的东方文化，访问者也许猜测该站点被黑客入侵。

动态内容则是经常变动，以提供诸如企业最新产品和服务的种类与价格等方面信息的部分。比如，各大软件企业在推出正式版本之前，通常会在站点上提供试用版本。动态内容通常用作促销手段，以不断变化的内容，在互联网上营造进取姿态，吸引访问者。如果商务站点没有动态内容，原有的访问者也会慢慢厌倦。

站点的功能可以分为主要和辅助两类。主要功能是电子商务网站的关键所在，提供诸如信息发布、在线交易等设立商务站点本意的功能。辅助功能是为实现主要功能而设置的。网上拍卖站点通常要求访问者在线竞价前进行用户注册以保证交易的严肃性和真实性。这样的功能虽然不是建立站点的初衷，却是必不可少的。

对照进行访问者分析和竞争性分析得出的框架，设计人员可以通过满足相应需求确定站点所要提供的内容和功能。同样的，想要提供完善的内容和功能是不大现实的。并且内容和功能之间也会存在冲突。比如说，站点允许访问者在发出订单后反悔，若非在技术上可以实现这样的功能，否则在内容上就要实现将交易规则交代清楚。因此，必须在内容和功能的完善与技术可行之间按照重要性协调，放弃复杂而华而不实的内容和功能。

确定内容和功能还意味着对它们进行分类和整理。确定众多内容之间的逻辑联系，并按照这种联系对内容分组和标记。根据标记，可以在草图上搭起站点的具体框架。然后，在相应内容的页面记录需要的功能。

(二)确定网站的装饰风格

将内容和功能确定好，并不意味着大功告成。如何将内容和功能更好地表现出来，这依赖于网站的装饰风格。如同超级市场，有了众多产品，结果并不必然是顾客盈门；只有将产品分门别类排放，在合适的位置贴上标签，顾客才可以方便地找到所需产品。这对于电子商务系统的设计，道理是一样的。

一般来说，网站有三种装饰风格：组织性装饰风格、功能性装饰风格和可视性装饰风格。组织性装饰风格按小组、系统或组织的结构安排站点的内容和功能。功能性装饰风格涉及的任务与在其他环境实现的任务相似。可视性装饰风格基于多数人熟悉的常用图形元素。

(三)确定网站的导航系统

互联网极其方便的一点就是超文本链接，访问者借助网站提供的导航系统，很容易在不同页面间切换。但是，这有赖于设计者对导航系统的定义。定义网站的导航系统解决的问题是：访问者如何访问网站？他们如何从一个页面跳转到到另一个页面？怎样防止他们在波澜壮阔的网络世界中迷失？

网站的导航系统可以分为全局导航系统和局部导航系统。全局导航系统出现在网站的每个页面，通过全局导航将网站的各大主要部分联系起来，可以使访问者清楚网站的内容结构，方便他们在不同部分之间跳转。局部导航使得访问者可以在相关页面间跳转，也可以在同一页面内跳转，具有不同的形式。如主题的列表、选项菜单、相关条目的列表，等等。

确定网站的导航系统,就是在对网站内容和功能的确立和分类的基础上,将内容、功能之间的逻辑联系使用导航工具连接起来。导航系统设计时常用的术语是链接和书签。全局导航在网站的每页中保持一致。尽量减少全局导航标志,以便于访问者进行选择。同时使用网站图标,作为访问者返回网站首页的链接,使他们无论在哪个页面上,都可以迅速返回首页。

第二节　电子商务系统的建设实施

一、电子商务系统的实施方式

电子商务系统的实施,主要有三种方式:外包、租借和自建。

(一)外包

有许多专业化的企业可以帮助企业迅速建立电子商务系统。在互联网上,速度就是胜利。企业如果可以先于竞争对手建立自己的电子商务系统,就可以取得在互联网上的优势。比较而言,将电子商务系统的实施工作外包出去,可以获得如下优点。

1. 迅速建立电子商务系统

速度也意味着减少花费。专业企业有专业人员负责站点的策划、设计、开发、维护和推广,并且他们有着丰富的经验,使用专业化工具,与同业有着密切的工作联系和技术交流,可以及时解决开发过程中意想不到的问题。在很多情况下,企业自行建立电子商务系统,可能要花上6个月还不止,而专业企业可以在几天之内完成主页的设计制作。

2. 获得定制的电子商务方案

与单纯购买电子商务软件包不同,将任务外包出去,可以要求专业企业根据企业的实际需要定制专用的电子商务解决方案,比如在方案中集成自动付费、税收和运输跟踪等功能。如果企业的运作方式与软件包提供的功能很匹配,购买软件包固然可以实现电子商务,但是这样的系统不能为企业提供所要求的一些特征;即使方案现在可能很适用,但是将来可能过时。为现有系统增加新特征意味着对软件进行定制的工作和训练。而承担建设网站的专业企业则不同,会根据企业不同时期的需要对电子商务系统进行调整甚至重新设计,这在提倡增值服务的今天是一种流行趋势。

3. 可以节省开发费用

专业企业有许多完善的通用的模块,可以很方便地根据客户需要调整,因而减少了开发设计的工作量。同时,他们有一套比较成熟的开发程序、方法,避免了自行设计时的弯路。在需要其他同行协助的情况下,他们可以凭借自身对行业的了解,以比较合理的价格获取服务,因此有助于整体费用的节约。以 Red Net 企业为例,工作外包使得花费只有请机构内部完成的企业预算的1/3。

4. 可以获得专业化的服务

或许这才是企业将电子商务系统的实施外包出去的真正原因。

企业的电子商务系统建设是一个系统工程,不仅仅是主页、电子邮件和在线订购而已。将电子商务系统的实施外包出去，一方面是委托专业企业设计站点，另一方面，也是更为重要的方面，可以获得专业企业提供的网上支付和物流配送服务。对于很多打算进行电子商务的企业来说，最大的问题不是建立站点并接收订单，运输和生意的完满结束才是企业面临的最大困难。通过将工作外包出去，企业可以不需自己的卡车，仅仅需要将客户订购的货物委托专业运输企业去做。联合包裹运输企业（UPS）和联邦快递（Fed Ex）能够与电子商务伙伴商议，帮助建立运输系统。而且他们将数据库开放，使得客户可以在网上查询包裹的去向。类似的，通过专业企业，可以在电子邮件处理、建立虚拟销售网点等方面获得专业服务，大大提高工作效率。许多企业，从 IBM 到新成立的 Scient 企业都可以提供这样的服务。IBM 企业目前提供网上银行、网上订票、网上邮政超市等一系列成套电子商务解决方案。IBM 针对中国企业的实际情况推出的电子商务解决方案如下：

硬件：RS/6000 服务器（43P150），这是 UNIX 首选的运行平台，具有优异的稳定性与可扩展性。

软件：Web Sphere Application Server 2.02 标准版，可以帮助客户建立由点到线成面的大型销售渠道。

这方面的成功案例，如中国东方航空企业，在 IBM 及其义务合作伙伴的共同开发下，于 1998 年 9 月开通了中国第一个完整的网上订票与支付系统。该系统包括基于 SET 标准的支付网关、认证中心及电子钱包等项目，同时使用工商银行牡丹卡可以实现在线支付和购票功能。

（二）租借

企业也可以在由所谓的门户站点提供的电子商务方案中租用甚至免费获得空间。这是一种最简单的电子商务建设方案，企业只需要提供企业及产品的资料，其余如网站的维护等技术性事务，甚至促销、收款以及物流配送均可由门户站点提供。

比如阿里巴巴站点（china. alibaba. com）提供给注册的会员 3M 的免费空间建立样品房。一旦有了自己的样品房，企业可以展示产品并提供企业信息，满足最基本的电子商务需要。当然企业需要先申请成为它的会员，通过注册成为会员，可以获得诸如免费《商情特快》、企业链接等其他服务。

这种方案通常成本较低，风格简洁，而且包括很多常用的特征。整个商店通过 Web 进行管理。企业不必安装任何软件，只需看一看，配置一些设置，然后输入产品信息，就可以继续进行在线商务了。这种方式很适合小型企业甚至由个人经营的虚拟企业。选择电子商务门户站点时，考虑的因素主要是租金和站点的访问量。

这种方案的缺点是这样的服务可能不支持企业想要的视觉效果。租借可以使企业避免安装和配置的复杂性，但是它只提供了有限的几种方式。如果企业需要的和所提供的不能很好匹配，选择这种方式无疑将会失败。此外，这种方式开设的电子商务，企业没有独立的 IP 地址和域名，进一步发展将受制约。

（三）使用组件自行建立站点

规模较大的企业都有自己的信息部门。自行开发就是使用企业自身的技术力量，按照电子商务系统的计划书，一步步设计、开发、维护和推广站点。

这种方法可以实现企业想要的确切的方案，但是需要经验、时间和相当大的预算。优点是企业可以建立独特的和有竞争力的特征和功能。

有很多应用程序引擎可以帮企业实现这些特征，几乎可以用任何程序语言建立商业程序。很多早期的基于 Web 的商业界面是用 Perl 或 C++编制的。最近，很多工作是用微软的 Active Server Pages 和 Allaire 的 ColdFusion 开发环境开发的。还有，Pandesic 发布了一个基于可以通过 Active Server Page 技术访问的一套电子商务对象的新平台。

以这种方式，企业只需要设计数据库，然后把配套的税收、付费的处理软件模块与主程序集成到一起。ASP 和 ColdFusion 可以与最流行的第三方方案合作来帮助理顺事务处理需求，但是要保证能顺利地开发应用程序。

针对企业自行建设电子商务系统的需求，电子商务服务平台解决方案提供商怡申科技企业在国内推出 e-@ once!"网站便利包"，将虚拟社区的基本功能集中在一个软件包内，企业通过它可以非常方便地架设一个具备所有虚拟社区功能的网站。目前，"网站便利包"提供的功能包括：个人电子信箱、在线聊天室、在线实时通信、分类讨论区、自动转信功能、访客留言板、精华区等。这个软件通过建立共同的平台，串联所有的运用模块，整合会员数据库系统，并运用具有虚拟货币概念的"网络点数"进行数据挖掘，便于企业开展网络营销。该软件包的操作简单，对硬件要求也不高。当然，在配备了足够的主机硬件及带宽，e-@ once! 豪华版可以容纳 100 万人以上的注册人数、开设 4 000 个以上的分类讨论区。

而香港 I-Engine.com 企业也向打算自行建设电子商务系统的企业提供免费的拍卖引擎。企业只需填写表格，下载相应的拍卖引擎，就能为企业的站点增加拍卖和直销功能，实现在线拍卖和销售企业产品。目前，该企业免费提供的产品有 q-Auction、q-Trading 和 q-Ordering，分别是双向、单向拍卖引擎和直销引擎。

上述三种方案对于使企业建立电子商务系统都是可行的。评价这些不同的方案时，企业不应该只考虑方案的货币价格，而要考虑到把它定制到满足企业需求的代价。通常在开始时很便宜的方案，往往当在其中增加新功能时，代价却很大。因此必须在实施方案前斟酌各种因素，最终确定站点的实施方案。

二、电子商务系统建设的准备

(一)Web 服务器建设

企业建设自己的 Web 服务器时需要投入很大资金，包括架设网络、安装服务器，运转时需要投入很大资金租用通信网络。因此，一般企业建设 Web 服务器时，都是采取服务器托管、虚拟主机、租用网页空间、委托网络服务企业代理等方式进行的，对于一些目前没有条件或暂时没有建立网站的企业也可以马上开展网络营销。对于企业建设自己的 Web 服务器，这里主要介绍目前常用的费用低廉的几种形式。

1. 整机托管

这种方式是企业建设自己的网站，拥有自己独立的与国际互联网实时相连的服务器，只不过服务器托放在 ISP 企业，由 ISP 代为日常运转管理。服务器可以租用 ISP 企业提供的服务器，也可以自行购买服务器。企业维护服务器时，可以通过远程管理软件进行远程服务。采取这种方式建设好的服务器，企业可以拥有自己独立的域名，可以节省企业架设网络和租用昂贵的网络通信费用。

2. 虚拟主机托管

这种方式是指：将一台 UNIX 或 NT 系统整机硬盘划分为若干硬盘空间，每个空间可以配置成具有独立域名和 IP 地址的 WWW，E-mail，FTP 服务器。这样的服务器在访问者进行浏览时与独立服务器并无不同。用户同样可以通过远程管理软件控制属于他的硬盘空间。使用这种方式，企业的网页将具有独立的域名，如：http：//www.company.com.cn 或 http：//www.company.com。ISP 服务商站点负责域名服务器的建立和域名的解析。域名可以由 ISP 代理申请，也可由用户自己向 CNNIC 申请国内域名或 INTERNIC 申请国际域名。虚拟主机的数据上载、更新等日常维护工作由用户来完成，用户可以通过 FTP 的方式来自主维护网页。

目前，国内有很多的 ISP 提供虚拟主机托管服务。如何在众多的 ISP 中进行选择呢？一般来说，要考虑如下因素。

（1）速度。

ISP 服务器的速度决定了企业站点的访问速度。就虚拟主机的速度而言，取决于两个因素：①虚拟主机放置的位置。按虚拟主机放置位置的不同，可以分为国内和国外。虚拟主机放在国外，国外用户访问速度较快而国内用户访问速度较慢；反之，国内访问速度较快而国外访问速度较慢。企业要结合自己的客户的地域分布来选择。当然，现在有的 ISP 提供国内国外多个镜像虚拟主机，可以同时使国内国外用户访问速度提高。比如创联企业提供的"双响炮"虚拟主机，同时为企业在国内和美国提供虚拟主机。②ISP 的网络连接速度。ISP 的网络连接速度当然是越快越好。

（2）服务与安全。

这是最值得企业关心的问题，一般来说，ISP 应提供的服务主要包括：一定数量的免费 E-mail 邮箱；具备数据库开发能力；支持 CGI 程序；支持在线加密传输；支持使用流行的站点管理软件；提供页面访问统计，等等。当然，这些基本上成为 ISP 的服务标准，企业在选择虚拟主机服务商时，要进行多方面的比较，尤其是安全方面。

（3）价格。

这可能是企业选择虚拟主机服务商时首先考虑到的。然而实际上却并没有想象的那么重要。因为比起企业进行整机托管，虚拟主机托管的租金不值一提。

此外，有的虚拟主机服务商采取其他的吸引客户的手段。如世纪互联企业宣布推出国际规范的服务品质协议（Service Level Agreement，SLA）。SLA 是一种服务商与用户之间签署的、承诺用户在支付一定服务费后所应得到的服务品质的法律文件。世纪互联企业承诺：网络联通率一年内不低于 99.9%；电源持续供电率不低于 99.99%；24 小时技术支持和机房 24 小时开放。所有条款以服务品质协议的方式进行签署，若达不到上述承诺，世纪互联企业将予以用户经济赔偿。这样的 SLA 也是企业在选择虚拟主机托管商时应考虑的因素之一。

3. 租用网页空间

和虚拟主机类似而更为简单的方法是租用网页空间，甚至不需要申请正式域名。向网络服务商申请一个虚拟域名，将自己的网页存放在 ISP 的主机上，用户可自行上载、维护网页内容，自行发布网页信息。一般来说，租用网页空间的费用较虚拟主机更为低廉，如金企（http：//www.goldenter.com.cn）提供的企业名片服务。

4. 委托网络服务商代理

如果企业缺乏网络营销的专门人才，最简单的方法就是把产品或服务的网上推广委托专业企业代理。在选择代理人的时候要进行慎重选择，类似的网络服务企业有很多，服务内容和收费方法也有很大差别，如中国商品交易市场(http：//www.moftec.gov)提供虚拟市场服务。

(二)准备站点资料

当 Web 服务器选择好后，网络营销站点建设的重点是根据站点规划设计 Web 主页(用 HTML 语言设计的包含多媒体信息页面)。如果建设一个能提供在线销售、产品或服务的网上推广、发布企业最新信息、提供客户技术支持等功能网络营销站点，需要准备以下一些资料：首先，要策划网站的整体形象，要统筹安排网页的风格和内容；其次，企业的简介、产品的资料、图片、价格等需要反映在网上的信息；最后，准备一些企业提供增值服务的信息资料，如相关产品技术资料、市场行情信息等。准备资料时，要注意到网站上的网页是多媒体，它可以包含文字、图像、动画、声音、影视等信息。

(三)选择站点开发技术方法

自己开发建设网站主要有以下三种方法。

1. 用网页制作工具开发

通过 FRONTPAGE, FLASH, DREAMWAVER 等当前流行的网页制作工具，能帮助我们轻松进行网站开发。通过这些工具，即使我们不是专业的程序开发人员，即使我们不懂程序代码，也能做出精美的网站。对于要求不高的网站建设者来说，这是一种较好的选择。

2. 用程序设计语言开发

如果我们要开发功能复杂的网站，就要用专门的程序开发语言和数据库来开发，常用的网站开发程序设计语言有 Asp, Jsp, Php, Java 等，与之相连的数据库有 Access, SQL 等。

这种方式要求有较高的计算机编程能力，适合于计算机专业人员使用。

3. 用自助网站系统开发

为了使网站制作和使用方法不断普及，国内有些企业开发了自助网站系统，帮助没有任何计算机专业知识的普通大众制作网站。它们的口号是"会打字就会做网站"，采用傻瓜型操作方式，满足了市场低端需求。

自助网站系统提供了大量的模板供用户选择，并有多种功能可备选。它们一般提供以下功能：

①上千个网页模板和上百个封面模板，还可上传自己设计的网站封面。

②功能强大的在线网页编辑器，支持图文、表格混排。

③客户网站具有简、繁、英3种语言版本，简繁自动转换。

④自由增加、修改、删除栏目，也可以隐藏或加密栏目。

⑤网站功能丰富，具有单页图文、新闻文章、图文展示、在线表单、访客留言、自定链接、文件下载、网上购物等功能模块。

现在市面上流行的网站系统有自助建站系统、自助建店系统、多用户商城系统、商贸信息系统、新闻文章系统等通用系统，但专用系统一般要定向开发。

值得说明的是，在互联网上搜索"自助建站"，能找到成百上千个自助建站服务提供商，他们大都是原创软件企业的代理，而国内专注于自助建站系统开发的厂商不到20家。

三、电子商务系统的开发

(一)电子商务系统开发的组织机构

企业进行电子商务系统的建设,其内部组织结构也要相应有所调整。根据上面描述的建设模式,相应的有以下几种类型。

(1)如果将站点建设和维护的工作外包出去,企业并不需要在组织结构上进行改变,只需指定专门人员负责与专业企业的协调工作。

(2)如果企业自行建设商务站点,同时企业的规模不大,维护站点的工作量不大也不复杂,那么企业可以设置网络管理员(Web Master)一职。根据加拿大酿酒业龙头企业Molson 网络项目负责人的观点,网络管理员的工作权限与杂志编辑类似。网络管理员应具备如下基本素质:

①同时处理多项任务/品牌/创新的能力。

②财务预算管理和规划能力。

③对各种 Web 设计语言和工具较为熟练。

④能与企业的信息系统相协调。

⑤较强的设计能力。

⑥较强的沟通能力。

⑦良好的人际关系。

⑧对于大型企业,可以设立网络资源管理部门(Web/Internet Resource Executive,WIRE)实现企业整体协调。

美国 Maloff 营销战略咨询企业主席 Joel Maloff 认为设立 WIRE 作为管理企业网络资源并协调其他部门是一个有创意的观点,认为只要一开始就明确其目的、地位和职能,它可以起到协调企业发展、提高企业整体效率的作用。当然,WIRE 的合格人选要具备优秀的处理人际关系的能力、较广的网络和电子商务知识、一定的商业知识以及要有经得起考验的项目管理和协调能力,能够有效配合高层管理阶层的工作,并且能同时担任领导者和促进者两种角色以及具备优秀的倾听意见、吸取有用信息的能力。

(二)电子商务系统的组成

企业电子商务系统一般分为主页、新闻页面、产品和/或服务页面、企业信息页面、帮助页面、虚拟社区等。

1. 主页

主页也称为首页,是访问者访问企业站点时浏览的第一个页面。访问者对于企业站点的第一印象就是由主页造成的,因此主页是企业的形象页面,企业必须对主页的设计给以重视。

目前,主页的设计有两种风格:导航型和内容展示型。

导航型主要是为访问者提供企业站点结构信息,按信息类型和内容的不同,将站点分为若干较大部分,如新闻页面、产品页面、参考页面等,在主页上为它们做链接。如海尔的主页上(www.haier.com)提供海尔网上商城、海尔办公大楼、海尔销售服务系统、海尔新闻中心、海尔科技馆、海尔网上乐园六大部分的导航,其网站结构比较清晰。而"8848"的主页(www.8848.net)则属于内容展示型,以比较大的页面空间展示"8848"在线销售的产品目录,并为访问者提供直接到达目的信息的链接。这两种主页设计风格各有优点,导航型有助于为访问者提供较为简洁清晰的站点结构,同时由于页面空间较为简洁,企业可以借助图像树立企业的网上形象,传统的大企业拓展网上业务时常常选择这种风格,以便与企业以往的 CIS 风格紧密结合;内容展示型显然为访问者接触所需信息提供了直接、快捷的链接方式,可以一步到位而无须层层点击,节省了访问时间,因此具有大量分散商业信息的网上拍卖、商店基本采用这种风格。

但不论这两种风格有多大的不同,一般来说,主页应包括如下内容:

(1)企业名称、标志、网站图标(Logo)等 CIS 要素。

(2)企业站点的网址。

(3)企业站点的导航系统。

(4)企业产品和/或服务最新的信息、有关新闻。

(5)企业的联系方式如 E-mail、电话、传真等。

(6)相关站点的链接。

就主页设计的视觉效果来看,又可以分为文本型与图片型两种。文本型是指主要使用 HTML 语言编制的、通过 HTML 语言的标准元素达到预期效果的方式。文本型的最主要的优点是形成的页面空间不大,下载速度较快。许多访问量比较大的商务站点采用这种方式编制主页。图片型是指整个主页页面由一张或多张图片形成,通过在图片上设置热区建立链接,达到与文本型类似的效果。其优点是可以显示企业站点与众不同的形象,给访问者深刻印象;缺点是占用的空间一般较文本型大,下载速度慢;要达到相同的访问速度,需要熟练的图形制作、压缩技巧。前面的例子中,"8848"属于文本型,而海尔属于图片型。当然,这样分类的界限并不明显,文本型主页中为了达到形象生动的效果,常常插入比较小的图片;而图片型页面设计方式也主要运用在主页上,其他页面绝大多数使用文本型,毕竟,在互联网上速度是决定一切的因素。

2. 新闻页面

(1)在新闻页面中,企业可以给予访问者有关企业的最新信息包括:

①产品和/或服务的最新信息,如品种、价格、实现方式等。

②新项目的进行情况。

③企业的内部变动情况。

④行业的最新动态。

⑤相关行业情况。

新闻页面可以作为企业的自有媒体,为企业的发展树立有利的公共形象。新闻页面也是企业站点的重要页面,同时也是站点维护和更新的关键页面。原因很简单,站点要保持吸引力,必须及时更新,作为企业发布最新信息的页面,其维护和更新的必要性更显然。

(2)新闻页面设计的步骤:

①收集新闻资料。

②按新闻制作的标准编制新闻稿件。

③将新闻稿件转换成可以用浏览器访问的形式。

3. 产品和/或服务页面

这显然是企业设立电子商务系统,进行在线业务的关键所在。根据在线业务的特点,该页面一般包括以下内容。

（1）产品和/或服务目录。

产品和/或服务目录所要提供的信息有：规格、尺寸、性能、价格、使用说明。成功的电子商务系统可以通过各种超媒体手段提供图片、音频、视频信息，而不仅仅是产品和/或服务的报价单。

（2）访问者或客户对于产品和/或服务的评价。

通过互联网的超级链接特性，可以将企业为客户设立的虚拟社区中同特定产品和/或服务相关的评价链接进来，增进潜在客户对产品和/或服务的了解和购买信心，同时可以将以往的客户信息发布在该页面。

（3）在线订购和支付。

企业设计商务站点，归根到底是为了开展网上商务，因此在产品和/或服务页面提供便利、安全的在线订购、定制、支付功能，是最为关键的。各大商务站点均设置了如"购物篮""购物车"等形象的订购系统，方便客户选取、检查打算购买的产品和服务，并提供了货款、运费、手续费等计算功能。在处理在线支付功能时，考虑到用户的体验是非常重要的。为了方便用户支付，可以提供多种支付方式，如支付宝、微信支付、银联在线支付等。同时，还可以考虑使用一些常见的支付方式，如信用卡支付等。由于在线支付涉及用户的敏感信息，因此，支付安全是必须要考虑的因素之一。建议使用已经通过支付卡行业数据安全标准认证的支付网关，确保支付信息的安全性，防止泄露。

（4）与产品和服务密切相关的信息。

比如，海尔就在产品页面提供了"产品小知识"频道，并为其厨房产品专门开辟了"整体厨房展示"区。这样的信息，有利于增加网站的吸引力，提高站点的访问量。

企业应当根据产品和服务特性，提供特色信息。互联网时代是开放的时代，及时与客户分享企业有关产品和服务的信息，将能显著改变企业的竞争环境。在实际设计时，企业可以根据产品和服务范围规模的大小，按不同的产品和服务类别提供由粗到细的若干层页面，逐步引导客户到达特定的产品和服务。如果企业提供多品牌产品，那么根据品牌分层设计产品页面，也是可行的。

4. 企业信息页面

在电子商务系统的主页上，通常可以发现诸如"企业简介""关于我们"之类的链接图标。这些图标链接的就是这里所说的企业信息页面。正如一幅著名的互联网漫画所描述的那样，来自世界各个未知角落的访问者可能不能确知企业的状况，对于企业的信任感当然也就无从谈起。在宝贵的互联网空间设立企业信息页面的目的，正是为了改善这种局面。

企业在该页面上发布的信息一般包括：发展历程、企业大事记、业务范围、合作伙伴、发展计划。

此外，上市企业也许提供各种财务数据与投资控股关系，方便投资者查询，并吸引潜在的投资者。比如联想（www.legend.com.cn）就在其站点上提供了有关该集团的、投资者可能需要了解的信息页面。

设计此类页面时，可能需要寻求数据库支持。根据访问者在客户端发出的请求，由服务器从后台数据库中自动生成。而在界面设计上，力求与访问者熟悉的电子表格形式一致，提供图文并茂的信息。

5. 帮助页面

即使设计时考虑到访问者的便利，大型的电子商务系统因其内容庞杂，访问者仍然可能迷失于信息沙漠中。因而，提供整个网点的结构图(Site Map)，帮助访问者找到沙漠中的绿洲，同样是必要的。但这仅仅是帮助页面的所应提供内容的极少部分。

帮助页面提供的信息包括：

(1)网站结构图。

网站结构图提供关于企业站点的简洁图示，将站点的各大主要部分的关系与链接情况展现于访问者终端上，可以使其迅速到达目的页面。

(2)在线订购、定制的规则。

电子商务是一种全新的商业模式。一方面，从整体上看，电子商务与传统商务的交易过程截然不同；另一方面，不同的企业都在探索电子商务具体模式，因此在各个企业站点上进行在线订购、定制的规则和程序不同，这一点在涉及不同行业时将更为明显。因此，企业有必要为其独有的在线订购、定制的规则和程序进行说明。比如"酷! 必得"(www.coolbid.com.cn)网站上提供了集体砍价、限时抢标、逢低买进等交易方式。初次访问该站点的访问者，不可能非常熟悉这些交易方式，因此对这些交易方式的规则和程序进行说明，显然成了该站点拓展电子商务的第一要素。

6. 虚拟社区

提供虚拟社区，主要是为了留住访问者。通过建立访问者之间的直接的群体联系，形成虚拟社区、交流选择产品和服务的经验和网上购物体验可以增加网站的人性化氛围、聚集人气，为站点自身的推广和电子商务的远期利益奠定基础。虚拟社区应该提供的功能有：个人电子信箱、电子布告栏、BBS自动转信、在线聊天室、在线实时通信。

虚拟社区的建立，包括两方面。

(1)选择独具特色的话题。

话题的选择要与企业的产品、服务、经营方式相关，这样才能与企业设立电子商务的初衷相吻合。比如雅宝(www.yabuy.com)设立"侃侃电脑""谈谈汽车""我的YaBuy经历"等专门的论坛，分别扣住雅宝在电脑、汽车拍卖方面的业务。

(2)选择合适的论坛主持人。

论坛要能长期维持下去，必须有能干的主持人，由他来带动论坛的发展，引领论坛话题以配合站点拓展业务的需要。

以上简要介绍了企业电子商务系统各种类型页面的设计。不同类型页面包括不同的内容，各有相应的设计开发方法，但仍然具有共同之处。

①站点页面的设计和开发要与企业形象识别系统中的视觉形象相一致；

②使用模板和风格表来确保网站整体形象的统一，并简化开发和以后的维护工作；

③尽量使用成熟的技术，并使用多种浏览器进行检验，确保使用不同的浏览器浏览时没有太大反差；

④精简页面，提高访问速度；

⑤尽量为访问者和在线购物者提供方便，如亚马逊投资几百万美元开发新技术，仅仅为了顾客下单时可以节省几秒钟。

（三）电子商务系统的开发管理

电子商务系统需求分析的过程与软件工程类似。传统的软件工程使用瀑布法和快速原型法。但是这两种开发模式周期比较长。

瀑布式开发对于站点的建设来说速度太慢。为了尽量提高网站的建设速度，这里提供一种螺旋式开发模式。螺旋式开发模式第一轮设计从简单的信息结构开始，其次是结构设计，包括物理和逻辑结构，然后开始具体的设计工作，包括后台不可见的部分和前台风格及页面的设计。通过测试后使用，同时使用智能统计系统进行用户倾向的追踪统计，供决策部门使用。这些数据可包括受众群体及其性别、年龄和地理分布、上网高峰时间、用户喜好倾向、消费能力等，作为下一个版本设计的依据。在第二个版本的设计中仍然以信息结构设计开始往复循环。

（四）电子商务系统的测试

在发布 Web 站点之前，应该确认所有文本和图形都放在正确的位置，且所有的链接都能操作正确。测试 Web 站点的一种方法是检查内部和外部的链接来确认目标文件是否存在。有时一个目标文件被删除了，链接就被破坏了。检查链接时，一般的站点管理软件，如 FrontPage，将检查链接所描述的位置是否存在相应的目标文件。

可以使用浏览器测试站点，例如，微软的 Internet Explorer，通过它可以确认链接是否将访问者带到正确的页。还可以通过浏览器检查网页上图形和文本的格式。这是一种更节省时间的方法，但只有确认站点的文本、声音和图像都正确，且每条链接都能跳跃到正确的链接页才有效。因为不同的浏览器在显示网页时采用不同的方法，用几种常用的浏览器去浏览 Web 站点不失为一个好办法。

（五）电子商务系统的发布

当测试并修改完毕，就可以将站点发布。站点的发布就是将设计好的网页存放到 Web 服务器，供用户浏览使用。网页的发布一般可以大致分为三种形式，包括 E-mail，FTP，WWW，分别使用相应的软件，如以 FTP 上传可使用 CuteFtp3.5 等，在 Bost 填上你注册的网页所放的主机，填上 User ID 和密码。（这些资料在你申请后，提供空间的企业会 E-mail 给你）这样就能把主页上传到指定的目录上。当然在你挂上后，首先你要自行浏览一下，并检查相应的链接。至此你的主页就上载完毕，也就在互联网上拥有了自己的一席之地。

在 FrontPage 上发布企业的站点是很容易的，即使通过 ISP 发布 Web 站点，也只需链接 ISP，然后使用 Publish FrontPage Web 命令将 Web 站点复制到 ISP。FrontPage 检查在 ISP 服务器上是否安装了 FrontPage Sever Extension（FrontPage 服务器扩展）。这些扩展是支持 FrontPage 和个人 Web 服务器的程序和副本。如果 FrontPage 探测到在要发布站点的服务器上并没有安装 FrontPage 服务器扩展，它将启动 Microsoft Web Publish Wizard（发布向导）来帮助发布 Web。一旦将站点发布到服务器上，那么全世界都将看到。

四、电子商务系统的维护

在完成站点的创建工作之后，所要做的就是维护站点，尤其对于较大和较复杂的站点，一定要检查是否存在孤立文件断链，避免被意料不到的错误影响企业的形象。站点维护的主要任务有以下几方面。

（一）发现并修改失效链接，维持站点内各种链接的有效性

人们对一个 Web 站点的最大抱怨也许就是它的失效链接了。首先在将每个链接放到主页上之前，应该对其有效性进行验证，但由于 Web 站点经常会发生变化，因此 Web 管理员在将其放到 Web 站点上之后就不能就此不管了，还必须定期对其进行检查，以确定它们目前还有没有效。要想完全避免这样的情况可能会有一些困难，但如果每一个 Web 站点都很注意这一点，整个情况可能就会大为改观。在一些站点上有的内容到了一定的时间将会自动失效，其超链接也会在一定的时间之后自动失效。

（二）及时更换信息

国内许多站点的一个通病就是站点内容不及时更新，这样的 Web 站点应该说是一种"信息垃圾"。站点管理员应该定期对站点进行必要的更新和维护，并且注明最后一次修改或更新的时间，这样访问者就可以知道站点内容的及时性和可靠性。

（三）确保页面内容和拼写的正确，维护企业网上形象

正确拼写网页上单词也是十分重要的，不仅因为访问者发现误拼会影响阅读，更重要的是可能导致搜索引擎错误地索引企业的站点。在电子商务系统发布之后，需要进行定期的维护以保证它是最新的。不管何时更改站点上的信息，都增加了出错的可能性。在修改过的页面上可能有拼错的单词，或者是存在无效链接，或者存在多余的孤立的文件。在第一次发布新的站点和每次修改站点之前检查是否存在这些问题，以免让这些不必要的错误弄乱企业的站点，并且确保站点的专业形象。

（四）维持与访问者的良好关系，及时反馈 E-mail 等

有家旅游企业，其站点设计优良，但在线业务不如人意。在邮箱发生故障进行检查时才发现，邮箱已经堆满了上百封来自世界各地的电子邮件。这样的例子不是唯一。这样的工作效率和管理效率，不能适应互联网时代"十倍速"的要求，企业的电子商务得不到有效发展。

企业应该如同设立服务热线电话那样，有专人负责访问者的 E-mail，对收到的 E-mail 进行分类，转交相应部门处理。而更为专业的方法是，在页面提供相应部门或人员的 E-mail，这样可以缩短传递时间，加速反馈。此外，使用自动回复程序可以在保持发信人热情的同时减少工作量。有许多软件可以协助站点维护人员维护站点，比如前面提到的 FrontPage，可以大大减轻工作人员的负担。

第三节　网页设计与制作

一、网页设计语言

（一）网页设计基础

当前在互联网或内部网上，其中最重要的服务和共享资源的手段即是 WWW，它是

"World Wide Web"的缩写。而 WWW 服务器的信息都是以网页形式提供的。因此从基础知识入手，了解网页制作技术这个最基本、最实用的知识是制作网页的前提。在此基础上，通过了解目前常用的网页设计工具，为以后的深入学习和应用网页制作软件打下基础。

WWW 又称为"万维网"，它是互联网的一部分，由大量的电子文档组成，是一种建立在互联网上的、全球性的、交互的、多平台的、分布式的信息资源网络。这些电子文档又称为网页(Web)，它们存储在世界各地的计算机中。每个网页可以有多个指针和链接。它是以超文本传输协议(简称 HTTP)为基础，提供面向互联网的信息查询服务，WWW 服务可以让用户用统一界面的信息浏览系统查询互联网上的各类信息。WWW 在服务上采用的是客户/服务器模式，信息资源以一种用超文本语言(Hypertext Language)编写的 Web 页面形式存储在 Web 服务器中，这些 Web 页面信息既能同时存放在同一台 Web 服务器上，也能分开存放在不同的 Web 服务器上，页面之间通过一种称为超链接的方式相互连接起来。用户在用特定的 Web 客户端程序(浏览器)访问 WWW 服务器上的信息页面时，还可以通过 Web 页上的超文本链接方便地访问其他 Web 页面资源，而不用关心该页面与上一页面是否在同一服务器上，其工作原理如图 5-1 所示。

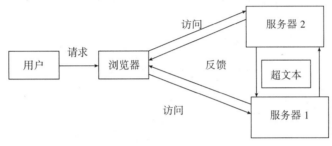

图 5-1　WWW 工作原理

(二)浏览器

Web 中的信息交流是双向的，我们一方面可以通过浏览器浏览所需要的信息，另一方面，我们可以通过 Web 服务器建立网站、发布信息。此外，我们还可以在网上进行交谈、讨论、广告宣传等活动。

目前，浏览 Web 已经成为互联网最主要的服务，它是以超文本传输协议在互联网上传送以超文本标识语言编写的网页内容，从而进行信息交流。

浏览者在访问 Web 时，由浏览者本地的计算机(客户端)向存放网页的远程计算机(Web 服务器)发出一个请求。远程计算机在收到请求后，将所需要的浏览内容(即网页)发送给本地的计算机。

浏览器是阅读 WWW 上信息资源的一个软件，安装在客户端。如果用户在本地机上安装了 WWW 浏览器软件，就可以在包含各种表格、图片的交互式动态网页中，阅读其相关信息，也可通过网页查询服务器上数据中的数据。浏览器的作用是在网络上与 Web 服务器打交道。用户只需要通过选择关键字，就可以链接到相应的网页，而不必知道对方的物理地址、IP 地址等信息。浏览器有许多种类，目前应用最广泛的是 Microsoft 的 Internet Explorer，另外还有 Mozilla Firefox，Opera 等。它们的友好界面和简单的使用方式为 WWW 的广泛应用奠定了坚实的基础。

(三)URL 与超级链接

在网页设计过程中,我们经常会与 URL(统一资源定位器)及超链接这两个概念打交道。其中,URL 用于描述网络上每个资源的类型与位置,而超链接则为在这些网络资源中畅游提供了方便,是网页制作中使用得比较多的一种技术。超链接是用预先准备好的文本、按钮、图像等对象与其他对象建立一种链接,也就是在源端点和目标端点之间建设一种链接。目标端点是 WWW 的其他资源,例如另外一个网页、一个声音文件、网页的另外一个段落或是 WWW 中的任何资源,而且这些资源可以存放在任意一个服务器上。在浏览网页时,如果用鼠标单击超链接,就会跳转到超链接所指向的资源,就可以从 Web 上下载信息。

网页设计中有两类超链接:一类是超文本链接、一类是超媒体链接。

超文本链接是利用超文本在 Web 页面之间进行跳转,所谓超文本(Hypertext)是 WWW 服务的信息组织形式,它与普通的文本是有所区别的,它在普通文本中包含了可以链接到其他文本的特殊文字,平时超文本以文本内容的形式显示在文本中,但为了方便用户辨别,一般在表现形式上又不同于其他文本文件,用户既可以浏览超文本本身所带的信息,也可以用鼠标单击文件中已经定义好的超链接的关键字,显示与该关键字相关的文字资料。许多应用程序的帮助文件,就是采用这种超文本的形式,如图 5-2 所示。

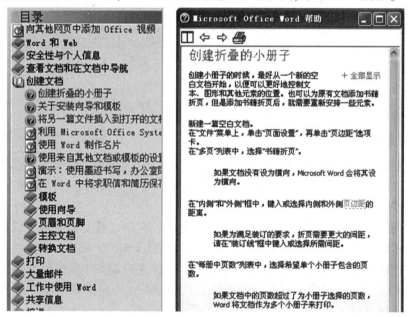

图 5-2　使用超级链接的 Word 帮助系统

在图 5-2 中,可以通过点击左边带超级链接的超文本,在右边窗口中显示具体的帮助信息。

超媒体(Hyper Media)进一步扩展了超文本所链接的信息类型。用户不仅可以从一个文本跳转到另一个文本,而且可以激活一段音乐、显示一个图形、播放一段动画。超链接工作方式如图 5-3 所示。超媒体文件就是由文字、影像、图片、动画、声音综合在一起的文件形式。

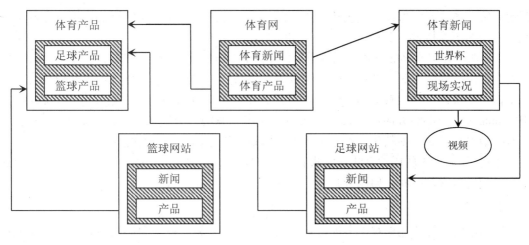

图 5-3　超链接工作方式

(四)网站与网页

简单地说,网站就是许多相关网页有机结合而形成的一个信息服务中心,是一个存放在网络服务器上的完整信息的集合体。它包含一个或多个网页,这些网页以一定的形式链接在一起,成为一个整体。当然,网站还包含网页中的相关素材,如图片、动画等。网页是网站的组成部分,是一张页面,可以看成是一个单一体,是网站的一个元素。网页里可以有文字、表格、图片、声音、视频、动画等。

在 WWW 上,信息是通过一个个网页呈现出来的,是用户在浏览器上看到的一个个画面。网站的设计者将要提供的内容和服务制作成许多个网页,并且经过组织规划,让网页互相链接,然后把相关的文件存放在 Web 服务器上。只要用户连入互联网就可以使用浏览器访问到这些信息。这样一个完整的结构就称为"网站",又常常称为"站点"。现在的网站不仅可以向用户发布信息,而且还为用户提供各种各样的网络服务,如电子邮件服务、资源下载、域名服务和主页空间服务等。网页是 WWW 中的基本文档,是用 HTML 或者其他语言(JavaScript, VBScript, ASP, JSP, PHP 或 XML 等)编写的文档,该文档可以用 WWW 的方式在网上传播,并被浏览器识别、翻译成 Web 页面形式显示出来。现在的网页一般分为两大类:一类是静态网页(扩展名为 .htm, .html);一类是动态网页(扩展名为 .asp, .php, .jsp 等)。

程序是否在服务器端运行,是区别静态网页与动态网页的重要标志。在服务器端运行的程序、网页、组件,属于动态网页,它们会随不同客户、不同时间,返回不同的网页。运行于客户端的程序、网页、插件、组件,属于静态网页,例如 Html 页、Flash 等,它们是永远不变的。网页一般包含以下几种基本元素。

1. 文本

文本是网页最基本的元素,网页上大部分的内容都是用文字来表达的,而且由于文字所占的空间非常小,下载速度非常快,所以在网页中应用非常广泛。网页上的文字可以有大小、字体、颜色以及各种不同的格式变化,灵活运用这种变化可以使得网页看起来生动活泼,另外我们还可以编写一些脚本语言使文字在网页上具有各种各样的动态效果。

2. 图像

图像是网页中必不可少的另一种元素:图像能给人更为强烈的视觉冲击,使人产生更深的印象；图像不仅可以直接表达信息，而且还能起到装饰和美化网页的作用。在网页里经常使用的图像格式一般有 JPEG，GIF 和 PNG。

GIF 采用无损压缩的方式，图像没有细节上的损失，通过减少图像的信息量使打开的速度非常快。同时 GIF 图像还支持透明背景，放在网页中能够和网页背景很好地融合，结合得像一个整体，视觉效果非常协调。另外，GIF 还支持动态效果，通过专门的软件（如 GIF Animator，Adobe Image Ready 等）可以制作出动态的 GIF 图像，使网页效果更为生动。但 GIF 最多支持 256 种颜色，不适合照片、风景画等颜色丰富的素材的压缩。

JPEG 使用先进的压缩算法，实现快速下载与显示。JPEG 支持 24 位真彩色，非常适于存储颜色丰富的画面，如风景画、照片等。

3. 多媒体元素

网页中的多媒体元素有许多种，常用的有三种：音频、视频和动画。常用的音频文件格式有声音文件 WAV 和 MIDI 音乐文件，常用的视频格式有 RM、AVI、WMV 等，常用的动画文件有 Flash 动画（SWF 格式）和 GIF 格式。请注意，一些多媒体元素要在网页上显示、播放需要安装相应插件才行。

4. 超链接

超链接使网页与网页、网站与网站之间相互连接成为一个有机的整体，用户只需点击鼠标就可以轻松转到所需要浏览的网页上。

5. 脚本程序

脚本程序是用于扩充网页功能而能在网页上直接解释的程序语言，常见的有显示访问的时间、让文字在屏幕上滚动等。

那么如何理解主页？它与网站是什么关系？它是网页吗？主页是指网站的首页，是用户在浏览器地址栏里输入网址后网站自动打开的默认页面，而网站的其他页面都会通过超链接与这个主页相连，这些页面我们通常称为子页面。用户要访问感兴趣的子页面，只要单击主页上相应的超链接就可以了。因此主页就像一份报纸的头版，通常用来作为一个站点中的目录或索引。由于主页在一个网站的所有网页里处于中心地位，所以经常有人用主页来代替网站的称呼，如个人网站称为个人主页，网站的欢迎词也经常写着"欢迎访问我们的主页"。

首页的文件名一般定义为 index 或 default，其扩展名如是静态网页，则为 .htm 或 .html，如是动态网页，根据使用的技术不同而不同。如首页类型是静态网页，那么首页名称一般为 index.htm、default.htm 或 index.html、default.html，如果首页是动态网页类型并是用 ASP 语言编写的，那么首页名称为 index.asp 或 default.asp。

（五）HTML 语言

HTML 语言是网页的基本语言，它是一种纯文本的格式语言，通过各种标记对网页上的文字、图片、动画、声音等页面元素进行描述，例如文字的字体、颜色等。HTML 文件运行在 Web 浏览器上，在运行该文件时，只需在浏览器地址栏中输入文件 URL 地址即可。

用 HIML 编写的超文本文档称为 HTML 文档，它能独立于各种操作平台。我们可以用任何一个文本编辑器进行编写，通过浏览器来解释执行。如，可以采用 Windows 自带的文本编辑器记事本进行编辑。当然，我们也可以利用目前较流行的可视化软件来制作网页，以实现"所见即所得"的编辑效果，即它们会根据用户的可视化操作自动生成 HTML 代码，同时也可以直接在软件的代码视图中直接编写代码。我们如果平时想了解某些网页的源代码，可以在用浏览器打开相应网页后，执行"查看"菜单下的"源文件"命令，就可以用记事本软件查看到这个网页的源代码文件。

虽然 HTML 语言描述了文档的结构形式，但并不能精确地定义文档信息必须如何显示排列，而只是建议 Web 浏览器应该如何显示和排列这些信息，最终呈现在用户面的显示结果取决于 Web 浏览器本身的显示。

 【案例 5-1】通过 Widows 操作系统自带的记事本软件来制作一个简单网页，让大家了解 HTML 语言的一些基本使用方法

（六）CSS

利用 HTML 标记可以描述网页的结构与显示方式，但有很多缺点，如不够精确，统一网站风格困难，因此出现一种新技术——CSS（Cascading Style Sheet，层叠式样式表）。它是 W3C（World Wide Web Consortium）组织批准的一种网页元素定义的规则，用于控制网页样式并允许将样式信息与网页内容分离的一种标记性语言。正确使用 CSS 样式，可以方便地格式化页面或者制作动态网页。简单地说，这里的样式是指预先定义好的、格式化文档的工具，是一系列控制文本显示外观的格式化属性的组合。通过设置 CSS，我们可以随意地控制网页中字体的大小、颜色等，便于统一网站的整体风格；可以方便地为网页中的各个元素设置背景颜色和图片并进行精确的定位控制；可以为网页中的元素设置各种滤镜，从而产生诸如阴影、辉光、模糊等只有在图像处理软件中才能实现的效果；可以与脚本语言相结合，在网页中实现很多动态滤镜效果。

 【案例 5-2】简单说明 CSS 的语法和在网页中的编辑

二、动态网页技术

互联网在技术上的显著进步是动态网页的出现。这里所指的动态网页，与网页上的各种动画、滚动字幕等视觉上的"动态效果"没有直接关系，它的最大特征是能够实现人与网站之间的交互。从网站浏览者的角度来看，无论是动态网页还是静态网页，都可以展示基本的文字和图片信息，但从网站开发、管理、维护的角度来看就有很大的差别。

（一）动态网页的主要特征

（1）动态网页一般以数据库技术为基础，可以大大降低网站维护的工作量。

（2）采用动态网页技术的网站可以实现更多的功能，如用户注册、用户登录、在线调查、用户管理、订单管理等。

（3）动态网页实际上并不是独立存在于服务器上的网页文件，只有当用户请求时，服务器才返回一个完整的网页。

(4)动态网页中的"?"对搜索引擎检索存在一定的问题。

搜索引擎一般不可能从一个网站的数据库中访问全部网页,或者出于技术方面的考虑,搜索之中不去抓取网址中"?"后面的内容,因此采用动态网页的网站在进行搜索引擎推广时需要做一定的技术处理才能适应搜索引擎的要求。如我们常见的网站访问量计数器就是动态的,当有人点击我们的网站时,计数器的值会自动增加;BBS论坛也是动态的,当用户在论坛上发布信息时,网页内容会自动更新,显示出新发布的信息及相关回复。并且,如仔细留心网站的文件扩展名,会发现许多网页文件扩展名不再只是".htm"或".html",还有".php"".asp"等,这些都是采用动态网页技术制作出来的。

早期的动态网页主要采用CGI技术,CGI即Common Gateway Interface(公用网关接口)。可以使用不同的程序编写适合的CGI程序,如Visual Basic、Delphi或C/C++等。虽然CGI技术已经发展成熟而且功能强大,但由于编程困难、效率低下、修改复杂,所以有逐渐被新技术取代的趋势。目前,最常用的几种动态网页语言有ASP,JSP,Java,PHP等,这些技术各有其优缺点和适用环境。

(二)ASP

以JavaScript为基础的ASP是微软的基于NT内核的Windows系统自带的脚本语言,利用它可以执行动态的Web服务应用程序。ASP的语法非常类似Visual Basic,学过VB的人可以很快上手,ASP也是这几种脚本语言中最简单易学的开发语言。但ASP也是这几种语言中唯一的一个不能很好支持跨平台的语言。

那么究竟什么是脚本呢?其实脚本是由一系列的脚本命令所组成的,如同一般的程序,脚本可以将一个值赋给一个变量,可以命令Web服务器发送一个值到客户浏览器,还可以将一系列命令定义成一个过程。要编写脚本,必须要熟悉至少一门脚本语言,如VB Script。脚本语言是一种介于HTML和诸如Java、Visual Basic等编程语言之间的一种特殊的语言,尽管它更接近后者,但它不具有编程语言复杂、严谨的语法和规则。如后面所述ASP所提供的脚本运行环境可支持多种脚本语言,譬如JavaScript等。ASP的出现使得Web设计者不必再为客户浏览器是否支持而担心,就算在同一个.asp文件中使用不同的脚本语言,因为所有的一切都将在服务器端进行,客户浏览器得到的只是一个程序执行的结果,只需在.asp中声明使用不同的脚本语言即可。

与一般的程序不同,ASP程序无须编译。当然,同其他编程语言一样,ASP程序的编写也遵循一定的规则,如果想使用脚本语言编写ASP程序,那么服务器上必须要有能解释这种脚本语言的脚本解释器。当安装ASP时,系统提供了两种脚本语言:VBScript和JavaScript,而VBScript则被作为系统默认的脚本语言。

从本质上说,ASP本身并不是一种脚本语言,它只是提供了一种使镶嵌在HTML页面中的脚本程序得以运行的环境。但是,要学好ASP又必须掌握它的语法和规则。我们只做简单介绍。

ASP程序其实是以扩展名为.asp的纯文本形式存在于Web服务器上的,你可以用任何文本编辑器打开它,ASP程序中可以包含纯文本、HTML标记以及脚本命令。你只需将ASP程序放在Web服务器的虚拟目录下(该目录必须要有可执行权限),就可以通过WWW的方式访问ASP程序了。要学好ASP程序的设计,必须掌握脚本的编写。

【案例 5-3】ASP 程序编程示例

ASP 脚本语言简单、易于维护，结合 HTML 代码，可快速地完成网站的应用程序，因此是小型网站应用的最佳选择。不过，正因为 ASP 简单，所以单纯使用 ASP 所能实现的功能也是有限的，COM（Component Object Model）技术的出现弥补了 ASP 的不足，微软提供了 COM/DCOM 技术，极大拓宽了 ASP 的应用范围，使得 ASP 几乎具有无限可扩充性。

（三）PHP

1994 年，Rasmus Lerdorf 首次设计出了 PHP 程序设计语言。1998 年 6 月，PHP. NET 发布了 PHP 3.0 声明以后，用户数量才真正开始猛增。PHP 简单易学，因而受到广大开发者的欢迎，目前全球大约有 2 200 万个网站使用 PHP，而且数量还在稳定增加中。应用 PHP 开发的成功案例有许多，比如，Media Wiki——著名的维基百科（Wiki）程序，如此庞大的条目只用 PHP+MySQL 支持。为什么 PHP 会如此受欢迎呢？最大的原因是 PHP 是完全免费的开源产品，不用花钱，可以不受限制地获得源码，可以从中加进你自己需要的特色。网站上有许多现成、免费的、容易拿到且已经做好的网站软体，如网站管理、新闻、报名系统、电子报、天气预报等免费的应用组件供下载安装使用，这对没有程序编写经验的人来说是很好的进入点，也符合中小企业低成本建置网站的需求。

总的来说，PHP 是一种易于学习和使用的服务器脚本语言。它大量地借用 C 和 Perl 语言的语法，语法结构很像 C 语言，并结合 PHP 自己的特性，使 Web 开发者能够快速地写出动态页面。PHP 的跨平台特性让程序无论在 Windows 平台还是 Linux、Unix 系统都能运行自如。与 ASP、JSP 一样，PHP 也可以结合 HTML 语言共同使用，它与 HTML 等语言具有非常好的兼容性，使用者可以直接在脚本代码中加入 HTML 标签，或者在 HTML 标签中加入脚本代码从而更好地实现页面控制，提供更加丰富的功能。与 ASP、JSP 相比，PHP 的优点有：安装方便，学习过程简单，兼容性强；扩展性强；可以进行面向对象编程等。并且，PHP 提供了标准的数据库接口，几乎可以连接所有的数据库，尤其和 MySQL 数据库的配合更是"天衣无缝"。当然 PHP 并不是十全十美的，因为结构上的缺陷，它只适合编写小型的网站系统。

（四）JSP

这是当前流行的一种网页编程技术，它是由 Sun Microsystems 企业于 1999 推出的新动态网页技术标准，是以 Java 为基础的 Web 开发技术，在传统的网页 HTML 文件中加入了 Java 程序片段和 JSP 标记就构成了 JSP 网页。利用这一技术可以建立先进、安全和跨平台的动态网站。JSP 具备了 Java 技术简单易用的特点，完全面向对象，具有平台无关性，安全可靠。

JSP 和 ASP 在技术方面有许多相似之处。两者都是为基于 Web 应用实现动态交互网页制作提供的技术环境支持。同等程度上来讲，两者都能够为程序开发人员提供实现应用程序的编制与自带组件设计网页从逻辑上分离的技术。不过两者来源于不同的技术规范组织，其实现的基础——Web 服务器平台要求不相同。ASP 一般只应用于 Windows 操作系统平台，而 JSP 则可以不加修改地在绝大部分的 Web Server 上运行，其中包括了 NT 的系统，从一个平台移植到另外一个平台，JSP 甚至不用重新编译，符合一次编写，多平台运行的 Java 标准，实现平台和服务器的独立性，因此 JSP 的适应平台更广，这是 JSP 比 ASP 的优越之处。其次，基于 JSP 技术的应用程序比基于 ASP 的应用程序易于维护和管理。

(五)ASP.NET

ASP.NET 的前身就是 ASP 技术，ASP 技术以简单易学等优点，得到了广泛的应用，但它的缺点也随着这些网站而显现出来。首行、意大利面型的程序开发方法，让维护的难度提高很多，尤其是大型的 ASP 应用程序。直译式的 VBScript 或 JavaScript 语言，让效能有些许的受限。延展性因为其基础架构扩充性不足而受限，虽然有 COM 元件可用，但开发一些特殊功能(像文件上传)时，没有来自内置的支持，需要寻求第三方软件商开发的元件。1997 年时，微软开始针对 ASP 的缺点作了全新的改进，提出了该技术的后续者 ASP+，而后于 2000 年，微软正式推动 .NET 策略，ASP+也顺理成章地改名为 ASP.NET。该技术的主要特点如下。

1. 世界级的工具支持

ASP.NET 构架是可以用 Microsoft 企业最新的产品 Visual Studio.Net 开发环境进行开发，WYSIWYG(What You See Is What You Get 所见即为所得)的编辑。这些仅是 ASP.NET 强大化软件支持的一小部分。

2. 强大性和适应性

因为 ASP.NET 是基于通用语言的编译运行的程序，所以它的强大性和适应性，可以使它运行在 Web 应用软件开发者的几乎全部的平台上(笔者到现在为止只知道它只能用在 Windows 2000/2003 Server/VISTA/7 上)。通用语言的基本库，消息机制，数据接口的处理都能无缝整合到 ASP.NET 的 Web 应用中。ASP.NET 同时也是 Language-Independent(语言独立化)，所以，你可以选择一种最适合你的语言来编写你的程序，或者把你的程序用很多种语言来写，现在已经支持的有 C#(C++和 Java 的结合体)、VB 等。将来，这样的多种程序语言协同工作的能力保护你现在的基于 COM+开发的程序，能够完整地移植向 ASP.NET。ASP.NET 一般分为两种开发语言，VB.NET 和 C#，C#相对比较常用，因为是 .NET 独有的语言，VB.NET 则为以前的 VB 程序设计，适合于以前 VB 程序员，如果新接触 .NET，没有其他开发语言经验，建议直接学习 C#即可。

3. 简单性和易学性

ASP.NET 使运行一些很平常的任务如表单的提交客户端的身份验证、分布系统和网站配置变得非常简单。例如 ASP.NET 页面构架允许你建立你自己的用户分界面，使其不同于常见的 VB-Like 界面。

4. 高效可管理性

ASP.NET 使用一种字符基础的、分级的配置系统，使服务器环境和应用程序的设置更加简单。因为配置信息都保存在简单文本中，新的设置有可能都不需要启动本地的管理员工具就可以实现，从而使 ASP.NET 的基于应用的开发更加具体和快捷。

5. 多处理器环境的可靠性

ASP.NET 已经被刻意设计成为一种可以用于多处理器的开发工具，它在多处理器的环境下用特殊的无缝连接技术，将大大提高运行速度。

6. 自定义性和可扩展性

ASP. NET 设计时考虑了让网站开发人员可以在自己的代码中自己定义"plug-in"的模块。这与原来的包含关系不同，ASP. NET 可以加入自己定义的任何组件。

本章小结

本章主要介绍了电子商务网站的概念和主要功能，并在此基础上讨论了电子商务网站规划的要求以及电子商务网站设计、规划与实现的相关技术。电子商务系统的开发和建设，是随着电子商务的发展不断演进的。企业内部网络系统是信息传输的媒介，企业管理信息系统是信息加工、处理的工具，电子商务系统是企业拓展网上市场的窗口。因此，电子商务系统是一项复杂的系统工程，不同的企业需求对应着不同的系统建设模式和方法。

复习题

一、选择题

1. 可以链接到其他网站的或其他数据上的文本为(　　　)。

A. 超媒体　　　　　B. 超文本　　　　　C. 超文本标识语言　D. 超链接

2. 下面(　　)文件属于静态网页。

A. abc. asp　　　　　B. abc. doc　　　　　C. abc. htm　　　　　D. abc. jsp

3. 下面(　　)不是网页编辑软件。

A. Dreamweaver　　B. CuteFTP　　　　　C. Word　　　　　D. Flash

4. 下面(　　)文件不是网站的主页。

A. index. html　　　B. default. jsp　　　C. index1. htm　　　D. default. php

5. 网页的元素不包括(　　　)。

A. 文字　　　　　B. 图片　　　　　C. 界面　　　　　D. 视频

6. 文本被做成超链接后，鼠标移到文本，光标会变成(　　　)。

A. 人手形　　　　　B. 十字形　　　　　C. 向右的箭头　　　D. 没变化

二、简答题

1. 常用的网站制作技术有哪些，各有哪些优缺点？
2. 电子商务网站的主要功能有哪些？
3. 电子商务网站设计的主要元素是什么？
4. 电子商务网站规划的基本要求是什么？
5. 电子商务网站的体系结构是什么？主要由哪几层组成？简述其作用。

三、论述题

论述电子商务网站的维护主要分为哪几个方面。

四、实践题

任意访问一个电子商务网站，分析其网站的风格。

第六章 互联网金融

 导 读

　　电子商务的飞速发展对互联网支付方式的变革起到了重要的推动作用，同时也为互联网金融的发展提供了良好的社会基础，而互联网技术的创新为互联网金融的产生提供了技术支撑，互联网科技公司通过互联网金融服务的创新打破了传统银行对金融服务业的垄断。

知识目标

1. 了解互联网发展历程和发展现状
2. 理解互联网金融的基本概念
3. 掌握传统金融与互联网金融的区别和联系
4. 理解互联网货币的概念

素养目标

1. 培养学生的金融科技思维，掌握现代金融及金融科技知识
2. 培养学生创新精神及风险意识

核心概念

　　互联网金融　第三方支付　互联网货币

第一节 互联网金融与电子商务

一、互联网金融基本概念

互联网金融，从狭义上讲是以互联网为载体进行的金融业务活动，包括但不限于网络银行、网络证券、网络保险、网络信托、金融电子商务等金融服务模式及相关内容。从广义上讲，具备互联网精神的金融业态统称为互联网金融。它不仅包括狭义的内容，还包括互联网金融安全、互联网金融监管等方面，它不同于传统的以物理形态存在的金融活动，它是存在于电子空间中的金融活动，具有形态虚拟化、运行方式网络化的特征，它是信息技术特别是互联网技术飞速发展与现代金融相结合的产物。

网络经济的个性特点，决定了互联网金融这种基于网络经济而不断发展的新兴产业也在不断地依靠互联网的迅速发展而不断发展。由马太效应可以看出，在国内金融业市场放开的同时，小型的区域的金融业有可能不能够及时进行产业改革，顺应市场趋势而逐渐被淘汰，而那些资金、设备、人力比较充足的国有大中型金融业则能在保证原有业务的同时，产生出新的业务增长点，即电子商务事业部，并且从一个大环境来看，金融电子商务事业部构成了互联网金融的主体。

二、互联网金融的特征

(一) 高效性与低成本

与传统的金融模式相比，互联网金融利用网络信息技术使得金融信息和业务数据处理更加高效。业务操作的流程趋于标准化、系统化、自动化，将原来在窗口柜台办理的业务转移到互联网以及移动端进行，突破了原来的服务时间和空间的限制，极大方便了客户，给客户带来了更加流畅、更加及时以及更加多样的服务体系和更完善的服务体验。

从运营成本上来考虑，互联网金融的发展使金融机构和客户的联系由原来的面对面接触服务转向线上的交互式联系。这样的沟通方式为金融机构节约了大量的人力和柜台业务服务的成本。互联网技术的应用也使得客户与金融机构之间的信息流通更加顺畅，信息发布更加及时、充分，提高了信息传递的效率，促进了行业的发展和进步，极大地优化了小额贷款、小额融资的环境。

(二) 信息化与虚拟化

传统金融模式当中，金融机构为了获取客户的相关信息，需要进行大量的调查和分析，撰写相关的可行性报告并审批。这种线下的、传统的调查和分析具有相当大的局限性：一是耗费时间比较长；二是成本比较高；三是获取的信息真实性有待进一步研究。互联网金融通过大数据和云计算的方式收集客户的消费行为和消费习惯相关的信息，进行更加智能化的分析，不仅调查分析的成本大大降低，缩短调研时间，也大大提高了结论的可信度。

网络技术不仅仅强化了金融领域信息的重要性，还实现了业务的虚拟化操作，通过互联网技术实现经营地点虚拟化、经营业务虚拟化和经营过程虚拟化。

(三)一体化

互联网金融极大地推动了金融混业经营的发展。范围经济促使金融机构不断拓展经营金融产品的品类和相关的业务，充分利用互联网金融边际成本低的特征，提高盈利可能性。对于客户来说，投资理财本身就有将银行账户和证券投资账户、资金资产管理和保险管理等统一管理的需要。通过互联网平台，消费者和金融服务提供商共同参与到商业活动中，消费者和金融服务提供商之间地位更加对等。

三、我国互联网金融的发展历程

在国内，互联网金融的发展速度可以说日新月异，其历程可以划分为四个阶段。

(一)互联网金融硬件革新阶段(1997—2005年)

该阶段主要以招商银行1997年率先实现硬件革新，推出中国第一家网上银行为标志。这个时期业务形式很多，主要在于传统的金融机构通过革新互联网所需要的硬件设施，满足将业务互联网化的条件。与西方成熟金融市场上的互联网金融的第一轮高速发展相类似，这一阶段所发展的网上银行、网络证券和网络保险等金融业务形式类似于传统金融机构的分支机构，并没有在业务上实现创新，只是利用了互联网的方便快捷、成本低、辐射区域更广的特点，便利了传统的金融业务，没有实现对传统金融的根本性变革。

(二)互联网金融技术革新阶段(2006—2012年)

该阶段主要以2006年中国第一家互联网信贷公司"宜信"的成立为标志。这个时期不仅仅是传统金融机构不断利用互联网技术进行业务的拓展，同时互联网企业也在利用电子商务、移动网络、移动支付等技术进入金融行业。2011年中国人民银行开始发放第三方支付牌照，为互联网金融的大发展奠定了基础。

(三)中国互联网金融模式革新阶段(2013—2016年)

该阶段以2013年6月"余额宝"的推出为标志。传统金融机构开始涉足互联网金融，传统互联网企业凭借社交网络、移动支付、大数据、云计算、搜索引擎等新技术与传统金融进行深度融合，催生出了形态各异的互联网金融业态。期初，中国互联网金融的模式主要以引入并本地化西方成熟市场中已有的互联网金融模式为主，如发展自己的第三方支付、P2P、众筹平台等，但到后期中国互联网金融市场出现了更多具有中国互联网金融特色的理财产品，真正使互联网金融行业呈现"井喷式"增长。2013年国内第一家没有物理网点的纯网上保险"众安在线"、2014年国内第一家没有物理网点的纯网上银行"微众银行"才正式成立。

(四)互联网金融监管革新阶段(2017年至今)

2014年起，政府工作报告当中开始出现互联网金融，"要促进互联网金融健康发展，完善金融监管协调机制"，并在之后的报告当中多次提到互联网金融的监管问题，从2015年7月的《关于促进互联网金融健康发展的指导意见》，到2016年7月后各监管机构陆续出台互联网金融各业态管理规定及其实施细则。但是大部分的政策、措施并没有落地实施。2017 年 2 月 23 日银监会印发《网络借贷资金存管业务指引》，同年 6 月 28 日央行等 17 部门联合印发《关于进一步做好互联网金融风险专项整治清理整顿工作的通知》，并明确提出专项整治工作延期至 2018 年 6 月底完成，以及监管验收等落地的实质性监管条例出台，标志着互联网金融在中国市场进入监管革新阶段。

第二节 传统金融业务的互联网化

互联网给传统金融行业带来了极大的冲击，在互联网浪潮汹涌当中，传统金融行业开始拥抱互联网技术，拓展线上业务，行业发展由此打开了新局面。银行业开始建立网上银行，将传统的柜台业务搬到线上进行，节省了窗口的劳动力，提升了服务质量和服务效率。证券业利用互联网的渠道优势，充分迎合民众日益增长的理财需求，理财产品逐渐走入大众生活。保险行业通过互联网大数据、云计算等新技术，完善行业服务体系，逐步推出线上保险超市等销售平台。通过互联网技术与传统金融的整合，传统金融企业和机构逐渐建立起自身的核心竞争力，不断优化产品结构、开拓市场。

一、银行业网络化

（一）互联网金融对传统银行业产生的影响

近些年，相当一部分的互联网企业从非金融领域不断地向金融领域渗透，无论是第三方支付，还是贷款融资平台，对银行的传统存贷业务带来不同的影响。互联网金融作为一种金融和科技的融合创新业务，不断整合金融资本和产业资本，其对传统银行的冲击和影响需要用辩证唯物主义观一分为二地看待。

1. 对银行业的传统负债和信贷业务造成冲击

随着互联网金融的发展，尤其是以"余额宝"为代表的"宝"类理财产品的出现，其相比与实体银行活期存款或理财产品的利息要高，且存取方便、快捷，越来越多的个人和群体更倾向于网络理财，直接导致商业银行的存款数量明显减少，对传统银行业负债业务产生了较大冲击。但是，对于传统银行而言，它属于金融基础设施中最重要的单元，所有的传统银行不仅是整个金融体系运作的平台，也是金融创新和发展的基本环境，更是保持金融系统稳健性的基石。互联网金融则并不承担这方面的"道义"。比如在全球金融危机之下、疫情背景之下，危机时刻传统银行还是提供了有效有力的金融服务来保障了市场的正常运行，能够提振市场参与者继续进行交易的信心。由于传统的银行业的门槛较高，目标客户群多为大中型企业和高端客户群体，且传统银行业的风控较为严格，手续较复杂，众多的小微企业和个人客户较难得到其贷款服务。而 P2P 贷款和众筹模式等网上信贷门槛低、操作便捷高效，底层客户群体越来越多被互联网金融服务所吸纳，这对银行的传统信贷业务造成了一定的冲击。

2. 对传统商业银行的中间业务造成冲击

以往，传统商业银行居于金融业的顶端地位，掌握着行业资金，其主要收入来源在存贷利差上，对中间业务尤其是支付业务没有足够的重视。但是，随着支付宝等第三方支付服务的出现和普及，其分流会直接影响到商业银行的支付结算、银行卡和代理业务等，使传统商业银行的中间业务受到了极大冲击。但是，传统银行仍然把握住了支付清算系统的"主通道"，只是在互联网金融的冲击之下，支付系统在技术层面被互联网金融赋予了更多"场景化""定制化"的功能，与每一个人的金融需求甚至每一笔金融交易、商业活动结合在一起，呈现越来越多细碎的金融交易场景，金融竞争的公平性、支付场景的安全性充满着机遇与挑战。

3. 互联网金融削弱了商业银行的传统竞争优势

互联网金融以其便捷支付、搜索引擎和大数据技术的应用等优势降低了交易成本，简化了交易流程，提供了更加专业、多样化和个性化的金融服务。互联网金融产品利用社交媒体、电商平台、自媒体等多渠道让消费者触及金融服务，相较于传统复杂、烦琐、长链的银行服务，消费者越来越倾向于将消费与社交融合享受便捷的消费体验，对互联网金融服务的接受意愿更高。传统的商业银行专业的技术、复杂的交易流程等传统优势不断被互联网金融削弱，传统银行的获客模式受到强烈冲击，传统的知识密集和技术复杂的金融产品已经不符合市场新兴客户的需求。如果传统商业不能及时对核心业务进行改革，改变其安全、稳定、低成本和低风险的传统价值目标，与现代社会所需的快捷、方便、参与和体验目标相适应，其未来发展将面临巨大瓶颈。

4. 弱化了传统商业银行的金融中介地位

从现代互联网金融产业的发展趋势来看，互联网金融产业带给传统商业银行最直接的影响就是弱化了传统商业银行的金融中介的地位。传统银行提供的金融信息共享效率及金融服务效率相比较互联网金融有明显的劣势。伴随着互联网金融产业的产生和发展，互联网的信息共享性及传递特性改变了以商业银行为主导的金融市场的信息不对称情况，全面消除了信息沟通屏障，借助互联网平台实现了用户与第三方金融服务平台的信息对接和资源整合，互联网金融为资金借贷双方之间提供了直接连通的通道，大大加速金融脱媒，提升了金融市场的活跃程度，弱化了传统商业银行的金融中介的地位。

（二）传统银行业的网络化发展

互联网从客户、产品、服务、业务流程和风控模式等各个方面颠覆了传统的消费金融。因此，日益激烈的市场竞争促使传统银行不得不转变思维，积极拥抱金融科技，利用大数据技术和人工智能等技术加快产品与服务的创新，并加快了与互联网巨头企业的强强联合的步伐。

银行业在互联网时代，与时俱进，传统银行纷纷推出自己的手机银行等服务，通过银行的网络化服务，客户实现了在移动端自动转账、查询甚至理财等活动。从 2018 年到 2022 年手机银行的交易金额如图 6-1 所示。互联网技术不仅给客户带来了操作上的便捷，也为银行人工服务窗口节约了大量的人力。随着基于 Android 和 iOS 操作系统的智能手机迅速普及，手机银行客户端逐步被设计成手机应用 App 的形式，手机银行客户端的交互性、速度及用户体验有了显著提高。手机银行向数字化方向发展，应用场景与服务不断拓展。

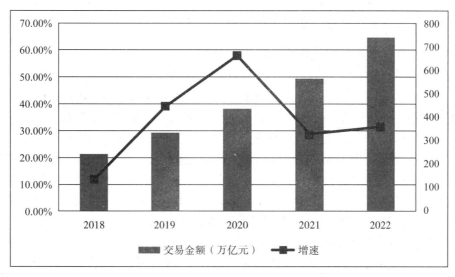

图 6-1 中国 2018—2022 年手机银行交易规模

在传统银行借助互联网技术为客户提供更优质的服务和体验的同时，银监会批准成立的一系列的网络银行，为银行业的发展带来了创新动力。其中，由腾讯、百业源和立业等多家知名企业发起设立的微众银行是国内首家开业的民营互联网银行，于 2014 年 12 月获得由深圳银监局颁发的金融许可证。

互联网和金融的未来趋势是要融合，共同服务于以前未曾被好好服务过的长尾人群。互联网金融来了，银行并不会被颠覆，而是被帮助、被创新。银行的核心价值是风险管理，越来越多的银行未来会把精力更多地放在产品创新上，专心做金融产品的生产，其次才是营销、渠道。

随着信息技术和人工智能技术的发展和成熟，数据传输速度的加快，远程面对面的人工服务得以通过网络实现。过去受制于物理空间的金融服务开始通过网络技术向线上延伸。金融服务的线上化，将对未来银行业带来三种变化：首先，银行线下渠道将弱化业务办理的功能，而强化金融服务的功能。线下渠道将更多地为电子银行提供支持，当用户对电子银行新业务存在疑虑时，线下渠道将有效为之解答和介绍。其次，由于视频技术突破了人工智能的束缚，使得未来银行所有的业务都可以线上渠道办理，因此会有更多更复杂的金融服务通过线上办理。最后，金融服务线上化使用户的行为习惯数据能够得到完整记录和积累，后期银行通过数据分析将进一步优化已有的复杂金融服务流程，进一步提高现有金融服务的合理性和办理效率。

二、证券业网络化

互联网金融可以达到并实现与当前直接和间接融资一样的资源配置效率，并在促进经济增长的同时，大幅减少交易成本，这将对证券行业发展产生深远影响。在金融行业中，证券行业是最早接触互联网的，从早先的电话委托，到网络委托，再到移动互联网手机 App 委托，证券行业经历过一系列的经纪委托渠道的变化。

（一）互联网金融对证券行业产生的影响

1. 改变证券行业价值实现方式

互联网金融的虚拟性为证券行业带来了前所未有的价值创造速度，必然导致价值的扩张，同时互联网金融也引发交易主体、交易结构上的变化和潜在的金融民主化，引发券商传统的价值创造和价值实现方式的根本性转变。一方面，互联网技术能最大限度减小信息不对称和中间成本，把所有的信息由原先不对称、金字塔型转化为信息的扁平化，最终用户可在信息相对对称中平等自由地获取金融服务，逐步接近金融上的充分有效性和民主化，从而证券行业的服务边界得以扩大。当前券商积极布局的非现场开户、搭建网上平台以及移动终端产品开展业务，为券商带来了新的盈利增长点。另一方面，社交网络、电子商务、第三方支付、搜索引擎等互联网技术形成的大量数据产生价值。云计算、神经网络、遗传算法、行为分析理论等更使数据挖掘和分析成为可能，数据将是金融的重要战略资产，阿里小贷正是基于大数据挖掘小微企业信用完成的价值实现。未来券商的价值将更多通过充分挖掘互联网客户数据资源，并开发、设计针对性满足客户个性化需求的证券产品或服务来创造和实现价值，从而实现"长尾效应"。

2. 引发证券经纪和财富管理"渠道革命"

证券与互联网的加速融合，有助于券商拓宽营销渠道并优化现有经纪业务和财富管理业务传统的运营管理模式，进一步扩大服务边界。与此同时，网上开户和网上证券产品销售使得券商的地域和物理网点优势不再明显，佣金率进一步下降，新产品经纪和资管业务的地位逐步提升，这将迫使券商经纪业务由传统通道向信用中介和理财业务终端转型。网络将成为券商发展经纪业务、财富管理业务的主要平台。随之而来的将是目标客户类型的改变，市场参与者将更为大众化和普及化，追求多样化、差异化和个性化服务是客户的基本诉求。客户的消费习惯和消费模式的改变，要求券商经纪和财富管理业务适应互联网金融趋势，从过去通道中介定位向客户需求定位转型。以客户需求为中心的转型，本质上要求证券公司能够根据不同的客户类型，通过一个对外服务窗口，为客户提供包括融资、投资、理财咨询等一揽子的服务。这意味着证券公司需要对原有的组织模式进行重构，加强各条业务线的协作，提升现有业务的附加价值，实现客户与证券公司共同成长。

3. 弱化证券行业金融中介功能

证券行业具有媒介资本和媒介信息最为基础的两个功能。媒介资本、媒介信息、挖掘信息等功能的发挥，在根本上都依赖于各类信息的搜集和处理能力，而这正是互联网金融的强项。互联网金融与证券行业的结合，会使得交易双方的信息不对称程度降低、在金额和期限错配以及风险分担的成本非常低，证券机构发挥的资本中介作用也日益弱化。未来股票、债券等的发行、交易和全款支付，以及投资理财等都可直接在网上进行。比如，Google 上市时就没有通过投资银行进行相关上市服务，而是应用了互联网金融，其股票发行采用荷兰式拍卖的模式在自身平台上发行。另外，在国外，基于社交网络构建的选股平台，投资收益跑赢大盘，这也一定程度上取代了券商投资理财的业务。互联网金融模式下，资金供需双方直接交易，可以达到与直接融资和间接融资一样的资源配置效率，市场有效性大大提高，接近一般均衡定理描述的无金融中介状态，极大影响证券金融中介功能的发挥，弱化了证券行业金融中介功能。

4．加剧证券行业的业务竞争

互联网金融以其先天的渠道和成本优势迅速改变资本市场的竞争格局，随着监管的放松，这种竞争还将进一步加剧：一是互联网技术会降低券商业务成本，加剧同业竞争，如各大券商积极布局的证券电子商务，这只是网络经纪业务第一步，非现场开户全面放行后，证券业能以更低成本展业，这不可避免引发新一轮的佣金价格战，通道型经纪收入将更加难以为继；二是互联网金融会改变券商业务模式，催生网络经纪等新业态，这将带来新的竞争机会，使得未来竞争更加复杂化；三是以阿里巴巴为代表的互联网公司携带客户资源、数据信息积累与挖掘优势向证券行业渗透，加剧行业竞争。近年来高速发展的互联网平台为互联网金融奠定了比传统证券行业更广泛的客户资源基础。互联网公司在运作模式上也更强调互联网技术与证券核心业务的深度整合，凸显其强大的数据信息积累与挖掘优势。

（二）我国证券业网络化发展历程

2014 年 4 月，中信证券、国泰君安、长城证券、平安证券、华创证券、中国银河证券 6 家券商被中证协列为互联网证券试点券商名单。其后，该名单不断扩展，至 2015 年 3 月已经有 55 家券商获得了该业务试点经营资格。互联网证券试点的公告，标志着传统证券公司正式打开了互联网金融的大门。多数试点券商开始设立或拟设立专门的互联网金融部门适应发展需求。证券行业更多的是把互联网/移动互联网作为委托渠道在拓展，而在深层次上，在服务观念和产品方面并没有跟上互联网和客户的需求发展。现阶段证券 App 做得最好的并不是证券公司，而是类似同花顺、东方财富、大智慧等专业的互联网证券信息服务公司。在未来网络互联、信息共享的信息社会里，证券公司将不再单纯依靠自身力量来发展业务，而是利用自身优势建立与银行、邮电等行业的合作关系。各行业在优势互补、互惠互利的前提下联手为客户提供全方位、多层次的立体交叉服务。这种合作会给各方带来成本的降低和客源的增加，从而达到增收节支、扩大业务的目的。

我国证券市场的互联网化历程大致可划分为探索期（1997—2012 年）、启动期（2013—2014 年左右）、成长期（2015—2017 年）和成熟期（2018 年至今）四个阶段，如图 6-2 所示。

第一阶段	第二阶段	第三阶段	第四阶段
探索期 1997—2012年	启动期 2013—2014年左右	成长期 2015—2017年	成熟期 2018年至今

图 6-2　我国互联网证券的发展历程

1．探索期（1997—2012 年）

20 世纪 90 年代中期以后，网上证券交易从美国向各大证券市场蔓延发展，我国网上证券交易也开始起步。1997 年 3 月，中国华融信托投资公司湛江证券营业部最先推出名为"视聆通公众多媒体信息网"的网上证券交易系统，成为中国第一家开展网上交易的券商，该系统在最初的连续三年增长速度超过 126%。原君安证券、广发证券等公司也随后开通了互联网证券交易服务。

2000 年 4 月，中国证监会颁布实施了《网上证券委托暂行管理办法》和《证券公司网上委托业务核准程序》，标志着我国网上证券交易进入规范化轨道。证券公司开展互联网证券交易业务的积极性被充分调动起来。

2001 年以后，互联网证券交易业务发展速度加快，交易量成倍增长。2012 年，我国互联网证券交易用户数超过 1 350 万户，比 2001 年增长了 1 000 多万户，年复合增长率达到 13.64%。

这一阶段，中国的互联网证券交易发展相对缓慢，一方面是因为互联网尚处于起步阶段，网民过少；另一方面，当时的互联网证券交易业务在全球都还算新兴事物，很多证券公司对互联网证券交易业务还不了解，处在观望及探索阶段。

2. 启动期(2013—2014 年左右)

在 2012 年 5 月券商创新大会以来，中国证监会先后出台多个关于互联网经纪业务政策指引的文件，从信息技术指引到非现场开户步步推进。银行与券商以互联网为依托，重组改造业务模式，加速建设网上创新平台，提供全方位的服务。在这一时期，证监会先后批准了 5 批共 55 家证券公司开展互联网证券业务试点，约占券商总数的一半。获批开展互联网证券业务试点的证券公司通过搭建自主平台、与互联网企业合作等多种方式，证券公司的互联网证券业务在 2014 年迎来蓬勃发展。在加快互联网化转型的背景下，证券行业的发展空间正在全面打开，以收入占 GDP 比例计，2014 年国内券商行业收入占 GDP 比例为 0.4%。

3. 成长期(2015—2017 年)

为进一步支持资本市场创新发展，保障投资者合法权益，自 2015 年 4 月 13 日起，中国证券登记结算公司决定："取消自然人投资者开立 A 股账户的一人一户限制，允许自然人投资者根据实际需要开立多个沪、深 A 股账户及场内封闭式基金账户。"这一规定强烈利好互联网券商，改变以往互联网券商"开户容易转户难"的局面。互联网证券业务在网上开户的用户体验、佣金、客户流量及配套产品等方面具备优势，客户数进一步大幅提升。

2015 年由于中国股市牛市的利好，证券公司各项业务呈现爆发式增长，2015 年度 A 股累计成交金额 254.68 万亿元，较 2014 年度增加 180.55 万亿元，增长 243.53%。2016 年度 A 股累计成交金额 127.24 万亿元，较 2015 年有所回落，但较 2014 年仍增加了 53.11 万亿元，增长 71.64%。与此同时，国内软件和信息技术的发展日新月异，互联网尤其是移动互联网的普及率稳步上升，促进互联网证券业务的发展。总的来说，2015—2017 年，我国互联网证券的发展处于稳定成长阶段。

4. 成熟期(2018 年至今)

该阶段，传统券商的互联网化程度不断提升，聚焦垂直细分领域的新型互联网券商蓬勃发展。随着金融科技发展加快，居民通过互联网手段进行理财投资行为增多，而证券行业在互联网化发展上也相对领先。

有相关数据表明，2010—2021 年，中国证券公司总资产规模整体呈现增长趋势，2018—2021 年中国证券业总资产规模情况如图 6-3 所示。

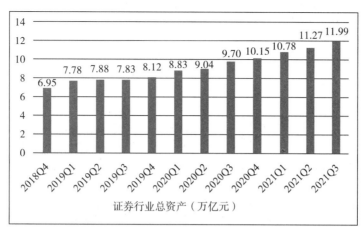

图 6-3 2018—2021 年中国证券业总资产规模

(三)我国互联网证券的发展趋势

传统的证券行业迎头奋进的同时，互联网公司也利用自身的技术优势和渠道优势建立了自己在互联网证券领域的护城池。2013 年，天弘基金与支付宝合作推出了余额宝，公司业务范围涵盖二级市场股票投资、债券投资、现金管理、衍生品投资，以及股权、债权、其他财产权利投资等，用户超过 6 亿人。腾讯"理财通"自 2014 年 1 月 22 日进入微信平台，不到 10 天，规模突破 100 亿元人民币。2017 年 1 月 3 日，腾讯集团下属拟开展独立基金销售业务的全资子公司——腾安基金销售(深圳)有限公司成立，注册资本 2 000 万元。至 2022 年，"理财通"的合作金融机构已经有 10 家。2019 年 3 月 8 日，富途证券赴美上市，成为国内互联网券商出海上市第一股，3 月 20 日，老虎证券紧随其后，亦敲响了纳斯达克的钟声。富途证券和老虎证券相继赴美上市，引发市场对互联网券商的侧目。

互联网金融的虚拟性为证券行业带来了前所未有的价值创造速度，必然导致价值的扩张，同时互联网金融也引发交易主体、交易结构上的变化和潜在的金融民主化，引发券商传统的价值创造和价值实现方式的根本性转变。未来券商的价值将更多通过充分挖掘互联网客户数据资源，并开发、设计针对性满足客户个性化需求的证券产品或服务来创造和实现价值，从而实现"长尾效应"。

三、保险业的网络化

(一)互联网保险的定义

1997 年 11 月 28 日，国内第一个面向保险市场和保险公司内部信息化管理需求的保险行业的中文专业网站——中国保险信息网诞生，标志着保险电子商务的诞生。2000 年 8 月，国内两家知名保险公司太平洋保险和平安保险几乎同时开通了自己的全国性网站。太平洋保险的网站成为我国保险业界第一个贯通全国、连接全球的保险网络系统。平安保险开通的全国性网站 PA18，网上开展保险、证券、银行、个人理财等业务被称为"品种齐全的金融超市"。

互联网保险的具体内容主要有数据收集和分析、保险产品设计和营销、提供专业的保险需求分析、提供保险产品购买服务、提供在线核保和理赔服务和提供在线交流服务。互联网保险内容如图6-4所示。

图6-4　互联网保险的内容

作为一项新兴事物，互联网保险在我国发展的历史只有短短二十几年时间。但在这二十几年间，互联网正深刻影响着保险业的方方面面。当前数字技术的不断创新突破，推动互联网保险市场在近年来取得高速增长。在原有传统保险公司的基础上，通过搭建或参与搭建互联网保险平台，推出新产品，为消费者提供更多的选择。通过新增的市场参与者，以及不断发展、更新的产品，保险行业更加多元化、市场竞争更加激烈。互联网保险行业以其多样性的特点迅速占据市场，各类型的保险产品以巨大的势头进入市场，包括"旅游意外险""交通意外险""个人健康保险"等产品，突破了传统保险产品的分类，满足了消费者对不同类型产品保险需求的多样性。互联网保险行业也在不同领域提升服务水平，消费者的保险服务体验得到质的提升。保险购买已经不再像过去那样枯燥，而是可以智能化、全程触屏化，这对消费者来说，大大提高了服务体验和购买效率。另外，在报案和理赔服务中，互联网保险采用新的报案理赔技术，大大缩短了报案和理赔的时间，使客户提出报案后，可以在最短的时间内得到处理。

（二）互联网保险运营模式

保险行业的商业模式关乎整个行业的综合竞争力，是行业转型升级的重要推进力量。目前，我国互联网保险已建立起以官方网站模式、第三方电子商务平台模式、网络兼业代理模式、专业中介代理模式和专业互联网保险公司模式等五种模式为主导的基本互联网保险商业模式体系。

1. 官方网站模式

互联网保险的官网模式是在互联网金融产品的交易平台中，由大、中型保险企业、保险中介企业等为了更好地展现自身品牌、服务客户和销售产品所建立的自主经营的互联网站。如太平洋保险、平安保险、阳光保险等设立官网进行网上保险产品销售。

建立官方网站的公司需要具备以下几个特点：一是资金充足。企业建立自己的官网，更多的是为了展现品牌，销售产品。为此，企业需要雄厚的资本获取更多的流量和广告投入。二是丰富的产品体系。互联网金融中，很多企业是利用产品优势获得成功的，拥有几个或一系列完整的产品体系，满足客户在不同时期、不同状态下的需求，一直是选择官网模式的企业所追求的目标。三是运营和服务能力。一个官方网站要长足经营，需要充分建立和使用互联网快速、便捷、安全的线上管理信息系统、客户关系管理系统、企业资源计划系统等对运营流程改造。

2. 第三方电子商务平台模式

第三方电子商务平台模式是指保险公司依托有成熟技术的第三方提供的网站平台进行保险产品的销售。第三方可以是保险中介和兼业代理行业网站。由第三方建设的电子商务平台是为多个买方和多个卖方提供信息和交易等服务的电子场所，使信息流、资金流、物流三个核心流程能够很好地运转。平台的目标是为企业搭建一个高效的信息交流平台，创建一个良好的商业信用环境。它的特点是专业化、具有很强的服务功能、具有"公用性"和"公平性"。网络保险平台是一个随着电子商务的兴起而出现的一个新型的模式，是将来保险发展的趋势。

3. 网络兼业代理模式

网络兼业代理模式指航空、银行、旅游等非保险企业，通过自己的官方网站代理保险企业销售保险产品和提供相关服务等。网络兼业代理机构一般销售与其主业有一定关联的保险产品种类。例如，人们乘坐飞机时会有飞机失事的风险，航空公司便代理销售航空意外险；银行客户如果有投资理财需求，银行可以针对这些客户代理一些投资联结保险产品。互联网时代衍生出网络化的兼业代理模式，逐渐成为目前互联网保险公司中介行业最主要的业务模式之一，以其门槛低、办理简单、对经营主体规模要求不高等特点而受到普遍欢迎。但目前许多兼业代理机构都以自己的主业为主，代理的保险产品种类较单一，因而对保险产品的销售也不会投入较大的财力和物力，在客户体验度方面效果不佳。我国保险兼业代理机构主要分为银行类代理机构、航空类代理机构、旅游类代理机构等。

4. 专业中介代理模式

专业中介代理模式是由保险经纪或代理公司搭建自己的网络销售平台，代理销售多家保险企业的产品并提供相关服务，客户可以通过该平台在线了解、对比、咨询、投保、理赔等，这些公司实际发挥的是中介代理的作用。专业中介代理模式包括两类：一类是聚焦保险产品的垂直搜索平台，利用云计算等技术精准、快速地为客户提供产品信息，从而有效解决保险市场中的信息不对等问题；另一类保险门户定位于在线金融超市，充当网络保险经纪人的角色，为客户提供简易保险产品的在线选购、保费计算以及充当综合性保障安全等专业性服务。

5. 专业互联网保险公司模式

专业互联网保险企业模式是专门针对互联网保险需求，不设线下分支机构，从销售到理赔全部交易流程都在网上完成的经营模式。根据保险公司经营业务主体的不同，专业互联网保险公司大致分三种：产寿结合的综合性金融互联网平台、专注财险或寿险的互联网营销平台和纯互联网的"众安"模式。虽然专业互联网保险公司的运作模式和未来发展方向备受社会关注，但目前受限于公司规模较小，运营模式也都在不断探索和尝试中。

我国互联网保险商业运营模式如表 6-1 所示。

表6-1　我国互联网保险商业运营模式一览

模式	含义	特征	典型代表
官方网站模式	大、中型险企、保险中介等成立的自主经营的网站	借助网络直接销售保险产品,为网络直接销售	太平洋保险、平安保险、阳光保险等设立官网
第三方电子商务平台模式	独立于商品或服务交易双方,使用互联网服务平台,依照一定的规范,为交易双方提供服务的电子商务企业或网站	类似金融超市,提供包括保险产品在内的多种金融产品	淘宝保险频道、京东商城保险频道、苏宁保险销售有限公司
网络兼业代理模式	在从事自身业务的同时,接受保险公司的委托,在保险公司授权范围内代办保险业务的各类机构	门槛低、办理简单、对经营主体规模要求不高。有的与自身业务有一定联系	网银代销、携程、中航协、移动、铁路系统、航空、车商等
专业中介代理模式	根据保险公司的委托,向保险公司收取保险佣金,在保险公司授权的范围内专门代为办理保险业务的机构	销售保险产品、代理收保费、代理相关保险业务的损失勘察和理赔等业务	惠泽保险网、富脑袋、中民保险网、优保网
专业互联网保险企业模式	全部线上业务,产品针对互联网领域的风险,销售依靠互联网的专业保险公司	完全通过互联网销售和理赔	众安保险、泰康在线

(三)我国互联网保险的发展趋势

我国互联网保险正在经历从表层渠道变革向中层模式优化的发展,网络比价平台、直销网站、App 等模式基本已经落地,而基于线上场景的拓展和新技术的应用,包括从数据来源的扩展到业务流程数据的获取为风险定价、核保、理赔流程再造提供支持等内容,已成为现阶段互联网保险发展的重要内容。我国互联网保险在未来发展将呈现以下趋势。

1. 保险产品创新空间、保险市场范围将不断扩大

互联网快速改变了消费者的生活,也在推动保险产品创新、引导和创造客户需求、提升公众特别是年轻消费群体保险意识方面蕴藏巨大潜力。保险公司基于大数据、云计算,能够对消费者行为数据、消费习惯、支付偏好进行深度挖掘与分析。这为精准营销、精准定价提供了可能性,也为制定个性化、定制化、差异化的保险产品提供了数据基础。2010年,华泰保险与淘宝合作在"天猫"交易线中"嵌入式"运营"退货运费险",并根据出险率进行保险定价。这是国内首个针对网络交易而设计的创新险种,也是首个实现保险产品动态定价的创新产品。网购中购买"退货运费险"的页面如图 6-5 所示。未来,类似"退货运费险"这类保障消费者互联网消费、支付行为的创新型保险产品将大量涌现。

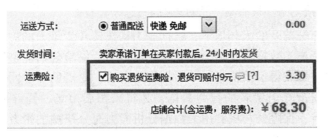

图 6-5 网络购物平台中购买"退货运费险"的页面

同时，互联网伴生的移动终端和大数据优势将持续拓展保险市场范围。消费者能够利用网络随时随地进行购买和支付，网络消费、网络支付等网络行为中蕴含的风险能够派生出新的保险需求，为保险行业开辟出新市场；并且随着大数据技术的深入应用，保险公司能不断提升风险定价与风险管理能力，可以将以前无法或难以有效管理的风险纳入保险公司能力范围。随着经济形势变化和市场化发展，保险市场还将出现大量的细分领域，保险公司能够借助移动互联发展和大数据技术优势，在实现对原有消费者资源的深入挖掘的同时，也覆盖了不同地域、不同行业的消费者，提供传统上规模不经济的产品和服务，从而占领广阔的"蓝海"市场，进而获得更多的消费者资源和行为数据，形成发展良性循环。

2. 互联网场景化销售带来保险产品改良创新

互联网不断普及和发展的伴生产物就是高频化、碎片化的各类需求，而场景化则是挖掘、满足这些需求的有效途径。线下场景产生的保险需求催生了传统保险产品的发展，而现在很多线下场景逐渐迁移到线上，线上场景的出现为互联网保险产品异军突起提供了契机。例如，淘宝购物交易者买家担心货物不合要求可能会退货，于是激发了运费险的市场需求。

互联网保险不仅仅是简单地让保险金融产品穿上互联网的外衣，而是由互联网场景化销售带来产品的改良和创新，用大数据手段来促进保险定价的精细化和差异化。未来互联网保险要以保险为入口，结合更多产业和场景，最后延展到企业和个人的服务。互联网上的保险产品创新也往往和场景销售相结合。例如，在"中秋"卖赏月险，"七夕"卖爱情险，"过年"卖鞭炮险，夏季卖高温险等。

3. 保险产品销售渠道将更加多样，费率空间进一步释放

由于保险公司营销体系中代理人制度的存在，支付给代理公司、代理人的手续费及佣金等构成了保险公司财务成本的重要组成部分。而随着保险行业市场化程度的持续加深和互联网保险的不断冲击，代理人在传统保险营销体系中的地位和话语权将不断被弱化。有研究表明，互联网可以使整个保险价值链的成本降低 60% 以上。未来保险产品多样化的销售渠道，将保险产品的销售环节转移到网络上，可能比传统保险行业营销方式节省 58%~71% 的费用，从而使保险行业进一步摆脱传统营销体系中代理人制度的束缚和制约，进而极大地减少销售成本。显而易见，销售成本的减少可以让保险公司让出部分利润用于降低各险种的保险费率，从而让消费者受益，同时也使保险公司在销售、理赔、产品管理等方面的效率得到极大的提高。

4. 数据作为保险行业"核心资产"的地位将进一步加强

在未来互联网充分普及的大环境下，数据成为构建核心竞争力的关键。对保险公司而言，数据就是核心资产，数据分析能力就是核心竞争力。保险公司能够通过数据处理、分析、整合、挖掘等技术获得价值信息。从数据收集来看，要借助互联网不仅获得消费者的行为数据，也要获得潜在消费者的行为数据，为将来拓展市场、开辟新的市场需求做准备；从数据应用来看，保险公司应利用大数据分析能力充分挖掘消费者需求，通过数据采集了解每位消费者的特征及需求，为其提供更具个性化、定制化的服务与产品。此外，消费者在互联网上留下的各类数据将带来丰富的保险标的的信息数据，结合多维数据描述标的性质，进而分析风险进行产品定价。随着大数据技术的应用普及，风险的计量将更为精准、高效，风险定价趋于精细化、差异化。

5. "以消费者为中心"的理念将进一步凸显

随着互联网深入人们生活的各个领域，保险的销售模式产生了根本性的变化，由原先以保险产品为主导的销售模式将逐渐转化为以消费者需求为核心的销售模式。互联网使得消费者不再被动接受保险公司推送的信息，消费者的需求成为新险种出现的原动力，消费者的行为数据成为保险产品设计的基础，这也意味着消费者能够化被动为主动，参与保险产品设计和服务的全过程。保险公司应积极融入这一潮流中，利用自身原有优势，培养大数据分析能力，针对目标消费者、潜在消费者的需求，设计定制化的保险产品，同时主动促使保费更加透明，保障权益更加清晰，这不仅可以吸引更多消费者，也可以让保险销售的退保率大大降低。

6. 法律法规更加健全，监管体系更加完善

目前，我国的互联网保险的法律法规不够健全，监管体系不够完善，创新不足的缺陷暴露无遗，未来互联网保险业的监管将会更加严格。近年来，我国互联网保险的法律法规也不断出台，例如，2019年11月中国银保监会发布《关于银行保险机构加强消费者权益保护工作体制机制建设的指导意见》，2020年6月中国银保监会发布了《关于规范互联网保险销售行为可回溯管理的通知》，2021年7月中国银保监会发布《银行保险机构消费者权益保护监管评价办法的通知》等。未来我国保险业还将继续在以下方面完善：一是以良好的电子商务环境为前提，不仅要有完备的基础设施和技术标准，还要有安全认证的法律法规；二是完善的法制制度，在准入和信用评价上严格而量化；三是平衡监管过程的"宽松"与"谨慎"，宽松创新支持，谨慎风险控制；四是行业自律意识加强，减少国家强制手段的控制，更多地运用行业自律来发展。

第三节　第三方支付

第三方支付制度是整个互联网金融生态环境的基础制度。虽然目前对互联网金融的模式分类还存在很多争议，但不论支付功能本身、互联网金融产品的销售渠道、基于互联网的融资服务还是虚拟货币，都离不开第三方支付。第三方支付的作用不仅体现在其与电子商务的结合中，在供应链金融模式构建、支付清算体系的完善、货币结构改变等方面都具有相应作用。

一、第三方支付简介

(一)第三方支付的概念

第三方支付是指具备一定实力和信誉保障的独立机构,采用与各大银行签约的方式,通过与银行支付结算系统接口对接而促成交易双方进行交易的网络支付模式。在通过第三方支付平台的交易中,买方选购商品后,使用第三方平台提供的账户进行货款支付,由第三方通知卖家货款到达、进行发货;买方检验物品后,就可以通知付款给卖家,第三方再将款项转至卖家账户。中国人民银行制定的《非金融机构支付服务管理办法》于2010年9月1日起施行。该管理办法中规定:非金融机构提供支付服务,应当依据本办法规定取得支付业务许可证(业内通称"支付牌照"),成为支付机构。2011年,央行发放首批支付牌照,第三方支付自此获得合法地位。

(二)第三方支付的特点

1. 统一应用接口

第三方支付平台提供一系列的应用接口程序,将多种银行卡支付方式整合到一个界面上,负责交易结算中与银行的对接,使网上购物更加快捷、便利。消费者和商家不需要在不同的银行开设不同的账户,可以帮助消费者降低网上购物的成本,帮助商家降低运营成本;同时,还可以帮助银行节省网关开发费用,并为银行带来一定的潜在利润。

2. 操作简单易于接受

较之SSL、SET等支付协议,利用第三方支付平台进行支付操作更加简单而易于接受。SSL是现在应用比较广泛的安全协议,在SSL中只需要验证商家的身份。SET协议是目前发展的基于信用卡支付系统的比较成熟的技术。但在SET中,各方的身份都需要通过CA进行认证,程序复杂,手续繁多,速度慢且实现成本高。有了第三方支付平台,商家和客户之间的交涉由第三方来完成,使网上交易变得更加简单。

3. 突破网上交易的信用问题

第三方支付平台本身依附于大型的门户网站,且以与其合作的银行的信用作为信用依托,因此第三方支付平台能够较好地突破网上交易中的信用问题,有利于推动电子商务的快速发展。

(三)第三方支付的流程

在第三方支付交易流程中,支付模式使商家看不到客户的信用卡信息,同时又避免了信用卡信息在网络上多次公开传输而导致信用卡信息被窃。交易流程如图6-6所示。

第一步:客户在电子商务网站上选购商品,决定购买,买卖双方在网上达成交易意向;

第二步:客户选择利用第三方作为交易中介,客户用信用卡将货款划到第三方账户;

第三步:第三方支付平台将客户付款的消息通知商家,并要求商家在规定时间内发货;

第四步:商家收到通知后按照订单发货;

第五步:客户收到货物并验证后通知第三方;

第六步，第三方将其账户上的货款划入商家账户中，交易完成。

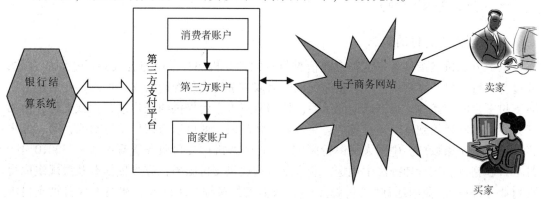

图 6-6　第三方支付交易流程

(四)第三方支付交易市场的发展阶段

1. 第一阶段：萌芽期

1997 年，招商银行率先推出一网通业务，成为我国第一家开通网络业务的商业银行。以此为起点，中国建设银行、中信银行等相继推出网络银行业务。2000 年以前，由于系统安全建设和硬件设施等技术原因，银行网上业务都比较单一，仅提供账户查询等简单信息类服务，网络银行更多地被作为银行的一个宣传窗口。随后，信息技术不断发展，网络迅速普及，为了缩减人力成本，各大商业银行纷纷将传统的柜面业务迁移到网上银行，增加了转账支付、缴费、网上支付、金融产品购买等网络交易功能。

这一阶段的网络银行服务还是各大商业银行各自为政的局面，互联网在其中仅扮演提供便捷业务通道的角色。由于各大银行业务系统的兼容性、数据共享性程度不高，跨行业务存在一定困难。因此，这也使得第三方支付在这一时期内缺乏发展的土壤。2000 年左右环迅支付和首信易支付 2 家企业成为首批提供第三方网上支付平台的企业，搭建了在线支付平台，为初生的中国电子商务提供网关和基础应用服务。2002 年，环迅支付成为国内唯一支持 Visa 和 MasterCard 的在线支付服务平台。

2002 年，经国务院许可，中国人民银行正式批准建立中国银行卡联合组织。同年 3 月，中国银联有限公司在上海正式诞生。这标志着我国网络支付进入培育期。当时，国内已有 41 家商业银行开通网站，其中 31 家是中资银行；有 31 家银行正式开展网络交易性业务，其中 21 家是中资银行。具有在线支付功能的网络银行数量已达到一定规模，这为中国银联的发起成立准备了基础条件。

2003 年 8 月，中国银联正式推出了具有自主知识产权，符合统一业务规范和技术标准的高品质、国际化的自主品牌银行卡——银联卡，实现银行卡跨行通用及业务联合发展。作为中国银行卡联合组织，中国银联处于核心和枢纽地位，各银行通过银联跨行交易清算系统，实现了系统的互联互通。从这个层面而言，中国银联的成立提供了各银行间业务网络的技术解决方案，提供了统一接口的银行卡支付通道，但其本身并不承担金融机构的相关功能，银联已经具有一定的第三方支付色彩。

2. 第二阶段：发展期

2003 年，环迅支付与国内 20 家主流银行建立了支付接口，成为当时国内签约银行最多的支付企业。同时，环迅支付平台于 2003 年投入运营并完成首次在线支付。同一年，支付宝等支付企业相继成立，加入了中国网上支付行业的大家族。随着越来越多支付企业的进入，中国第三方支付行业从萌芽阶段渐渐发展起来。网银支付业态已经成熟，用户规模稳步扩大，银联业务已基本实现大中型银行的全面覆盖。以淘宝网为代表的电子商务发展迅速，第三方支付正处于蓄势待发阶段。手机钱包、短信支付等支付方式随着互联网游戏的火热、电信增值服务的成熟而变得常见。随着越来越多的支付企业加入第三方支付大家庭，第三方支付市场的竞争加剧。

在这一阶段，主流支付机构的优势地位和品牌印象开始凸显，商业模式逐渐成熟。如拉卡拉通过在便利店、社区商超安装刷卡终端，提供水电煤气等生活缴费服务，积极拓展线下市场；支付宝、财付通等企业拥有丰富的商业资源、垂直用户渠道和灵活的商务模式，通过开放平台、快捷支付等战略积极进行业务拓展，已具备一定的领先优势。第三方支付得到长足发展，伴随着监管制度的出台以及垂直市场、新兴市场的快速发展，行业经历了洗牌与整合，在行业内出现了一定程度上的有序竞争、错位发展的初期态势。在竞争过程中，第三方支付企业也开始意识到，不同行业对于资金安全、风险控制、资金管理和行业应用在内的复合需求在不断增加。为了满足来自各行业的呼声，网上支付行业开始不断深入到不同的行业中，开发定制化的行业资金解决方案。第三方支付平台开始独立运作，逐步向淘宝之外的商家开放。以支付宝为代表的第三方支付企业，开始将第三方支付平台独立运作，并向其他行业开放。短短几年内，第三方支付业务范围已经涉及了 B2C 购物、航空机票、旅游、房产等众多领域。支付宝也凭借其创新，一跃成为中国最大的第三方支付平台，其市场份额占中国整个市场份额的 50% 以上。

3. 第三阶段：快速成长期

从 2010 年开始，互联网支付进入快速发展期。第三方支付市场资本投入巨大，规模增长效应明显。这一时期的主要表现为市场用户已经普遍认可支付企业的支付特色，有一定的用户黏度，市场准入门槛提高，相关份额增长比较稳定，大型支付机构更能够实现规模效应。同时，科技以及产品驱动的影响正在减弱，用户因素已成为本阶段影响与促进支付机构未来发展的关键因素，同质化的支付服务很难在市场竞争中立足，在市场细分的情况下，围绕用户需求进行业务创新和拓展成为生存之本。同时，相关政策法规日趋完善，网络支付的管理日趋规范化，2010 年 6 月，中国人民银行颁布《非金融机构支付服务管理办法》(中国人民银行令[2010]第 2 号)，2010 年 12 月，中国人民银行又颁布了《非金融机构支付服务管理办法实施细则》。这两个办法对第三方支付的性质、申请许可、监督管理及罚则进行了详细规定，对第三方支付产生了深远的影响。随着第三方支付平台的普及，第三方支付行业风险的监管也在不断升级。2017 年 1 月颁布的《中国人民银行办公厅关于实施支付机构客户备付金集中存管有关事项的通知》，让互联网金融支付机构交付客户备付金，要把主动防范化解系统性金融风险放在更加重要的位置，科学防范、早识别、早预警、早发现、早处置，着力防范化解重点领域风险，着力完善金融安全防线和风险应急处置机制。这些文件明确强调各第三方支付企业在努力发展业务的同时，还必须按照规定要求规范业务、申请许可、深化改革、适应监管的需要。支付牌照发放制度有效抑制了行业的无序竞争。

二、第三方支付的分类方式

第三方支付的分类方式主要有三种：一是央行《非金融机构支付服务管理办法》中的分类；二是根据支付机构主体进行分类；三是根据业务属性进行分类。

(一)《非金融机构支付服务管理办法》中的分类

根据中国人民银行发布的《非金融机构支付服务管理办法》，非金融机构支付服务，是指非金融机构在收付款人之间作为中介机构提供下列部分或全部货币资金转移服务，包括网络支付、预付卡的发行与受理、银行卡收单、中国人民银行确定的其他支付服务。

网络支付是指依托公共网络或专用网络在收付款人之间转移货币资金的行为，包括货币汇兑、互联网支付、移动电话支付、固定电话支付、数字电视支付等。

预付卡是指以营利为目的发行的、在发行机构之外购买商品或服务的预付价值，包括采取磁条、芯片等技术以卡片、密码等形式发行的预付卡。

银行卡收单是指通过销售点(POS)终端等为银行卡特约商户代收货币资金的行为。

(二)根据第三方支付机构主体分类

(1)根据支付机构的主体是否独立，分为独立的第三方支付机构与非独立的第三方支付机构。

独立的第三方支付机构，本身没有电子商务交易平台，也不参与商品销售环节，不负有担保功能，仅仅为用户提供支付服务和支付系统解决方案。

非独立的第三方支付机构，依托于某些大型的购物网站，为其提供购物后的支付与结算以及转账的支付服务。

(2)根据注册资本分类，可分为国有控股第三方支付机构、国有参股第三方支付机构、民营第三方支付机构、外商独资第三方支付机构、中外合资第三方支付机构。

(3)根据业务范围，分为单一业务支付机构和综合业务支付机构。

(三)根据第三方支付业务属性分类

1. 根据支付指令发起方式(支付终端)分类

主要包括：POS 支付、PC 支付、移动电话支付、固定电话支付、机顶盒支付、ATM 机支付。

2. 根据支付距离分类

(1)近场支付。

近场支付是指消费者在购买商品或服务时，即时向商家支付，支付的处理在现场进行，使用 NFC、红外、蓝牙等通道，实现与自动售货机以及 POS 机的本地通信。

(2)远程支付。

远程支付是指通过发送支付指令(如网银、电话银行、手机支付等)或借助支付工具(如通过邮寄、汇款)进行的支付方式。

3. 根据交易主体分类

（1）B2B 支付。

B2B 支付指第三方支付机构为企业与企业间资金转移活动提供服务。

（2）B2C 支付。

B2C 支付指第三方支付机构为企业和个人间资金转移活动提供服务。

（3）C2C 支付。

C2C 支付指第三方支付机构为个人与个人间资金转移活动提供服务。

4. 按付款人实际转移货币资金的时间与交易完成时间的先后关系分类

（1）预付支付。

预付支付指付款方在交易尚未完成前，需提前支付款项并由第三方支付机构给到收款方。

（2）即时支付。

即时支付指付款方在交易完成时已同步完成款项支付，并由第三方支付机构付给收款方。

（3）信用支付。

信用支付指在交易过程中，由第三方支付机构独立或者会同商业银行为付款方提供垫资服务的支付行为。

5. 根据交易背景分类

（1）有交易背景的支付。

有交易背景的支付指第三方支付机构服务的收付款人之间存在交易背景，如 B2C 支付、POS 机收单等。

（2）无交易背景的支付。

无交易背景的支付指第三方支付机构服务的收付款人之间没有交易背景，如货币汇兑等。

【拓展阅读6-1】第三方支付现状

三、第三方支付未来趋势

2010 年，《非金融机构支付服务管理办法》出台，第三方支付机构正式被纳入监管范围。2011 年 5 月 26 日，央行公布了首批获得支付业务许可证的企业名单，有支付宝、财付通、快钱、银联等一共 27 家企业。2015 年开始，管理层监管力度逐渐加强，《非银支付机构网络支付业务管理办法》《完善银行卡刷卡手续费定价机制》《条码支付业务规范（征求意见稿）》等政策相继出台。2016 年中国人民银行出台《非银行支付机构网络支付业务管理办法》。众多政策的落地大大降低了之前行业发展所面临的不确定因素的影响，第三方支付行业发展环境将大大改善。而监管更加细化和完善，也将促进支付行业实现健康、稳定和快速的发展。

(一)监管收紧背景下市场回归良性发展

从第三方支付行业整体发展来看,2016年行业监管政策频繁落地,监管层对第三方支付的发展空间和业务模式有了清晰的规划,第三方支付再次被定位为小额、快捷、便民服务、小微支付中介。第三方支付市场变得更加规范。但与此同时,第三方支付企业的业务范围和收益都变得可以预见,市场可见的变量正逐渐减少;技术实力强和市场占有率更高的企业将拥有更多话语权;业务范围单一、市场占有率低的公司利用现有渠道进行差异化服务成必然趋势。如图6-7所示。

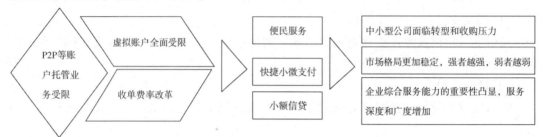

图6-7 中国第三方互联网支付整体发展趋势

(二)市场面临优胜劣汰,支付行业加速洗牌

牌照增发受限将导致行业并购增多,央行支付管理办法的落实,将对支付服务运营企业资格进行明确要求,在全国数百个规模参差不齐的第三方支付服务企业中,将会有一大批不符合相关资质的企业被迫退出市场,支付行业将面临优胜劣汰。同时牌照的发放,将促使具备一定实力的潜在竞争者进入第三方支付市场(其中包括外资背景的相关企业),支付行业或将面临新的市场竞争格局,支付行业加速洗牌。在监管力度上,央行虽然为避免对市场有较大冲击,表现出一定的宽容度,但会更加谨慎。监管思路从以前的简单吊销牌照转向对申请企业相关业务的范围进行逐项审核放行,同时,进一步控制牌照的增加,这使得第三方支付公司牌照价值得到巨大提升,开展业务较少、历史"清白"的第三方支付公司更受资本市场青睐。根据市场行情预计,第三方支付公司价格增至4~6亿元,未来行业并购事件将进一步增加。

(三)更多的新型商业模式将浮出水面

2011年支付牌照发放之后,结合开放平台、手机支付、线下网点和预付费卡等支付手段和应用场景,第三方支付企业将与行业企业(包括金融服务企业和开发者)探索更多的新型商业模式,各种与应用场景和应用行业紧密结合的第三方支付服务和产品,将不断涌现。

支付企业通过对用户和商户的覆盖,积累起海量交易数据。未来第三方支付企业对其所拥有数据的挖掘和应用变得更加重要,由此衍生出的如互联网营销、征信等增值服务将成盈利突破口,如图6-8所示。

未来基于支付数据的增值服务将完整地融入各类交易分成中,并最终重塑整个行业。具体增值服务包括大数据监测、精准营销、流水贷、消费金融、用户忠诚度、征信等增值服务。而且,由于支付数据由多方共同经手(例如,收单业务中,收单方、银联、发卡方、商户均可获得收单数据），因此从数据的体量和真实性而言，相关服务方可以开拓向互联网金融（数据征信）和精准营销等增值服务延伸的广阔空间。

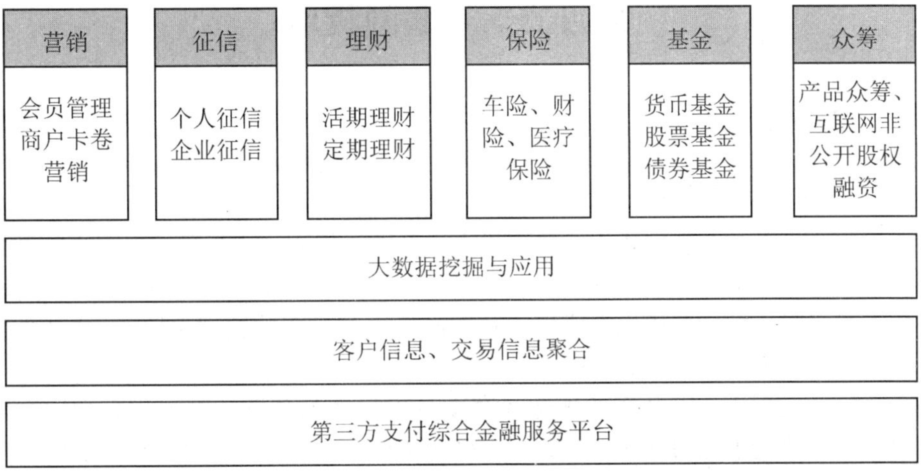

营销	征信	理财	保险	基金	众筹
会员管理 商户卡卷 营销	个人征信 企业征信	活期理财 定期理财	车险、财险、医疗保险	货币基金 股票基金 债券基金	产品众筹、 互联网非 公开股权 融资

大数据挖掘与应用

客户信息、交易信息聚合

第三方支付综合金融服务平台

图 6-8　中国第三方互联网支付企业盈利突破口架构

（四）手机支付发展实现新跨越

移动电子商务和手机支付，是互联网未来发展的重要趋势。在中国，随着智能终端的普及、4G 用户规模的提升和三网融合的推进，手机支付将与包括移动电子商务在内的更多应用场景进行结合，手机的远程和近程支付将更加贴合用户的实际需求，手机支付发展也将实现新的跨越。

综上所述，在政策监管层面日趋明朗的条件下，第三方支付行业将以线上线下、PC端和手机端等多种应用形式，向更多应用服务领域渗透，整个行业将呈现多元化发展的格局。在这一发展格局之下，传统的金融运营和服务模式将受到新型服务模式的冲击，第三方支付服务将在局部领域对传统金融服务体系进行补充、取代甚至是超越。多元化发展的格局，将有效促进支付产业的不断升级，未来中国第三方支付行业也将迎来新一波的快速增长。

（五）中国移动支付向国际化推广服务

据普华永道预计，到 2030 年全球数字支付交易数量将增加 1 到 3 倍。中国是全球移动支付和数字经济产业的领先者；而亚洲已经成为全球增长最快的移动支付市场。FIS 研究显示，2018—2023 年，亚洲中国以外数字钱包在电商交易的份额增加了 1 倍以上，在线下商户销售点的交易份额增长了 6 倍。随着我国跨境电商迅速发展，跨境支付市场需求日益旺盛，国内支付机构纷纷布局跨境市场。截至 2023 年 5 月，已有 23 家支付机构和 14 家合格银行可凭交易电子信息为贸易新业态提供跨境电商外汇服务。

在中国人民银行指导下，蚂蚁集团、网联清算公司与多个境外钱包、境内金融机构和主要国际卡组织合作，助力中国数字支付与金融服务国际化。2023 年杭州亚运会期间，包括 Touch'n Go eWallet（马来西亚）和 Kakao Pay（韩国）、Hipay（蒙古）、Changi Pay（新加坡）、华侨银行（新加坡）、TrueMoney（泰国）在内的亚洲 10 个热门电子钱包可以在中国杭州无缝跨境使用。

第四节　互联网货币

一、互联网货币简介

(一)互联网货币的概念

互联网货币,又称为虚拟货币、数字货币或者电子货币,这与我们现实中使用的货币全然不同。在"互联网社会形态"里,人们根据自己的需求成立或者参与社区,同一社区成员基于同种需求形成共同的信用价值观,互联网货币就是在此基础上形成的"新型货币形态"。本书中对于相关概念做以下区分。

电子货币,是指用一定金额的现金或存款从发行者处兑换并获得代表相同金额的数据,通过使用某些电子化的方法将该数据直接转移给支付对象,从而能够清偿债务。

虚拟货币是一种不受管制的、数字化的货币,通常由开发者发行和管理,被特定虚拟社区的成员所接受和使用。欧洲银行业管理局将虚拟货币定义为:价值的数字化表示,不由央行或当局发行,也不与法币挂钩,但由于被公众所接受,所以可作为支付手段,也可以电子形式转移、存储或交易。

数字货币是以区块链技术为支撑并以电子化方式记录的、不代表实质商品或货物、发行者亦没有兑现实物义务的通货。按照数字货币是否由有权机关发行可以将数字货币分为法定数字货币和非法定数字货币。法定数字货币的法律属性为货币,非法定数字货币虽然可以在功能上满足货币的交易媒介要求,但在法律属性上不构成法定货币,不具有强制兑换性。表6-2对不同概念的货币做了一个对比梳理。

表6-2　互联网货币相关概念对比

主要要素	电子货币	虚拟货币	数字货币
发行主体	金融机构	网络运营商	无
使用范围	一般不限	网络企业内部	不限
发行数量	法币决定	发行主体决定	数量一定
储存形式	磁卡或账号	账号	数字
流通方式	双向流通	单向流通	双向流通
货币价值	与法币对等	与法币不对等	不一定
信用保障	政府	企业	不一定
交易安全性	较高	较低	较高
交易成本	较高	较低	较低
运行环境	内联网,外联网,读写设备	企业服务器与互联网	开源软件以及P2P网络
典型代表	银行卡,公交卡	Q币,论坛币	比特币,莱特币,法定数字货币

(二)互联网货币的特征

互联网货币是随着交易的不断发展而催生出来的。除了满足传统货币的一些职能,互联网货币还具备其他的一些特征。

1. 虚拟性

互联网货币并不具有传统意义上货币的实体，是互联互通的电子式的记账体系。互联网货币以现代信息技术为手段，信息不再依赖固定的实体作为载体，具有一定的虚拟性。

2. 发行主体不定

互联网货币的发行主体有可能是中央银行、商业银行、金融机构甚至是个人。相比于传统货币由于发行主体的确定性带来的法偿性而言，互联网货币的兑付能力取决于其发行主体。虚拟电子货币只能在一定的范围内流通、兑付，且不具有强制性。法定电子货币因为与传统货币具有同样的法偿性，兑付具有强制性。

3. 高度技术性

互联网货币作为现代信息技术的产物，在市场上进行流通需要加密、电子签名等技术手段，同时对于互联网货币的监管同样需要现代通信技术、密码技术等手段的加持。

4. 匿名性

相对于传统的纸币来说，互联网货币的流通，可以完全在线上平台上完成，并不需要支付方和收款方的私人信息，从而实现交易的匿名化，保护用户隐私。私人虚拟电子货币的匿名性相对来讲比较彻底，这也造成了监管上的困难，给不法分子创造了可乘之机。

5. 安全性

传统纸质货币通过防伪技术手段防止假币欺诈，互联网货币采用现代信息技术，利用数字加密、电子签名等技术手段确认交易，造假相对比较困难。但是互联网货币的隐患在于账户的安全性，如果平台或者机构不能完全保障账户的安全性，也会给用户造成巨大的损失。

6. 高效性

互联网货币的高效性，一方面是实现了交易的便捷即流通的便捷性。首先，传统纸币在面临交易的时候需要进行验伪、清点、找零等多个环节，互联网货币通过线上转账等交易模式，省略了这些烦琐的步骤。其次，传统纸币在交易的过程当中，需要支付方和收款人线下的现金实体的转移。最后，互联网货币的出现使得交易支付不再受时间和空间的限制。支付方和收款人完全可以通过其他方式商定交易之后，在某个时点、在线上完成支付动作。另一方面，互联网货币的发行也比传统纸币发行的流程更简约。因为没有固定实体承载，省去了制币、押运等步骤。

7. 低成本

互联网货币的低成本体现在发行、流通的各个环节对自然资源、人力成本、物流费用的节省。纸币的印刷、搬运、清点等活动，被互联网货币线上信息传输和"碰一碰"等简单操作取代。人们在使用互联网货币的交易过程中，真正实现了只需要动动手指，即可瞬时完成交易。互联网货币使得传统的收银等工作实现了消费者自助，节约了社会劳动力。

（三）法定数字货币

1. 法定数字货币概述

从技术的层面来看，国内学者对数字货币逐渐形成了共识，即数字货币是基于区块链技术或分布式记账技术而产生的一种新型加密货币。前文说到比特币作为一种数字货币，因为其具有一定的缺陷，不能成为真正的货币的未来。事实上，国内学者认为数字货币能否真正完全替代传统货币行使货币的职能，在现阶段取决于数字货币的发行主体。所以，数字货币根据其发行主体的不同，被区分为法定数字货币(Central Bank Digital Currency，CBDC)和私人数字货币。

CBDC通常指作为央行负债发行的、用于支付结算的数字化工具，拥有无限法偿性。从类型看，CBDC可分为零售型和批发型，前者面向全体公众、用于日常交易，后者面向特定机构、用于大额结算；从运营方式看，CBDC可分为单层运营和双层运营，前者由央行直接对公众发行，后者则先由央行把CBDC兑换给银行等机构，再由这些机构兑换给公众；从系统设计看，CBDC可分为基于账户(Account-Based)或基于代币(Token-Based)，前者指通过开立在央行或者商业银行的数字货币账户进行交易，后者则是指在数字钱包间通过中心化或去中心化的结算系统使用代币进行交易；从计息规则看，CBDC可分为计息型和不计息型。

中国人民银行早在2014年就组建了专门团队，对数字货币的发行、流通、安全等问题进行研究。2016年成立中国人民银行数字货币研究所，简称"数研所"，是中国人民银行直属事业单位，是中国法定数字货币官方研发机构。中国作为最早研究央行数字货币的国家之一，2014年，时任央行行长的周小川便提出构建数字货币的想法，央行也成立了全球最早从事法定数字货币研发的官方机构——央行数字货币研究所，展开数字货币和电子支付工具(DC/EP，Digital Currency Electronic Payment)的研究。2017年年末，经国务院批准，人民银行组织部分实力雄厚的商业银行和有关机构共同开展数字人民币体系的研发。2020年8月14日，商务部网站刊发《商务部关于印发全面深化服务贸易创新发展试点总体方案的通知》，通知明确，在京津冀、长三角、粤港澳大湾区及中西部具备条件的试点地区开展数字人民币试点。

中国现阶段央行数字货币的设计主要应用于流通中的现金(M0，即流通于银行体系之外的现金)的替代，也就是说央行数字货币的应用主要是在一定程度上代替现有的现金支付和移动支付，使交易环节对账户依赖程度大为降低，有利于人民币的流通和国际化。同时DC/EP可以实现货币创造、记账、流动等数据的实时采集，为货币的投放、货币政策的制定与实施提供有益的参考。中国研发数字人民币体系，旨在创建一种以满足数字经济条件下公众现金需求为目的、数字形式的新型人民币，配以支持零售支付领域可靠稳健、快速高效、持续创新、开放竞争的金融基础设施，支撑中国数字经济发展，提升普惠金融发展水平，提高货币及支付体系运行效率。

 【拓展阅读6-2】中国人民银行数字货币研究所加入多边央行数字货币桥研究项目

2. 央行数字货币国际研发进展

根据智通财经网的报道①，研究显示，共有130个国家(占全球经济总量的98%)正在

---

① https://new.qq.com/rain/a/20230629A055UP00

探索本国货币的数字版本，其中近一半处于高级开发、试点或启动阶段。在美国，由于美国内部对于推进数字美元的进程仍充满争议。其中，对央行数字货币提出的主要担忧是可能会增加对银行和其他金融中介机构的挤兑频率，所以将数字美元推向市场仍然面临来自银行业的障碍。美国银行业普遍认为，央行发行数字货币是弊大于利，将直接与民间银行存款相竞争，也会提高贷款成本。由于美元在国际金融体系中所处的地位，美国的任何举动都可能产生巨大的全球影响。美国时任总统拜登在 2022 年 3 月下令政府官员评估创建数字美元的风险和收益。目前，数字美元只是在银行对银行上业务上有所推进，而面向更广泛人群的零售版本的工作停滞不前。

瑞典是欧洲地区 CBDC 试点最先进的国家之一，瑞典央行 2017 年启动电子克朗（E-krona）研发工作，并于 2020 年 2 月开始试点。近十年来，瑞典的现金使用量急剧下降，推动瑞典央行研发 CBDC。E-krona 定位于现金的补充工具，属于零售型 CBDC，不计付利息，采取双层运营模式，运用分布式记账技术，遵循有限匿名。此外，乌拉圭、乌克兰、柬埔寨、巴哈马等国央行也开展了 CBDC 试点。

欧央行于 2021 年 7 月宣布启动数字欧元项目并展开为期两年的调查研究。截至 2023 年年底，数字欧元已经结束两年调查期，正式进入准备阶段，意味着在接下来的两年，欧盟全面推出数字欧元将进入关键阶段。作为全球最大的发达经济体联盟，欧盟数字货币的推出具有非常重要的意义。它将助推全球数字经济的进一步创新，为企业和消费者提供更为便利的支付手段，为欧洲及全球经济金融发展注入活力。数字欧元的顺利推行，还会进一步巩固欧盟在全球金融市场的领先地位，增强欧洲市场的吸引力。

欧洲在数字货币的推进上更注重规则先行、立法先行。因为欧盟国家众多，欧盟数字货币立法更注重通用性和实用性。虽然在应用场景落地上，欧盟并未领先，但是一旦规则落地，就意味着数字欧元将能够在整个欧元区内广泛推广。现在欧盟正在着力打造这样一个基础。但数字欧元也面临一些挑战。首先是与传统支付手段的博弈，市场是否接受数字欧元这样一种颠覆式的创新将是一种考验；另外，欧洲历来重视个人信息安全，数字欧元所带来的安全问题也将面临质疑；欧盟区内各国发展水平参差不齐，对数字欧元的诉求不同，由此带来的协调问题也会比较突出。作为法定货币，既要支付便利高效，又要促进金融与经济的稳定，这是欧盟正考虑的重要问题。

日本央行在 2022 年继续推进零售 CBDC 的概念验证（PoC）。日本央行的 CBDC 试验计划分为三个阶段，包括概念验证的两个阶段以及一个试点计划阶段，第一阶段概念验证已于 2021 年 4 月完成。随后，日本央行启动第二阶段概念验证，对 CBDC 更为细节性的附加功能进行审查。2023 年 4 月，启动一项发行数字日元的试点项目，启动银行和结算企业等民间企业参加的新一轮实证试验，包括开发智能手机 App，确认存款账户的存取款和结算是否能顺利进行等。日本央行尚未决定是否实际发行，试验结果将作为判断依据。

俄罗斯中央银行于 2020 年 10 月提出了数字卢布的概念，并于 2021 年 12 月完成了其原型平台。2022 年 2 月下旬，由于"俄乌冲突"爆发，以美国为首的国家开始对俄罗斯实施金融制裁，俄罗斯加快了数字卢布原型货币平台进行的测试。2023 年 8 月 1 日，俄罗斯总统普京签署推广数字卢布并创建相应电子平台的法律生效，根据法律规定，"数字卢布"作为数字货币，是继现金卢布、非现金卢布以外的第三种俄官方货币形式。该法律还规定，根据俄罗斯国家支付系统的相关法律，在数字卢布平台通过俄罗斯央行转账，可在俄境内实行数字卢布结算等交易。俄罗斯央行被授予数字卢布平台运营商的地位，意味着俄央行承担开通数字钱包、使用数字卢布进行交易以及其他一系列监管责任。数字卢布平台业务将根据俄罗斯央行董事会批准的规则进行。

3. 法定数字货币运行机制

(1)法定数字货币的发行。

不同于比特币等加密数字货币的去中心化,央行数字货币坚持原有的中心化管理模式主要有几点原因:首先,央行数字货币作为中央银行对于社会公众负债的货币本质属性并没有改变;其次,坚持中心化的管理模式也有利于国家宏观审慎利用货币政策调控经济运行;最后,央行数字货币的发行并没有改变当前的借贷二元账户结构。中国现阶段央行数字货币(DC/EP)与全球央行数字货币(CBDC)区别在于发行仍然会采用传统的现金发行的双层运营体系。也就是央行制造货币,通过借贷的方式投放到商业银行,商业银行继而通过账户记账的方式投放市场流通。DE/CP 运行结构如图 6-9 所示。

图 6-9 DE/CP 运行结构

在 DC/EP 中,第二层商业机构实际上拥有 e-CNY(数字人民币)的所有权以及可支付的保证。同时,第二层机构也需要承担了解客户、反洗钱以及用户数据隐私保护等一系列合规责任。而一般的 CBDC 往往认为这些责任都归属于央行。

(2)法定数字货币的流通。

2010 年 10 月 8 日,深圳市罗湖区向市民发行了 1 000 万元的数字货币,进行了数字货币流通的闭环测试。

数字货币在使用过程当中与支付宝、微信支付等数字钱包的方式类似,但是其背后的交易体系是不同的。与现金的流通比较相似的是,数字货币发生支付的过程是不需要进行银行账户清算等步骤的。央行数字货币在使用的时候是不需要有银行账户的。DC/EP 的另外一个流通当中的特殊场景是,它利用近场通信技术(Near Field Communication,NFC),实现 P2P(Payer to Payer)双离线支付。两只手机可以通过"碰一碰",实现支付的完成。

在 DC/EP 的运行当中,央行和第二层机构需要承担不同的责任。央行作为第一层架构的主体,其责任则包括以下方面:一是维护数字人民币的币值稳定。央行可以通过对第二层机构做出资本金或发行准备金上的要求来维持币值稳定。二是建设可靠的结算与清算等基础设施。三是促进不同支付产品之间的互联互通。当不同支付产品使用的标准或参数不一致时，央行可以在其中进行协调，从而提高产品的通用性，这对消费者将更加有利。四是在动态演变系统中准备好应急和替代方案。无论是系统故障还是升级换代，都需要有替代品或应急方案以保证支付功能不被中断，否则整个市场都有可能受到影响。从这一角度看，央行自身也应研究一种能够起到应急或替代作用的数字货币。

第二层机构至少应该承担以下责任：一是要有适当的资本以减少风险；二是了解客户，即KYC(Know Your Customer)的责任，在此基础上，也要承担起反洗钱和数据隐私保护的责任。三是技术和设备方面的投入、设备的运行保养等责任。

现金和数字货币将长期并存，只不过未来数字货币跟现钞的流通比例会发生变化。随着技术进步和人民生活水平不断提高，以及偏远地区脱贫和群众受教育程度的普遍提高，消费者对于央行数字货币的使用会更加普及，现金的使用场景就会逐渐减少。

对于一些人所担心的用户数据的信息使用方面，国家也会出台相关政策要求在完成基本金融监管的基础上最大限度保护客户隐私。

4. 央行数字货币对金融体系的可能影响

国际组织及部分经济体央行对CBDC可能给金融体系带来的影响开展了前瞻性研究。总体来看，CBDC的潜在影响因其类型、运营方式以及计息机制的不同而有较大差异。采用单层运营模式或计付利息的零售型CBDC对货币政策传导、金融脱媒的影响较大，批发型CBDC和采用双层运营模式且不计付利息的零售型CBDC则对金融体系影响较小。

计息型CBDC可能影响货币政策传导机制，不计息的CBDC则影响较小。有观点认为，不计息的CBDC只有支付功能，仅可能取代现金，对货币政策不会产生实质性影响。而计息型CBDC不仅发挥了支付媒介作用，还有储蓄功能，流动性和安全性高于银行存款，CBDC利率可能成为存款利率的下限参考，央行可通过调整CBDC利率来影响银行存款利率。此外，如果CBDC基本替代了传统现钞，央行可通过对CBDC实行负利率，提高持有成本，打破零利率下限的约束，进一步引导市场利率下行。也有观点认为，CBDC的使用可以防止私人数字货币对货币政策传导机制有效性的冲击。

计息型CBDC可能对银行发挥金融中介职能带来影响，不计息的CBDC则影响较小。有观点认为，如果CBDC计付利息，出于安全性考量，存款人可能将银行存款转为CBDC，资金将从银行账户流向央行账户。面对脱媒压力，银行可能会被迫提高存款利率或选择融入成本更高的同业资金，从而导致信用收缩、银行期限错配风险增加。如果CBDC不计付利息，仅作为现金的补充工具或替代品，一般不会导致金融脱媒，但在极端情形下，即存款利率调至零或为负时，仍可能引发金融脱媒。也有观点认为，可通过采用双层运营、不计付利息、限制CBDC持有量等方式降低金融脱媒风险。

CBDC有助于提高支付效率、降低支付成本、助力普惠金融。零售型CBDC一般作为现金补充，高效便利，与现有电子支付工具形成互补，增强支付市场竞争性。计息型CBDC不仅较电子支付工具更加安全，还具有储蓄功能，对现有电子支付工具有较强替代性。批发型CBDC有助于改善大额支付结算，提高跨境支付效率和安全性，降低支付成本，助力国际贸易和金融交易。在传统金融服务欠发达地区，CBDC依托数字化和安全性优势，通过移动客户端和网络通信，提高金融服务覆盖面和便利化程度，提升金融普惠水平。

CBDC有助于提升反洗钱、反恐怖融资、反逃税能力。与完全匿名使用的现金不同，CBDC能够实现可控匿名，可以改善识别客户能力，在保护用户合理隐私的前提下，提高对洗钱、恐怖融资、逃税等违法犯罪行为的识别效率和精准度。

(四)虚拟货币

虚拟货币不是以国家信用背书的信用货币,而是通过互联网技术而产生的一种数字货币。虚拟货币按照自身特征和功能主要分为网络密码币、专用虚拟币和交互式虚拟货币等几种类型。

1. 网络密码币

基于密码学和P2P技术通过复杂算法实现的网络密码币,如比特币(BTC)、莱特货币(LTC)等网络密码币也属于交互式虚拟货币,既可以在虚拟货币发行主体内使用,又可以向认可这种货币的非发行主体购买商品和服务。

【拓展阅读6-3】比特币

2. 专用虚拟货币

服务商通过发行网站或平台专用的虚拟货币,使用者通过该类型的服务币购买本网站或者平台之内的服务。比较典型的服务币有腾讯公司的Q币。例如在腾讯提供的游戏平台里,游戏玩家可以通过Q币购买游戏方提供的装备、皮肤等服务。玩家可以通过以法定货币向游戏方购买获取游戏币,在游戏当中交易游戏币。

二、互联网货币的工具类型

(一)银行卡

1. 银行卡概述

银行卡(Bank Card)作为互联网货币的载体工具而存在,是商业银行及邮政储汇机构向社会发行的,具有消费信用、转账结算、存取现金等全部或部分功能的信用支付工具。按照银行卡的结算方式、使用范围、持卡对象、介质类型、授信额度、合作单位等可以将银行卡划分为不同的种类,如表6-3所示。

由于银行卡的种类繁多,下面只着重介绍以结算方式划分的贷记卡和借记卡两种。

表6-3 银行卡分类

分类方式	类型	特性
结算方式	贷记卡	信用额度内先消费、后还款
	借记卡	先存款、后使用的银行卡
	复合卡	兼备贷记卡和借记卡的功能
使用范围	国际卡	通过国际银行结算,可以在全球各地使用
	地方卡	只能在某一地区使用,如商业银行发行的境内卡
持卡对象	单位卡	持有者为各企事业单位的指定人员,卡中的金额属于单位
	个人卡	持有者为个人

续表

分类方式	类型	特性
介质类型	IC 卡	卡中嵌有芯片，用于储存信息
	磁卡	卡中嵌有磁条，用于储存信息
合作单位	联名卡	与营利性机构合作发行
	认同卡	与非营利性社会团体或机构联合发行
	基本卡	银行自己发行
授信额度	普通卡	授信额度低
	金卡/钻石卡/黑金卡等	授信额度相对较高，银行有针对性服务项目

（1）贷记卡。

贷记卡（Credit Card）又称信用卡，是指发卡银行向持卡人签发的有信用额度，持卡人在信用额度内先消费、后还款银行卡。我国在法律上对信用卡下了定义，规定：信用卡是指商业银行或其他金融机构发行的具有消费支付、信用贷款、转账结算、存取现金等全部或部分功能的电子支付卡。

尽管信用卡可以根据不同的性质和特点分为许多种类，但几乎所有信用卡都包括以下基本内容：卡面正面印有发行信用卡银行的名称、防伪暗记、发卡银行要求的图案及国际信用卡组织统一标志等，如图 6-10 所示。发卡银行用压卡机将信用卡卡号、发卡行行名、英文缩写、有效期限、持卡人姓名等内容在信用卡上压印成凸起的字码，持卡人购货结账时，销售商用压卡机将凸出的内容压印在签购单上。信用卡背面记录有持卡人的有关资料和密码，以备鉴别真伪时阅读使用；信用卡背面留有持卡人预留的亲笔签名，以便持卡人取款或购货时当面签字核对。信用卡上还印有发卡银行的必要说明。

图 6-10　由中国银行发行的银行卡样卡

通常，信用卡的功能由基本功能与附加功能两大块构成。信用卡的基本功能是：

①储蓄功能。凭信用卡，持卡人就可在发卡行指定的各网点办理储蓄存款、取款业务，并可实行通存通兑。同时，信用卡能在各网点的 ATM 上提取现金，为客户提供自动服务带来方便。另外，信用卡的存款账户按活期储蓄计付利息，可带来一定的利息收入。

②转账结算功能。借助信用卡，持卡人能在各特约商户办理消费转账业务结算，还可在指定机构办理大额转账结算，既起到代替现金支付的作用，又具有转账支票的功能，方便了客户的购物消费活动。

③汇兑功能。信用卡具有银行汇票和旅行支票的作用。当信用卡持有者外出旅游、出差、经商时，可以在本地办理存款手续，到异地指定网点取款、消费，既方便又安全。

④消费信贷功能。当信用卡持有者进行消费时，若所需支付的费用超过其账户余额时，发卡行允许为其提供规定范围内的少量短期透支，即短期消费信贷。

目前，信用卡集储蓄、转账结算、汇兑、消费等功能于一体，融入了人们的生活，改变了人们的消费观念和支付方式，已成为风行全球的现代化支付工具。同时，随着信用卡公司之间的竞争日趋激烈，信用卡除了需要具备基本的银行卡功能外，还衍生出各种各样的高附加值的特色服务，以提高公司信用卡的竞争力。

各信用卡公司的附加功能主要有：

①急救医疗服务。如运通、大莱、维萨和万事达的"联合信用卡"，都与世界各国的支援救助公司缔结合约，在世界范围内开展急救医疗服务，为持卡人提供最完善的服务。

②紧急垫付服务。如果持卡人在旅行或出差期间因意外需要现金时，可以预先得到垫付。

③附加保险费。对于在国外旅游的会员，若持卡消费，各信用卡公司会为其提供各式各样的附加保险费。

④其他服务。如为持卡人提供预定旅馆、餐厅、派遣翻译等各种周到的服务。此外，对于持卡人来说，在他持有某一种国际信用卡后，例如维萨卡，他就可以利用电子商务服务器的服务功能，在世界各地使用这种国际信用卡进行购物和支付账款。

信用卡通常用于存款、取款、购物消费、交通、通信、娱乐、旅游等，也可以用于缴纳税款、缴付租金、购房置地、发放工资和获得各种服务等。信用卡不仅具有现金支付功能和支票支付功能，还有信贷功能，所以，世界上的一些发达国家都把发展信用卡作为实现金融电子化和"无现金社会"的重要工具。

（2）借记卡。

借记卡（Debit Card）是指发卡银行向持卡人签发的，没有信用额度，持卡人先存款、后使用的银行卡。借记卡具有存取现金、消费支付、转账结算等部分或者全部功能。借记卡广泛用于 ATM 交易和 POS 交易，是用于代替现金和支票的一种主要手段，因而大大推动了全球借记卡业务的发展。

借记卡也称资产卡（Asset Card）。它是一张银行卡，标识持卡人是某特定银行的客户，即该持卡人在该银行有存款；它能为电子银行系统中的自助终端（ATM、POS）所识别，是启动这种终端交易的一把钥匙；借记卡向持卡人提供一种方便的支付机制，其办法是直接减少持卡人的资产，而不是像信用卡那样增加债务；借记卡同适当的支付体制相结合，可在购物交易中代替现金和支票。

在发达国家金融机构推出借记卡之前已经建立了完善的信用卡授权系统和处理系统。因此，借记卡系统是将原有的信用卡系统在功能上加以扩充，使之既能处理信用卡交易，又能处理借记卡交易。作借记卡交易时，涉及四个参与者：持卡人、商户、金融机构以及地区性或全国性的银行卡组织。借记卡同信用卡一样，有如下三种主要用途：在指定的特约商店购物消费；在各成员银行存取现金；在 ATM 上存取现金。提供给借记卡持卡人的各项服务，依发卡行所提供的条件而定。在成员行存取现金是借记卡的一项经常性服务，是典型的存款账户通存通兑服务。在 ATM 上存取款是上述服务的一种延伸，由持卡人自助完成。用借记卡进行购物消费的过程同信用卡购物消费的过程类似，两者之间的主要区别在于交易的账务处理方法不同。借记卡是作扣账处理，而信用卡是作挂账处理。由于这两种卡的账务处理方法不同，从而使两者的交易授权处理方法也不一样。

借记卡交易的授权同信用卡系统一样，如果借记卡交易是脱机处理，交易额低于最低标准限额，则由商户检查"止付表"和其他核实手段，以决定是否核准这笔交易；若高于最低标准限额，则该商户必须打电话到收单银行的授权中心请求核准，必要时，收单行的授权中心还须通过地区性的或全国性的授权网络向发卡行的授权中心请求核准。如果借记卡交易是联机处理，则全部交易都发送到发卡行的授权中心进行授权处理。

2. 授权中心的类型

发卡行授权中心的设置方案通常有两种。

第一种是借记卡的授权中心同已有的信用卡授权中心结合在一起。如果已有的信用卡授权中心尚有多余的容量，根据借记卡交易的需要，适当修改参数后，就可将借记卡的授权中心与信用卡的授权中心通过接口统一起来。采用这种方案时，成本低，效率高，实现起来也较快。

第二种是将借记卡授权中心置于存款账户系统。采用这种方案时，或者通过信用卡授权中心，或者通过地区性或全国性的授权网络的一个直接接口，把一笔借记卡交易发送到存款账户系统。在这里，集中控制借记卡购物交易、ATM 交易和出纳员终端交易。这种做法的优点是风险最小，缺点是要研制开发新软件，费用较高。

3. 授权文件的类型

授权中心是根据授权文件来决定是否核准一笔借记卡交易请求的。授权文件有负文件（Negative File，也称消极文件）和正文件（Positive File，也称肯定文件）两种类型。

负文件仅列出成员行已经中止使用的账户表。对于每个没有中止的账户来说，有效的消费限额是相同的。依据这种负文件的授权系统，响应最快，安装与维护的费用也最低。这种授权系统，不区分具有不同消费能力的持卡人，即不管该账户当前的存款余额有多少，所有持卡人的消费限额都相同。这种做法虽然简单，但不尽合理，银行也不能从支付能力高于平均水平的持卡人那里得到更多的收益。

在使用正文件的授权系统里，对每个账户建立不同的授权标准。每个账户可用于消费的金额是依据该账户的实际存款余额，加上适当的透支能力（适用于复合卡交易）来决定的。当发生一笔存款、支票承兑或授权一笔借记卡交易时，都必须及时调整可用消费金额。为了保护银行和持卡人的利益，减低风险，核准一笔借记卡交易与否，还必须检查该借记卡在一天或几天里的交易次数是否超过规定数，交易额是否超过规定的交易总额。如果授权通信失败，作为一种补助办法，允许根据负文件来决定是否批准一笔交易。此外，如果发卡行下班，或在规定时间内没有响应，有的发卡行还可给商户规定一个最高的授权交易金额，例如 MasterCard 的授权交易金额为 $150。

4. 授权标准

在建立授权标准时，发卡行可采用四种方案，即存款账户余额、存款账户余额加上预授权的透支能力、存款余额加上内部信用限额和采用信用限额。前两种方案不说自明。采用带内部信用限额的方案时是假设持卡人非经常持卡购物，且内部信用限额是根据其存款余额，或存款余额加上透支能力来决定的。第四种授权标准，不是基于存款余额，而是基于一种可用信用限额，虽然这种方案易于实现，但可能混淆借记卡和信用卡的特性。如果持卡人不及时补充存款余额，持卡人的消费能力可能很快耗尽。为了对持卡人的持卡交易提供最大的支持，各银行常采用存款账户余额(如适宜的话还可加上适当透支)加上一种内部信用限额作为授权标准。如果不采用内部信用限额时，则允许10%~15%的缓冲额施加到授权参数中去，这样做可以大大减少拒绝授权的数量，而银行面临的损失又不会有明显的增加。

 【拓展阅读6-4】中国银联

(二)电子现金

电子现金(Electronic Cash)，又称数字现金，是纸币现金的电子化。广义上来说是指那些以数字(电子)的形式储存的货币，它可以直接用于电子购物。狭义上通常是指一种以数字(电子)形式存储并流通的货币，它通过把用户银行账户中的资金转换为一系列的加密序列数，通过这些序列数来表示现实中的各种金额，用户用这些加密的序列数就可以在互联网上允许接受电子现金的商店购物了。

1. 电子现金特点

电子现金兼有纸质现金和数字化的优势，具有安全性、方便灵活、匿名性、处理效率高、成本低的特点。

①安全性。随着高性能彩色复印技术和伪造技术的发展，纸币的伪造变得更容易了，而电子现金是高科技发展的产物，它融合了现代密码技术，提供了加密、认证、授权等机制，只限于合法人使用，能够避免重复使用，因此，防伪能力强。纸币有遗失、被偷窃的风险，而电子现金没有介质，不用携带，没有遗失、失窃的风险。

②匿名性。现金交易具有一定的匿名性和不可跟踪性。而电子现金由于运用了数字签名、认证等技术，也确保了它实现支付交易时的匿名性和不可跟踪性，维护了交易双方的隐私权。

③方便性。纸币支付必须定时、定点，而电子现金完全脱离实物载体，既不用纸张、磁卡也不用智能卡，使得用户在支付过程中不受时间、地点的限制，也不需要像电子信用卡那样的认证处理，因此，使用更加方便。

④成本低。纸币的交易费用与交易金额成正比，随着交易量的不断增加，纸币的发行成本、运输成本、交易成本越来越高，而电子现金的发行成本、交易成本都比较低，而且不需要运输成本。

2. 电子现金的种类

目前，电子现金的类型有多种，不同类型的电子现金都有其自己的协议，用于消费者、销售商和发行者之间交换支付信息。每个协议由后端服务器软件——电子现金支付系统和客户端的"电子钱包"软件执行。电子现金支付已经有几种典型的实用系统开始使用，如 Netcash、E-Cash、CyberCoin、Micropayments 等。Netcash 是一种可记录的匿名电子现金支付系统，它利用设置分级货币服务器来验证和管理电子现金，以确保电子交易的安全性；E-Cash 是由 Digicash 公司开发的在线交易用的无条件匿名的电子货币系统，它通过数字形式记录现金，集中控制和管理现金，是一种安全性很强的电子交易系统；Micropayments 是由 IBM 公司研制开发的一个专门用于互联网处理任意小额的交易，适合在互联网上购买一页书、一首歌、一段文字、一则笑话等的微小支付。由于这种支付的特殊性，以至在传统的支付形式下较难实现，在互联网上通过微支付传输协议（Micro Payment Transport Protocol，MPTP，该协议是由 IETF 制定的工作草案），解决了每个商品交易的发送速度与低成本问题。其他的还有 Compaq 与 Digital 开发的 Millicent，CyberCoin 等。电子现金以其方便、灵活的特点可以用于互联网上的小额消费结算，如购买互联网上的即时新闻、软件租用、网上游戏、互联网电话甚至一篇文章、一首音乐或一张图片等。

3. 电子现金的运作

电子现金的运作机制如图 6-11 所示。

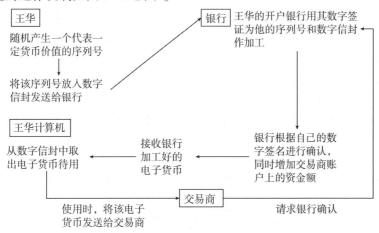

图 6-11 电子现金的运作机制

例如银行的客户王华进入互联网网上银行，使用一个口令（Password）和个人识别码（PIN）来验明自身，在他的客户端"电子钱包"软件中随机产生一个代表一定货币价值的序列号（类似于造币时先要生产一个"坯饼"），然后套上数字信封（这样就没有人可以搞清是谁提取或使用了这些电子现金，这种方式对于保护个人隐私权作用很大），发送到他的开户银行，要求制作电子现金。银行接收到王华的信息后，从他的账户中扣除所需价值的货币额，并且用银行的数字签证为他的序列号和数字信封作加工（类似于造币时要印刷、签中央银行的发行标记、作防伪标记等），在这个过程中银行不记录任何与王华的这个特定的货币或王华的数字信封有关的任何信息，以确保客户在用电子货币交易时的匿名性，加工完毕发送给王华。王华接收到银行发还的制作好的电子货币后；将电子货币从数字信封中取出放在它的硬盘中，随后就可以随时匿名地使用了。当王华使用该电子货币时，交易商接收到以后就将该电子货币发往王华的开户银行请求授权、认证，银行根据自己的数字签名进行确认，交易商账户上的资金额增加一个相等的量，在这个过程中交易商只能看到银行的签字，而无法看到消费者本人的签名。

（三）电子支票

1. 电子支票概述

电子支票（Electronic Check）是客户向收款人签发的无条件的数字化支付指令。它可以通过互联网或无线接入设备来完成传统支票的所有功能。电子支票本质上是纸质支票的电子化，以电子文档签发，载有纸质支票相似的基本资料，与纸质支票同样享有同等法律地位，不可转让。电子支票与纸质支票的一个重要的不同是，支票的签发者可以通过银行的公共密钥加密自己的账户号码以防止被欺诈。

2. 电子支票特点

电子支票取代纸质支票的优势有以下几点。

(1)简单快捷。

电子支票的付款速度很快，电子支票可以通过发行银行规定的多种途径在任何地方透过互联网络进行兑付，例如网上银行客户端、银行网页等。电子支票不须亲自收取或存入，签发电子支票只需要在线上进行签发，收款人就会通过电子邮箱得到电子支票进行兑付。这样的电子化步骤，甚至避免了签发人使用支票簿带来的不便和风险。此外，电子支票的自动校对功能还避免了纸质支票在签发过程当中产生的人为错误，也能够给支票的使用者提供便利。

(2)兑付弹性大。

电子支票的兑付弹性主要体现在兑付的时间弹性，相比于纸质支票需要在银行营业时间内到银行柜台进行兑付，电子支票的结算时间会更长一些，持票人也可随时于网上发出或存入电子支票，或查阅交易状态电子支票。

(3)安全性高。

付款人须使用加密保安编码器通过双重认证(2FA)才可发出电子支票，付款银行可根据内部支票发出纪录进一步核实电子支票，电子支票的数码签署采用公开密码匙基础建设(PKI)技术，有效防止电子支票被篡改。中央入票核对机制，避免收款人重复存入同一张电子支票。

3. 电子支票交易流程

电子支票系统目前一般是专用网络系统，国际金融机构通过自己的专用网络、设备、软件及一套完整的客户识别、标准报文、数据验证等规范化协议完成数据传输，从而控制安全性。系统在专用网络上应用具有成熟的模式，例如SWIFT系统，其应用范围主要是企业与企业之间(如银行与银行或银行与普通企业之间)。为了保证报文传输的可靠、完整与安全，SWIFT主要从以下三个方面进行安全控制：客户身份与操作合法性检查，包括客户口令机制与读写控制；数据完整性控制，即对传输数据进行校验，排除介质故障和篡改；数据安全控制，即对数据进行加密，防止窃听。

公用网络上电子支票系统用于发出支付和处理支付的网上服务。付款人向收款人发出电子支票，即一个经付款人私钥加密的写有相关信息的电子文件，收款人将其存入银行以取出现金。电子支票由客户计算机内的专用软件生成，一般应包括支付数据(支付人、支付金额、支付起因等)、支票数据(出票人、收款人、付款人、到期日等)、客户的数字签名、CA证书、开户行证明文件等内容。

目前人们正在开发几种系统来处理这样的业务，大部分系统仍处于设计阶段。许多系统是为那些通过互联网出售信息或小型软件程序的公司而设计的。几乎所有的方案都依赖第三方或经纪人，他们证实客户拥有买货的款额，也可以证实在客户付款前商家已交货。由于这个过程高度自动化，即使是交易额小至一分，这种方式也很经济划算。

电子支票系统中主要的各方有客户、商家、客户的开户行、商家的开户行、票据交易所。票据交易所可由一独立的机构或现有的一个银行系统承担，其功能是在不同的银行之间处理票据。客户使用可访问互联网上不同 Web 服务器的浏览器，可浏览网上的商店或商城。该浏览器同时还可向客户显示电子支票的格式。

一宗完整的电子支票业务由下述的若干步构成，这些步骤可分为三个不同阶段。

第一阶段（购买货物）：客户访问商家的服务器，商家的服务器向客户介绍其货物。客户挑选货物并向商家发出电子支票。商家通过开户银行对支付进行认证，验证客户支票的有效性。如果支票是有效的，商家则接收客户的这宗业务。

第二阶段（把支票存入商家的开户银行）：商家把电子支票发送给他的开户行。商家可根据自己的需要，自行决定何时发送。

第三阶段（不同银行之间交换支票）：商家的开户行把电子支票发送给交易所，以兑换现金。交易所向客户的开户行兑换支票，并把现金发送给商家的开户银行。客户的开户行为客户下账。

 【拓展阅读6-5】香港电子支票的发展与应用

（四）电子钱包

1. 电子钱包概述

电子钱包是随着电子商务的发展而催生出的一种支付工具。电子钱包可以用来存放电子货币，例如电子现金、电子银行卡等。电子钱包有两种形式，一种是小额支付的智能储值卡，另外一种是用于账户管理和线上消费的软件，这类软件通常与银行卡账户连接在一起。日常生活中经常用到的支付宝和微信支付、京东支付等都是这一类的电子钱包。这两种电子钱包的根本区别在于信息的存储位置不同。

2. 电子钱包运行机制

电子钱包的运行依托于商业银行和金融机构。电子钱包在完成支付的时候，需要经历以下步骤，如图 6-12 所示。

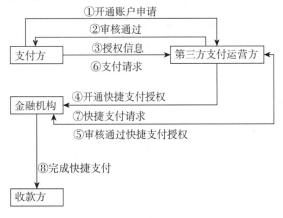

图 6-12 电子钱包运行机制

支付方提出开通支付账户的申请之后，电子钱包运营方对资料进行审核，审核通过之后，支付方即拥有电子钱包。支付方将电子现金、银行卡等存放入电子钱包。电子钱包运营方收缴电子现金或者根据支付方授权向对应的金融机构提出建立快捷支付。金融机构审核通过快捷支付授权。支付方在交易付款时，通过电子钱包账户向电子钱包运营方提出付款申请。电子钱包运营方向银行发起快捷支付请求。银行处理快捷支付请求，并完成向收款方的支付。

3. 电子钱包特点

电子钱包优点在于方便交易。电子钱包的存在与广泛应用使得小额交易、线上交易等变得更加灵活，极大降低了现金的流通频率。消费者只需要输入电子钱包的账户密码就可以实现相应数额的转账，免去了现金携带以及找零的麻烦。而且对于线上交易来说，电子钱包的出现极大促进了电子商务的发展，使得交易在空间的跨度更加广。支付宝第一笔交易就是一笔跨境电子商务的交易。但是电子钱包的安全性有待提升，有泄露个人私密信息的风险。

本章小结

互联网金融是在金融电子支付的基础上发展起来的。是电子商务中极为关键的组成部分。互联网金融的快速发展给银行业、证券业和保险业为代表的传统金融机构带来前所未有的挑战和冲击。互联网金融因其具有高效快捷、无时间和空间的限制、信息更加对称等优势削弱了传统金融业的优势。为了适应互联网时代的发展，中国传统银行业、证券业及保险业正在加快互联网金融的布局和转型。总体可以看出，随着我国金融市场的逐步开放，金融一体化进程不断加快，银行、证券、保险、信托之间的业务混合经营趋势加剧。为了提升自身的市场份额，各金融机构都使出了浑身解数，不断推出金融创新产品，要在市场竞争中领先，则必须抢占互联网金融的高地，利用强大的用户群体，推出适合于现代消费者的消费服务。大数据技术在未来传统金融业的互联网化中的应用会越来越广泛和深入，我国传统金融业的互联网化也将更加深入和寻求更多的创新，相关的法律法规更加健全，监管体系也会更加完善。支付源于经济主体之间的经济交换活动，随着商品社会越来越发达，支付活动也在演变。在发展过程中，经历了原始经济社会、自然经济社会、工业经济社会和网络经济社会。支撑电子支付的体系是融购物流程、支付与结算工具、安全技术、认证体系、信用体系以及金融体系为一体的综合系统。第三方支付是指具备一定实力和信誉保障的独立机构，采用与各大银行签约的方式，通过与银行支付结算系统接口对接而促成交易双方进行交易的网络支付模式。第三方支付具有简便性、低成本性、安全性、多功能性和通用性等优点，可有效地保障货物质量、交易诚信、退货要求等环节。目前，国内第三方支付主要有互联网型、金融型和信用中介型三类。在具体的结算支付环节中，第三方支付主要提供中介服务，实施资金转移，防范资金和货物安全的风险，并提供方便、快捷的通道服务。我国第三方支付将呈现普惠金融推进、国际化明显、创新性加强和并购潮起等发展趋势，同时，第三方支付仍然存在一定风险，主要风险包含合规风险、沉淀资金风险、网络欺诈风险、买卖纠纷风险等，有待进一步提升技术与业务创新，加强法律法规的监管力度。

复习题

一、选择题

1. 目前网络用户常用的网上支付方式是(　　)。

A. 电子现金　　　　　B. 电子支票　　　　　C. 信用卡　　　　　D. 第三方支付

2. 互联网金融的特征不包含(　　)。

A. 高成本性　　　　　B. 高效性　　　　　C. 快捷性　　　　　D. 虚拟化

3. 互联网金融对传统银行业产生的影响不包括对(　　)的冲击。

A. 负债业务　　　　　B. 信贷业务　　　　　C. 中间业务　　　　　D. 结算业务

4. 国内(　　)标志着保险电子商务的诞生。

A. 中国保险信息网　　　　　　　　　B. PA18. com

C. 众安保险网　　　　　　　　　　　D. 泰康人寿网

5. 截至 2022 年，第三方支付企业市场占有率最高的企业是 (　　)。

A. 财付通　　　　　B. 支付宝　　　　　C. 快钱　　　　　D. 汇付天下

二、简答题

1. 阐述我国互联网保险的运营模式。

2. 央行的数字货币对金融体系的影响有哪些?

3. 第三方支付可以划分为哪几个类型?

4. 简述第三方支付的运营模式和业务模式。

三、论述题

如何理解第三方支付发展国际化服务?

第七章 网络营销

导　读

　　网络营销是指利用互联网技术和各种在线平台，通过各种推广手段和策略，以达到营销目标的一种营销方式。网络营销的主要特点是低成本、广泛覆盖面和高互动性。它可以包括搜索引擎优化（SEO）、搜索引擎营销（SEM）、内容营销、社交媒体营销、电子邮件营销和影响者营销等多种方式。网络营销在电子商务中具有重要的地位和作用，可以帮助企业扩大市场、降低成本、提供个性化服务，以及优化营销策略和产品定位。

知识目标

　　1. 网络营销的基本概念
　　2. 网络营销的发展和理论基础
　　3. 网络营销的手段和方法
　　4. 网络营销的策略

素养目标

　　1. 引导学生遵守相关法律法规和道德规范，不从事虚假宣传、不诋毁竞争对手、不侵犯他人权益
　　2. 了解可持续发展的理念，推动企业在网络营销中注重长远利益和社会责任

核心概念

　　网络营销　网络市场调研　4P 营销理论　搜索引擎营销　搜索引擎优化

第一节　网络营销的基本理论

一、网络营销的基本概念

营销是企业为了与客户建立关系，并促使其购买自己的产品和服务所采取的策略和行动。网络营销的主要目的是利用网络及传统渠道与客户（无论网上还是网下）建立积极的、长期的关系，由此使企业可以对自己的产品和服务收取比竞争对手更高的价格，为企业创造竞争优势。网络营销在国外有许多翻译，如 Cyber Marketing、Internet Marketing、Network Marketing、E-Marketing、Web Marketing、On-line Marketing 等。不同的单词词组有着不同的含义。如：Cyber Marketing 强调网络营销是在虚拟的计算机空间（Cyber，计算机虚拟空间）上运行；Internet Marketing 是指在互联网上开展的营销活动；Network Marketing 是指在网络上开展的营销活动，这里的网络不仅仅是互联网，还可以是一些其他类型的网络，如增值网 VAN。目前，比较习惯采用的翻译方法是 E-Marketing，E 表示电子化、信息化、网络化，且与电子商务（E-Business）、电子虚拟市场（E-Market）等相对应。如此可以总结得出：广义的网络营销概念是指企业利用一切计算机网络进行的营销活动；狭义的网络营销概念则专指以互联网为主要手段开展的营销活动。

二、网络营销功能

网络营销是企业整体营销战略的一个组成部分，是为实现企业总体经营目标所进行的、以互联网为基本手段营造网上经营环境的各种活动。网络营销的核心思想就是"营造网上经营环境"。所谓网上经营环境，是指企业内部和外部与开展网上经营活动的相关的环境，包括网站本身、客户、网络营销服务商、合作伙伴、供应商、销售商相关行业的网络环境等。网络营销的开展就是与这些环境建立关系以达到提升企业竞争力的过程。因此，网络营销应该具有以下几项主要功能。

(一)网络品牌——品牌价值扩展和延伸

美国广告专家莱利·莱特（Larry Light）预言：未来的营销是品牌的战争。拥有市场比拥有工厂更重要。拥有市场的唯一方法，就是拥有占市场主导地位的品牌。互联网的出现不仅给品牌带来了新的生机和活力，而且推动和促进了品牌的拓展和扩散。网络营销的重要任务之一就是通过一系列的措施，在互联网上建立并推广企业的品牌。知名企业的网下品牌可以在网上得以延伸；一般企业则可以通过互联网快速树立品牌形象，达到客户和公众对企业的认知和认可，并提升企业整体形象。在一定程度上说，网络品牌的价值甚至高于通过网络获得的直接收益。实践证明，互联网不仅拥有品牌、承认品牌，而且在重塑品牌形象、提升品牌的核心竞争力、打造品牌资产等方面具有其他媒体不可替代的效果和作用。

对于电子商务企业，其网络品牌建设是以企业网站建设为基础的。网络所有功能的发挥都要以一定的访问量为基础，所以，网址推广是电子商务企业网络营销的核心工作。

(二)信息搜索与信息发布

信息搜索是网络营销进击能力的一种反映。在网络营销中，企业可利用多种搜索方法，主动、积极地获取有用信息和商机，如价格比较信息、对手的竞争态势、商业情报，以帮助企业经营决策。随着信息搜索功能向集群化、智能化方向的发展，以及向定向邮件搜索技术的延伸，网络搜索的商业价值得到了进一步的扩展和发挥。寻找网上营销目标将成为一件易事。

发布信息是网络营销的主要方法之一，也是网络营销的又一种基本职能。无论哪种营销方式，都是将一定的信息传递给目标人群，包括客户/潜在客户、媒体、合作伙伴、竞争者等。网络营销以其特有的信息发布环境可以在任何时间将信息以最佳的表现形式发布到全球的任何一个地点，同时满足覆盖性和丰富性。更重要的是，在网络营销中的信息发布可以是双向互动的。

(三)销售渠道的开拓

一个具备网上交易功能的企业网站本身就是一个网上交易场所。网上销售是企业销售渠道在网上的延伸。网上销售渠道建设也不限于网站本身，还包括建立在综合电子商务平台上的网上商店，以及与其他电子商务网站不同形式的合作等。同时网络所具有的传播、扩散能力打破了传统经济时代的经济壁垒、地区封锁、人为屏障、交通阻隔、信息封闭等，对销售渠道的开拓有重要的促进作用。

(四)网上市场调研

在激烈的市场竞争条件下，主动地了解商情、研究趋势、分析客户心理、窥探竞争对手动态是企业确定竞争战略的基础和前提。通过在线调查表或者电子邮件等反方式，可以完成网上市场调研，获得充分的市场信息。相对传统市场调研，网上调研具有高效率、低成本的特点，因此，网上调研成为网络营销的主要职能之一。

(五)客户关系管理

客户关系管理源于以客户为中心的管理思想，是一种旨在改善企业与客户之间的新型管理模式，是网络营销取得成效的必要条件，是企业重要的战略资源。在传统的经济模式下，由于认识不足或自身的条件的局限，企业在管理客户资源方面存在着较为严重的缺陷。针对上述情况，在网络营销中，通过客户关系管理，将客户资源管理、销售管理、市场管理、服务管理、决策管理集于一体，将原本疏于管理、各自为战的销售、市场、售前和售后服务与业务统筹协调起来，既可跟踪订单，帮助企业有序地监控订单的执行过程，规范销售行为，了解新、老客户的需求，提高客户资源的整体价值；又可以避免销售隔阂，帮助企业调整营销策略。利用互联网提供的方便快捷的在线客户服务，如从形式最简单的 FAQ(常见问题解答)，到邮件列表，以及 BBS、聊天室、信息跟踪与定制等各种即时信息服务，提高服务质量，增加客户的满意度，提高客户的忠诚度，并通过收集、整理、分析客户反馈信息，全面提升企业的核心竞争能力。

总之，开展网络营销的意义就在于充分发挥各种功能促进销售、提升企业的竞争力，使企业经营的整体效益最大化。

三、网络营销的理论基础

消费者的消费观念、客观市场环境以及科学技术是现有市场营销理论赖以形成和发展的基础。网络强大的通信能力及其交互性和电子商务系统便利的商品交易环境，改变了原有市场营销理论的根基。在网络环境和电子商务中，信息的传播由单向的传播模式发展为一种双向的交互式的信息需求和传播模式，即在信息源积极地向消费者展现自己的商品或服务等信息的同时，消费者也在积极地向信息源索要自己所需的信息。市场的性质也发生了深刻的变化，生产者和消费者可以通过网络直接进行商品交易，在网络的支持下直接构成商品流通循环，从而避开了某些传统的商业流通环节。原有的以商业作为主要运作模式的市场机制将部分地被基于网络的网络营销模式所取代，市场将趋于多样化、个性化，并实现彻底的市场细分，其结果使得商业的部分作用逐步淡化。消费者可以直接参与企业营销的过程，市场的不确定因素减少，生产者更容易掌握市场对产品的实际需求。由于巨大的信息处理能力，消费者有了更大的挑选商品的余地。由于这些变化，使得传统营销理论不能完全胜任对网络营销的指导，但是网络营销仍然属于市场营销理论的范畴。它在强化了传统市场营销理论的同时，也具有一些不同于传统市场营销的新理论。

(一)整合营销理论

在传统市场营销策略中，由于技术手段和物质基础的限制，产品的价格、宣传和销售的渠道、商家或厂家所处的地理位置以及企业促销策略等就成了企业经营、市场分析和营销策略的关键性内容。美国密歇根州立大学的麦卡锡将这些内容归纳为市场营销策略中的4P 组合，即产品(Product)、价格(Price)、地点(Place)和推广(Promotion)。

以 4P 理论为典型代表的传统营销理论的经济学基础是厂商理论及利润最大化，所以4P 理论的基本出发点是企业的利润，而没有把消费者的需求放在与企业的利润同等重要的位置上。它指导的营销决策是一条单向的链。而网络互动的特性使得消费者能够真正参与到整个营销过程中来，消费者不仅参与的主动性增强，而且选择的主动性也得到加强。在满足个性化消费需求的驱动下，企业必须严格地执行以消费者需求为出发点、以满意消费者需求为归宿点的现代市场营销思想，否则消费者就会选择其他企业的产品。所以，网络营销首先要求把消费者整合到整个营销过程中来，从他们的需求出发开始整个营销过程。这就要求企业同时考虑消费者需求和企业利润。据此，以舒尔兹(Don E Schultz)教授为首的一批营销学者从消费者需求的角度出发研究市场营销理论，提出了 4C 组合，即整合营销(Integrated Marketing)理论。其要点是：

①Product-Consumer's want and need.

②Price-Cost to satisfy consumer's want and need.

③Place—Convenience to buy.

④Promotion—Communication.

1. 从单纯的"产品"转向关注"客户的需求"

不急于制定产品(Product)策略,先研究客户的利益(Customer Benefit),以消费者的需求和欲望(Consumer's Want and Need)为中心,卖消费者想购买的产品。如美国 Dell 公司,客户可以通过互联网在公司设计的主页上进行选择和组合计算机,公司的生产部门则根据用户需要再组织生产,因此公司可以实现零库存生产。特别是在计算机部门价格急剧下降的年代,零库存不但可以降低库存成本,还可以避免因高价选货带来的损失。Dell 公司在1995 年还是亏损的,但在 1996 年,它们通过互联网来销售计算机,业绩大幅增长。

2. 研究客户为满足其需求所愿付出的成本

暂时把定价(Price)策略放在一边,而研究客户为满足其需求所愿付出的成本(Customer Cost),并依据该成本来组织生产和销售。例如美国的通用汽车公司允许用户在互联网上,通过公司的有关导引系统自己设计和组装满足自己需要的汽车,用户首先确定接受的价格标准,然后系统根据价格的限定从中显示满足要求式样的汽车,用户还可以进行适当的修改,公司最终生产的产品恰好能满足客户对价格和性能的要求。

3. 忘掉渠道(Place)策略,着重考虑怎样使消费者方便(Convenience)购买到商品

例如,法国钢铁制造商犹齐诺—洛林公司采用了电子邮件和世界范围的订货系统,从而把加工时间从 15 天缩短到 24 小时。该公司通过内部网与汽车制造商建立联系,从而能在对方提出需求后及时把钢材送到对方的生产线上。

4. 抛开促销(Promotion)策略,着重于加强与消费者沟通和交流(Communication)

例如,美国雅虎(Yahoo)公司开发了能在互联网上对信息分类检索的工具,且具有很强交互性,用户可以将自己认为重要的分类信息提供给雅虎公司,雅虎公司马上将该分类信息加入产品中供其他用户使用。

4P 反映的是销售者用以影响消费者的营销工具的观点;而从消费者角度看,企业关于 4P 的每一个决策都应该给消费者带来价值(即所谓的 4C),否则这个决策即使能达到利润最大化的目的也没有任何用处,因为消费者在有很多商品选择余地的情况下,不会选择对自己没有价值或价值很小的商品。但企业如果不是从利润最大化出发而是从 4P 对应的4C 出发,在此前提下寻求能实现企业效益最大化的营销决策,则可能同时达到利润最大和满足消费者需求两个目标,因此,网络营销的理论模式应该是:营销过程的起点是消费者的需求;营销决策(4P)是在满足 4C 要求的前提下的企业效益最大化;最终目标是消费者需求的满足和企业效益最大化。由于个性化需求的良好满足,消费者对公司的产品、服务产生偏好,并逐步建立起对公司产品的忠诚意识,同时,由于这种满足是差异性很强的个性化需求,就使得其他企业的进入壁垒变得很高,也就是说,其他生产者即使生产类似产品,也不能同样程度地满足该消费者的个性消费需求。这样,企业和客户之间的关系就变得非常紧密,甚至牢不可破,这就形成了"一对一"的营销关系。上述这个理论框架被称为网络整合营销理论。它始终体现了以消费者为出发点及企业和消费者不断交互的特点。它的决策过程是一个双向的链,如图 7-1 所示。

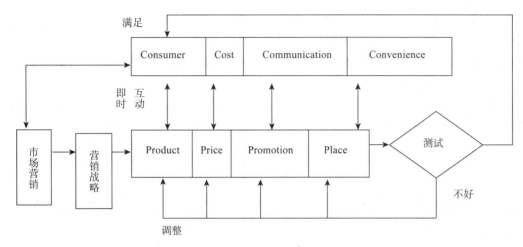

图 7-1　整合营销流程

(二) 网络"软营销"理论

软营销 (Soft Marketing) 是网络营销中有关消费者心理学的另一个理论基础。它是针对工业经济时代的以大规模生产为主要特征的"强式营销"提出的新理论。它强调企业在进行市场营销活动的同时必须尊重消费者的感受和体验，让消费者能舒服地主动接受企业的营销活动。这个理论产生的根本原因仍然是网络本身的特点和消费者个性化需求的回归。

传统营销中最能体现强势营销特征的是两种促销手段：传统广告和人员推销。这两种营销模式企图以一种信息灌输的方式在消费者心中留下深刻印象，而不管消费者是否需要和喜欢 (或憎恶) 它的产品和服务。

在互联网上，由于信息交流是自由、平等、开放和交互的，强调的是相互尊重和沟通，网络用户比较注重个人体验和隐私保护。在网络上这种以企业为主动方的强势营销，无论是有直接商业利润目的的推销行为还是没有直接商业目标的主动服务，都可能遭到唾弃甚至遭到报复，如美国著名 AOL 公司曾经对其用户强行发送 E-mail 广告，结果招致用户的一致反对，许多用户约定同时给 AOL 公司服务器发送 E-mail 进行报复，结果使得 AOL 的 E-mail 邮件服务器处于瘫痪状态，最后不得不向用户道歉以平息众怒。因此网络营销必须遵循一定的规则，这就是"网络礼仪" (Netiquette)。这也是网上一切行为都必须遵守的规则。

网络"软营销"的特征主要体现在它从消费者的体验和需求出发，在遵守网络礼仪的同时通过对网络礼仪的巧妙运用，采取拉式策略吸引消费者关注企业，从而获得一种微妙的营销效果，个性化消费者需求的回归使消费者在心理上要求自己成为主动方，而网络的互动特性又使他们有可能真正成为主动方。他们不欢迎不请自到的广告，但他们会在某种个性化需求的驱动下自己到网上寻求相关的信息、广告。一旦企业发现了这种特定需求的用户就应该应用各种技术"跟踪"此用户，使其成为企业的真正客户。因此"软营销"和强势营销的一个根本区别就在于："软营销"的主动方是消费者，而强势营销的主动方是企业。

(三) 网络直复营销理论

直复营销 (Direct Marketing) 是为了在任何地方产生可度量的反应和/或达成交易而使用一种或多种广告媒体的相互作用的市场营销体系。直复营销中的"直" (Direct) 是指不通过中间分销渠道而直接通过媒体连接企业和消费者;直复营销中的"复"(Response)是指企业与消费者之间的交互。消费者对这种营销努力有一个明确的回复(买还是不买)。网络营销的最大特点就是企业和消费者的交互。网络作为一种交互式的、可以双向沟通的渠道和媒体,可以很方便地在企业与消费者之间架起桥梁,消费者可以直接通过网络订货和付款;企业可以通过网络接收订单、安排生产,直接将产品送给消费者,同时还可获得客户的其他数据甚至建议。所以,仅从网上营销来看,网络营销是一类典型的直复营销。

目前,网络直复营销的常见做法有两种:一种做法是企业在互联网上建立自己独立的站点,申请域名,制作主页和销售网页,由网络管理员专门处理有关产品的销售事务;另一种做法是企业委托信息服务商在其网站上发布信息,企业利用相关信息与客户服务直接销售产品,虽然在这一过程中有信息服务商参加,但主要的销售活动仍然是在买卖双方之间完成的。

网络直复营销更加吻合直复营销的理念。这表现在以下四个方面。

第一,直复营销作为一种相互作用的体系,特别强调营销者与目标客户之间的"双向信息交流"。互联网作为开放、自由的双向信息沟通网络,企业与客户之间可以实现直接的、一对一的沟通和信息交流,企业可以根据目标客户的需求进行生产和营销决策,在最大限度地满足客户需求的同时,提高营销决策的效率和效用。

第二,直复营销活动的关键是为每个目标客户提供直接向营销人员反馈信息的渠道。企业可以凭借客户反馈找出不足。互联网的方便、快捷性使得客户可以方便地通过互联网直接向企业提出建议和购买需求,也可以直接通过互联网获得售后服务。企业也可以从客户的建议、需求和要求的服务中找出企业的不足,按照客户的需求进行经营管理,减少营销费用。

第三,直复营销强调在任何时间、任何地点都可以实现企业与客户的"信息双向交流"。互联网的全球性和持续性的特性使得客户可以在任何时间、任何地点直接向企业提出要求和反映问题;企业也可利用互联网跨越空间和时间限制,低成本地与客户实现双向交流。

第四,直复营销活动最重要的特性是直复营销活动的效果是可测定的。利用互联网提供的企业与客户的沟通与交易平台,企业可以直接地获悉并处理每一客户的订单和需求。因此,通过互联网可以实现以最低成本最大限度地满足客户需求,同时了解客户需求、细分目标市场。

网络营销的这个理论基础的关键作用是说明网络营销是可测试、可度量、可评价和可控制的。有了及时的营销效果评价,就可以及时改进以往的营销努力,从而获得更满意的结果,所以,在网络营销中,营销测试是应着重强调的一个核心内容。

(四)网络关系营销理论

关系营销(Relationship Marketing)是1990年以来受到重视的营销理论。它主要包括两个基本点:在宏观上,认识到市场营销会对范围很广的一系列领域产生影响,包括消费者市场、劳动力市场、供应市场、内部市场、相关者市场以及影响者市场(政府、金融市场);在微观上,认识到企业与消费者的关系不断变化,市场营销的核心应从过去简单的一次性交易关系转变到注重保持长期的关系上来。企业是社会经济大系统的一个子系统,企业的营销目标要受到众多外在因素的影响,企业的营销活动是一个与消费者、竞争者、供应商、分销商、政府机构和社会组织发生相互作用的过程，正确理解这些个人与组织的关系是企业营销的核心，也是企业成败的关键。

关系营销的核心是保护客户。通过加强与客户的联系，提供高度满意的产品或服务，达到与客户保持长期关系，并在此基础上开展营销活动、实现企业营销目标的目的。实施关系营销并不是以损害企业利益为代价的，而是一种双赢策略。根据研究，争取一个新客户的营销费用是留住老客户的费用的五倍，因此加强与客户关系并建立客户的忠诚度，可为企业带来长远的利益。

互联网作为一种超越时空的、低成本的双向沟通渠道，能为企业与客户建立长期关系提供有效的保障。利用互联网，企业可以随时直接接收全球各地客户的满足个性化需求的订单，并利用柔性化生产技术在最短时间内最大限度地满足客户需求，为客户在消费产品和服务时创造更多的价值。与此同时，企业可通过互联网实现对生产过程、交易过程及售后服务的全程质量控制；企业也可从客户的需求中了解市场、细分市场和锁定市场，最大限度地降低营销费用，提高对市场的反应速度。

第二节　网络营销策略

1960 年，美国密歇根州立大学的杰罗姆·麦卡锡（E. Jerome McCarthy）教授在其《基础营销》一书中将营销要素一般地概括为 4 类，即产品（Product）、价格（Price）、渠道（Place）、推广（Promotion），即 4P 营销理论。通过四个要素的综合运用，实现产品的市场定位、目标市场的选择、市场营销策略的制定和实施，从而满足消费者需求，提高市场竞争力。这一理论被广泛应用于市场营销实践。

产品（Product）指企业所提供的产品或服务，包括产品的特点、品质、功能、包装等。企业需要通过研发和创新，设计出符合市场需求的产品。价格（Price）指产品的定价策略，包括定价水平、定价方法和定价策略等。企业需要根据产品的成本、竞争对手的价格、消费者的支付能力等因素来制定合理的价格。渠道（Place）指产品的销售和分销渠道，包括产品的销售地点、销售方式和销售渠道的选择。企业需要确定适合目标市场的销售渠道，确保产品能够顺利地到达消费者手中。推广（Promotion）指产品的促销和宣传策略，包括广告、促销活动、公关和市场传播等。企业需要通过有效的推广手段来提高产品的知名度、影响力和销售量。本节将从以上四个方面对网络营销策略展开分析。

一、网上产品和服务策略

营销的目的是要为企业创造一个高于平均值的投资回报率。企业尝试着能生产或供应独特的、差异度较高的产品或服务，而市场几乎不存在或很少存在有效的替代品或替代服务；新的进入者很难在短期内生产或提供具有相似特征（包括功能、价格、性能等）的产品或服务。营销的中心任务就是要确定产品或服务所具有的独特的、与众不同的特征。

（一）网上产品

1. 网络营销中产品的整体概念分层

在网络营销中，产品的整体概念可分为五个层次，包括核心利益层次、有形产品层次、期望产品层次、延伸产品层次、潜在产品层次。

①核心利益层次,是指产品能够满足消费者购买的基本效用或益处。

②有形产品层次,是产品在市场上出现时的具体物质形态,是为传递产品核心利益而设计的一系列与众不同的特征。通过这些特征,可将企业的产品与其他制造商所提供的产品区别开来。

③期望产品层次。在网络营销中,客户处于主导地位,消费呈现出个性化特征,不同的消费者可能对产品的要求不一样,因此产品的设计和开发必须满足这种个性化的消费需求。这种客户在购买产品前对所购产品的质量、使用方便程度、特点等方面的期望值就是期望产品。为满足这种需求,要求企业的设计生产和供应等环节能根据客户的需要实行柔性化的生产和管理。

④延伸产品层次,是指由产品的生产者或经营者提供的、能更好地提升企业核心利益的服务,如售后服务、送货、质量保证等。

⑤潜在产品层次,是指在延伸产品层次之外,由企业提供的、能满足客户潜在需求的产品或服务。它主要是产品的一种增值服务,例如汽车销售提供贷款服务业务。

2. 网络环境下的新产品开发

在网络环境下,新产品开发的首要前提是新产品构思和概念形成。新产品的构思可以有多种来源,如客户、科学家、竞争者、企业销售人员、中间商和高层管理者,但最主要来源还是客户。网络营销的一个最重要特性是与客户的交互性,它通过信息技术和网络技术来记录、评价和控制营销活动,掌握市场需求情况。网络营销通过对客户数据库的挖掘,发现客户的现实需求和潜在需求,从而形成产品构思,并用来指导企业营销的制定和营销活动的开展。

与传统新产品研制与试销不一样,客户、供应商、经销商可以主动地全程参与网络环境下的新产品研制与开发。值得关注的是,许多产品并不能直接提供给客户使用,需要许多企业协作才能满足最终需要,因此,在新产品开发过程中,加强与以产品为纽带的伙伴的合作是新产品成功的关键。

3. 品牌策略

在消费者心目中,能将产品变得真正独特和区分开来的是产品的品牌。品牌是指当消费或将要消费某一企业的产品或服务是所持有的期望集,这些期望建立在以前消费者消费这种产品时所获得的经验(体验),对其他使用过这种产品的消费者的经验的依赖(口碑)以及商家通过各种渠道和媒体对这种产品独特性能的赞赏和许诺的基础上(广告宣传)。消费者对品牌所持有的期望包括质量、可靠性、耐用性、信任、好感、忠诚以及声誉。

网上品牌与传统品牌有很多不同,传统优势品牌不一定是网上优势品牌,网上优势品牌的创立需要重新进行规划和投资。美国著名咨询公司 Forrester Research 公司发表的调查报告指出,知名品牌与网站访问量之间没有必然的联系。尽管可口可乐、耐克等品牌仍然受到广大青少年的青睐,但是这些公司网站的访问量却并不高。因此拥有知名品牌的公司要在网上取得成功,绝不能指望依赖传统的品牌优势。

企业在互联网上进行商业活动,同样存在被识别和选择的问题,由于域名是企业站点的访问地址,是企业被识别和选择的对象,也是企业在互联网上的形象化身和虚拟商标,因此提高域名的知名度就是提高企业站点的知名度,也就是提高企业被识别和选择的概率。所以，必须将域名作为一种商业资源来管理和使用。

在互联网上日益深化的商业化过程中，域名作为企业组织的标识作用日显突出。但互联网域名管理机构没有赋予域名法律上的意义。域名与任何公司名、商标名没有直接关系，由于域名的唯一性，任何一家企业注册在先，其他企业就无法再注册同样的域名，因此域名已具有与商标、名称类似的意义。由于世界上著名公司大部分直接以其商标命名域名，如海尔(hair. com)、福特(ford. com)、奇瑞(chery. cn)、万科(vanke. com)等，因此域名在网络营销中同样具有商标特性，加之大多数使用者对专业知识知之甚少，很容易被一些有名的域名所吸引，因此一些显眼的域名比较容易博得用户的青睐。正因域名的潜在商业价值，与许多著名企业商标同义的域名往往被抢先注册，甚至有人用一些著名公司的商标或名称作为自己的域名注册，并向这些公司索取高额转让费。

如何让品牌商标在互联网上受到应有的重视、表达、标识与保护，对全球互联网健康发展至关重要。互联网需要一个标示品牌商标的标识，让品牌商标在互联网上获得应有的保护，彰显品牌商标的价值与权益，引导消费者与用户在互联网上通过品牌商标辨认商品与服务，阻止网上品牌商标遇侵权、仿冒、诈骗等不正当竞争者推销低劣或不同的商品与服务，保护消费者、用户和生产、经营者的利益。

随着国际互联网名称与数字地址分配机构(ICANN)唯一认定用".商标"作为后缀的全球通用顶级域名推出，一个全球互联网上用于识别某商品、服务或与其相关具体个人、企业或组织的显著标志、一个商标与域名有效结合，具有明显的、强烈的知识产权品牌商标标识的全球通用顶级域名".商标"正式纳入全球互联网域名体系，面向全球开放申请、注册与使用。

(二)网络服务

1. 网络服务的概念

服务是一方能够向另一方提供的基本上是无形的功效或礼仪，并且不导致任何所有权的产生。它的产生可能与某种有形产品密切联系在一起，也可能毫无联系，其本质就是让客户满意。网络营销服务具有相同的内涵，只是网络服务是通过互联网来实现服务，它能够更好地满足客户不同层次的需求。

2. 产品服务

市场营销从原来的交易营销演变为关系营销，营销目标转变为在达成交易的同时还要维系与客户的关系，更好地为客户提供全方位的服务。根据客户与企业发生关系的阶段，可以分为销售前、销售中和销售后三个阶段。网络营销产品服务相应也划分为网上售前服务、网上售中服务和网上售后服务。

从交易双方的需求可以看出，企业网上售前服务主要是提供信息服务。企业可通过自己已有一定知名度的网站宣传和介绍产品信息，或者通过网上虚拟市场提供商品信息。

网上售中服务主要是指产品的买卖关系已经确定、等待产品送到指定特点的过程中的服务，如下单、订单履行与跟踪等。在传统营销部门中，有30%~40%的资源用于应对客户对销售执行情况的查询和询问，特别是一些跨地区的销售，客户要求服务的比例更高。而网上销售的一个特点就是突破传统市场对地理位置的依赖和分割，因此网上销售的售中服务就更为重要。因此，在设计网上销售网站时，在提供网上订货功能的同时，还要提供订单执行查询功能，方便客户及时了解订单执行情况。这也有利于减少互联网直销带来的客户对售中服务人员的需求。如美国的联邦快递（FedEx.com）通过其高效的邮件快递系统将邮件递送的中间环节信息都输送到计算机的数据库，客户可以直接通过互联网从网上查找邮件的最新动态。客户可以在两天内去网上查看其包裹到了哪一站、在什么时间采取了什么步骤、投递变更的原因、在什么时间会采取下一步措施，直至收件人安全收到包裹为止。客户不用打电话去问任何人，上述服务信息都可以在网上获得，既让客户免于为查邮件而奔波查询，同时公司也大大减少邮件查询方面的开支，实现企业与客户的共同增值。

网上销售服务就是借助互联网的直接沟通的优势，满足客户对产品帮助、技术支持和使用维护等的需求。它具有便捷、灵活、直接、成本低等特点。网上售后服务有两类：一类是基本的网上产品支持和技术服务，如安装、调试、操作指南等；另一类是企业为满足客户的附加需求提供的增值服务。如美国的波音公司通过其网站公布其零件供应商的联系方式，同时将有关技术资料放到回收站，方便各地飞机维修人员及时索取最新资料和寻求技术帮助。

在企业的网络营销站点中，网上产品服务是网站的重要组成部分，一般包括产品信息和相关知识、FAQ、网上虚拟社区、客户邮件列表等。

3. 定制服务

定制服务（Customized Service）就是为消费者提供满足其个性化要求的服务。网上定制服务内容有页面定制、电子邮件定制、客户端软件支持的定制服务方案等。

个性化体现在三个方面：

①服务时空的个性化，在人们希望的时间和希望的地点提供服务。

②服务方式的个性化，能根据个人爱好或特色来进行服务。

③服务内容的个性化，不再是千篇一律、千人一面，而是各取所需、各得其所。

二、网络营销价格策略

企业的定价目标一般有生存、获取当前最高利润、获取当前最高收入、使销售额增长最大量、获取最大市场占有率和最优异的产品质量。企业的定价目标一般与企业的战略目标、市场定位和产品特性相关。企业在制定供给价格时，从企业内部考虑，主要是依据产品的生产成本；从市场全局考虑，取决于需求方的需求强弱程度和价值接受程度，以及来自其他同类产品或替代性产品的竞争压力程度。需求方接受价格的依据则是商品的使用价值和商品的稀缺程度，以及可替代品的机会成本。

从企业内部说，互联网的应用有利于降低采购成本费用、降低库存、控制生产成本，从而有效控制企业的成本和费用支出，有利于产品在价格上取得竞争优势。这里着重介绍企业可能采用的价格策略。

（一）低价定价策略

直接低价定价策略就是定价时大多采用成本加一定利润的方法，有的甚至是零利润，因此这种定价在公开价格时就比同类产品要低。它一般是制造业企业在网上进行直销时采用的定价方式。采用低价策略的基础就是通过互联网企业可以节省大量的成本费用。

另外一种低价定价策略是折扣策略。它是在原价基础上进行打折来定价的。这种定价方式可以让客户直接了解产品的降价幅度以促进客户的购买。这类价格策略主要用在一些网上商店，一般按照市面上的流行价格进行折扣定价。

如果企业想要拓展网上市场，但产品价格又不具有竞争优势时，则可以采用网上促销定价策略。促销定价除了前面提到的折扣策略外，比较常用的方法还有有奖销售和附带赠品销售。

在采用低价定价策略时要注意：

首先，由于互联网是从免费共享资源发展而来的，用户一般认为网上商品比从一般渠道购买的商品便宜，因此在网上不宜销售那些客户对价格敏感而企业又难以降价的产品，如黄金首饰。

其次，在网上公布价格时要针对一般消费者、零售商、批发商、合作伙伴等不同的客户对象，分别提供不同的价格信息发布渠道，以免因低价策略混乱导致营销渠道混乱。

最后，由于消费者通过搜索功能很容易在网上找到最便宜的商品，因此在网上发布价格时要注意比较同类站点公布的价格，否则价格信息公布将起到反作用。

（二）定制生产定价策略

作为个性化服务的重要组成部分，按照客户需求进行定制生产是网络时代满足客户个性化需求的基本形式。由于消费者的个性化需求差异性大，加上消费者的需求量又少，因此企业实行定制生产，在管理、供应、生产和配送各个环节上都必须适应这种小批量、多式样、多规格和多品种的生产和销售变化。为适应这种变化，企业应该采用企业资源计划（Enterprise Resource Planning，ERP）系统提高管理的自动化水平，采用生产控制系统如计算机集成制造系统（Computer Integrated Manufacturing Systems，CIMS）提高生产的自动化水平，采用供应链管理（Supply Chain Management，SCM）系统提高供应和配送的自动化水平。定制定价策略是在企业能实行定制生产的基础上，利用网络技术和辅助设计软件，帮助消费者选择配置或者自行设计能满足自己需求的个性化产品，同时承担自己愿意付出的价格成本。电商平台的商家当中很多可以提供消费者定制化服务。在线上平台上搜索"定制"二字，可以发现大到家具家电，小到装饰摆件，都可以实现根据消费者需求进行定制化生产。

（三）许可使用定价策略

所谓许可使用定价，就是客户通过互联网注册后可以直接使用某公司的产品，客户根据使用次数付费，而不需要将产品完全购买，即仅购买产品的使用许可权。企业方面减少了为完全出售产品而进行的不必要的大量生产及包装，同时还可以吸引那些只想使用而不想拥有该产品的客户，扩大了市场份额；客户方面则节省了购买产品、拆包、处置产品的麻烦，且节省了不必要的开销。

采用许可使用定价策略，一般要考虑产品是否适合通过互联网传输，是否可以实现远程调控。例如，图书、软件、音乐、电影等易数字化的产品比较适合采用该策略。

（四）拍卖竞价策略

经济学认为市场要想形成最合理价格，拍卖竞价是最合理的方式。网上拍卖由消费者通过互联网轮流公开竞价，在规定时间内出价高者赢得。根据供需关系，网上拍卖竞价方式有竞价拍卖、竞价拍买（逆拍卖）、集体议价。

在拍卖交易关系中，根据交易双方的关系，可以将交易关系形式转化为交易模式 $X:Y$。

在交易模式中，$X:Y$ 的含义为达成交易时供需者数量的对比。根据数量对比关系，分为 $1:1$ 交易模式、$1:n$ 交易模式、$m:1$ 交易模式以及 $m:n$ 交易模式。

(五)免费价格策略

免费价格策略是市场营销中常用的营销策略，主要用于促销和推广产品。这种策略一般是短期和临时性的。但在网络营销中，免费价格不仅仅是一种促销策略，还是一种非常有效的产品和服务定价策略。其目标是迅速占领市场，以期获取或发掘后续的商业价值。

免费价格策略就是将企业的产品和服务以零价格形式提供给客户使用，满足客户的需求。免费价格形式有以下几种。

1. 产品(服务)完全免费

产品(服务)完全免费是指产品(服务)从购买、使用和售后服务所有环节都实行免费服务。

2. 产品(服务)限制免费

产品(服务)限制免费是指产品(服务)可以被有限地使用，超过一定期限或者次数后将取消这种免费服务。

3. 产品(服务)部分免费

如一些著名研究公司的网站公布部分研究成果，如果要获取全部成果必须付款作为公司客户。

4. 产品(服务)捆绑式免费

产品(服务)捆绑式免费是指购买某产品或者服务时赠送其他产品和服务。

网络营销中并不是所有产品都适合于免费策略。互联网作为全球性开放网络，可以快速实现全球信息交换，只有那些适合互联网这一特性的产品才适合采用免费价格策略。一般来说，免费产品具有易数字化、无形化、"零"制造成本、成长性、冲击性、存在间接收益等特点。

三、网络营销渠道策略

与传统营销渠道一样，以互联网作为支撑的网络营销渠道也应具备传统营销渠道的功能。营销渠道是指提供产品或服务以供使用或消费这一过程有关的一整套相互依存的机构。它涉及信息沟通、资金转移和事物转移等。一个完善的网上营销渠道应有三大功能：订货功能、结算功能和配送功能。但互联网的交互性和普遍存在性使得渠道中相关角色的作用将发生变化。

(一)去中介与中介重构

在传统营销渠道中，中介是其中重要的组成部分。中介是联系生产商和消费者的第三方，如批发、分销、零售等。中介层越多，从生产商到消费者间的价差就会越大。中介之所以在营销渠道中占有重要地位，是因为利用中介能够在广泛提供产品和进入目标市场方面发挥较高的效率。但互联网使得传统营销中的中介凭借地缘获取的优势被互联网的虚拟性所取代，同时由于互联网高效的信息交换改变着过去传统营销渠道的诸多环节，将错综复杂的关系简化为单一关系，改变了营销渠道的结构。

　　去中介化(Disintermediation)就是要在给定的供应链中移除某些起到中介作用的组织或业务处理层,一方面降低渠道成本,另一方面提高渠道效率。因此就出现了所谓的中介重构。中介重构(Reinter Mediation)是指重新确定供应链中的中介角色,使其提供增值服务,如帮助客户选择卖主,帮助卖主将货物配送给客户,图7-2①描述了中介、去中介和中介重构,去中介和中介重构引起了不同的网络营销渠道策略。

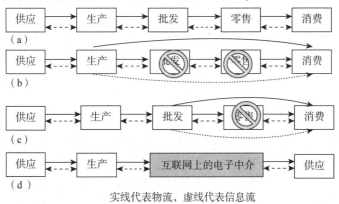

实线代表物流,虚线代表信息流

图7-2　中介、去中介和中介重构

(a)存在中介的供应链;(b)完全失去中介的供应链;(c)部分失去中介的供应链;(d)中介重构的供应链

1. 网上直销

　　网上直销就是利用互联网而不借助任何传统中介作用将产品或服务直接从生产商销售给最终用户,如图7-2中的(b)。完全的去中介化迫使传统中介改变其职能,由过去的中间力量变成为直销渠道提供服务的中介机构,如提供货物运输配送服务的专业配送公司,提供货款网上结算服务的网上银行,以及提供产品信息发布和网站建设的ISP和电子商务服务商。网上直销渠道的建立,使得生产者和最终消费者直接连接和沟通。

　　在美国,有很多发展成熟的直销企业,比如为国内人们所熟悉的Dell电脑、Amway(安利)、Avon(雅芳)等品牌。它们采取的都是直销模式,也就是公司雇佣销售代表直接为顾客上门服务的销售方式。这种销售方式在英文中称作"Direct-Sales"。翻译过来为"传销、直销"之意。在国内这些外来的直销企业之前采取的主要是"店铺雇佣推销员"的形式,现在更多的是利用自己的网店进行直接销售。

　　非法传销与直销的区别:

　　(1)有无入门费。

　　直销企业的推销员无须缴付任何高额入门费,也不会被强制认购货品。而在非法传销中,参加者通过缴纳高额入门费或被要求先认购一定数量的产品以变相缴纳高额入门费作为参与的条件,鼓励不择手段地拉人加入以赚取利润。其公司的利润也是以入门费为主,实际上是一种变相融资行为。

　　(2)有无依托优质产品。

　　这也是非法传销公司和直销企业的一个根本区别,规范直销企业的直销以销售产品作为公司收益的来源。而非法传销则以拉人头牟利或借销售伪劣或质次价高的产品变相拉人

---

　　①　E-fraim Turban. Electronic Commerce-A Managerial Perspective. Pearson Prentice Hall, 2004. 118

牟利，一套只值几十块钱的化妆品可以标价为几百甚至上千元，甚至根本无产品销售。

（3）是否设立店铺经营。

直销企业设立开架式或柜台式店铺，推销人员都直接与公司签订合同，其从业行为直接接受公司的规范与管理。而非法传销的经营者通过发展人员、组织网络从事无店铺或"地下"经营活动。

（4）是否有退出、退货保障。

直销企业的推销人员可根据个人意愿自由选择继续经营或退出，企业为顾客提供完善的退货保障。而非法传销通常强制约定不可退货或退货条件非常苛刻，消费者已购的产品难以退货。

（5）产品是否流通。

非法传销企业不过是个"聚众融资"游戏，销售方式是采取让入门的所有销售代表都要认购产品，但这些产品不在市场上流通，只作为拉进下一个销售人员的样本或者宣传品。最后的局面是所有销售人员人手一份，产品根本没有在市场中流通或者销售。并且这些非法传销公司的组织者的收益主要也来自参加者缴纳的入门费或认购商品等方式变相缴纳的费用，因为产品不流通，组织者多半利用后参加者所缴付的部分费用支付先参加者的报酬维持运作。直销企业则完全相反，一方面企业产品要求质量好，另一方面，产品在市场上的销售也比较好。对于直销企业而言，产品优良与否是决定产品销量的根本原因，因为产品的流通渠道是由生产厂家通过营销代表到顾客手中的，中间没有其他环节，并且少有广告。

（6）销售人员结构有无超越性。

以拉人头来实现获取收益的非法传销公司，在销售人员的结构上往往呈现为"金字塔"式，这样的销售结构导致谁先进来谁在上，同时先参加者从发展下线成员所缴纳的入门费中获取收益，且收益数额由其加入的先后顺序决定，其后果是先加入者永远领先于后来者。

这种不可超越性在直销公司就不存在，在直销企业中无论参与者加入先后，在收益上都表现为"多劳多得""按劳分配"。直销企业为愿意勤奋工作的人提供务实创收的机会，而非一夜暴富。每位推销人员只能按其个人销售额计算报酬，由公司从营运经费中拨出，在公司统一扣税后直接发放至其指定账户，不存在上下线关系。

传销组织的结构如图7-3所示。

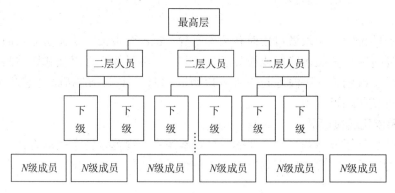

图7-3　传销组织的结构

【案例7-2】线上传销案

2. 网上间接营销

间接营销是通过融入互联网技术后的中间商业机构提供网络间接营销渠道，如图7-2(d)所示。传统中间商由于融合了互联网技术，大大提高了中间商的交易效率、专门化程度和规模经济效益。同时，新兴的中间商也对传统中间商产生了冲击。基于互联网的新型网络间接营销渠道与传统间接分销渠道有着很大不同，传统间接分销渠道可能有多个中间环节如一级批发商、二级批发商、零售商，而网络间接营销渠道只需要一个中间环节。网络间接营销的主要模式有综合门户、电子卖场、网上店铺、卖方电子集市、电子交易所等。

（二）网络渠道优势

首先，利用互联网的交互特性，网上营销渠道从过去单向信息沟通变成双向直接信息沟通，增强了生产者与消费者的直接联系。

其次，网上营销渠道可以提供更加便捷的相关服务。一是生产者可以通过互联网提供支付服务，客户可以直接在网上订货和付款，然后就等着送货上门，这一切大大方便了客户的需要；二是生产者可以通过网上营销渠道为客户提供售后服务和技术支持，特别是对于一些技术性比较强的行业如IT业，提供网上远程技术支持和培训服务既方便客户，又节约成本。

最后，网上营销渠道的高效性可以大大减少过去传统分渠道中的流通环节，有效降低成本。对于网上直接营销渠道，生产者可以根据客户的订单按需生产，实现零库存管理，同时网上直接销售还可以减少过去依靠推销员上门推销的昂贵的销售费用，最大限度地控制营销成本。对于网上间接营销渠道，通过信息化的网络营销中间商可以进一步扩大规模，实现更大的规模经济，提高专业化水平；通过与生产者的网络连接，可以提高信息透明度，最大限度地控制库存，实现高效物流运转，降低物流运转成本。

（三）渠道建设与选择

由于网上销售对象不同，网上销售渠道存在很大区别。B2B交易模式由于每次交易量很大、交易次数很少，并且购买方案比较集中，因此网上销售渠道的建设关键是建设好订货系统，方便购买企业进行选择。由于企业一般信用较好，通过网上结算实现付款比较简单；配送时一般进行专门运送，既可以保证速度也可以保证质量，减少中间环节造成的损耗。B2C交易模式由于单次交易量小、交易次数多，而且购买者非常分散，因此网上渠道建设的关键是结算系统和配送系统，这也是目前网上购物必须面对的门槛。由于国内的消费者信用机制还没有建立起来，加之缺少专业配送系统，因此开展网上购物活动时，特别是面对大众购物时，企业必须解决好这两个环节才有可能获得成功。

不同的企业有不同的渠道选择策略。一般而言，规模型企业可采用网上直销渠道；规模较小且品牌知名度不大的企业一般适合选择电子中间商；处于两者之间的企业可采用网上直销与电子中间商并存的模式，使企业发展逐渐向一个方向调整。如图7-4所示网上渠道只是一类渠道，不可能完全替代传统的营销渠道。

图 7-4　网上渠道的选择

(四)渠道冲突

传统企业选择网络作为新的营销渠道可能面临渠道冲突的风险,即在线营销渠道对传统营销渠道所造成的竞争压力,如批发商直销与原有的零售渠道可能会产生冲突,生产商直销与传统的批发商、生产商会产生冲突等。另外,企业内部部门之间也可能因各自业务对象(在线业务与离线业务)不同产生冲突,如资源分配问题、产品定价问题等。可以制定一些策略解决渠道冲突问题,如直接让现有的分销商实施电子商务;建立企业门户,鼓励中介承担企业实施电子商务时所产生的新型服务;仅在线销售没有冲突的产品,如新产品、传统渠道不愿经营的产品等,而其他易引起冲突的产品只在线做广告,仍由传统渠道分销;只利用互联网做推广、客户服务等,而不承担销售任务;成立独立的在线子公司等。另外,为避免渠道冲突,企业还要有协调管理措施,如明确责任、统一定价等。

四、网上促销策略

网络促销是指利用现代通信网络特别是互联网向市场传递有关产品和服务的信息,以启发需求,引起消费者的购买欲望和购买行为的各种活动,其目标与传统促销是一致的。但由于网络的普遍存在性和交互性,网络促销与传统促销相比,在时间和空间观念上,在信息传播模式上以及在客户参与程度上都发生了较大的变化。因此一方面要从技术、方式及手段等角度去认识这种依赖现代网络技术、与客户不见面、完全通过电子化手段交流思想和意愿的产品促销形式;另一方面则应当通过与传统促销的比较去体会两者之间的异同,吸收传统促销方式的整体设计思想和行之有效的促销技巧,加速和提高网络促销的成效。网络促销的主要内容有站点推广、网络广告、网上销售促进和网上公共关系。

(一)网上折价促销

折价亦称打折、折扣,对商品或服务的价格进行打折或折扣降低消费者的购买成本、提高消费者的购买意愿是目前网上最常用的一种促销方式。因为目前网民在网上购物的热情远低于商场超市等传统购物场所,因此网上商品的价格一般都要比传统方式销售时要低,以吸引人们购买。由于网上销售商品不能给人全面、直观的印象,也不可试用、触摸等原因,再加上配送成本和付款方式的复杂性,造成网上购物和订货的积极性下降。而幅度比较大的折扣可以促使消费者进行网上购物的尝试并做出购买决定。目前大部分网上销售商品都有不同程度的价格折扣。

网上折价促销有以下几种方式。

①直接折扣:就是直接在商品或服务的原价上打折,例如 8 折、7 折等。

②满减：就是当消费者购买商品或服务达到一定金额后，可以减少一定金额，例如满199减100等。

③满件折：就是当消费者购买商品或服务达到一定数量后，可以享受一定的折扣，例如满2件8折等。

④阶梯折扣：就是根据消费者购买商品或服务的金额或数量不同，享受不同的折扣，例如满99减10，满199减30等。

（二）网上赠品促销

网上赠品促销就是在网上向消费者赠送一些额外的商品或服务，增加消费者的收益感和忠诚度。一般情况下，在新产品推出试用、产品更新、对抗竞争品牌、开辟新市场情况下利用赠品促销可以达到比较好的促销效果。赠品促销的优点是：可以提升品牌和网站的知名度；鼓励人们经常访问网站以获得更多的优惠信息；能根据消费者索取赠品的热情程度而总结分析营销效果和产品本身的反应情况等。

网上赠品促销有以下几种方式：

①买赠：就是当消费者购买一定数量或金额的商品或服务后，可以免费获得另外一些商品或服务，例如买一送一、买二送一等。

②换购：就是当消费者购买一定数量或金额的商品或服务后，可以用比原价更低的价格购买其他商品或服务，例如满199元可换购某款产品等。

③试用装：就是向消费者免费提供一些新品或小样，让消费者体验产品的效果和质量，从而吸引消费者购买正装产品。

（三）网上抽奖促销

抽奖促销是网上应用较广泛的促销形式之一，是大部分网站乐意采用的促销方式。抽奖促销是以一个人或数人获得超出参加活动成本的奖品为手段进行商品或服务的促销，网上抽奖活动主要附加于调查、产品销售、扩大用户群、庆典、推广某项活动等。消费者或访问者通过填写问卷、注册、购买产品或参加网上活动等方式获得抽奖机会。

（四）积分促销

积分促销在网络上的应用比起传统营销方式要简单和易操作。网上积分活动很容易通过编程和数据库等来实现，并且结果可信度很高，操作起来相对较为简便。积分促销一般设置价值较高的奖品，消费者通过多次购买或多次参加某项活动来增加积分以获得奖品。积分促销可以增加上网者访问网站和参加某项活动的次数；可以增加上网者对网站的忠诚度；可以提高活动的知名度等。

（五）网上套装促销

网上套装促销就是将多个商品或服务组合在一起作为一个整体进行售卖，通常比单独购买更加便宜。网上套装促销有以下几种方式。

①同类套装：就是将同一类别或品牌的商品或服务组合在一起进行售卖，例如化妆品套装、服饰套装等。

②跨类套装：就是将不同类别或品牌的商品或服务组合在一起进行售卖，例如手机+耳机、电视+音响等。

③主副套装：就是将一个主要的商品或服务和一个次要的商品或服务组合在一起进行

售卖，例如电脑+鼠标、洗发水+护发素等。

(六)网上限时促销

网上限时促销就是限制商品或服务在某个时间段内进行售卖或降价。网上限时促销有以下几种方式：

①秒杀：就是在某个时间点开始对商品或服务进行极低价出售，数量有限，先到先得。

②闪购：就是在某个时间段内对商品或服务进行低价出售，数量有限，售完即止。

③团购：就是在某个时间段内对商品或服务进行低价出售，但需要达到一定的人数或数量才能成团，否则无效。

第三节　网络营销方法

网络营销的职能是通过各种网络营销方法来实现的，网络营销的各个职能之间并非相互独立的。同一个职能可能需要多种网络营销方法的共同作用，而同一种网络营销方法也可能适用于多个网络营销职能。常用的网络营销方法主要有搜索引擎注册与排名、交换链接、病毒性营销、网络广告、许可 E-mail 营销与邮件列表、个性化定制、联属网络营销、社交媒体营销等。

一、搜索引擎和搜索引擎营销

搜索引擎是网民在互联网中获取所需信息的重要工具，是互联网中的基础应用。2010年，搜索引擎成为中国网民上网的主要入口，而互联网门户的地位也由传统的新闻门户网站转向搜索引擎网站。

根据中国互联网络信息中心 2022 年 12 月发布的《第 51 次中国互联网络发展状况调查统计报告》的统计数据，截至 2022 年 12 月，我国网民规模为 10.67 亿，同比增加 3.4%，互联网普及率达 75.6%，我国网络购物用户规模达 8.45 亿，较 2021 年 12 月增长 319 万，占网民整体的 79.2%。

2016—2021 年中国搜索引擎用户使用情况如图 7-5 所示。

图 7-5　2016—2021 年中国搜索引擎用户使用情况

（数据来源：CNNIC 中国互联网络发展状况统计调查）

(一)搜索引擎介绍

搜索引擎按其工作方式主要可分为三种，分别是全文搜索引擎(Full Text Search Engine)、目录索引类搜索引擎(Search Index/Directory)和元搜索引擎(Meta Search Engine)。

1. 全文搜索引擎

全文搜索引擎是名副其实的搜索引擎，国外具代表性的有 Google、DuckDuckGo、Bing 等，国内著名的有百度(Baidu)。它们都是通过从互联网上提取的各个网站的信息(以网页文字为主)而建立的数据库中，检索与用户查询条件匹配的相关记录，然后按一定的排列顺序将结果返回给用户，因此它们是真正的搜索引擎。从搜索结果来源的角度，全文搜索引擎又可细分为两种：一种是拥有自己的检索程序(Indexer)，俗称"蜘蛛"(Spider)程序或"机器人"(Robot)程序，并自建网页数据库，搜索结果直接从自身的数据库中调用，如上面提到的几家引擎；另一种则是租用其他引擎的数据库，并按自定的格式排列搜索结果，如 Lycos 引擎。图 7-6 为全文搜索引擎的部分商标。

图 7-6　全文搜索引擎的代表

2. 分类目录索引

分类目录索引虽然有搜索功能，但在严格意义上算不上是真正的搜索引擎，仅仅是按目录分类的网站链接列表而已。用户完全可以不用进行关键词(Keywords)查询，仅靠分类目录也可找到需要的信息。目录索引中最具代表性的有 Yahoo 雅虎、Open Directory Project (DMOZ)、Look Smart、About 等。国内的搜狐、新浪、网易搜索也都属于这一类。图 7-7 为分类目录搜索引擎的部分商标。

图 7-7　分类目录搜索引擎的代表

3. 元搜索引擎(META Search Engine)

元搜索引擎在接受用户查询请求时，同时在其他多个引擎上进行搜索，并将结果返回给用户。著名的元搜索引擎有 Info Space，Dogpile，Vivisimo 等，中文元搜索引擎中具代表性的有"搜星"搜索引擎。在搜索结果排列方面，有的直接按来源引擎排列搜索结果，如 Dogpile，有的则按自定的规则将结果重新排列组合，如 Vivisimo。

4. 非主流形式的搜索引擎

(1)集合式搜索引擎：如 HotBot 在 2002 年年底推出的引擎。该引擎类似 META 搜索引擎，但区别在于不是同时调用多个引擎进行搜索，而是由用户从提供的四个引擎当中选择，因此叫它"集合式"搜索引擎更确切些。

(2)门户搜索引擎：如 AOL Search、MSN Search 等虽然提供搜索服务，但自身既没有分类目录也没有网页数据库，其搜索结果完全来自其他引擎。

(3)免费链接列表(Free for All Links，FFA)：这类网站一般只简单地滚动排列链接条目，少部分有简单的分类目录，不过规模比起 Yahoo 等目录索引来要小得多。

(二)搜索引擎营销

搜索引擎营销是一种通过在搜索引擎中推广产品和服务来增加品牌曝光度和获取潜在

客户的营销策略。随着互联网的普及和搜索引擎的日益发展,搜索引擎营销已成为企业在网络上获取流量和提升品牌知名度的重要手段。

搜索引擎营销根据用户使用搜索引擎的方式,利用用户检索信息的机会尽可能将营销信息传递给目标用户。简单来说,搜索引擎营销就是基于搜索引擎平台的网络营销,利用人们对搜索引擎的依赖和使用习惯,在人们检索信息的时候尽可能将营销信息传递给目标客户。

1. 搜索引擎注册与排名

在主要的搜索引擎上注册并获得最理想的排名,是网站设计过程中就要考虑的问题之一。网站正式发布后尽快提交到主要的搜索引擎,是网络营销的基本任务。搜索引擎结果注册包括普通型注册、推广型注册以及竞价型注册。普通型注册费用较低,但仅保证收录,不保证排名;推广型注册,保证排在搜索结果的第一页,但若推广型注册用户过多,一般搜索引擎服务商会采用"滚动排名"策略;竞价型注册是一种按照为客户网站带去的实际访问量收费的模式。

由于有众多搜索引擎,因此公司选择哪些搜索引擎注册是一门学问。主要策略有选择著名的综合搜索引擎公司,如百度(baidu.com)、谷歌(google.com);或者根据所属行业,选择专业搜索引擎。

2. 搜索引擎推广可能存在的不足

①搜索结果太多,排不到前面可能没有任何意义。

②不同时间查询结果不同。

③不同的搜索引擎查询结果不同。

④要求准确的关键词选择,否则太冷僻了没人查,太通俗了结果又太多。

⑤由于搜索引擎对语义的理解有限,因而会产生歧义,如查"光学数据库"却出现了"光学数据库是不行的"等。

3. 改善排名的途径

(1)搜索引擎优化(SEO)。

搜索引擎优化是通过优化网站结构、内容和关键词等,提高网站在搜索引擎中的排名。优化的关键在于了解搜索引擎的算法和用户的搜索习惯,从而调整网站的内容和结构,使其能够更好地满足用户需求,并提高在搜索结果中的排名。

第一,通过联想尽可能给出更多的关键词。比如在卖鲜花的网站中,可以考虑的关键词有"鲜花""花""玫瑰""康乃馨"等,还可以联想到鲜花应用的场合来选择关键词,如"生日鲜花""情人节鲜花"等。

第二,站在用户的角度给出符合大众习惯称谓的词。比如在研究生考试咨询网站中,是用"研考"还是"考研"来做关键词?按照道理应该是"研考"才对,我们可以到搜索引擎上测试一下,看看哪个词的反馈结果多。用百度搜索"研考"和"考研",结果分别如图7-8和图7-9所示。

图7-8 百度搜索引擎反馈的"研考"结果

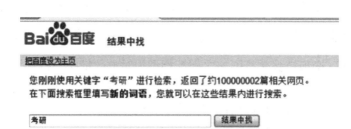

图 7-9 百度搜索引擎反馈的"考研"结果

从结果中可以发现，用"研考"作为关键词搜索，有大约 939 332 篇相关网页，用"考研"作为关键词搜索，有大约 100 000 002 篇相关网页，说明大众的用语习惯是"考研"而不是"研考"。

第三，要给出一定的专业术语的关键词，减少意义太泛的关键词。用户为了能够准确找到信息，比较倾向于使用具体词汇以及组合词汇，而不是使用大而泛的概念；另外，网站如果使用意义过于广泛的关键词，也意味着要与更多的网站竞争排名，难以胜出。

（2）搜索引擎广告（SEM）。

搜索引擎广告是通过在搜索引擎中购买关键词广告，将产品和服务展示在搜索结果页面的广告形式。通过选择相关的关键词，并设置合适的出价和广告文案，可以在搜索结果的前几位显示广告，提高品牌曝光度和点击率。

目前很多搜索引擎公司是按照费用高低排名的。从搜索引擎角度，可在技术上采用一些策略，比如优先推荐有此域名的网址，如在 google. com 上个搜索 fox 这样的常用词也能准确定位到福克斯（fox. com）公司，而在百度上搜索 163，也能直接定位到 163. com。为避免按费用高低排名引起的用户不满，还可将搜索结果与广告分开，如图 7-10 所示。

图 7-10 搜索引擎广告

二、交换链接

在网络营销中,交换链接是指网站之间互相添加对方的链接,以增加网站之间的互联性和互访流量的一种策略。通过交换链接,网站可以获得来自其他网站的流量,提高网站的曝光度和排名,同时也可以提高网站的权威性和信誉度。

交换链接可以分为以下几种。

(1)相互链接。相互链接是指两个网站之间互相添加对方的链接。这种交换方式可以互相增加流量和引导用户进行跳转,提高网站的曝光度和访问量。相互链接通常是在相关性较高的网站之间进行,以增加用户的兴趣和点击率。

(2)三方链接。三方链接是指通过第三方平台进行链接交换,而不是直接与对方网站进行交换。这种方式可以避免与竞争对手直接交换链接,同时还可以通过第三方平台的介入,提高链接交换的可信度和安全性。三方链接通常是通过专门的链接交换平台或者广告代理公司进行。

(3)付费链接。付费链接是指通过支付一定费用,与其他网站进行链接交换。这种方式可以直接购买高质量的链接资源,提高网站的权威性和排名。付费链接通常是与有较高流量和权威性的网站进行交换,以获得更多的流量和曝光度。

(4)专题链接。专题链接是指在特定主题或领域内进行链接交换。这种方式可以集中资源,形成专题网站或专题页面,吸引目标用户的访问和点击。专题链接通常是在相关行业或主题的网站之间进行,以提高用户的精准性和兴趣度。

(5)社交媒体链接。随着社交媒体的兴起,社交媒体链接交换也成为一种常见的方式。这种方式可以通过在社交媒体平台上添加对方的链接,增加网站之间的互动和流量。社交媒体链接交换通常是通过在帖子、评论或个人资料中添加链接进行。

在进行链接交换时,需要注意以下几点:

(1)相关性。选择与自己网站相关性高的网站进行链接交换,以提高用户的兴趣和点击率。

(2)质量。选择质量较高的网站进行链接交换,以增加网站的权威性和信誉度。

(3)平衡。保持链接交换的平衡,避免过多的外部链接影响网站的排名和用户体验。

(4)定期检查。定期检查链接的有效性和可访问性,确保链接交换的质量和效果。

交换链接或称互惠链接,是具有一定优势的网站之间的简单合作形式,即分别在自己的网站上放置对方网站的 Logo 或网站名称或网站名称设置对方网站的超级链接,使得用户可以从合作网站中发现自己的网站,达到互相推广的目的。

(一)主要作用

1. 吸引点击量

通过和其他站点的交换链接,可以吸引更多的用户点击访问自己的网站。

2. 为搜索引擎的收录提供参考

搜索引擎会根据交换链接的数量以及交换链接网站质量等对一个网站做出综合评价,这也将是影响网站在搜索引擎排名的因数之一。

交换链接在吸引更多用户访问的同时起到 SEO(搜索引擎优化)的作用。但交换链接面临双方网站的知名度、点击率等可能不相同的困难，因此需要加入广告交换组织。广告交换组织通过不同站点的加盟，提高了链接交换的机会，起到相互促进的作用，如图 7-11 所示。

图 7-11　江西农业大学教务处网站的交换链接

(二) 交换链接的方式

1. 双线链接

双线链接是指对方 A 站链接你的 A 站，而你的 A 站也同样链接对方的 A 站。这是链接中最常见的形式。

2. 交叉链接

交叉链接是指对方的 A 站链接你的 B 站，而你的 B 站连接对方的 A 站。(A 站不仅仅限于某一个站)

3. 单线链接

单线链接，合字面意思，即单方面链接某个站点的 URL，而对方却并无你的链接。

三、病毒式营销

(一) 概念

所谓"病毒式营销"，并非真的以传播病毒的方式开展营销，而是通过利用公众的积极性和人际网络，使营销信息像病毒一样被快速复制并传向数以万计、数以百万计的受众。这是一种口碑营销。在网络环境下可以使用电子邮件、新闻组、聊天室、社区、论坛、电子书、电子贺卡、电子优惠券等传递信息。人们在获得利益的同时不知不觉地、不断缠绕式地宣传了商家的营销信息。因此，病毒性营销是商家发动、用户自愿参加、结果双赢的方式。

(二) 病毒式营销的方式

病毒性营销的特点是快速传播，用户是传播链的中继者，因此，病毒性营销的效果取决于"病毒"是否容易传播和用户是否乐于传播该"病毒"。美国著名的电子商务顾问 Ralph

Wilson 博士提出了病毒式营销具有的六项基本要素：

①提供有价值的产品或服务。

②提供无须努力地向他人传递信息的方式。

③信息传递范围很容易从小向大规模扩散。

④利用公众的积极性和行为。

⑤利用现在的通信网络。

⑥利用别人的资源。

 【案例7-3】拼多多的病毒式营销

四、网络广告

与传统的四大传播媒体(报纸、杂志、电视、广播)广告及近来备受垂青的户外广告相比，网络广告具有得天独厚的优势，是实施现代营销媒体战略的重要一部分。网络广告是主要的网络营销方法之一，在网络营销方法体系中具有举足轻重的地位。事实上多种网络营销方法也都可以理解为网络广告的具体表现形式，并不仅仅限于放置在网页上的各种规格的 Banner 广告，电子邮件广告、搜索引擎关键词广告、搜索固定排名等都可以理解为网络广告的表现形式。无论以什么形式出现，网络广告所具有的本质特征是相同的：它是向互联网用户传递营销信息的一种手段，是对用户注意力资源的合理利用。

从技术层面来说，网络广告是指以数字代码为载体，采用先进的电子多媒体技术设计制作，通过互联网广泛传播，具有良好交互功能的广告形式。中国的第一个商业性网络广告出现在 1997 年，传播网站是 China Byte，广告表现形式为 468×60 像素的动画旗帜广告。近年来，互联网已经成为继传统三大媒体(电视、广播、报刊)之后的第四大媒体。中国网络广告发展迅速，发挥的作用也越来越大。表 7-1 为网络广告、纸介广告与电视广告的对比。

表 7-1　网络广告与纸介广告、电视广告的对比

对比项	纸介广告	电视广告	网络广告
时间效果	播放、保留时间中等	播放、保留时间短	播放无时间限制
空间效果	版面限制大	画面限制大	无限制，自由度大
反馈能力	弱	弱	强
检索能力	弱	无	强
宣传方式	文字、画面	画面、声音	影像、声音、动画、三维空间等
读者投入	一般	一般	集中
可统计性	一般	差	强
费用支出	中	高	低

和传统广告比较起来，网络广告具有以下优势：

①传播技术先进，方式多样。

②不受时空限制，信息容量大。

③实现互动性，便于双向沟通。

④成本低廉，计费灵活。

⑤便于检索，反馈直接。

(一)网络广告的形式

1. 网幅广告(包含 Banner、Button、通栏、竖边、巨幅等)

网幅广告是以 GIF、JPG、Flash 等格式建立的图像文件，定位在网页中大多用来表现广告内容，同时还可使用 Java 等语言使其产生交互性，用 Shockwave 等插件工具增强表现力。网幅广告最常用的是旗帜(Banner)广告(见图 7-12)。按 IAB(Internet Advertising Bureau，美国网络广告署)规定，它有四种规格：468×60 像素的标准格式，也称为全幅标志广告；234×60 像素，也称为半幅标志广告；120×240 像素的直幅标志广告；728×90 像素的宽型标志广告。网幅广告还有一种略小一点的广告，称为按钮广告(Button)，常用的按钮式广告尺寸也有四种：125×125 像素、120×90 像素、120×60 像素、88×31 像素。

另外，IAB 也在不断颁布新的网幅广告的标准，如 336×280 像素的大长方形广告、300×250 像素的中长方形广告、120×600 像素的摩天大楼广告、250×250 像素的弹出式广告等。

图 7-12　网易上的旗帜广告

2. 文本链接广告

文本链接广告是以一排文字作为一个广告，点击可以进入相应的广告页面。这是一种对浏览者干扰最少但却较为有效果的网络广告形式。有时候，最简单的广告形式效果却最好。

3. 电子邮件广告

电子邮件广告具有针对性强(除非肆意滥发)、费用低廉的特点，且广告内容不受限制。特别是针对性强的特点，它可以针对具体某一个人发送特定的广告，为其他网上广告方式所不及。

4. 赞助式广告

赞助式广告确切地说是一种广告投放传播的方式，而不仅仅是一种网络广告的形式。

它可能是通栏式广告、弹出式广告等形式中的一种，也可能是包含很多广告形式的打包式设计，甚至是以冠名等方式出现的一种广告形式。它的表现形式多种多样，比传统的网络广告能给予广告主更多的选择。

5. 与内容相结合的广告

广告与内容的结合可以说是赞助式广告的一种，从表面上看起来它们更像网页上的内容而并非广告。在传统的印刷媒体上，这类广告都会有明显的标示，指出这是广告，而在网页上通常没有清楚的界限。

6. 插播式广告(弹出式广告)

访客在请求登录网页时强制插入一个广告页面或弹出广告窗口。它们有点类似电视广告，都是打断正常节目的播放强迫观看。插播式广告有各种尺寸，有全屏的也有小窗口的，而且互动的程度也不同，从静态的到全部动态的都有。浏览者可以通过关闭窗口不看广告(电视广告是无法做到的)，但是它们的出现没有任何征兆，除非浏览者在事前就设定网页拦截弹出窗口，否则它们肯定会被浏览者看到。

7. Rich Media

一般指使用浏览器插件或其他脚本语言、Java 语言等编写的具有复杂视觉效果和交互功能的网络广告。这些效果的使用是否有效，一方面取决于站点的服务器端设置，另一方面取决于访问者浏览器是否能查看。一般来说，Rich Media 能表现更多、更精彩的广告内容。

8. 其他广告

其他广告如视频广告、路演广告、巨幅连播广告、翻页广告、祝贺广告、论坛版块广告等。

(二)网络广告的定价模式

1. CPM(Cost Per Mille 或者 Cost Per Thousand Impressions)，每千人成本

在传统媒体的广告业中，通常是以每千人成本作为确定该媒体广告价格的基础。由于互联网上的网站可以精确地统计其页面的访问次数，因此网络广告按访问人次收费是一种科学的方法，所以网络广告沿用了传统媒体广告的做法，一般以广告网页被 1 000 次浏览为基准计价单位，即 CPM。例如，一个旗帜广告的单价是 $1/CPM，意味着每一千人次看到这个广告就收 1 美元，依此类推，若有 1 万人次浏览了该广告就是 10 美元。如果一个广告主购买了 30 个 CPM，其所投放在广告商网页上的广告就可以被浏览 3 万人次。

2. CPC(Cost Per Click)，每点击成本

CPC 模式是以网页上的广告被点击并链接到相关网站或详细内容页面 1 000 次为基准的网络广告收费模式，例如，广告主购买了 10 个 CPC，意味着其投放的广告可被点击 10 000 次。虽然 CPC 的费用比 CPM 的费用高得多，但广告主往往更倾向选择 CPC 这种付费方式，因为这种付费真实反映了受众确实看到了广告，并且进入了广告主的网站或页面。CPC 也是目前国际上流行的广告收费模式。

3. CPR(Cost Per Response)，每回应成本

该模式是以浏览者的每一个回应计费。这种广告计费充分体现了网络广告"及时反应、

直接互动、准确记录"的特点。

4. CPA(Cost Per Action)，每行动成本

该模式是按照回应的有效问卷或订单来计费，而不限广告投放量。

5. CPP(Cost Per Purchase)，每购买成本

该模式是用户点击广告并进行在线购买后才按照销售笔数付给广告站点费用。

五、许可 E-mail 营销与邮件列表

(一)许可 E-mail 营销的定义

E-mail 营销是在用户事先许可的前提下，通过电子邮件的方式向目标用户传递有价值信息的一种网络营销手段。

E-mail 营销强调三个基本因素：基于用户许可、通过电子邮件传递信息、信息对用户是有价值的。

基于用户许可的 E-mail 营销比传统的推广方式或未经许可的 E-mail 营销具有明显的优势，比如可以减少广告对用户的滋扰、增加潜在客户定位的准确度、增加与客户的关系、提高品牌忠诚度等。开展 E-mail 营销的前提是拥有潜在用户的 E-mail 地址。这些地址可以是企业从用户资料中自行收集整理，也可以利用第三方获得潜在用户资源。

(二)许可 E-mail 营销的基本形式

(1)内部列表 E-mail 营销：利用用户自愿注册的资料。

(2)外部列表 E-mail 营销：利用专业服务商的用户资源。

如图 7-13 所示为屈臣氏网站上的会员注册页面，屈臣氏通过会员注册，收集用户的注册信息，针对数据库中存储的会员 E-mail 定期或不定期发送相关的广告邮件来进行许可 E-mail 营销。

图 7-13 屈臣氏网站上的会员注册

六、联属网络营销

(一)概念

联属网络营销(Affiliate Marketing)又称会员制营销,已经被证实为电子商务网站的有效营销手段。国外许多零售型网站都实施了联属计划,几乎已经覆盖了所有行业。联属网络营销是一种基于联盟关系的营销模式,也被称为联属营销、联盟营销或合作营销。在联属网络营销中,一个企业(称为联属商或推广商)与其他企业或个人(称为联属伙伴或推广伙伴)建立合作关系,共同推广和销售产品或服务。

在联属网络营销中,联属商通常提供一种产品或服务,而联属伙伴负责推广和销售这个产品或服务。联属伙伴可以通过他们自己的网站、博客、社交媒体平台等渠道向潜在客户推广产品,并获得相应的佣金或奖励。联属网络营销通常基于一种称为联属链接的特殊链接,通过这个链接可以追踪到联属伙伴的推广活动和销售成果。

联属网络销售理论发端于亚马逊书店在1996年夏推出的一种联属方案(Associates Program)。根据这一方案,任何网站都可以申请成为亚马逊书店的联属网站,在自己的网站上推介亚马逊书店经营的图书,并依据实际售出书籍的种类和以享折扣的高低获得5%~15%的佣金。该方案一经推出,就在业界引起了轰动。当年加入联属营销计划的网站超过了4 000家,次年夏天突破了10 000家,1998年夏天达到了10万家。正是这些联属网站使得亚马逊书店名声大振,成为网上零售的第一品牌。在亚马逊书店的带动下,网上零售业纷纷仿效。如今联属网络营销的观念已经普及在网络上发展的各个行业的各种规模的公司。

(二)优势

1. 树立品牌,促进销售

主力网站可以通过发展联属网络充分利用联属伙伴的资源和渠道,扩大产品的推广范围和销售渠道,以较小的花费在较短的时间内树立自己的网上品牌,实现网上销售额的快速增长。

2. 实现营收

联属网站可以通过加入联属营销计划从起点较低的内容网站迅速转变为电子商务网站,实现营业收入,而不需要自己开发和生产产品。

七、社交媒体营销

(一)社交媒体发展现状

根据中国互联网络信息中心2022年12月发布的《第51次中国互联网络发展状况调查统计报告》的统计数据,截至2022年12月,短视频用户规模首次突破十亿,用户使用率高达94.8%。2018—2022年的五年间,短视频用户规模从6.48亿增长至10.12亿,年新增用户均在6 000万以上,其中2019、2020年,受疫情、技术、平台发展策略等多重因素的影响,年新增用户均在1亿以上。同时,用户使用率从78.2%增长至94.8%,增长了

16.6 个百分点，与第一大互联网应用（即时通信）使用率间的差距由 17.4 个百分点缩小至 2.4 个百分点。

2018—2022 年中国社交媒体用户增长情况如图 7-14 所示。

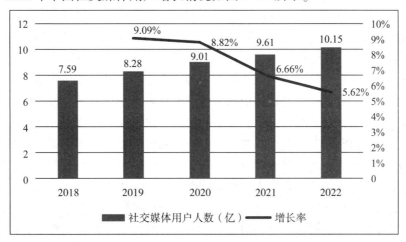

图 7-14　2018—2022 年中国社交媒体用户增长情况

注：1. 受疫情影响，2019 年数据统计实际截至 2020 年 3 月，其余年份数据截至当年 12 月
2. 数据来源于 KAWO《2023 中国社交媒体平台指南》

（二）社交媒体营销

相对于搜索引擎、网络广告、电子邮件等网络营销工具，博客、微博、微信、知乎、哔哩哔哩、抖音、快手、小红书等移动端应用的兴起，催生出新的社交媒体营销的新特点。在传统营销模式当中，信息的传递是单向的，没有强制性的。用户只能接触到这些传统营销信息。社交媒体营销通过评论、点赞、转发等互动功能设置增加了消费者的选择性，可以有选择地关注自己想了解的领域和信息。传统媒体营销在营销成本方面不占优势，通常会支付大量的广告费用。社交媒体营销使得每个消费者成为营销内容的接收者、传播者，大大降低了营销成本。同时，通过消费者行为数据分析，可以瞄定目标用户群体，也可以节省相关广告投放的成本。传统媒体营销和社交媒体营销并不是替代关系，而是相互促进、相辅相成的。

 【案例 7-4】鸿星尔克从普通品牌到网红的突破

（三）社交媒体营销漏斗理论

漏斗模型的概念最早由埃尔莫·刘易斯（St. Elmo Lewis）在 1898 年提出，叫做消费者购买漏斗（The Purchase Funnel），也叫消费者漏斗（Customer Funnel）、营销漏斗（Sales/Marketing Funnel）等，是一种品牌广告的营销策略，准确地概括出了顾客关于产品或者服务的流程。

埃尔莫·刘易斯提出的这个策略，后来被称为 AIDA 模型，即意识（Attention）—兴趣

(Interest)—欲望(Desire)—行动(Action)。在接下来的100年里,随着漏斗模型的推广,为了适应新的媒体平台以及用户行为路径的改变,它经过多次的修改和扩展,产生了各种衍生版本,比如AIDMA[在AIDA模型基础上添加了Memory(记忆)]、AISAS[Attention(注意)—Interest(兴趣)—Search(搜索)—Action(行动)—Share(分享)]、AARRR[Acquisition(获取)—Activation(激活)—Retention(留存)—Revenue(商业变现)—Referral(推荐传播)]等。

社交媒体营销漏斗理论用于描述潜在客户在社交媒体上与品牌互动的过程。漏斗理论将整个营销过程分为几个阶段,包括认知、兴趣、决策和行动。在认知阶段,品牌通过发布有吸引力的内容、广告或社交媒体活动来吸引潜在客户的注意力,使他们对品牌产生兴趣。在兴趣阶段,品牌需要通过提供有价值的信息、故事或优惠来进一步引发潜在客户的兴趣,并建立起与他们的互动关系。在决策阶段,品牌需要通过提供详细的产品或服务信息、客户评价或比较等来帮助潜在客户做出购买决策。最后,在行动阶段,品牌需要通过提供购买途径、优惠码或购物车等方式来促使潜在客户完成购买行为。

漏斗理论的目的是帮助品牌更好地了解客户在社交媒体上的互动过程,并通过有针对性的策略和措施来引导潜在客户沿着漏斗不断前进,最终实现转化为忠实客户的目标。需要注意的是,每个阶段的转化率可能会有所下降,因此品牌需要在每个阶段都做出相应的努力来提高转化率,并保持客户的参与度和忠诚度。

营销漏斗中的社交媒体平台如图7-15所示。

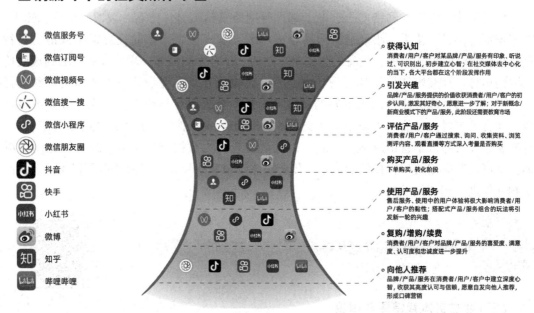

图7-15 营销漏斗中的社交媒体平台

注:图片来源KAWO《2023中国社交媒体平台指南》

(四)社交媒体营销特点

随着社交媒体的不断发展,社交媒体营销也逐渐呈现出一些新的发展趋势。

1. 社交媒体搜索引擎化

除了社交媒体上发布的内容可能被搜索引擎收录外，用户现在更倾向于在微信、小红书、抖音、知乎等社交媒体平台上直接搜索特定内容。不同的社交平台的用户群体有各自的特征且互动性较高，产生的内容也有所不同。因此，社交平台上针对某些特定问题会比搜索引擎得到的信息有更真实的反馈、更全面的解释。

2. 短视频依旧是主流

对于品牌与个人而言，短视频内容制作成本较低，加之可以在短时间内带来广泛传播，独特的优势令其仍处于红利期。如抖音、快手、小红书、哔哩哔哩等都是短视频平台。

3. 社交与电商融合

社交电商无缝衔接，客户无须离开社交媒体应用程序实现产品浏览和购买，进一步增强消费体验。社交媒体内容驱动社交媒体的电商化发展，微信视频号等多个社交媒体平台正加速商业化之路，直播的井喷式发展为社交电商与兴趣电商推波助澜。传统电商平台也逐步拓展社交功能，在商品直播、产品评价等方面，打造领域内容创作者。

4. 客户服务社会化

社交媒体的互动性给用户提供了良好的产品使用和消费服务评价的平台，品牌可以通过社交媒体的舆论监控及时解决消费者的问题，以一种更加积极主动的方式将潜在的问题解决，并加强与客户之间的关系。

5. 对优质内容创作者的依赖增加

关键意见领袖以其专业能力与影响力"花式带货"，"带货"表现势头强劲；同时，包括亲朋好友在内的关键意见消费者的口碑推荐因天然的信赖使得用户更易被"种草"，社交媒体上"品牌以外的人"为品牌带来的影响仍然十分强劲。

6. 社交媒体全渠道营销化

各社交媒体平台之间、社交媒体平台与其他互联网垂域平台之间、公域与私域之间的流量打通，线上与线下边界的模糊，将助推品牌利用社交媒体打造全域全链路发展生态。

本章小结

网络的出现改变了现在和将来信息获取、处理和传播的方式，其强大的交互功能和低成本的使用特性，深刻地影响着人们对时间和空间等概念的认识，改变了人们交流沟通和交易的方式，它已经对商业、工业、政府、教育、娱乐等领域产生了巨大的影响，也使得市场的性质和内涵、交易方式和消费者购买行为方式发生着变化，改变了原有的市场营销理论的环境和基础。网络营销是当代信息技术革命，尤其是互联网为核心的网络技术发展的产物。网络营销主要研究网络环境下市场营销的性质、特点和方法，是技术、经济和管理相结合的产物，具有极强的实践性。本章主要介绍了网络营销的概念和发展过程，以及网络营销的功能，最后重点阐述了网络营销的策略和常用的方法。

复习题

一、选择题

1. 网络营销产生的观念基础(　　)。

A. 消费者价值观的变革

B. 网络的普及

C. 把产品和营销组合整合到网络营销活动中

D. 充分考虑企业的利益

2. 以下属于分类目录搜索引擎的是(　　)。

A. Google　　　　　B. Yahoo　　　　　C. Alta Vista　　　　　D. Inktomi

3. 以下哪项不是网络营销理论中4C的某一"C"?(　　)

A. Consumer wants and needs　　　　　B. Confidence

C. Cost　　　　　D. Communication

4. 以下关于网络品牌的说法不正确的是(　　)。

A. 网上品牌与传统品牌一样具有自身的竞争优势

B. 企业要在网络市场取得成功,不能一味依赖传统的品牌优势

C. 网络品牌的成功对网上销售量影响巨大

D. 网站访问量是衡量网络品牌的最重要标志

5. CPC属于网络广告的(　　)计价模式。

A. 每千人印象成本　　B. 每点击成本　　　C. 每行动成本　　　D. 每回应成本

二、简答题

1. 什么是网络营销?网络营销具有哪些特征和功能?

2. 网络营销对传统市场营销(营销理论)有哪些影响和冲击?

3. 什么是网上直接调研?有哪些方法?

4. 简述网络营销产品的概念。适合网络营销的产品应具备哪些特点?

5. 网络广告有哪些形式?

三、论述题

请谈谈你如何看待微信公众号的营销功能。

四、实践题

1. 利用问卷星网站 www.sojump.com,设计一份调查问卷,调查某个网络游戏的客户的分布、爱好,并给出调查问卷的投放策略。

2. 登录百度和Google,了解这两个搜索引擎为企业推广提供哪些专业服务。

第八章 电子商务物流管理

导 读

　　电子商务和物流作为现代流通的两大手段，相互之间有着极为密切的联系。作为社会和经济的热点的电子商务要进一步发展离不开现代物流业的支持，而在电子商务的促进下，物流业也将得到极大的发展。在电子商务环境中，物流是实现商品交付给消费者的关键环节。没有物流，即使商品已经成功下单，也无法顺利完成交易。只有合理、现代化的物流才能保证电子商务的顺利进行，如果缺少了物流业的支撑，无论电子商务是多么便捷的贸易形式，仍将是无米之炊。通过科学的物流管理，可以使物资的运输、储存、配送等环节更加精细化和规范化，减少废品率和物资损失率，提高生产效率，从而降低生产成本。

知识目标

1. 了解电子商务物流管理的发展历史
2. 掌握电子商务物流的组织模式
3. 掌握电子商务物流过程管理
4. 熟悉电子商务物流信息管理
5. 熟悉电子商务物流成本管理

素养目标

1. 培养学生明确职业道德和伦理观念的重要性
2. 培养学生勤劳、吃苦耐劳的精神，责任感和团队合作精神

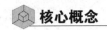

核心概念

第三方物流　自营物流　配送中心　物流信息系统

【拓展阅读8-1】物流领域的中国速度

第一节　电子商务物流管理概述

一、物流概述

(一)物流概念的起源与发展

物流早期是从西方市场学理论中产生的,是指销售过程的物流,即通过对制成品在销售领域的输送、保管活动进行管理,达到降低成本促进销售的目的。1915 年,美国学者阿奇·萧(Arch W. Shaw)在《市场营销中的若干问题》中首次提出了实物分配(Physical Distribution,PD)的概念,并指出"实物分配是与创造需求不同的一个问题"。1935 年,美国销售协会进一步阐述了"PD"概念:"PD 是包含于销售之中的物资资料和服务在从生产场所到销售场所的流动过程中所伴随的种种经济活动。"

第二次世界大战中,美军为改善战争中的物资供应状况,研究和建立了"后勤"(Logistics)理论,并将其用于战争活动中。Logistics 的核心是将战时物资的生产、采购、运输、配给等活动作为一个整体来进行统一布置,以求对战略物资的补给达到"费用更低、速度更快、服务更好"的效果。实践证明,这一理论的应用取得了很好的效果。第二次世界大战后 Logistics 理论被应用到企业界,其内涵得到了进一步拓展,涵盖了整个生产过程和流通过程,包括生产领域的原材料采购、生产过程中的物料搬运与商品流通过程中的实物分配。因此,Logistics 比 PD 的内涵更为广泛,PD 一般仅指销售物流。

20 世纪 50 年代,日本正处于经济高速成长期,生产规模的迅速扩大导致流通基础设施严重不足,在这种背景下,1956 年日本派团考察美国的流通技术,引入了物流的概念。日本的物流概念是直接从英文 Physical Distribution 翻译过来的,PD 最初在日本被译为"物的流通",1965 年将其简化为"物流"。

1979 年 6 月,中国物资经济学会派代表团参加在日本举行的第三届国际物流会议,代表团第一次把"物流"这一概念介绍到了国内。所以,在中国,早期的许多文献都是按 PD 的概念来阐述物流的。

(二)物流的定义

物流概念提出之后,物流问题在西方引起了广泛关注,许多国家加强了对有关物流问题的研究,美国、欧洲、日本等纷纷成立国家或区域性物流协会或学会,一些跨国公司成立物流部，统一协调和管理公司物流活动。在学术研究、物流实践不断深入的过程中，人们认识到，要进行物流学术交流、促进物流行业发展，必须规范物流定义，以统一对物流的认识。因此自 20 世纪 60 年代以来，各种物流定义层出不穷，但世界上对物流的定义远没有统一。其中以美国物流管理协会（The Council of Logistics Management，CLM）[①]给出的定义在世界上影响最大，最具有代表性。从 1963 年至 2003 年，美国物流管理协会先后五次对物流进行定义，2003 年给出的定义（包括内涵和外延）如下：

内涵：物流管理是供应链管理的一部分，是对货物、服务及相关信息从起源地到消费地的有效率、有效益的正向和反向流动以及储存进行的计划、执行和控制，以满足顾客要求。

外延：物流活动一般包括进向和去向运输管理、车队管理、仓储、物料搬运、订单履行、物流网络设计、库存管理、供应/需求规划、第三方物流服务商管理。在不同程度上，物流功能也包括采购、生产计算与排程、包装与装配、客户服务。它不涉及战略、战术与运作各个层面的计划与执行。物流管理是一个集成的功能，它除了要将物流与营销、销售、制造、金融、信息技术整合之外，还要协调和优化所有的物流活动。

我国国家标准《物流术语》GB/T 18354—2021 将物流定义为：根据实际需要，将运输、储存、装卸、搬运、包装、流通加工、配送、信息处理等基本功能实施有机结合，使物品从供应地向接收地进行实体流动的过程。

二、物流与电子商务的关系

（一）物流在电子商务中的地位与作用

1. 物流是电子商务的重要组成部分

正如本书第一章所述，不同的人们对于电子商务的概念有不同的理解和定义。由于业务范围的限制，美国的一些 IT 厂商将电子商务定位于"无纸贸易"。在这类定义中，电子化工具主要是指计算机和网络通信技术；电子化对象主要是针对信息流和资金流，并没有提及物流。其原因主要在于美国在电子商务概念推出之初，就拥有强大的现代化物流作为支撑，只需将电子商务与其进行对接即可，而并非电子商务过程不需要物流的电子化。而中国作为一个发展中国家，物流业起步晚、水平低，在引进电子商务时，并不具备能够支持电子商务活动的现代化物流水平。所以，在引入电子商务后，一定要注意建立与之相配套的现代化物流，否则电子商务将难以推广。

中国一些专家在定义电子商务时，已经注意到将国外的定义与中国的实际相结合，扩大了美国 IT 企业对电子商务定义的范围，提出了包括物流过程电子化的电子商务定义。在这类电子商务定义中，电子化的对象是整个交易过程，不仅包括信息流、商流和资金流，而且还包括物流；电子化的工具也不仅仅指计算机和网络通信技术，还包括叉车、自动导向车、机械手臂等自动化设备。从根本上说，物流电子化应是电子商务的组成部分，缺少了现代化的物流过程，电子商务过程就不完整。

[①] 美国物流管理协会成立于 1963 年，最初英文名称为：National Council of Physical Distribution Management（NCPDM）。1985 年下半年该协会进行调整，名称改为：The Council of Logistics Management（CLM）。2004 年 8 月，美国物流管理协会决定从 2005 年 1 月 1 日起，协会的名称改为：Council of Supply Chain Management Professionals（CSCMP）。

2. 物流是电子商务流程的重要环节

无论哪一种模式的电子商务交易流程都可以归纳为如下六个步骤：

(1)在网上寻找产品或服务信息，发现需要的信息。

(2)对找到的各种信息进行比较。

(3)交易双方就交易商品的价格、交货方式和交货时间进行磋商。

(4)买方下订单、付款并得到卖方的确认信息。

(5)买卖双方完成商品的发货、仓储、运输、加工、配送、收货等活动。

(6)卖方为客户提供售后服务和技术支持。

在上述步骤中，"商品的发货、仓储、运输、加工、配送、收货"实际上是电子商务中的物流过程，这一过程是电子商务交易流程中的重要环节，其为电子商务交易的成功提供了基本保证。综上所述，物流对电子商务的发展起着十分重要的作用，发展电子商务必须摒弃"重视信息流、商流和资金流的电子化，而忽视物流电子化"的观念，大力发展现代物流，通过重新构筑和再造电子商务的物流体系来推广电子商务。

(二)电子商务对物流的影响

1. 电子商务促进物流业地位的提高

电子商务颠覆了传统商业模式，它使商业交易中的广告、订货、洽谈、支付、认证等事务变成脱离实体而能在计算机网络上处理的信息，强化了信息处理，弱化了实体处理。这必然导致产业大重组，原有的一些行业、企业将逐渐压缩乃至消亡，同时另一些行业、企业将扩大和新增。产业重组的结果，可能会使得社会上只剩下两类行业，一类是实业，包括制造业和物流业；一类是信息业，包括服务、金融、信息处理业等。在实业中，物流企业会逐渐强化，因为在电子商务环境里，物流必须承担更多的任务——既要把虚拟商店的货物送到用户手中，又要为生产企业提供原材料、零部件及产成品的运输和仓储服务。物流公司既是生产企业的仓库，又是用户的实物供应者。物流业成为社会生产链条的领导者和协调者，为社会提供全方位的物流服务。可见电子商务把物流业提升到了前所未有的高度，为其提供了空前发展的机遇。

2. 电子商务改变了物流业的组织方式

电子商务将改变传统商务模式下企业普遍自营物流的做法，第三方物流将成为电子商务企业物流业务的主要组织形式。第三方物流将在电子商务环境下得到极大发展，是因为电子商务的跨时域性与跨区域性，要求其物流活动也具有跨区域或国际化特征。当前电子商务的主要交易模式有 B2C，B2B 和 C2C，无论是 B2C，C2C 交易模式下的小件包裹递送还是 B2B 交易模式下的大宗商品远距离运输，大多数企业都难以靠其自身的力量单独完成，而且借助于第三方物流公司遍布全国甚至全球的配送网络和其专业化的服务，可大大简化物流过程，减少货物周转环节，降低物流费用。

3. 电子商务将改善物流资源配置，促进物流技术进步和物流管理水平提高

电子商务高效率和全球性的特点，要求物流也具备同样的特点。而发展高效率、全球性的物流首先需要有良好的交通运输网络、通信网络等基础设施作为最基本的保证。因此，为支持电子商务的发展，交通运输网络、通信网络等基础设施将会越来越完善。

发展高效率、全球性的物流还需要有相关物流技术的支持。物流技术包括硬技术和软

技术。物流硬技术是指在组织物流活动过程中所需的各种材料、机械和设施等，如叉车、自动导向车、机械手臂等。物流软技术是指组织高效率的物流活动所需要的计划、管理、评价等方面的技术和管理方法，如物流管理信息系统、条码技术、射频技术（RFID）、EDI、地理信息系统（GIS）和全球定位系统（GPS）等。物流技术水平是决定物流效率的一个重要因素，因此，建立一个适应电子商务运作的高效率物流系统必然会促进物流技术水平的提高。

物流管理水平的高低直接影响物流效率的高低，而物流效率高低则直接影响电子商务优势能否真正发挥。因此，为配合电子商务的高效率，提高物流管理水平势在必行。建立合理的管理制度，将科学的管理手段和方法应用于物流管理中，是提高物流管理水平的重要途径。

4. 电子商务对物流人才提出了更高要求

电子商务不仅要求物流管理人员既具有较高的物流管理水平，而且要求其具备丰富的电子商务知识，并能在实际的运作中将二者有机地结合起来，以适应电子商务对物流的要求。

三、电子商务物流的含义与特点

(一)电子商务物流的含义

关于什么是电子商务物流，多数学者给出的解释是：电子商务物流是在电子商务条件下，依靠计算机技术、互联网技术、电子商务技术等信息技术所进行的物流(活动)。我们认为电子商务物流应该包括两个层面的含义，即服务于电子商务的物流和电子商务时代的物流。服务于电子商务的物流主要从物流对电子商务的支撑作用的角度，探讨电子商务的物流需求，寻求如何让物流更好地服务于电子商务，消除物流对电子商务的制约，以促进电子商务的发展。电子商务时代的物流则从物流自身发展及物流对社会经济活动的支持作用的角度，探讨网络经济、知识经济时代的社会物流需求特点，寻求如何让物流管理更好地服务于整个社会再生产，通过发展现代物流来推动社会经济的快速、健康发展。本书取其第一层含义，重点阐述如何让物流更好地服务于电子商务。

(二)电子商务物流的特点

1. 信息化

先进发达的信息技术是电子商务的核心，物流信息化是电子商务的必然要求。物流信息化表现为物流信息的商品化、物流信息收集的数据库化和代码化、物流信息处理的电子化和网络化、物流信息传递的标准化和实时化、物流信息存储的数字化等。条码技术（Bar Code）、射频技术（RFID）、数据库技术（Database）、电子订货系统（Electronic Ordering System，EOS）、电子数据交换（Electronic Data Interchange，EDI）、全球定位系统（GPS）、企业资源计划（Enterprise Resource Planning，ERP）、快速反应（Quick Response，QR）及有效的客户反映（Effective Customer Response，ECR）等技术与理念在物流运营中得到普遍的应用。

2. 自动化

自动化的基础是信息化，自动化的核心是机电一体化，自动化的外在表现是无人化，自动化的效果是省力化，另外还可以扩大物流作业能力、提高劳动生产率、减少物流作业的差错等。物流自动化的设施非常多,如条码/语音/射频自动识别系统、自动分拣系统、自动存取系统、自动导向车、货物自动跟踪系统等。这些设施在发达国家已普遍用于物流作业流程中,而在我国由于物流业起步晚,发展水平低,自动化技术的普及还需要相当长的时间。

3. 网络化

电子商务物流网络化包括两层含义:一是物流配送系统实现计算机通信网络连接,包括物流配送中心与上游供应商或制造商的联系要通过计算机网络,与下游顾客之间的联系也要通过计算机网络通信,比如物流配送中心向供应商提出订单这个过程,就可以使用计算机通信方式,借助电子订货系统(EOS)和电子数据交换技术(EDI)来自动实现,物流配送中心通过计算机网络收集下游客户的订货的过程也可以自动完成;二是组织的网络化,即所谓的企业内部网(Intranet)。比如,我国台湾的电脑业在20世纪90年代创造出了"全球运筹式产销模式",这种模式的基本特点是按照客户订单组织生产,生产采取分散形式,即将全世界的电脑资源都利用起来,采取外包的形式将一台电脑的所有零部件、元器件、芯片外包给世界各地的制造商去生产,然后通过全球的物流网络将这些零部件、元器件和芯片发往同一个物流配送中心进行组装,由该物流配送中心将组装的电脑迅速发给订户。这一过程需要有高效的物流网络支持,当然物流网络的基础是信息、电脑网络。物流的网络化是物流信息化的必然,是电子商务下物流活动的主要特征之一。当今世界互联网等全球网络资源的可用性及网络技术的普及为物流的网络化提供了良好的外部环境,物流网络化不可阻挡。

4. 智能化

这是物流自动化、信息化的一种高层次应用,物流作业过程大量的运筹和决策,如库存水平的确定、运输(搬运)路径的选择、自动导向车的运行轨迹和作业控制、自动分拣机的运行、物流配送中心经营管理的决策支持等问题都需要借助于大量的知识才能解决。在物流自动化的进程中,物流智能化是不可回避的技术难题。目前,专家系统、机器人等相关技术在国际上已经有比较成熟的研究成果,有力促进了物流的智能化发展。物流的智能化已成为电子商务下物流发展的一个新趋势。

5. 柔性化

随着市场竞争的加剧,在以买方为主导的市场环境下,少批量、多品种、个性化需求越来越普遍,要求企业能顺应客户需求,及时改变生产策略,满足客户需求。柔性化生产就是为实现"以顾客为中心"的理念而在生产领域提出的,但要真正做到柔性化,即真正地能根据消费者需求的变化来灵活调节生产工艺,没有配套的柔性化的物流系统是不可能达到目的的。20世纪90年代,国际生产领域纷纷推出弹性制造系统(FMS)、计算机集成制造系统(CIMS)、制造资源系统(MRP)、企业资源计划(ERP)以及供应链管理的概念和技术,这些概念和技术的实质是要将生产、流通进行集成,根据需求端的需求组织生产,安排物流活动。因此,柔性化的物流正是适应生产、流通与消费的需求而发展起来的一种新型物流模式。它要求物流配送中心要根据消费需求"多品种、小批量、多批次、短周期"的特色,灵活组织和实施物流作业。此外,物流设施、商品包装的标准化,物流的社会化、共同化也都是电子商务下物流模式的新特点,其目的都是提高物流效率,更好满足市场需求。

第二节　电子商务物流的组织模式

一、电子商务物流的组织模式

电子商务根据发生对象的不同可分为企业与企业之间的电子商务(B2B)、企业与消费者之间的电子商务(B2C)、消费者对消费者的电子商务(C2C)、企业与政府之间的电子商务(B2G)、消费者对行政机构的电子商务(C2G)等多种类型。虽然上述五种模式在交易对象、交易内容、交易范围和交易数量上各有差异，但就电子商务物流模式的选择来说原理相同。研究国内外的电子商务企业，目前的电子商务物流模式主要有四种：自营物流模式、第三方物流模式、物流联盟模式和第四方物流模式。

(一)自营物流模式

所谓自营物流模式是指电子商务企业自行组建物流配送系统，经营管理企业的整个物流运作过程。采取自营物流模式的电子商务企业主要有两类：一类是资金实力雄厚、业务规模较大的电子商务公司。由于电子商务在我国兴起的时候国内第三方物流的服务水平远不能满足当时电子商务公司的要求，而这些电子商务公司手中持有大量的外国风险投资，为了抢占市场的制高点不惜动用大量资金，在一定区域甚至全国范围内建立自己的物流配送系统。另一类是传统的大型制造企业或批发企业经营的电子商务网站，由于其自身在长期的传统商务中已经建立起初具规模的营销网络物流配送体系，在开展电子商务时只需将其加以改进、完善，就可满足电子商务条件下对物流配送的要求。

自营物流模式对于企业来说，有两个比较明显的优势：一是容易协调。在企业自营物流模式下，物流运作部门作为企业的一个职能部门，在与采购、生产、销售等其他职能部门的沟通协作和信息共享方面比物流外包模式具有更多的便利和优势。二是高稳定性。由于在自营物流模式中，电子商务企业控制能力比较强，问题都在公司内部解决，在一定程度上避免了整个供应链的波动且具有高保密性，因此具有较高的稳定性。

但是电子商务公司自营物流所需的投入非常大，而且建成后对规模的要求很高。这种高投入、大规模使企业缺乏柔性，与电子商务的灵活性有一定的矛盾。另外，这样一个庞大的物流体系建成之后需要工作人员具有专业化的物流管理能力。但是目前我国的物流理论与物流教育严重滞后，导致了我国物流人才的严重短缺，企业内部从事物流管理的人员的综合素质也不高，不能够解决电子商务中各种复杂多样的物流问题。

(二)第三方物流模式

与自营物流模式对应的是第三方物流模式，它又称外包物流或合同物流。第三方物流(Third Party Logistics，3PL)是指由第三方物流企业去完成物流服务的物流运作方式。第三方就是指提供物流交易双方的部分或全部物流功能的外部服务提供者。第三方物流随着物流业的发展而发展，是物流专业化的重要形式，物流业发展到一定阶段必然会出现第三方物流。任何一笔电子商务的交易都包括"四流"——商流、信息流、资金流和物流。由核心竞争理论和供应链理论，在电子商务这条供应链中，链上各企业都应该有一定的分工，各自专注于企业自身的核心业务。通常电子商务企业的核心竞争力不是在资金流和物流方面,而是在于其能够充分利用网络技术、汇集各种资源设计和生产特定产品及时满足客户的特定需求,因此,电子商务企业应将其核心业务放在商流和信息流上。资金流交给银行完成,物流业务则应该外包给专业的第三方物流公司去做。

电子商务企业选择第三方物流,明显的优点有:利于企业集中精力干好核心业务,培育核心竞争力;大幅度降低物流成本;提高客户服务水平,从而提升企业形象。但电子商务企业在决定把物流外包给第三方物流公司时,也应该注意避免第三方物流可能存在的负面效应。一是客户关系管理的风险。主要表现在以下两个方面:一方面,企业与客户的关系被削弱风险。由于通过第三方物流公司来完成产品的配送与售后服务,电子商务企业同客户的直接接触少了,这对建立稳定密切的客户管理非常不利。另一方面,客户信息被泄漏的风险。客户信息对企业而言是非常重要的资源,但第三方物流公司并不只面对一个客户,在为企业竞争对手提供服务的时候,企业的商业机密被泄漏的可能性增大。二是企业对物流控制力降低的风险。由于第三方的介入,使得企业自身对物流的控制能力下降,在双方协调出现问题的情况下,可能会出现物流失控的风险,从而使企业的客户服务水平降低。另外,由于外部物流服务商的存在,企业内部更容易出现相互推诿的局面,影响效率。

(三)物流联盟模式

采取纯粹的自营或者是纯粹的外包物流的策略是要非常慎重的,而物流联盟是一种介于两者之间的物流组建模式,可以降低前两种模式的风险,且企业更易操作。物流联盟是指两个或两个以上的经济组织为实现特定的物流目标而采取的长期联合与合作。其目的是实现联盟参与方的"共赢",具有相互依赖、分工明晰、强调合作的特点。企业间相互信任、共担风险、共享收益,不完全采取导致自身利益最大化的行为,也不完全采取导致共同利益最大化的行为,只是在物流方面通过契约形成优势互补、要素双向或多向流动的中间组织。联盟是动态的,只要合同结束,双方又变成追求自身利益最大化的单独个体。

在现代物流中,是否组建物流联盟作为企业物流战略的决策之一,其重要性是不言而喻的。物流联盟的建立有助于物流合作伙伴之间在交易过程中减少相关交易费用;将促使伙伴之间的"组织学习",从而提高双方对不确定性环境的认知能力,减少因交易主体的"有限理性"而产生的交易费用;联盟企业之间的长期合作将在很大程度上抑制交易双方的机会主义行为;将促使企业进行战略性的合作,建立联盟伙伴关系,可以通过对专用性资产的"共同占有"解决资产专用性这一矛盾。

(四)第四方物流

第四方物流(Fourth Party Logistics,4PL)是由安达信咨询公司(2001年更名为埃森哲公司)在1996年提出的概念,其定义为:4PL是集中和管理本组织以及其他组织的资源、能力和技术,并设计和运行综合的供应链解决方案的集成商。他们认为企业由20世纪70年代的自营物流到80至90年代把物流功能外包给第三方物流供应商的趋势,会逐渐演变为企业专注于其核心业务,而把企业在全球供应链上有关物流、资金流、商流、信息流的管理和技术服务统一外包给一个一站式集成服务提供者。这种多元整合服务不是单独一个第三方物流提供商所能胜任,必须整合一个或多个第三方物流提供商以及其他相关的咨询、金融、信息技术等服务提供商,而整合这个服务联盟的主导者就是所谓的第四方物流。因此,第四方物流是一个供应链的集成商,是供需双方及第三方物流的领导力量,其自身并不实际承担具体的物流运作活动，而是通过拥有的信息技术、整合能力以及其他资源提供一套完整的供应链解决方案，以此获取一定的利润。它能够帮助企业有效整合资源和降低成本，并且依靠优秀的第三方物流供应商、技术供应商、管理咨询以及其他增值服务商，为客户提供独特的和广泛的供应链解决方案。

1. 第四方物流存在三种可能的模式

(1)协助提高者。

第四方物流为第三方物流工作，并提供第三方物流缺少的技术和战略技能。

(2)方案集成商。

第四方物流为货主服务，是和所有第三方物流提供商及其他服务提供商联系的中心。

(3)产业革新者。

第四方物流通过对同步与协作的关注，为众多的产业成员运作供应链。

无论采取哪一种模式，第四方物流都突破了单纯发展第三方物流的局限性，能真正地低成本运作，实现最大范围的资源整合。

2. 第四方物流的优势

(1)具有对整个供应链及物流系统进行整合规划的优势。

第三方物流的优势在于运输、储存、包装、装卸、配送、流通加工等实际的物流业务操作能力，在综合技能、集成技术、战略规划、区域及全球拓展能力等方面存在明显的局限性，特别是缺乏对整个供应链及物流系统进行整合规划的能力。而第四方物流的核心竞争力就在于具有对整个供应链及物流系统进行整合规划的能力，这也是降低客户企业物流成本的根本所在。

(2)具有对供应链服务商进行资源整合的优势。

第四方物流作为有领导力量的物流服务提供商，可以通过其影响整个供应链的能力，整合最优秀的第三方物流服务商、管理咨询服务商、信息技术服务商和电子商务服务商等，为客户企业提供个性化、多样化的供应链解决方案，为其创造超额价值。

(3)具有信息及服务网络优势。

第四方物流公司的运作主要依靠信息与网络，其强大的信息技术支持能力和广泛的服务网络覆盖支持能力是客户企业开拓国内外市场、降低物流成本所极为看重的，也是取得客户的信赖、获得大额长期订单的优势所在。

(4)具有成本优势和服务质量优势。

由于第四方物流不是物流的"利益方"，它不会成为客户企业的竞争对手，而是构成了利益共享的合作伙伴。因而，第四方物流可以利用其专业化的供应链物流管理运作能力和高素质的物流人才制定出以顾客为导向"更快、更好、更廉"的物流服务方案，从而大幅度降低企业物流成本，改善物流服务质量。

二、电子商务企业选择物流组织模式应遵循的原则

不同的物流组织模式有各自不同的优缺点，企业应该根据自身的物流状况和所处的物流环境来选择合适的物流模式。电子商务企业在选择物流模式时应该遵循以下基本原则。

(一)专注核心竞争力

专注于自己的核心竞争力是企业获取竞争优势的保证。当今时代市场竞争日趋激烈，

企业单靠自身的力量很难获得长久的成功，因此，企业转而寻求与和本企业产品相关的上下游企业进行合作，这促使各个企业不得不将主要精力放在核心业务上，而将非核心业务外包出去，以节约资源和提高效率。对许多电子商务企业来说，物流不是它们的核心业务，其经营管理也日益复杂，因此，尽量不要采取自营物流的模式，而是应该根据企业自身的物流状况和所处的物流环境选择第三方物流、与其他合作企业建立物流联盟或第四方物流。

(二)考虑企业物流资源

对于开展电子商务业务的企业，如果拥有完善流通渠道包括物流渠道，那么就可以利用原有的物流资源承担电子商务的物流业务。对于不具备上述条件的电子商务公司，自建物流配送体系或寻找可利用的物流资源进行结盟、兼并，都需要付出更多的人、财、物力。毕竟，现在资源的稀缺性对电子商务公司同样适用。

(三)注意电子商务发展的阶段

企业在电子商务业务发展的初期和物流、配送体系还不完善的情况下，不要把电子商务的物流服务水平定得太高。可以多花些精力来寻找、培养和扶植物流服务供应商，让专业物流服务商为电子商务提供物流服务。

(四)权衡物流成本与物流服务

物流成本平均占生产与交付过程的 $10\% \sim 40\%$。在电子商务环境下物流模式的选择过程中，既要考虑易于成本控制的物流结构模式，又要能满足对物流服务，乃至增值服务提出的更高要求。

(五)注重物流信息管理

信息流是物流正常运行的保证。国外物流发展的经验表明，现代化的物流是建立在整个社会信息化高水平的基础上的。目前，随着物流作业机械化程度的提高，物流运作效率的瓶颈就是物流信息的传播速度了。因此，不管是自营物流还是物流外包，进行物流信息的整合都至关重要。

第三节　电子商务物流过程管理

同传统商务物流一样，电子商务物流的目的也是要将用户的货物送到用户的手中，因此，电子商务物流具有与一般物流相似的作业环节，包括商品包装、运输、仓储、装卸搬运、流通加工、配送等。

一、包装

(一)概念

包装(Packaging)是指为了在流通过程中保护产品、方便储运、促进销售，按一定技术方法而采用的容器、材料及辅助物等的总体名称，也指为了达到上述目的而采用容器、材料和辅助物的过程中施加一定技术方法等的操作活动。

（二）作用和分类

1. 作用

包装的作用可以归纳为三个方面：保护货物、方便运输、促进销售。

2. 分类

（1）商业包装。

商业包装也被称为消费者包装或内包装，其目的是吸引消费者的注意力。成功的销售包装能够方便顾客，引起消费者的购买欲，并能提高商品的价格。但是，理想的销售包装从物流的角度看往往是不合适的。例如，重量只有24克的洋参胶囊为了引起消费者的注意，设计的包装体积有3 100立方毫米，这会占据过多的运输工具和仓库空间，从节约物流资源的角度看显然不合理。因此，销售包装不是物流的重点。

（2）工业包装。

工业包装是为了方便装卸、存储、保管、运输而进行的包装，因此又被称为运输包装或外包装。工业包装还可细分为工业内包装和工业外包装，如卷烟的条包装为内包装，大箱包装为外包装。运用包装手段将单个的商品或零部件用盒、包、袋、箱、桶等方式集中成组，可提高物流管理的效率。

包装管理的重点在于根据包装的流通环境选择适宜的包装材料、采用可靠的包装技术、进行必要的包装设计，以实现包装的保护货物、方便运输和促进销售功能。

二、运输

（一）概念

社会产品的生产量和需求量之间，不可避免地存在着空间上的差异，这就要依靠运输来加以调节，运输能把空间上相隔的供应商和需求者联系起来。运输（Transportation）是用设备和工具，将物品从一个地点向另一地点运送的物流活动，包括集货、分配、搬运、中转、装入、卸下、分散等一系列操作。

（二）职能

运输实现了以下两种职能：产品移动和短时产品存储。

（三）分类

1. 根据所用交通工具的不同进行分类

根据所用交通工具的不同，运输方式可分为铁路运输、公路运输、水路运输、管道运输和航空运输。

2. 根据所用运输服务提供者的不同进行分类

根据所用运输服务提供者的不同，可将运输分为单一方式承运人、小件承运人和多式联运经营人。单一方式承运人仅利用一种运输方式提供服务，这种集中程度使承运人高度专门化，有足够的能力和高效率；但托运人需要与每个单一方式承运人进行洽谈和交易，这需要更多的时间和精力，并增加了管理与协调的难度。小件承运人提供专门的小批量装运服务或包裹递送服务，这种服务可能综合多种运输方式，并提供送货上门服务，大大地方便了托运人；其缺点在于对物品尺寸和重量限制较大，单位运送成本较高。多式联运经营人使用多种运输方式，以期望能在最低的成本条件下提供综合性服务。多式联运的优势在于货主只需与多式联运经营人一方联系，多式联运经营人对托运人的货物全程负责，有利改进运输服务质量，降低运输成本。国际多式联运采用一张单证，单一费率，大大简化了运输与结算手续；多式联运以集装箱为运输单元，可以实现"门到门"的运输，货损、货差事故、货物被盗的可能性大大减少。另外，由于全程运输由专业人员组织，可做到各环节与各种运输工具之间衔接紧凑、中转及时、停留时间短，从而使货物的运达速度大大加快，有效地提高了运输质量，保证了货物安全、迅速、准确、及时地运抵目的地。再者，通过对运输路线的合理选择和运输方式的合理使用，可以降低全程运输成本，提高利润。

(四)运输管理的原则

运输管理应该遵循两条基本原则：规模经济和距离经济。

1. 规模经济

规模经济是指随着运输规模的扩大，单位货物的运输成本下降。例如，整车装运的单位成本低于零担装运。铁路和水路等运输能力较大的运输工具，其单位重量的费用低于汽车和飞机等运输能力较小的运输工具。运输规模经济存在的原因在于相关的固定费用(包括处理运输订单的行政管理费用、运输设备投资、装卸费用等)可以按整批的货物量进行分摊，运输量越大，单位产品分摊的运输成本就越低。

2. 距离经济

距离经济是指单位距离的运输成本随运输距离的增加而减少。距离经济的合理性类似于规模经济，尤其体现在运输装卸费用的分摊上。距离越长，可使固定费用分摊后的值越小，从而使单位距离支付的总费用越小。运输管理的重点在于：首先确定到底是委托运输还是自行运输；其次是选择运输服务质量和运输成本的最佳结合点；再次是选择合适的运输方式和承运人；最后是运输线路规划及日程安排。

三、仓储

仓储(Warehouses)是仓库储藏和保管的简称，一般是指从接收储存物品开始，经过储存保管作业，直至把物品完好地发放出去的全部活动过程，包括存货管理和各项作业活动。仓储的各项作业活动可以区分为两大类：一类是基本生产活动，是指劳动者直接作用于储存物品的活动，诸如装卸搬运、验收、保养等；另一类是辅助生产活动，是指为保证基本生产活动正常进行所必需的各种活动，诸如保管设施、工具的维修，储存设施的维护、物品维护所使用技术的研究等。从通常意义上讲，仓储的功能是对物品的储藏和保管，但这并不是物流仓储系统功能的全部内容。物流仓储系统除了具备储藏和保管物品的基本功能之外，还有调节供需、调节运输能力和流通加工等其他功能。

仓库是实施仓储活动的硬件设施。所谓仓库是保管、储存物品的建筑物和场所的总称。仓库形式多种多样，规模各异。从仓库保管的产品种类来看，仓库可以划分为原材料仓库、半成品仓库和产成品仓库；从仓库所有权的角度来看，仓库可以划分为自有仓库、公共仓库和合同仓库。企业进行仓储管理决策时，首先要确定是自建仓库还是使用公共仓库或合同仓库。自有仓库是指由企业自己拥有并管理的仓库。其优点是企业能够对仓库进行直接的控制和管理，充分利用企业的人力资源优势对物品进行细致的管理；其缺点是需要投入大量的资金，因此会增加企业的财务压力。同时自有仓库具有固定的大小规模和技术水平，从而缺乏一定的柔性。公共仓库与自有仓库的概念刚好相反，它专门向客户提供相对标准的仓库服务，如保管、搬运和运输等，因而又被称为"第三方仓库"。其优点是可以节省资金投入，减小企业财务方面的压力，并且具有较高的柔性；其缺点是沟通困难，缺少个性化服务。合同仓库是指在一定时期内，按照一定的合同约束，使用仓库内一定的设备、空间和服务。这种协定可以给仓库所有者和使用者以更多的稳定性，从而提高仓库投资回报率，减少仓库投资的风险。合同仓库将自有仓库和公共仓库两方面的优势有机地结合在一起，尽管仓库设施仍然需要一定限度的固定资产来维持，但由于双方存在长期的合同关系并共担经营风险，因此，使用合同仓库的成本低于租赁公共仓库的成本；同时，合同仓库的经营能够加强双方的沟通和协调，提供较大的灵活性和仓库信息资源共享。无论是自建仓库，还是租赁公共仓库或签订合同仓库，仓储管理的日常业务都包括入库管理、在库管理和出库管理。入库管理就是验货收货、物品入库，是仓库作业过程的第一个步骤，具体包括核对入库凭证、入库验收和登记账目；在库管理是仓库作业过程的第二个步骤，具体包括堆垛、养护和盘点；出库管理仓库作业过程的最后一个步骤，具体包括核对出库凭证、配货出库和记账清点等操作。

四、装卸搬运

装卸和搬运是两个不同的概念。装卸（Loading and Unloading）是指物品在指定地点以人力或机械装入运输设备或卸下，主要是使物品在空间上发生以垂直方向为主的位移。搬运（Handling/Carrying）是在同一场所内，对物品进行水平移动为主的物流作业。二者既有区别又有联系，因为在实际操作中，物品在空间上发生绝对的垂直位移或水平位移的情况很少，通常是两者一起相互伴生，因此，将二者合并在一起，统称为装卸搬运。

装卸搬运活动的基本动作包括装车（船）、卸车（船）、堆垛、入库、出库以及连接上述各项动作的短程输送，是随运输和保管等活动而产生的必要活动。在物流过程中，装卸搬运活动是不断出现和反复进行的，它出现的频率高于其他各项物流活动，每次装卸活动都要花费很长时间，所以往往成为决定物流速度的关键。装卸活动所消耗的人力也很多，所以装卸费用在物流成本中所占的比重也较高。以我国为例，铁路运输的始发和到达的装卸作业费大致占运费的20%左右，船舶运输占40%左右。因此，装卸搬运在物流成本中占有重要地位。此外，装卸搬运活动直接影响物流质量。因为在装卸搬运过程中，货物会受到各种外力的作用，如振动、撞击、挤压等，容易使货物包装和货物本身受损。如损坏、变形、破碎、散失和流溢等，因此，装卸搬运环节损失的多少直接影响着物流质量的高低。

装卸搬运是指在同一地域范围内进行的、以改变货物存放状态和空间位置为主要内容和目的的物流活动。其只能改变劳动对象的空间位置，而不能改变劳动对象的性质和形态，既不能提高也不能增加劳动对象的使用价值。但装卸搬运必然有劳动消耗，包括活劳动消耗和物化劳动消耗。这种劳动消耗量要以价值形态追加到装卸搬运对象的价值中去，从而增加了产品的成本。因此，企业应该科学、合理地组织装卸搬运活动，尽量减少用于装卸搬运的劳动消耗。实现装卸搬运合理化的措施包括：①防止和消除无效作业。所谓无效作业是指在装卸作业活动中超出必要的装卸、搬运量的作业。②提高装卸搬运的灵活性。所谓装卸搬运的灵活性是指从物的静止状态转变为装卸搬运运动状态的难易程度。如果很容易转变为下一步的装卸搬运而不需要做装卸搬运前的准备工作，则表示灵活性高；如果装卸搬运前需要做很多的准备工作才能转变为下一步的装卸搬运，则灵活性低。③实现装卸作业的省力化。装卸搬运是使劳动对象产生垂直或水平位移，这需要通过做功才能实现。随着生产力的发展和科学技术的进步，装卸搬运机械化程度有了很大的提高，少数工厂和仓库向着装卸搬运自动化迈进，但仍在装卸搬运环节仍有相当多的工作需要靠人工完成。因此，实现装卸搬运作业的省力化不容忽视。④合理地规划装卸搬运作业过程和装卸搬运方式，推广组合化装卸搬运。

五、流通加工

流通加工(Distribution Processing)是物品在从生产地到使用地的过程中，根据需要施加包装、分割、计量、分拣、刷标志、拴标签、组装等简单作业的总称。生产加工的目的是创造价值，而流通加工的目的是促进销售、维护产品质量和提高物流效率，即在生产加工的基础上增加商品的附加值。

流通加工在实现时间和场所这两个方面不能与运输和仓储相比，因而流通加工不是物流的主要功能要素；流通加工的普遍性也不能与运输、仓储相比，流通加工不是所有物流中必然出现的。但这并不是说流通加工不重要，实际上它具有提高原材料利用率、方便用户、提高加工效率及设备利用率等作用。随着经济增长，国民收入增多，消费者的需求出现多样化，促使在流通领域开展流通加工变得越来越普遍。现代生产发展趋势之一就是专业化和规模化，依靠单品种、大批量的生产方法降低生产成本获取规模经济效益，这样就出现了生产相对集中的趋势。这种生产的专业化和规模化程度越高，生产相对集中的程度也就越高。生产的集中化进一步引发产需之间的分离，产需分离的表现首先是为人们所知空间、时间及人的分离，即生产与消费不在同一个地点，而是有一定的空间距离；生产与消费在时间上不能同步，而是存在着一定的时间差；生产者与消费者不是处于一个封闭的圈内，某些人生产的产品供给成千上万人消费，而某些人消费的产品又来自其他许多生产者。弥补上述分离的手段则是运输、储存及交换。近年来，人们进一步认识到，现代生产引起的产需分离并不局限于上述三个方面，这种分离是深刻而广泛的。第四种重大的分离就是生产与需求在产品功能上的分离。尽管"用户第一"等口号成了许多生产者的主导思想，但是，生产毕竟有生产的规律，尤其在强调大生产的工业化社会，大生产的特点之一就是"少品种、大批量、专业化"，产品的功能(规格、品种、性能)往往不能和消费需要密切衔接。弥补这一分离的方法，就是流通加工。所以，流通加工的诞生实际是现代生产发展的一种必然结果。

流通加工是在流通领域中对生产的辅助性加工，从某种意义上来讲，它不仅是生产过程的延续，实际也是生产本身或生产工艺在流通领域的延续。这个延续可能有正、反两方面的作用，即一方面可能对生产活动起到有效补充完善的作用，另一方面不合理的流通加工会产生抵消效益的负效应。不合理的流通加工主要有流通加工地点设置不合理、流通加工方式选择不当、流通加工成为多余环节、流通加工成本过高，等等。因此，流通加工管理的主要任务就是使流通加工合理化。流通加工合理化的含义是：实现流通加工的最优配置，不仅要避免各种不合理，而且要做到最优。实现流通加工合理化可以从加工和配送结合、加工和配套结合、加工和运输结合、加工和商流结合、加工和节约相结合等这几个方面入手改善。

六、配送

(一)配送的定义与功能

1. 定义

配送(Distribution)是在经济合理区域范围内，根据用户要求，对物品进行拣选、加工、包装、分割、组配等作业，并按时送达指定地点的物流活动。配送是物流中一种特殊的综合的活动形式，它包含了物流中若干功能要素。一般的配送集装卸、包装、保管、运输于一身，通过这一系列活动将货物送达目的地，因此，从某种意义上讲，配送是物流的一个缩影，是物流的全部活动在某一小范围中的体现。特殊的配送则还要以加工活动为支撑，所以包括的范围更广。但是，配送与物流还是存在不同的：首先是二者的活动范围不同，物流的活动范围远大于配送的活动范围；其次是二者的主体活动不同，物流的主体活动是运输和仓储，而配送的主体活动是运输和分拣配货。

2. 功能

在电子商务领域中，配送有其特殊功能。

(1)推行配送制有利于电子商务物流运动合理化，优化物流资源配置，降低物流成本。

电子商务扩展了商业交易的范围，配送以其特有的运动形态和优势调整流通结构，促使电子商务物流活动向"规模经济"发展。从组织形态上看，它是以集中的、完善的送货取代分散性、单一性的取货。从资源配置上看，则是以专业组织的集中库存代替社会上的零散库存，衔接了产需关系，打破了流通分割和封锁的格局，很好地满足社会化大生产的需要，有利于实现物流社会化和合理化。

(2)准时制配送促进了生产方式的变革。

准时制配送促进了生产方式的变革——由传统备货型的推式生产(Push Production)向准时制(Just In Time，JIT)等拉式生产(Pull Production)转变。

传统的备货型生产是建立在对市场需求预测的基础上，即通过对市场需求进行预测，再制订生产计划和采购计划。由于市场需求是随机的，在这种生产方式下，生产系统不能适应需求的变化，因此，需要用大量的库存来保证市场需求。准时制是一种由订单驱动的生产方式。企业根据接收到的订单下达生产计划，迅速组织原材料的供应和产品组装工作，然后将产品送达客户。这种生产方式实现了多品种、小批量生产，其目的主要是减少过量生产所造成的库存浪费。实现准时制生产的重要条件之一是高效率、低成本的运输和配送。因为多品种、小批量的准时制生产，要求原材料和零部件的供应必须准确及时，且必须是小批量、多批次。而小批量、多批次的运输通常成本较高，需要通过合理组配和寻找集运机会来降低成本。

(3)推行配送能够充分发挥专业流通组织的综合优势，减少交通拥堵问题。

在流通实践中，配送活动通常是由流通企业组织的，而不同的流通企业，在业务、职能和规模等方面各不相同，其中，有的企业专门从事商流活动，有的则专门从事仓储、运输、流通加工等活动。显然，推行配送制有利于不同的流通企业进行合作，从而构建多功能、一体化的物流运动。从经济效益的角度来看，这种以配送为媒介而形成的一体化运作较之各个专业企业独立运作，更能发挥流通组织的整体优势和综合优势，提高货物送达客户的效率和效益。另外，推行配送制能够使社会上某些分散的经营活动协调运作，可以减少社会范围内的迂回运输、交叉运输、重复运输和车辆空驶，因此，有助于缓解城市交通拥堵。

(二)配送的分类

在不同的市场环境下，为适应不同的生产需要和消费需要，配送表现出不同的形态，可以从不同的维度对其进行分类，但就电子商务物流而言，最重要的分类维度有以下两个：一是根据时间和数量差别进行分类；二是根据配送组织形式进行分类。

根据配送的时间和配送货物的数量不同，配送可分为：定时配送、定量配送、定时定量配送、定时定线路配送、即时配送。

根据配送的组织形式不同，配送可分为：集中配送、共同配送、分散配送。

配送管理的主要任务就是以最合理的方式将货物送达用户。

第四节　电子商务物流信息管理

一、电子商务物流信息

(一)电子商务物流信息的含义

国家标准《物流术语》对物流信息(Logistics Information)的表述是：反映物流各种活动内容(如包装、运输、仓储、装卸、搬运、流通加工和配送)的知识、资料、图像、数据和文件的总称。物流信息的产生与物流活动的开展密不可分。由于物流系统是涉及社会经济生活各个方面的错综复杂的大系统，关系到商品从原材料供应商、生产制造商、批发商、零售商到最终消费者的市场流通全过程，因此物流信息量巨大，类型繁多。物流信息的内容可以从狭义和广义两方面来考察。

1. 狭义

物流信息是指与物流活动(如运输、保管、包装、装卸、流通加工等)有关的信息。在物流活动的管理中，如运输工具的选择、运输线路的规划、运送批量的确定、在途货物的跟踪、仓库的有效利用、最佳库存数量的确定等都需要详细和准确的物流信息。

2. 广义

物流信息不仅指导与物流活动有关的信息，而且包含其他与流通活动有关的信息，如商品交易信息、市场信息、政策信息，以及来自企业内部其他部门(如生产部门和财务部门)的与物流有关的信息。

(二)电子商务物流信息的特征

1. 来源广泛，信息量大

电子商务物流信息的来源十分广泛，不仅有来自企业内部的信息，而且有来自企业外部的信息，如与企业有业务往来客户信息、与物流活动有关的基础设施信息。这些信息随着物流活动及商品交易活动的展开而随时产生，特别当前伴随多品种、小批量生产而发展起来的多品种小批量配送使得库存、运输、分拣、包装、流通加工、配送等物流活动的信息大增，且各种信息的来源、发生地点、扩散范围都不同，这使得电子商务物流信息的收集、分类、统计分析等工作量较大。因此，为提高效率，条码技术、EDI 技术、射频技术、地理信息系统技术、全球定位系统技术均被广泛用于电子商务物流信息的收集和传输。同时，在电子商务物流企业内部，来源广泛的物流信息要求物流企业建立有效的信息管理系统，实现企业内部的信息统一和信息共享。

2. 种类繁多，相互关联

物流活动涉及的环节多，每个环节的信息各不相同，因此，物流信息的种类繁多。但无论物流信息种类多么繁杂，其目的都是保证产品从产地到消费地的顺利转移，因此，物流活动中所产生的各种信息必然存在十分密切的联系，如生产信息、运输信息、储存信息、流通加工信息、装卸信息都是相互关联、相互影响的。这种相互联系保证了物流的各子系统、供应链的各个环节以及企业的内部物流系统与外部物流系统相互协调，共同完成产品从产地到消费地的转移任务。

3. 更新速度快，时间性强

由于市场状况和用户需求变化多端，各项物流作业活动频繁发生，物流信息时时刻刻都在发生变化，更新速度非常快，使得信息的价值随时间变化迅速衰减，因此，要求企业从大量的物流信息中准确捕捉、及时筛选出有价值的信息，用以帮助企业迅速做出正确的决策。

（三）电子商务物流信息的分类

依据不同的划分方法，物流信息可以进行如下分类：

(1)按照所涉及的功能领域不同，物流信息可分为仓储信息、运输信息、流通加工信息、包装信息、装卸信息等。

(2)按照作用的层次不同，物流信息可分为基础信息、作业信息、协调控制信息、决策支持信息。

(3)按照信息来源不同，物流信息可分为外部信息、内部信息。

（四）电子商务物流信息的作用

电子商务物流信息产生于电子商务物流活动，反映了商流和物流的运动过程，是开展物流活动的决策依据，对整个物流活动起着指挥、协调、支持和保障作用；物流信息可以帮助企业对物流活动各环节进行有效计划、协调与控制，以达到优化整个物流系统，提高企业经济效益的目的。

二、电子商务物流信息技术

电子商务突破了时间和空间的限制，使人们可以在世界上不同的角落完成交易，从运营模式上看，其将传统交易模式中交易前的准备、贸易磋商、合同与执行、支付与清算等环节全部通过互联网上的交易管理系统来实现；货物交割则通过物流系统来实现，而要想实现物流与商流、信息流和资金流同步高效率传输，必须借助于物流信息技术的支持。所谓物流信息技术(Logistics Information Technology)是现代信息技术在物流各个环节中的综合应用，包括信息分类与编码技术、自动识别与数据采集技术、电子数据交换技术和物流追踪技术等。关于电子数据交换技术，下文不作介绍，只介绍其他三种技术。

(一)信息分类与编码技术

所谓信息分类与编码就是对大量的信息进行合理分类后用代码加以表示，将具有某种共同特征的信息归并在一起，与不具有上述共性的信息区分开来，然后设定某种符号体系进行编码。物流信息的代码化需要运用物流信息分类编码技术。

1. 信息分类的基本方法

信息分类的基本方法主要有线分类法和面分类法两种。线分类法也称层级分类法。线分类法将初始的分类对象(即被划分的事物或概念)按所选定的若干个属性或特征(作为分类的划分基础)逐渐地分成相应的若干个层级类目，并排列成一个有层次的、逐级展开的分类体系。面分类法是将所选定的分类对象的若干个属性或特征视为若干个"面"，每个"面"中又可以划分成彼此独立的若干个类目。使用时，根据需要将这些"面"中的类目组合在一起，形成一个复合类目。线分类法与面分类法是两种最基本的分类方法，并有其各自的优、缺点，在实际使用中，企业应根据管理上要解决的问题进行选用。

2. 信息编码

信息编码(Information Coding)是为了方便信息的存储、检索和使用，在进行信息处理时赋予信息元素以代码的过程，即用不同的代码与各种信息中的基本组成单位建立一一对应的关系。信息编码的目的是为计算机中的数据与实际处理的信息之间建立联系，提高信息处理的效率。

信息编码的基本原则是既要在逻辑上满足使用者的要求，又要适合于处理的需要；结构易于理解和掌握；要有广泛的适用性，易于扩充。代码分两类：一类是有意义的代码，即赋予代码一定的实际意义，便于分类处理；一类是无意义的代码，仅仅是赋予信息元素唯一的代号，便于对信息的操作。常用的代码类型有：①顺序码，即按信息元素的顺序依次编码；②区间码，即用一个代码区间代表某一信息组；③记忆码，即能帮助联想记忆的代码。信息的表现形式多种多样，因而编码的方案也非常多。目前国际公认的物品编码系统是 EAN·UCC 系统，EAN·UCC 系统是由国际物品编码协会和美国统一代码委员会共同开发、管理和维护的全球统一和通用的商业语言，为贸易产品与服务、物流单元、资产、位置以及特殊应用领域等提供全球唯一的标识。

(二)自动识别与数据采集技术

自动识别与数据采集(Automatic Identify and Data Collection，AIDC)技术是使信息数据被自动识读、自动实时输入计算机的重要手段和方法。代码化的物流信息只有经自动识别与数据采集技术才能进入物流信息系统。基于不同的原理，自动识别技术可以被划分为条码扫描技术、RFID 技术、卡识别技术、生物识别技术和光学字符识别技术等。各种识别技术分别具有各自的特点，可以根据自身需要选择适合的识别技术。目前在物流管理领域使用较多的是条码扫描技术、RFID 技术。

1. 条码技术

条码技术(Bar Code)是在计算机的应用实践中产生和发展起来的一种自动识别技术。它是为实现信息的自动扫描而设计的，是实现快速、准确、可靠采集数据的有效手段。条

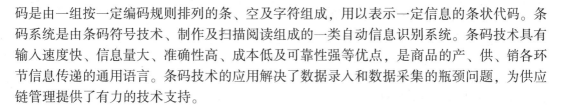

码是由一组按一定编码规则排列的条、空及字符组成，用以表示一定信息的条状代码。条码系统是由条码符号技术、制作及扫描阅读组成的一类自动信息识别系统。条码技术具有输入速度快、信息量大、准确性高、成本低及可靠性强等优点，是商品的产、供、销各环节信息传递的通用语言。条码技术的应用解决了数据录入和数据采集的瓶颈问题，为供应链管理提供了有力的技术支持。

2. RFID 技术

射频识别（Radio Frequency Identification，RFID）技术又称电子标签、无线射频识别，是一种通信技术，可通过无线电信号识别特定目标并读写相关数据，而无须识别系统与物流目标之间建立机械或光学接触。RFID 技术具有环境适应性强、免接触、感应距离远且抗干扰能力强、可以穿透物体进行识别处理等特点，适用于物料跟踪、运载工具和货架识别等要求非接触数据采集和交换的场合，尤其适用于要求频繁改变数据内容的场合。

（三）物流追踪技术

物流过程可视化既是物流企业对自身业务进行有效控制的要求，同时也被越来越多的物流企业作为一种增值服务提供客户。物流追踪技术（Logistics Tracking Technology）是实现物流过程可视化的重要手段。GIS 和 GPS 属于信息追踪技术类的应用系统，它们有助于实现物流活动各个环节中信息的实时追踪和处理。

1. GIS 技术

GIS（Geographical Information System，地理信息系统）是多种学科交叉的产物，它以地理空间数据为基础，采用地理模型分析方法，适时地提供多种空间的和动态的地理信息，是一种为地理研究和地理决策服务的计算机技术系统。其基本功能是将表格型数据（无论它来自数据库、电子表格文件或直接在程序中输入）转换为地理图形显示，然后对显示结果浏览、操作和分析。其显示范围可以从洲际地图到非常详细的街区地图，显示对象包括人口、销售情况、运输线路和其他内容。在物流配送体系中应用 GIS 技术，主要是利用GIS 强大的地理信息处理功能来完善物流分析技术。完整的 GIS 物流分析软件集成了车辆路线模型、最短路径模型、网络物流模型、分配集合模型和设施定位模型等，可以对物流配送过程中涉及的运输路线的选择、仓库位置的选择、运输车辆的优化调度和投递路线的选择等进行空间网络分析和配送跟踪，以便于物流企业有效利用现有资源，降低消耗，提高效率。

2. GPS 技术

全球定位系统（Global Positioning System，GPS）是美国从 20 世纪 70 年代开始研制，历时 20 余年，耗资 200 亿美元，于 1994 年全面建成，具有在海陆空全方位实时三维导航与定位能力的新一代卫星导航与定位系统。它由空间卫星系统、地面监控系统和用户接收系统三部分组成。用户只需购买 GPS 接收机，便可享受免费的导航、授时和定位服务。GPS导航系统的基本原理是测量出已知位置的卫星到用户接收机之间的距离，然后综合多颗卫星的数据得出接收机的具体位置。GPS 具有全球地面连续覆盖、定位速度快、精度高、可提供三维坐标、功能多、操作简便、抗干扰性能好、保密性强等特点，可广泛用于勘探测绘、导航、定位、测时和测速等。GPS 在物流领域可用于车辆监控、智能导航，货物实时跟踪等。

目前正在运行的全球定位系统除了美国的 GPS 系统之外，还有俄罗斯的全球卫星定位系统(Global Navigation Satellite System，GLONASS)"格洛纳斯"和欧洲"伽利略"卫星导航定位系统以及中国的北斗导航系统。

中国的北斗卫星导航系统是中国自行研制开发的区域性有源三维卫星定位与通信系统(CNSS)，北斗卫星导航系统致力于向全球用户提供高质量的定位、导航和授时服务，其建设与发展则遵循开放性、自主性、兼容性、渐进性 4 项原则。北斗卫星导航系统由空间段、地面段和用户段三部分组成，可在全球范围内全天候、全天时为各类用户提供高精度、高可靠定位、导航、授时服务，并具短报文通信能力。北斗三号卫星导航系统已于 2020 年 7 月 31 日建成正式开通，提前半年完成组网，标志着中国北斗"三步走"发展战略圆满完成，中国成为世界上第三个独立拥有全球卫星导航系统的国家。

第五节　电子商务物流成本管理

电子商务企业要想在激烈的市场竞争中立于不败之地，除了运用传统成本管理方法控制内部成本外，还应从战略的高度积极实施物流成本控制。

一、物流成本概述

(一)物流成本(Logistics Cost)的含义

物流成本属管理成本的范畴，是企业基于物流管理的需要而产生的成本概念。物流管理的核心是物流成本管理，物流成本既是物流管理的手段，又是衡量物流运作绩效的工具。我国 2006 年发布实施的国家标准《企业物流成本构成与计算》(GB/T 20523—2006)将物流成本定义为"企业物流活动中所消耗的物化劳动和活劳动的货币表现，包括货物在运输、储存、包装、装卸搬运、流通加工、物流信息、物流管理等过程中所耗费的人力、物力和财力的总和以及与存货有关的流动资金占用成本、存货风险成本和存货保险成本"。

物流成本具有隐含性、交替损益性、不完全性等特征。隐含性是指物流成本隐含在其他费用项目中，使企业难以准确把握物流成本的实际支出。具体表现为：一是不同企业将物流成本列入不同的费用科目；二是企业内的物流成本混入其他费用科目。交替损益性是指改变物流系统中任何一个要素都会影响到其他要素，或者系统中任何一个要素的增益都将对其他要素产生减损作用。不完全性是指企业在计算物流成本时，因物流过程的复杂性及现有会计制度的缺陷，使物流成本不能完全反映企业真实的物流耗费。

(二)物流成本相关理论学说

1."黑大陆"学说

1962 年世界著名管理学家彼得·德鲁克(Peter F. Drucker)在《财富》杂志发表《经济的黑色大陆》一文，将物流比作"一块未开垦的处女地"，强调应高度重视流通以及流通过程中的物流管理。他指出"流通是经济领域里的黑暗大陆"。彼得·德鲁克虽然泛指的是流通，但是由于流通领域中物流活动的模糊性特别突出，是流通领域中人们认识不清的地方，所以"黑大陆"学说主要是针对物流而言的。"黑大陆"学说主要是指尚未认识、尚未了解。在"黑大陆"学说中，如果理论研究和实践探索照亮了这块"黑大陆"，那么摆在人们面前的可能是一片不毛之地，也可能是一片宝藏之地。"黑大陆"学说是对 20 世纪中经济学界存在的愚昧认识的一种批驳和反对，指出在市场经济繁荣和发达的情况下，无论是科学技术还是经济发展，都没有止境。"黑大陆"学说也是对物流本身的正确评价，即这个领域未知的东西还很多，理论与实践皆不成熟。该学说对于物流成本领域研究起到了启迪和动员作用。

2．"物流冰山"学说

"物流冰山"学说是日本早稻田大学西泽修教授最早提出来的，是对物流成本的一种形象比喻。他在研究物流成本时发现当时的财务会计制度和会计核算方法都不能掌握物流费用的实际情况，人们并没有完全掌握物流成本的总体内容。因而，人们对物流费用的了解几乎是一片空白，甚至有很大的虚假性，很像沉在海面下的冰山。西泽修教授将这种情况比喻为"物流冰山"。他在《主要社会的物流战》一书中阐述："现在的物流费用犹如冰山，大部分潜在海底，可见费用只是露在海面的小部分。""物流冰山"学说之所以成立，主要有以下三个方面的原因：一是物流活动范围太大，包括供应物流、企业内物流、销售物流、回收物流和废弃物物流，从而使物流成本的计算贯穿于企业经营活动始终；二是物流运作环节太多，包括运输、储存、包装、装卸搬运、流通加工、物流信息、物流管理等；三是物流成本支付形态太杂，除了对外支付的费用，内部支付形态包括材料费、人工费、设施设备的折旧费、维护修理费、燃料费、水电费、办公费等，几乎涵盖了会计核算中的所有支付形态。由于上述三个方面的原因，物流成本难以计算，计算时难免挂一漏万。因此，我们所掌握的物流成本确实如冰山一角。

3．"第三利润源"学说

"第三利润源"是日本早稻田大学教授西泽修在 1970 年提出的。西泽修教授在他的著作《物流——降低成本的关键》中谈到，企业的利润源泉随着时代的发展和企业经营重点的转移而变化。日本 1950 年受到美国的经济援助和技术支持，很快实现了企业机械化、自动化生产。当时日本正处于工业化大生产时期，企业的经营重点放在了降低制造成本上，这便是日本第二次世界大战后企业经营的第一利润源。然而，依靠自动化生产手段制造出来的大量产品，引起了市场泛滥，产生了对大量销售的需求。于是，1955 年从美国引进了市场营销技术，日本迎来了市场营销时代。这一时期，企业顺应日本政府经济高速增长政策，把增加销售额作为企业的经营重点。这便是日本第二次世界大战后企业经营的第二个利润源。1965 年起，日本政府开始重视物流，1970 年开始，产业界大举向物流进军，日本又进入了物流发展时代。这一时期，降低制造成本已经有限，增加销售额也已经走到尽头，期望寻求新的利润源，物流成本的降低使"第三利润源"的提法恰恰符合当时企业经营的需要，因而"第三利润源"说一提出就备受关注，广为流传。第三利润源的理论最初认识是基于以下四个方面：

(1)物流可以完全从流通中分化出来，自成体系、有目标、有管理，因而能进行独立的总体判断。

(2)物流和其他独立的经济活动一样，它不是总体的成本构成因素而是单独盈利因素，物流可以成为"利润中心"。

(3)从物流服务角度看,通过有效的物流服务,可以给接受物流服务的生产企业创造更好的盈利机会,成为生产企业的"第三个利润源泉"。

(4)通过有效的物流服务,可以优化社会经济系统和整个国民经济的运行,降低整个社会的运行成本,提高国民经济总效益。

"第三利润源"学说是对物流的潜力及效益的描述。经过半个世纪的探索,人们已肯定这"黑大陆"虽不清楚,但绝不是不毛之地,而是一片富饶之源。特别是两次石油危机之后,物流管理已正式确立了其在现代企业管理中的战略地位,它已与生产管理和营销管理并列为企业管理的"三驾马车"。

4. 效益悖反理论

效益悖反指的是物流的若干功能要素之间存在着损益的矛盾,即某一个功能要素的优化和产生利润的同时,往往会导致另一个或另几个功能要素的利益损失,反之也如此。效益悖反是物流领域中很普遍的现象,是这一领域中内部矛盾的反映和表现。效益悖反理论有许多有力的实证予以支持。例如包装问题,在产品销售市场和销售价格皆不变的前提下,假定其他成本因素也不变,那么包装方面每少花一分钱,这一分钱就必然转到收益上来,包装越省,利润则越高。但是,一旦商品进入流通之后,如果节省的包装降低了产品的防护效果,则会造成储存、装卸、运输功能要素的工作劣化和效益大减,从而造成了大量损失。显然,包装活动的效益是以其他活动的损失为代价的。我国流通领域每年因包装不善出现的上百亿的商品损失,就是这种效益悖反的实证。物流领域的效益悖反还包括物流成本与服务水平的效益悖反,物流成本与服务水平的效益悖反指的是物流服务的高水平在带来企业业务量和收入增加的同时,也带来了企业物流成本的增加,即高水平的物流服务必然伴随高水平的物流成本,而且物流服务水平与物流成本之间并非呈线性关系,投入相同的物流成本并非可以得到相同的物流服务增长。此理论强调,在物流成本管理中应该有整体观念,不能一味地追求某个功能要素的最优化,而是将各功能要素有机地结合起来,协调它们之间的矛盾,实现物流活动的整体优化,从而使总的物流成本降至最低。

(三)影响企业物流成本的因素

加强物流成本管理,持续降低物流成本,首先要了解有哪些因素影响企业物流成本。影响物流成本的因素很多,按照重要性原则,影响企业物流成本的主要因素来自四个方面:企业物流合理化程度、物流管理信息化程度、物流活动组织模式以及物流成本计算方式。

1. 企业物流合理化程度

所谓物流合理化就是通过流程再造以及对物流活动的巧妙安排,实现物流成本最低或物流效益最大的目标。由于物流服务与物流成本之间存在效益悖反现象,各物流活动所产生的物流成本往往也存在此消彼长问题,因此,物流活动的合理化程度直接影响企业物流成本的高低。对企业而言,物流合理化是降低物流成本的关键因素,也是物流管理追求的根本目标。

2. 物流管理信息化程度

近年来，很多企业的物流管理实践证明，信息化水平的高低是企业在激烈的市场竞争中能否立于不败之地的关键因素。物流管理信息化建设的前期投入较大，但建成后的效果往往超乎我们的意料。很多知名企业通过信息化建设，不仅实现了企业内运输、仓储、包装、装卸搬运、流通加工、物流信息和物流管理等物流活动的整合与信息共享，建立了物流活动的快速响应机制，实现了传统物流管理方式的突破，而且通过信息化建设的延伸，实现了供应链上各节点企业的信息共享，促进了供应链物流流程的再造，实现了多方共赢。所以，物流管理信息化程度与物流成本高低密切相关。但需要指出的是，全面推行物流管理信息化是一项复杂而艰巨的任务，时间跨度长，短期效果不明显，建设初期甚至会导致物流成本大幅上升；但从长远看，要持续提升物流管理水平，挖掘"第三利润源"，实施物流管理信息化是企业的必然选择。

3. 物流活动组织模式

随着现代经营理念的引入，很多企业更加专注于提高核心竞争力，把不具备竞争优势的物流业务全部或部分外包出去。就现行物流业务运作实践来看，企业物流活动的组织模式大致有三种：全部自营、部分自营部分外包和全部外包。物流活动的组织模式不同产生的物流成本也不尽相同，因此，企业应该在充分考虑企业战略目标的基础上，选择并适时调整物流活动的组织模式，以满足企业经营管理的需要和对降低成本的追求。

4. 物流成本计算方式

物流合理化程度、物流管理信息化程度以及物流活动组织模式三个影响物流成本的因素，其程度和实施方式的不同会真实地影响企业物流成本的高低。无论采取何种方式计算物流成本，物流成本都真实、客观地存在，计算方式的不同只是使最终呈现给决策者的物流成本计算结果存在差异而已。通常，采取粗放的成本计算方式会使计算出来的物流成本偏低，随着物流成本计算精细化程度的提高，物流成本的计算范围会扩大，最终计算出来的物流成本会增加。事实上，不同国家计算物流成本的方式各不相同，即使在同一国家，不同企业计算物流成本的方式也不尽相同。

二、物流成本构成与计算

(一)企业物流成本构成

按照国家标准《企业物流成本构成与计算》，企业物流成本构成包括企业物流成本项目构成、企业物流成本范围构成和企业物流成本支付形态构成三种类型。企业物流成本包括运输成本、仓储成本、包装成本、装卸搬运成本、流通加工成本、物流信息成本、物流管理成本等物流功能成本和与存货有关的流动资金占用成本、存货风险成本以及存货保险成本。不同成本由不同的支付形态构成，存在于不同的物流范围阶段，如图8-1所示。

(二)企业物流成本计算

借鉴日本企业物流成本计算思路，我国企业在计算物流成本时，通常以物流功能、物流范围和物流成本支付形态三个维度作为计算对象。具体的计算方式主要有三种：会计方式、统计方式以及会计和统计相结合的方式。

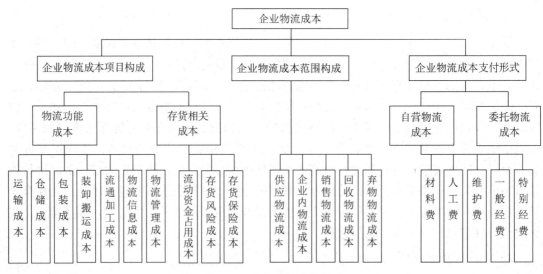

图 8-1　企业物流成本构成

1. 会计方式计算物流成本

会计方式计算物流成本就是通过凭证、账户、报表对物流耗费予以连续、系统、全面地记录、计算和报告。具体包括两种形式：一是将物流成本计算与正常的会计核算截然分开，建立独立的物流成本计算体系，会计核算与物流成本计算同步进行，物流成本的内容在物流成本计算体系和会计核算体系中得到双重反映。二是将物流成本计算与会计核算体系相结合，增设"物流成本"科目，对于发生的各项成本费用，若与物流成本无关，直接记入会计核算中相关的成本费用科目；若与物流成本相关，则先记入"物流成本"科目，会计期末，再将各物流成本账户归集的物流成本余额按一定的标准分摊到相关的成本费用账户，以保证成本费用账户的完整性和真实性。上述两种方式，有学者分别将其命名为物流成本计算的单轨制和双轨制。

2. 统计方式计算物流成本

统计方式计算物流成本，不需要设置完整的凭证、账户和报表体系，主要通过对企业现行成本核算资料的解剖分析，分离出物流成本的部分，按不同的物流成本计算对象进行重新归类、分配和汇总，加工成所需物流成本信息。

3. 会计和统计结合的方式计算物流成本

会计和统计结合的方式计算物流成本，其要点是将物流耗费的一部分内容通过会计方式予以计算，另一部分内容通过统计方式计算。由于企业物流成本包括显性成本和隐性成本两部分内容，显性成本主要取自会计核算数据，隐性成本主要通过统计方式进行计算，因此，实践中，计算企业物流成本通常要采用会计和统计相结合的方式。

（1）显性物流成本计算。

显性物流成本主要指现行会计核算中已经反映，可以从会计信息中分离和计算的物流成本。对于显性物流成本的计算，可根据企业实际情况，选择期中或期末两种方式进行。

（2）隐性物流成本计算。

隐性物流成本指现行会计核算中没有反映，需要在企业会计核算体系之外单独计算的

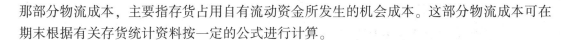

那部分物流成本，主要指存货占用自有流动资金所发生的机会成本。这部分物流成本可在期末根据有关存货统计资料按一定的公式进行计算。

三、物流成本控制

（一）物流成本控制的含义

物流成本控制是根据预定的物流成本目标，对企业物流活动过程中形成的各种耗费进行约束和调节，发现偏差，纠正偏差，实现乃至超过预定的物流成本目标，促使物流成本不断降低。物流成本控制应该直接控制物流成本发生的原因，而不是物流成本本身，也就是说，物流成本控制是通过控制引起物流成本发生的驱动因素来进行的，通过控制物流成本动因可以使物流成本得到长期管理。

物流成本控制有广义和狭义之分。广义的物流成本控制贯穿于企业经营活动全过程，包括事前控制、事中控制和事后控制；狭义的物流成本控制仅指事中控制，是对物流活动过程的控制。从实践来看，现代物流成本控制是广义的物流成本控制，是与企业的战略目标和财务管理目标等密切结合的物流成本控制。

（二）物流成本控制的原则与程序

物流成本控制应该遵循以下原则：①经济原则。经济原则也叫成本效益原则，是指因推行物流成本控制而发生的成本，不应超过因缺少控制而丧失的收益。其要求物流成本控制能真正起到降低物流成本、纠正偏差的作用。②全面原则。全面原则包括三层含义：一是全过程控制，指物流成本控制不限于企业的物流活动过程，而是包括企业经营活动的全程；二是全方位控制，指物流成本控制不仅对成本发生的数额进行控制，还对物流成本发生的原因、时间等进行控制，确保物流成本支出的合理性；三是全员控制，指导物流成本控制不仅要有专门的物流成本管理人员参与，而且要发动全体员工积极参与物流成本控制。③重点原则。重点原则实际上是贯彻管理学上的"二八"原则，即80%的物流成本支出是由其中20%的成本项目造成的，所以管理者应把物流成本控制的关注点聚焦在20%的关键成本项目上，对其进行重点控制，而对其他数额较小或无关大局的成本项目从略。重点控制原则还要求管理者对正常物流成本支出实行从简控制，但要格外关注各种例外情况。④领导推动原则。由于物流成本控制涉及企业生产经营全程，同时要求全员参与，所以必须由企业最高领导层予以推动。企业领导层首先要重视并全力支持物流成本控制，为物流成本控制提供制度和文化方面的支持；其次，在要求各部门完成物流成本控制的同时，赋予其相应权利，确保物流成本控制部门的责、权、利一致。

物流成本控制的基本程序主要包括：①制定物流成本标准。物流成本标准是物流成本控制的依据，是对各项物流成本开支和资源耗费所规定的数量限度。确定物流成本标准的方法很多，在实践中，企业可采用预算法或定额法来确定物流成本标准。②监督物流成本的形成。对物流成本标准的执行情况进行检查和监督。对于按预算法确定物流成本标准的，要着重监督、检查各部门、各环节物流成本预算的执行情况。对于按定额法确定物流成本的，要着重检查材料、人工等各项定额或限额的执行情况，物流成本指标本身的执行情况。③及时纠正偏差。对于物流成本实际支出超过标准的应及时分析原因，分清轻重缓急,针对不同情况分别采取措施,将差异控制在允许的范围内。

(三)物流成本的综合控制方法

物流成本控制是提升电子商务企业竞争力的重要因素之一,同时也是一项复杂的系统工程。一方面,物流成本与物流服务之间存在"效益悖反"现象,单纯追求物流成本的降低有时会降低物流服务水平,造成客户流失,影响企业追求利润最大化目标的实现;另一方面,物流成本系统内各物流成本之间存在"效益悖反"规律,一项物流成本的降低可能会使另一项物流成本大幅上升,这在运输成本和仓储成本之间表现最为明显,最终影响企业所追求的总物流成本最小化管理目标的实现。所以,物流成本控制要具有系统性和全局性眼光,在具体实施成本控制时,不仅要遵循总物流成本最低的原则,而且要充分考虑物流成本与物流服务之间的关系,在确保满足客户需求的前提下,努力降低物流成本,这是实施物流成本综合控制的基本要求。物流成本综合控制的方法多种多样,企业可结合各自实际,选择适合的控制方法。

1. 合理选择物流组织模式控制物流成本

电子商务企业的物流组织模式主要有以下四种:一是企业内部设立物流运作部门或物流子公司,专门承担企业的物流管理和运作职能,即自营物流模式。在该种模式下,企业物流运作部门可以引入专业化的物流技术,合理安排企业的物流活动,同时,物流部门或子公司作为企业的内设部门之一,在与采购、生产、销售等部门的沟通协作和信息共享方面,比物流外包模式有更多的便利和优势,对物流运作的控制力相对较强,可以更好地满足客户的个性化需求;但企业设立专门的物流运作部门,需要配备人员和设施,购置运输工具,建设独立的仓库等,成本相对较高。二是物流外包模式,即企业将物流业务全部委托给第三方物流公司。该种模式下,企业可以专心致力于核心竞争力的提升,简化物流管理;但企业对物流运作的控制力较弱,非常规情况下响应机制不够畅通,难以及时满足客户的个性化需求。三是两个或两个以上的经济组织为实现特定的物流目标而采取的长期合作,即物流联盟模式。物流联盟是一种介于自营物流与外包物流之间的物流组织模式,具有相互依赖、核心专业化、强调合作的特点,可以降低前两种模式的风险,易操作;但该种模式要求结成联盟的企业之间相互信任、共担风险、共享收益,在行动中,彼此考虑对方的福利,不完全采取自身利益最大化的行为,这需要较长时间的磨合才能实现。四是第四方物流运作模式,即企业专注于其核心业务,而把企业在全球供应链上有关物流、资金流、商流、信息流的管理和技术服务,统一外包给一站式集成服务提供者。理论上讲,与第三方物流相比,第四方物流具有整合各种物流资源的优势,能为客户企业提供个性化、多样化的供应链解决方案,为其创造超额价值的优势;但在实践中,尚缺乏能发挥上述优势的成功运作实例,从而限制了企业使用第四方物流。企业应根据自身的战略目标,结合业务运作实际,选择适合自身的物流组织模式,在满足客户需求的前提下,最大限度地降低物流成本。

2. 借助于信息技术来控制物流成本

信息技术对企业降低物流成本具有重要作用。借助于信息分类与编码技术、自动识别与数据采集技术、电子数据交换技术、物流追踪技术和物流信息管理系统可以实现物流过程的信息化、自动化和智能化。物流过程的信息化使跨部门的信息共享更加容易，可以快速地将涉及物流活动的各个环节联系起来，有利于提高整个物流系统的效率，最大限度地降低物流成本；物流过程的自动化则可以扩大物流作业能力、提高作业效率、减少差错等；物流过程的智能化则可以对运输车辆的优化调度、运输路径的选择和作业控制、自动分拣机的运行等物流管理决策提供支持。

3. 构建高效率的物流系统控制物流成本

系统化是现代物流的重要特征之一。可以说，现代物流包含了产品从"生"到"死"的整个生命过程——从原材料采购开始，经过生产过程再进入销售领域。这一过程要经过运输、仓储、包装、装卸搬运、流通加工、配送等活动，通过统筹规划、合理协调，确保所有活动的有序开展和无缝衔接，对于降低物流成本具有重要意义。同时，企业应随时对物流系统的运行状况做出评价，并根据客户需求和企业内外部环境条件的变化对原有规划进行调整，以不断提高系统运行的效率。

4. 实施物流管理创新控制物流成本

物流管理领域可以和需要创新的地方很多，企业应从实现战略目标、降低物流成本的要求出发，进行合理的物流管理创新。例如：企业可以积极推行作业成本法，拓展物流成本核算的范围，全面掌握企业物流成本开支情况，为物流成本管理和控制提供可靠的依据；积极推行物流标准化，包括按照国际惯例和国家通行标准推行物流信息的标准化、物流设施的标准化和物流成本计算的标准化，以方便企业的对外交流与合作；积极应用"看板系统"，推行以"零浪费"为终极目标的 JIT 管理，将供产销等环节紧密结合起来，提高效率，以降低总物流成本；从供应链的视角实施物流成本管理，将供应链上的所有节点企业看作一个整体，通过彼此的协调与合作，提高客户服务水平，同时降低整条供应链的物流成本。

 【案例 8-1】SHEIN 快时尚跨境电商的物流体系完善

本章小结

物流是指物品从供应地向接收地的实体流动中，根据实际需要，将运输、储存、装卸、搬运、包装、流通加工、配送、信息处理等基本功能实施有机结合来实现用户要求的过程。任何一笔电子商务交易都涉及信息流、商流、资金流和物流。信息流、商流、资金流借助于现代信息技术和计算机网络比较容易实现快速、安全、高效的传输；而负责货物交割的物流系统要达到与像信息流、商流、资金流同样的效率则较为困难。电子商务物流管理的目的就是使运输、储存、装卸、搬运、包装、流通加工、配送等物流活动实现最佳的协调与配合，提高物流效率，以满足电子商务高效率和全球性的特点，并降低物流成本，提高经济效益。

复习题

一、选择题

1. 电子商务的组成要素必须包括两个,分别是(   )。

A. 计算机技术   B. 电子方式   C. 商务活动   D. 交易

2. 电子商务的框架结构由三个层次构成,分别是(   )。

A. 网络层   B. 消息和信息发布层

C. 应用层   D. 操作层

3. 以下哪种电子商务的交易模式利润来源于相对低廉的信息成本带来的各种费用的下降,以及供应链和价值链整合的收益?(   )

A. B2C 模式   B. B2B 模式   C. B2G 模式   D. C2G 模式

4. 以下哪种电子商务的交易模式属于消费者对消费者的交易模式?(   )

A. B2C 模式   B. B2B 模式   C. B2G 模式   D. C2C 模式

5. 物流的对象包括(   )。

A. 物品   B. 信息   C. 人   D. 服务

6. 按照物流活动的空间范围分类,可以分成(   )。

A. 地区物流   B. 国际物流   C. 国外物流   D. 国内物流

7. 按照物流活动的承担主体分类,可以分成(   )。

A. 企业自营物流   B. 专业子公司物流   C. 一般物流   D. 第三方物流

8. (   )是生产的终点,又是物流的起点。

A. 配送   B. 运输   C. 包装   D. 加工

9. 商品包装的功能包括(   )。

A. 方便物流过程   B. 保护商品功能   C. 促进销售功能   D. 方便消费功能

10. 按照包装的目的划分,可以分为(   )。

A. 运输包装   B. 销售包装   C. 商业包装   D. 物流包装

二、简答题

1. 简述物流的起源。

2. 简述电子商务与物流关系。

3. 简述物流成本综合控制方法。

4. 电子商务物流包括哪些作业环节?

5. 物流信息技术包括哪几类?并各列举实例。

6. 什么是物流成本?与物流成本相关的理论学说有哪些?

三、论述题

电子商务物流的不同组织模式各有什么优劣?

四、实践题

分别从成本项目、成本范围和成本支付形态三个维度描述企业物流成本的构成。

第九章　企业电子商务应用

导　读

　　电子商务和企业数字化之间存在密切的关系。企业数字化是电子商务发展的基础，企业数字化推动了电子商务的发展；而电子商务的发展又促进了企业数字化的深入进行和深层次的开发应用。企业数字化实质上是将企业的生产过程、物料移动、事务处理、现金流动、客户交互等业务过程数字化，通过各种信息系统网络加工生成新的信息资源，提供给各层次的人们洞悉、观察各类动态业务中的一切信息，以做出有利于生产要素组合优化的决策，使企业资源合理配置，以使企业能适应瞬息万变的市场经济竞争环境，求得最大的经济效益。企业电子商务应用是指利用电子信息技术来解决问题、降低成本、增加价值和创造商业和贸易机会的商业活动，包括通过网络实现从原材料查询、采购，产品展示、订购到出品、储运、电子支付等一系列的贸易活动。本章主要围绕企业资源计划、客户关系管理以及供应商关系管理进行阐述。

知识目标

1. 了解企业数字化的产生和发展背景
2. 理解企业数字化的基本概念、内容及其主要功能
3. 能够运用实际案例分析企业数字化的具体应用

素养目标

1. 引导学生理解国家数字化战略方向
2. 培养学生创新意识

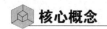

核心概念

企业数字化转型　ERP　CRM

第一节　企业电子商务的应用类型

一、企业电子商务的应用层次及交易模式

企业电子商务的应用主要是指传统企业如何利用电子商务实现企业经营管理和商务活动的数字化。电子商务作为信息技术发展的产物，它在企业的应用不是一蹴而就的，是需要分阶段进行和实施的。从企业经营活动的范围来看，可以将企业电子商务的应用分为两个层次。

第一个层次是企业内部的电子商务活动，也就是企业内部如何利用电子商务技术实现企业内部交易的数字化，同时更好地保证企业外部电子商务的实施。企业内部电子商务的运用主要是帮助企业降低成本，提高企业内部运营效率和效用。

第二个层次是企业外部的电子商务活动，它是指企业通过市场提供产品服务，实现企业的价值。从参与市场交易的主体性质的角度划分，可以将市场交易主体划分为组织和个人(用 D 表示)；从组织的商业性质的角度划分，可以分为营利组织和非营利组织(用 C 表示)；从营利组织的生产与销售功能的角度划分，可以分为具有全部功能的生产企业(用 A 表示)和只具有销售功能的中间商(用 B 表示)。对于上述四种市场主体之间的交易关系可以用表9-1表示。根据参与交易的购买方是否是组织机构(包括企业与政府等)，可以将电子虚拟市场分为组织市场(Business to Business，B2B)和消费者市场(Business to Consumer，B2C)。对于企业外部电子商务，主要是扩大企业收入来源，同时帮助降低企业的外部经营管理成本。

表 9-1　市场主体之间交易关系

	A 生产企业	B 中间商	C 非营利组织	D 个人消费者
A 生产企业	直销工业品市场	批发品市场	直销组织市场	直销消费者市场
B 中间商	批发品市场	中间商市场	零售组织市场	零售消费者市场
C 非营利组织	直销组织市场	零售组织市场	—	—
D 个人消费者	直销消费者市场	零售消费者市场	—	—

在传统市场交易中，供方企业处于主导地位，交易时供方企业一般处于控制地位，顾客(特别是消费者)只有选择权。而在网络时代，顾客(个人、组织或企业)的地位上升，交易时顾客处于主导地位，不但有选择权，还有直接参与产品或服务的设计、生产、定价和销售等方面的决策权。对于企业外部电子商务活动，可以根据交易双方的地位，将现有的传统市场上的交易模式称为供方主导型；将正在发展的以顾客为主导的交易模式称为顾客主导型。供方主导型交易模式，并不是说供方企业的经营管理不是市场导向的，只是指

供方企业通过主动地了解市场需求，然后制定相应策略来满足市场需求，在交易过程当中，顾客只是通过选择来对供方企业经营管理进行引导，是一种间接影响。顾客主导型交易模式强调的是顾客直接提出需求，供方直接根据顾客需求，结合企业自身的实力有选择性地提供产品和服务，来满足顾客的部分需求，从而实现供方的经营管理目标。上述两种模式都是市场导向，只是体现"顾客是上帝"的方式有很大差别，一个是被尊为"上帝"，一个是通过自主控制成为"上帝"。一般将 B2B 和 B2C 称为供方主导型电子商务；将 C2C 和 C2B 称为顾客主导型电子商务。

二、企业外部电子商务

企业外部电子商务也就是通常所称的电子商贸和网络营销，主要是指针对市场交易而进行的商务活动。企业进行外部电子商务活动时，必须考虑到不同主体的特点，并采取相应的电子商务方式实现网上交易。

（一）电子商务交易主体的特点

在市场交易网络中，根据参与市场交易主体的特点相应地将电子商务交易主体分为三类：营利组织（A、B）、非营利组织（C）和消费者（D）。它们的特点如表9-2所示。

表 9-2　市场交易主体的特点比较

比较项目	营利组织（A、B）	非营利组织（C）	消费者（D）
目标	营利	维持正常运转	满足个人需求
主体地位	社会法人	社会法人	个人
信用度	高	高	低
与银行关系	密切（依赖银行）	密切（银行结算）	稀疏
交易行为	规范、理性、约束多	规范、理性、约束多	个性、冲动、自由
交易量	批量	批量	少量
付款方式	银行转账	银行转账	现金为主
交易信息	丰富，注重收集比较	丰富，注重收集比较	不充分，凭印象
与交易方关系	比较稳定，伙伴关系	重点选择，稳定购买	随机性，品牌忠诚
交易快捷性	比较长，多个回合谈判	比较长，慎重比较和选择	比较短，短时间抉择

从表9-2的比较分析可以看出，对于营利组织和非营利组织而言，在交易时一般是以法人身份参与交易，交易时两个主体表现出极大的相似性，只是营利组织的目标是通过减少交易费用获取更高利润，而非营利组织的目标是通过减少交易费用节省开支维持组织的运转。

由于进行网上交易时要求交易主体必须数字化，利用基于网络的数字化交易方式进行交易。因此，在电子虚拟市场上，信息技术的应用主要是改变交易主体的交易方式，同时也对市场交易主体产生一定影响，具体表现在下面几方面：第一，参与交易主体必须有信用。如前所述，由于组织机构具有较好的信用，电子虚拟市场对组织机构这方面的影响不大；而个人消费者必须建立信用，否则个人消费者参与网上交易时会遇到障碍（如网上订购后，难以实行网上支付，而是通过邮局汇款，因而限制了网上交易的快捷性）。第二，交易方式更加便捷。对于组织机构来说，网络提供了快捷方式，可以实现网上自动交易，但对于一些大型组织机构来说，更多地仍然选择网上查询和合同洽谈方式进行，比较强调理性；对于个人消费者来说，则影响比较大，个人消费者不出门便能购物。第三，交易行为更加理性。对于组织机构来说，网上充分的信息更加增强了购买决策的科学性和合理性；对于个人消费者来说，网上丰富的信息，改变了个人消费者的被动选择局面，个人消费者可以根据大量信息进行理性选择，减少了购买的非理性成分。因此，网上交易方式对组织机构的影响主要是效率上提高和风险上降低的影响；对个人消费者影响较大的是，它可能改变个人消费者的消费模式和生活习惯。

(二)企业外部电子商务模式的比较

根据参与交易主体的特点，组织市场交易与消费者市场交易比较如表9-3所示。

表9-3　组织市场交易与消费者市场交易比较

比较项目		组织市场交易(B2B)	消费者市场交易(B2C)
交易主体		A、B、C(法人)	卖方为A、B；买方为D
交易过程		报价/意向—谈判/招标—订合同—发货—结算	寻找/告示—选择/冲动—付款/取货
交易特点	数量金额	交易数量大、金额较大	交易数量小、金额较小
	合同形式	正式合同，理性交易	口头要约，有限理性
	支付方式	通过银行和现代金融信用工具结算	通过现金或信用卡现场结算
	信息掌握	透明度大，信息充分，信息对称	信息不对称，消费者处于弱势
	交易特征	信息流、物流和货币流分离，通过信用和合同来保证这三流的统一和交易实现	物流和货币流在时间和空间上高度统一，保证交易的实时性
	交易关系	交易双方关系密切，重复性交易多	交易偶发性，关系简单

从表9-3可以看出，组织市场交易与消费者市场交易有着很大区别。具体表现为：第一，交易过程方面。组织购买时，首先，提出购买意向并进行寻价，在确定购买意向后就着手进行谈判或者通过招标确定价格，并签订正式合同；然后，双方着手具体交易进行货物交接和货款结算。由此可见，组织市场交易过程比较规范，比较注重交易风险的控制和交易理性。消费者市场中，消费者一般通过信息告示来寻找满足自己需求的产品，购买过程比较简单，强调的是快捷性，不注重交易过程的规范性。第二，交易数量金额方面。组织市场的每次交易的数量比较大，交易金额也比较大；而消费者的购买属于零星购买，交易的数量金额都比较小。第三，交易合同形式方面。组织市场的买卖行为一般都需要通过正式合同文本来规范；而消费者市场的买卖行为主要是现场交易，是口头要约形式。第四，信息掌握方面。组织市场的交易由于双方掌握信息都比较充分，可以双方都处在平等交易地位；而在消费者市场消费者由于精力和时间限制，不可能充分掌握信息，即使掌握大量信息也因为精力不够而无法全面分析，因此交易的透明度不够。第五，支付方式方面。组织市场的交易主要通过银行进行结算，通过合同来约束交易的完成；而消费者市场的交易主要是现款现货交易居多。电子虚拟市场的发展将大大改善消费者市场中交易透明度不够的问题，以及交易实现中的支付手段由原来的现金支付转为依赖信用支付方式。

三、企业内部电子商务

企业内部电子商务主要是指采用电子商务技术实现企业内部交易，解决企业内部的物流、资金流和信息流的数字化。企业内部电子商务的基础是企业的数字化，在数字化基础上融合一些新型的电子商务技术，如 EDI 技术、互联网技术等。实现企业内部电子商务，必须从系统角度将企业内部经营活动进行统筹规划，也就是按照企业的价值链实现企业内部的电子商务活动。

价值链把企业分解为战略上相互联系的活动，以分析了解企业的成本优势。每个企业都是在设计、生产、销售、发送产品和辅助过程中进行种种活动的集合体。所有的这些活动都可以用一个价值链来表明，如表 9-4 所示。

表 9-4　价值链

辅助活动	企业基础设施建设				利润
	人力资源管理				
	技术开发				
	采购				
基本活动	进货后勤	生产作业	发货后勤	经营销售	服务
Intranet（企业内部网）					

从表 9-4 中可以看出，价值链把总价值展开，它由价值活动和差额组成。价值活动是一个企业所进行的在物质形态上和技术上都界限分明的活动，这是企业赖以创造出对客户有价值的产品的基石。差额是总价值和进行价值活动的成本总和的差，它在一定程度上反映了企业的业绩。

价值活动可以分为基本活动和辅助活动两大类，左下方的基本活动是制造有形产品、销售和发送，以及售后服务等活动；左上方的辅助活动通过提供基础设施、技术、人力资源和各种企业范围的职能来辅助基本活动进行，并支持整个价值链。基本活动是企业价值活动中最主要的和最明显的，而辅助活动也是必不可少的，这是因为每一种价值活动都必须通过外购投入、人力资源和某种形式的技术来发挥其功能。采购、技术开发和人力资源管理都与各种具体的基本活动相联系并支持整个价值链。企业的基础设施虽然并不与各种特别的基本活动相联系，但是也支持着整个价值链。

（一）进货后勤

进货后勤又称内部后勤，是指有关接收、存储和分配产品的投入的活动。进货后勤是生产前对原材料储备量的控制，这一阶段的目标是发出快，尽量减少存量。它的主要任务包括原材料的搬运、原材料的质量检查、仓储、库存管理、车辆调度、向供应厂商退货。

（二）发货后勤

发货后勤又称外部后勤，是指有关集中、存储和把产品实际分销给客户的活动。发货后勤是生产后对产品储备的控制，这一阶段的目标是要及时地把产品销售出去，回收资金。它的主要任务包括产品库存、原材料搬运、送货车辆管理、订单处理、进度安排。

（三）生产作业

生产作业是指有关将投入转化为最终产品的活动。生产管理是企业价值活动中涵盖范围最广的一项价值活动，归纳起来它有五大构成要素：生产过程、生产能力、生产库存、生产质量和生产人员管理。

(1)生产过程管理的主要任务包括生产战略的设计，生产类型的选择，生产过程设计，产品设计，产品的客户化，工厂的设计、选址、布置和规模决策。

(2)生产能力决策的主要任务包括生产规模的计划和控制、资源计划、生产现场的调度和控制。

(3)生产库存管理是从物质流的角度来指挥和控制的，现今最流行的库存管理方法是准时生产制(Just in Time)，又称为零库存管理。它是一种能够自我调整、自我完善的动态管理机制。

(4)生产质量管理的主要内容包括质量检验、全面质量管理、全员管理和全过程管理。

(5)生产人员管理是生产企业人力资源管理的一部分。这一阶段的目标是在使员工满意的基础上，调动员工的积极性，发挥生产者的潜力和创造精神。它的主要任务包括人员工作设计、生产系统的定编定员、生产人员的选拔和录用、生产人员的技能培训和职业发展、生产人员工作业绩评估。

(四)经营销售

经营销售包括销售和市场促销活动，一般要制定以下几个方面的策略。

1. 产品策略

产品策略主要包括：对产品不同的生命周期制定不同的经营对策，如新产品的开发策略；产品的市场分析、市场预测和商品化策略；产品的组合策略，即根据企业的资源条件和外部市场环境合理地选择产品组合的宽度、深度和关联性。

2. 价格和定价策略

产品的价格除受价值规律的支配外，还受供求关系、消费心理和其他诸多因素的影响。常用的定价策略有高价策略、低价策略、心理定价策略、差别定价策略、折扣和让价策略等。

3. 销售渠道策略

销售渠道要解决以下几个主要问题：是采用直接销售形式(无中间商)还是间接销售形式？如果要有中间环节，中间环节的最佳宽度和深度应该如何？所选择的中间商应当具备一些什么条件？

4. 促销策略

促销可以采用人员或者非人员的方式，帮助或说服顾客购买某项产品或劳务，并使顾客对卖方的经营方式产生好感。常见的促销方式，即企业与顾客和公众沟通的工具主要有四种，它们分别是：

(1)广告。

通常，广告可通过各种媒介对商品或服务的信息进行传播，影响顾客的态度和需要，从而实现扩大销售的目标。

(2)人员推销。

人员推销是一种面对面的促销，口头上传达和沟通信息，这要求推销员有较高的技巧。它的优点是直接和容易成功，但缺点是开支较大和接触顾客有限。

（3）公共关系。

公共关系不同于其他促销手段，即其显著的特点是促销不是直接针对现实顾客和潜在顾客。其重要手段之一是通过公共宣传来吸引公众的注意力，去除企业在公众头脑中已有的坏印象和建立良好的信誉。

（4）营业推广。

营业推广是鼓励消费者增加购买和提高中间商交易效益的一种促进销售的策略。它包括诸如赠送样品、折价赠券、赠货折扣等多种形式。营业推广又可分消费者的营业推广和中间商的交易推广两种。

（5）营销组合策略。

营销组合是指从制定产品策略着手，同时制定价格、销售渠道、促销策略，再考虑其相互影响，最后组合为策略的总体，达到将合适的产品以合适的价格、合适的促销方式，通过合适的渠道，有效地送到企业目标市场的目的。

（五）服务

服务可分为售前服务和售后服务。

（1）售前服务。

售前服务是指在销售商品前为顾客提供的各种服务，其目的是为顾客创造某些购买条件。它的主要内容有：为用户提供方便的搜索功能；回答用户提出的各种技术问题；同用户进行技术交流；参加技术讨论会；使用户了解产品的特点和使用范围等。

（2）售后服务。

售后服务是指商品销售出去后，根据顾客的要求继续提供的各种服务，其目的是保证用户长期地使用本企业的产品。它的主要内容有：到现场为用户安装调试设备；为用户培训技术人员和操作人员；为用户维修和检修设备；按合同提供零配件；退换、加工改制产品；租赁、代购代运机具；回答用户提出的技术问题。

有的服务项目很难把它区分为售后服务还是售前服务。例如，回答用户提出的技术问题不但可以作为一种售前服务，也可以作为一种售后服务，它可以是在用户购买了产品以后为用户回答技术难点，也可以是在用户购买产品前回答一些技术问题以使用户安心购买。在互联网上常可以看到的各公司的常见问答（Frequently Asked Questions，FAQ）页面，就是典型的例子。又如，许多网页都提供一种类似于 BBS 的网上用户论坛或者读者论坛，这也是一个服务的项目，兼有售后服务和售前服务的内容。

（六）采购

采购指的是购买用于从事企业价值链各项活动的必需品的活动。它的主要任务包括：①用于生产的原材料、零配件的采购；②办公消耗品、营销用品，如文具、电脑等的采购；③企业的固定资产和设施的采购，如机器、实验室设备、办公室设备和房屋建筑等资产；④企业的一些无形资产的采购，如知识、专利；⑤同供应商交易的程序、手段；⑥供应商的资格审定。

采购作为一项辅助活动，与通常所指的进货活动相比，它的范围更宽，其作用是提供进行各项价值活动所必需的物品。并且，与所有的价值活动一样，采购也是一种"技术"，例如同供应商打交道的程序、资格审定原则等。一项特定的采购活动通常和它所支持的一项具体的价值活动或它所辅助的若干活动相联系。它常常对企业的总成本和别具一格的形象有着重大的影响。改变采购方法往往会对外购的成本和质量产生强烈的影响。

(七)技术开发

每项价值活动都包含着技术,无论是技术诀窍、程序,还是在工艺设备中所包含的技术。大多数企业采用的技术范围是极为广泛的,从用于准备文件和运输物资的技术一直到产品本身所包含的技术。此外,大多数价值活动都运用一种结合了数种不同分支技术并涉及不同学科的技术。技术管理的主要任务包括:①新产品的技术开发;②行业技术标准的制定;③生产过程中的技术运用,如工艺设计、生产程序等;④同客户和供应商以及竞争对手之间打交道的技术。

(八)人力资源管理

人力资源管理由对各类人员的招聘、雇佣、培训、开发和报酬管理等活动组成。人力资源管理中的人力是对企业中各种人员的总称,它是一种重要的辅助活动,既支持着基本活动和辅助活动,又支持着整个价值链。前面所提到的生产人员管理仅是它的一部分。以现代管理学的观点来看,企业是一个生产人才的地方,企业的人力资源管理有两个主要的目标:一是尽量吸引各方面的人才到本企业效力;二是使这些人才在企业中能够各尽所能,充分调动其积极性,并为其创造满意的工作环境。人力资源管理的主要任务包括:①企业雇员的招聘和解聘;②企业雇员的报酬管理;③新雇员的培训;④员工的管理、激励、领导和引导;⑤不同员工的工作任务分配和设计。

(九)企业基础设施建设

企业基础设施建设管理由全面管理、计划、财务、会计、法律、政府事务和质量管理等活动组成。基础设施和其他的辅助活动不同,它通常支持着整个价值链,而不是单项活动。例如,管理信息系统是企业的一项重要的基础设施,它在企业的各层管理中起着重要的作用。又如,企业的网站建设也是企业的一项重要的基础设施。

对于不同的产业,不同的基本活动和辅助活动的重要性是不同的。比如说,对一个批发商而言,进货和发货后勤最为重要;对于一个像餐厅和零售店这样的在自己场所提供服务的企业而言,发货后勤在很大程度上或许根本不存在,生产作业则是其要害所在。而就一个高速复印机制造商而言,服务则是其竞争优势的关键。在任何企业,所有各种基本活动和辅助活动都在一定程度上存在,并对竞争优势起着一定的作用。

企业内部电子商务的管理主要是在企业数字化基础上整合企业外部电子商务,按照价值链流程实现企业内部管理的数字化。

第二节 企业数字化转型建设

电子商务与企业数字化之间存在密切的关系。企业数字化是电子商务发展的基础。企业数字化孕育并推动了电子商务的发展,而电子商务的发展又促进了企业数字化的深入进

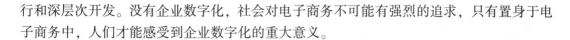

行和深层次开发。没有企业数字化，社会对电子商务不可能有强烈的追求，只有置身于电子商务中，人们才能感受到企业数字化的重大意义。

一、企业数字化的产生和发展

在当今世界，随着电子信息技术和数字经济的发展，企业数字化建设也逐步被越来越多的现代化企业提上战略发展的日程，在企业战略规划以及具体运作管理中发挥着重要的作用。数字化时代是指以数字技术为基础，通过信息化手段对传统产业进行升级和改造，实现数字化转型和创新的时代。数字化时代的背景可以从以下几个方面来分析。

（一）国际背景

众所周知，第二次世界大战前后，美国一直是制造业大国，在全球的制造业中占有不可动摇的地位，但是20世纪50年代以后出于军备竞赛的需要，美国政府偏重于高新技术和军用技术的发展，而放松了对一般制造业的重视和促进。这就直接导致了20世纪80年代中期后美国经济的缓慢发展，与此同时日本、欧洲各国的经济则取得了突飞猛进的发展。统计表明，1986年，美国一半以上的机床需要进口，并且直到20世纪90年代初，美国仍然有1/4以上的国内汽车市场被日本所占领。美国经济空前滑坡，国际贸易逆差急剧增长。20世纪90年代中期，美国在开始反省自身产业政策失误的同时，先后推出了促进制造业发展的两项计划，即"先进制造技术计划"和"制造技术中心计划"，并于1994年开始实施。

日本在第二次世界大战后因制造业的迅速崛起而确定了其经济的霸主地位。在新一轮的竞争中，日本在提出了"智能制造技术计划"的同时，战略性地将此计划拓展到国际共同研究课题，先后得到了美国、欧共体、加拿大、澳大利亚及欧洲自由贸易联盟等国家和组织的响应。同时，欧共体也积极资助微电子、软件工程和信息处理系统、计算机集成制造技术等方面的建设，推动了制造业利用信息技术方面的发展；韩国也于1991年年底提出了"高级先进技术国家计划"（简称G-7计划），旨在进入21世纪时韩国的技术实力提高到世界第一流的工业发达国家的水平。

随着各国对制造行业的重新重视和开发，世界制造业已经开始朝着广义的"大制造业"方向发展，其所涉及的概念和领域正逐渐发生着巨大的转变和整合。具体发展趋势概括如下。

1. 数字化趋势

在新时期，制造业除了充分开发和利用在传统制造业中发挥着重大作用的"物质"和"能量"两个元素外，信息在制造业中的作用也日见突出。信息同其他要素的良好集成成为制造业企业新的核心竞争力。数字化的发展趋势越来越明显。

2. 服务化趋势

随着信息在制造业中所起的作用日渐突出，制造业的运营模式也发生了巨大的转变，基本上实现了由传统的以产品为中心向以客户为中心生产模式的转变，即在企业具体的运作过程中，一切以客户的需求为出发点，在第一时间内快速将优质产品投入到准确的市场，并通过高效的信息反馈，进行新一轮的设计投入的市场生产模式。

3. 高精尖趋势

企业数字化建设是在结合信息技术、自动控制技术、管理科学、系统科学、生命科学、经济学、物理学及数学等学科的基础上发展起来的。而现代先进技术中的超精密加工技术和数控技术更是进一步推动了高新技术或尖端技术在制造行业的应用和发展。

(二)国内背景

在我国,制造业在国民经济中有发动机的作用,是对外贸易的支柱和国家安全的保障,更是实现社会主义现代化的原动力,而它面临着一些巨大的挑战。

1. 国内制造业数字化发展仍有差距

从20世纪80年代后期开始,诸多发达国家已经开始建立数字化,并能够在信息技术支持下,快速地组织设计与生产,选择最优的生产经营方式、合作伙伴,提供最满意的客户服务。一些大公司甚至已经形成了全球性的研究、开发、设计、制造和销售网络。对中国而言,中国虽已成为世界制造大国,但在核心技术、产品附加值、产品质量、生产效率、能源资源利用和环境保护等方面总体而言与发达国家先进水平尚有差距,并面临诸多方面的挑战,必须紧紧抓住新一轮产业变革机遇,采取积极有效措施,打造新的竞争优势,加快制造业转型升级。

2. 市场需求日益个性化和多样化

随着市场经济的发展,我国大多数商品市场已经呈现供过于求的局面,这就需要企业改变传统的"以产定需"的生产模式,建立起以市场消费者需求为第一生命力的生产理念。因此,企业必须在第一时间内快速将优质产品投入到准确的市场,并通过高效的信息反馈,投入到新一轮的设计中去。而这些方面的实现就需要在技术方面有突破,企业的数字化建设势在必行。

3. 国际竞争的挑战

随着经济全球化步伐的加快以及投资、贸易自由化,给中国企业扩大了资源配置空间。盘活和共享社会资源成为广大企业特别是中小企业数字化的迫切需要,信息技术促进了跨国生产、跨国经营的形成,从而引发了企业结构和产业结构的变革。同时,我国加入WTO以后,贸易壁垒逐渐被技术壁垒所替代,劳动密集型企业在知识密集型企业的面前显得更加乏力。因此,了解用户的需求、把握市场的技术前沿、不断自主创新开发新产品已成为企业生存、壮大的命脉。

在现代社会,信息技术和制造业的融合成为现代制造业的主要特征。信息技术对传统产业的注入改变了传统产业结构、企业结构、社会经济结构及其运行模式,促进了全球经济的快速增长和全球经济一体化的形成。而中国制造业只有把握有利的时机,用先进的管理理念、先进的技术实现手段(计算机技术)武装自己,以面对大的国际市场,走科技之路、技术之路、市场之路,才能在激烈的国际竞争中站住脚跟,实现我国的工业化进程,并在新世纪的竞争中处于不败之地。

二、企业数字化的概念和内容

(一)企业数字化的概念

通俗地讲，企业数字化是把信息技术、制造化技术与管理技术相结合，带动企业的产品、设计、装备的创新，实现产品设计、制造、企业管理过程的数字化，制造过程数字化、智能化以及网络化。从广义上来讲，企业数字化就是以现代化的信息处理技术和信息设备，网络技术和网络设备以及自动控制技术和建成现代化的通信系统等手段对企业进行全方位、多角度、高效和安全的改造，以实现通过信息流来控制物质流和能源流，通过信息资源的开发和信息技术的有效利用来提高企业的生产能力与经营管理水平，增强企业在国内外市场中的竞争力。

数字化转型，是企业在全球数字化变革的背景下，为适应数字经济环境下企业生存发展和市场变化的需要，对企业进行的主动的、系统性、整体性的转型升级。是通过新一代数字技术的深入应用，构建一个全面感知、无缝对接、高度智能的数字孪生企业，进而以数字仿真，优化再造物理世界的企业，对传统管理模式、业务模式、商业模式进行创新和重塑，实现企业的业务成功和增长与发展。数字化转型是数字技术对企业的全面重塑。

从上述定义可以总结出，企业数字化的核心和精髓是先进经营理念、先进管理技术、现代制造技术与现代信息技术的结合，以这个结合来解决企业需求，并且企业数字化的实现是一个按照总体规划、从当前实际出发、不断前进的一个渐进过程。例如，在现代生产中，生产的控制、测量、加工以及产品的设计等无不采用信息技术，始终伴随生产过程的生产信息不断地被收集、传输、加工、存储和使用，使整个生产过程达到自动化。如果将浩如烟海的管理信息，如物资、财务、计划、销售、库存等由人工处理的信息也用现代化工具处理时，则企业的数字化就进入一个更高的层次。

(二)企业数字化的内容

一般来说，企业数字化的主要内容可以划分为业务过程数字化和管理数字化两个方面，并且数字化是建立在企业战略规划以及相关职能部门基础上的。具体来说，企业数字化主要包含设施数字化、资源数字化、要素数字化、业务数字化、战略数字化，最后形成数字化效益，如图9-1所示。

1. 设施数字化

数字化转型需要一个强大的数字化基础设施作为支撑，包括网络通信设施、数据中心、云计算平台、安全系统等，这些设施可以提供稳定可靠的技术支持，保障数字化转型的顺利进行。在数字化过程中，数据安全和隐私保护是至关重要的。企业应建立健全的数据安全策略和控制措施，保护客户和企业的数据不受损失和泄露。合规性和法律风险也需要得到重视，确保数字化过程符合相关法规和标准。

2. 资源数字化

推动企业数据资源采集和汇聚，合理规划转型路径，逐步挖掘数据价值。数字化的核心是数据的收集和分析。企业应该建立完善的数据收集系统，包括内部数据和外部数据的整合。

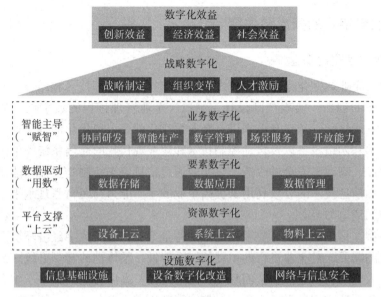

图 9-1　企业数字化系统

3. 要素数字化

它主要有两层含义：一方面是要突出"数据驱动"，使数据成为创造力、生产力、利润力的源泉；另一方面是指传统生产要素的数字化，促使劳动力、生产工具、劳动对象诸要素通过数字化的功能来释放最大价值。企业具备良好的数据管理和分析能力。企业应该建立数据收集、存储和处理的规范和流程，并培养数据分析师和科学家的团队。数据分析能力有助于企业发现潜在机会、识别问题并做出准确的决策。

4. 业务数字化

数字化转型是对传统业务流程的重构和优化。企业需要借助信息技术，重新设计和整合业务流程，提升效率和质量，并实现信息的共享和协同，包含协同开发、智能生产、数字管理、场景服务等。

（1）协同开发。

数字化可以催生新的业务模式和机会。企业应积极探索数字化创新，如基于云计算的服务模式、共享经济模式和物联网技术的应用。通过与合作伙伴和创新公司协同开发，不断开拓新的市场和增加收入来源。

（2）智能生产。

智能生产是生产技术与数字技术、智能技术及新一代信息技术的融合。它是面向产品全生命周期的具有信息感知、优化决策、执行控制功能的制造系统，旨在高效、优质、柔性、清洁、安全、敏捷地制造产品和服务用户。智能生产的内容包括：制造装备的智能化、设计过程的智能化、加工工艺的优化、管理的信息化和服务的敏捷化、远程化等。

（3）数字管理。

数字管理即利用现代的信息技术来代替人的体力劳动和脑力劳动。例如，建立管理信息系统（MIS）、办公自动化系统（OA）以及决策支持系统（DSS）等，从而发挥计划、组织、领导、协调和控制等各项管理职能和管理内容数字化，即将管理的重点放在以信息资源为核心的管理上。

（4）场景服务。

场景服务即企业在采购和销售过程中利用先进的现代信息技术代替人的体力和脑力劳动，重组企业物资流程，以信息流带动物资周转、减少流通费用的过程。

5. 战略数字化

企业在数字化转型之前，需要明确自己的数字化目标和战略。这需要对企业的业务流程、产品和服务进行全面的分析和评估，确定数字化的重点和方向。数字化转型需要企业的组织文化与之相适应，就是使组织内不同部门的界面在数字化过程中逐渐模糊，并由静态的递阶结构向动态的网络结构过渡，建立扁平式立体管理组织机构。企业应鼓励创新和实验，并打破传统的组织结构和沟通障碍。数字化需要跨部门的协作和团队合作，以推动数字化转型的全面实施。同时，数字化转型需要有专业的人才来推动和实施。企业需要培养具备数字化思维和技能的人才，包括数据分析师、网络运营人员、数字营销专家等，以满足数字化转型的需求。

数字化可以帮助企业提高运营效率，通过自动化和智能化的技术手段，减少人力资源的投入，提升生产效率和服务质量，降低成本。数字化提供了更多的市场拓展机会。例如通过互联网和电子商务平台，企业可以拓展国内外市场，实现全球化经营。数字化是企业提升竞争力的重要途径，它可以帮助企业实现创新和差异化，提供个性化的产品和服务，满足消费者多样化的需求。

三、企业数字化的功能和作用

简单来说，企业数字化是发展电子商务的基础，电子商务是推动企业数字化的引擎，是对企业数字化的基本理念、内容和功能等的综合运用。这两者之间是相互促进、相互影响、相互制约的关系。

(一)企业数字化是实施电子商务的基础

在信息经济中，企业是根据各种各样的信息来组织生产的。因此，企业首先必须要有获得信息的技术手段，才能够在信息技术的支持下清楚地知道现实的市场需求，在什么地方以及对产品需求的具体状况。企业数字化不是在现行的业务流程中增设一套并行的信息流程，而是要按照现代企业制度的要求，适应市场竞争的外部环境，对企业业务流程进行重组和优化，并采用现代信息技术作为支撑手段。而电子商务的实质并不是通过网络购买东西，而是利用互联网技术来改变传统的商业运作模式。电子商务的成功运作，可以帮助企业极大地降低成本、节约开支、提高运作效率，并能够更好地为客户提供满意的服务。对企业来说，电子商务是一种业务转型，真正的电子商务使企业得以从事在物理环境中所不能从事的业务。随着企业运用信息技术的发展，企业内部的运行管理机制必然发生变化。电子商务对企业的作用不仅仅会改变交易手段和贸易方式，而且可能在提高供应链管理能力、转移市场重心以及大幅度降低管理费用方面做出重大的贡献。因此，电子商务成为企业流程重组的一种根本推动力。

(二)企业电子商务是对企业数字化内容、功能的综合运用

电子商务活动的开展标志着企业有效利用企业数字化提供的信息环境，充分体现了 IT

技术运用于网络信息环境的高价值。企业开展电子商务的主要目标就是在新型经济形势下要努力营造出适合企业开拓市场的商业氛围，创造出竞争优势。在网络和数字化社会中，电子商务以其显著的信息优势为企业奠定了激烈竞争的生存之源和立足之本。电子商务的信息优势主要是指企业获取信息、处理信息、传输信息的能力，即提高企业宣传商品、分析目标市场、决策支持及新产品开发等方面的信息能力，利用相关 IT 技术的信息网络平台全部或部分代替商务活动的程序，并最大限度地消除人工干预，以数字化、电子化、网络化的形式集成企业资源，提高企业在虚拟环境中的经营管理水平。这些信息优势主要制约着企业的市场竞争力，从而决定了电子商务信息优势的发挥与创造。例如，现代计算机网络在企业生产中的应用与制造活动相结合，使之更贴近市场需求，有助于提高企业生产的敏捷性和适应性，使高质量、低成本的产品与及时供货和周到服务相结合，把时间和服务同质量和成本并列为企业生产的要求。又如，企业利用互联网可以开展与国际市场的对话，企业在互联网上发布信息，较容易为企业的发展带来机遇、带来国际市场。网络虚拟化特征可以使小企业变大。互联网作为一种信息技术，它可以从信息管理的各个方面把一个小企业变大，使得企业在瞬息万变的商场上不再受到经济规模大小的制约，可以方便地进行信息的交流、管理与利用。因此，企业数字化建设的实施好坏决定着企业电子商务活动开展的成败。

电子商务作为企业数字化内容和功能的综合运用，它的发展和进步有利于现代企业在知识经济条件下保持旺盛的生命力，也更有利于增强企业的竞争力。数字化在企业的应用主要经历了三个阶段：第一个阶段是信息技术简单、分散的应用，主要是解决特定的任务，但是可能无形中增加了管理成本；第二个阶段是部门应用整合，即将分散的任务整合为连续的流程；第三个阶段就是跨部门的应用整合，主要是管理和优化跨部门的业务流程，将分散的部门活动融合成组织良好的、可靠的系统，典型应用群有客户关系管理、企业资源规划、供应链管理、销售链管理、经营资源管理和知识管理等。

第三节　企业的电子商务应用——企业资源计划

企业资源计划(ERP)不是一个单独的系统，而是一个应用系统的框架和企业管理理念，强调对企业的内部甚至外部的资源进行优化配置、提高利用效率。它主要包括管理应用系统(如财务系统、会计系统)、人力资源管理系统(如工资系统、福利系统)和制造资源规划(MRP)系统(如采购系统、生产计划系统)等。企业资源计划系统是企业顺利开展电子商务的基础。

一、ERP 的概念和特点

针对经济全球化的趋势以及逐步形成的全球供应链环境，美国加特纳咨询公司(Gartner Group Inc.)开发出 ERP 管理软件。此后，一些知名的软件公司纷纷推出了各自的ERP 软件，在不到 10 年的短暂时间内，它就被广泛地认同和接受，并为众多的企业带来了丰厚的收益。作为企业管理思想，它是一种新型的管理模式；而作为一种管理工具，它同时又是一套先进的计算机管理系统。

从先进管理系统的角度，它主要是用来描述下一代制造商业系统和制造资源计划

（MRPⅡ）的软件。它可能包含客户端/服务器架构，使用图形用户接口，应用开放系统制作。除了已有的标准功能，它还包括其他特性，如品质、过程运作管理以及调整报告等。

Gartner Group 公司通过对 ERP 所应具备的功能进行标准描述，对其内涵有了更为深层次的描述，主要包括以下四个方面。

（一）ERP 超越了传统 MRPⅡ范围的集成功能

相对于标准 MRPⅡ系统来说，ERP 的功能得到极大扩展，包括质量管理、实验室管理、流程作业管理、配方管理、产品数据管理、维护管理和仓库管理等。这些扩展功能仅是 ERP 超越 MRPⅡ范围的首要扩展对象，并非包括全部 ERP 的标准功能。如今，诸如质量管理、实验室管理、流程作业管理等许多不包括在标准 MRPⅡ系统之内的功能，在目前的一些软件系统中已经具备，只是还缺少标准化和规范化。ERP 流程如图 9-2 所示。

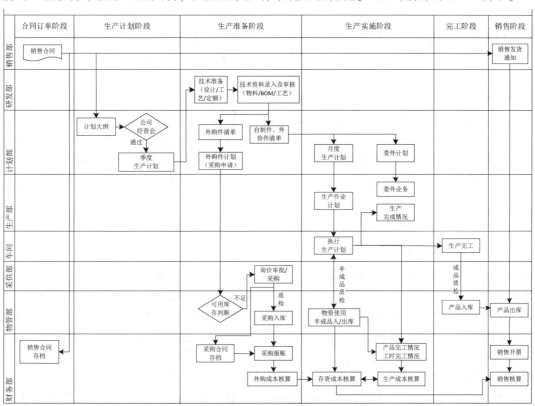

图 9-2　ERP 流程

（二）支持混合方式的制造环境

所谓混合方式的制造环境，包括既可支持离散又可支持流程的制造环境以及按照面向对象的业务模型组合业务过程的能力和国际范围内的应用。具体来说，混合方式的制造环境包括以下三种情况。

1. 生产方式的混合

生产方式的混合首先是指离散型制造和流程式制造的混合。由于企业的兼并与联合，企业多角化经营的发展，加之高科技产品中包含的技术复杂程度越来越高，使无论是纯粹的离散型制造环境还是纯粹的流程式制造环境在一个企业中都很少见，通常是二者不同程度的混合；其次是指单件生产、面向库存生产、面向订单装配以及大批量重复生产方式的混合。

2. 经营方式的混合

经营方式的混合是指国内经营与跨国经营的混合。由于经济全球化、市场国际化、企业经营的国际化，纯粹的国内经营逐渐减少，而各种形式的外向型经营越来越多。这些外向型经营可能包括原料进口、产品出口、合作经营、合资经营、对外投资直到跨国经营等各种形式的混合经营方式。

3. 生产、分销和服务等业务的混合

生产、分销和服务等业务的混合是指多角色经营形成的技、工、贸一体化集团企业环境。

ERP 系统主要从两个方面体现了对混合制造环境的适应和支持。首先，ERP 专门研究并设计流程工业的计划和控制问题，突破了传统 MRP Ⅱ 的制约和限制。传统的 MRP Ⅱ 系统以行业普遍适用的原则来界定系统所应包含的功能，而 ERP 则进一步扩展到流程行业，把配方管理，计量单位的转换，联产品、副产品流程作业管理，批量平衡等功能都作为 ERP 不可缺少的一部分。其次，传统的 MRP Ⅱ 软件系统往往是基于标准 MRP Ⅱ 系统、同时面向特定的制造环境开发的。因此，即使通用化的商品软件在按照某一用户的需求进行业务流程的重组时，也会受到限制，这就很难满足客户快速重组业务流程的灵活性需求。而在 ERP 系统中，其实现的方法不是剪裁拼装式的，而是企业业务流程的再造工程。

(三)支持能动的监控能力

该项标准是关于 ERP 能动式功能的加强，包括在整个企业内采用计划和控制方法、模拟功能、决策支持能力和图形能力。能动式功能则具有主动性和超前性。ERP 的能动式功能表现在它所采用的控制和工程方法、模拟功能、决策支持能力和图形能力。例如，把统计过程控制的方法应用到管理事务中，以预防为主，就是过程控制在 ERP 中应用的例子。决策支持能力是 ERP 能动功能的一部分。传统的 MRP Ⅱ 系统是面向结构化决策问题的，就它所解决的问题来说，决策过程的环境和原则均能用明确的语言(数学的或逻辑的，定量的或定性的)清楚地予以描述。在企业经营管理中，还有大量半结构化和非结构化的问题，决策者往往对这些问题有所了解，但不全面；有所分析，但不确切；有所估计，但不准确。如新产品开发、企业合并、收购等问题均是如此。ERP 的决策支持功能则要扩展到对这些半结构化或非结构化问题的处理。

(四)支持开放的客户端/服务器计算环境

支持开放的客户端/服务器计算环境主要包括客户端/服务器体系结构，图形用户界面(GUI)，计算机辅助软件工程(CASE)，面向对象技术使用 SQL 对关系数据库查询，内部集成的工程系统、商业系统、数据采集和外部集成等。总之，虽然从本质上看 ERP 仍然是以 MRP Ⅱ 为核心，但在功能和技术上却超越了传统的 MRP Ⅱ，实现了以顾客驱动的、基于时间的、面向整个供应链管理的企业资源计划。

鉴于上述对 ERP 的功能范围、集成程度、应用环境以及支持技术等方面的评价和界定，可以对 ERP 的内涵概括如下。

1. ERP 系统改变企业的管理核心

真正实现从最初的在正确的时间制造和销售正确的产品转移到了在最佳的时间和地点，获得最大利润。这种管理方法和手段应用范围也从制造企业扩展至各个不同行业的企业。

2. ERP 从满足动态监控发展到引入商务智能

使得以往简单的事务处理系统，变成了真正具有智能化的管理控制系统。

3. ERP 是一个综合管理应用体系

ERP 不仅仅是一个软件系统，更是一个集组织模型、业务流程、企业规范和信息技术、实施方法为一体的综合管理应用体系。从软件系统的结构而言，现在的 ERP 必须能够适应互联网的应用，可以支持跨平台的多组织应用，并和电子商务之间的应用具有广泛的数据、业务逻辑的接口。

二、ERP 系统的管理思想

一个企业要想很好地去应用 ERP 系统，首先应正确认识到 ERP 的管理思想。ERP 的核心管理思想就是实现对整个供应链的有效管理，主要体现在以下两方面。

(一)以供应链管理为核心的管理理念

在知识经济时代仅靠自己企业的资源不可能有效地参与市场竞争，还必须把经营过程中的有关各方如供应商、制造工厂、分销网络、客户等纳入一个紧密的供应链中，才能满足企业利用全社会一切市场资源快速高效地进行生产经营的需求。ERP 系统在 MRP 的基础上扩展了管理范围，把客户需求和企业内部的制造活动以及供应商的制造资源整合在一起，形成一个完整的供应链，并对供应链上的所有环节进行有效管理，这就形成了以供应链为核心的 ERP 管理系统。总之，ERP 系统实现了对整个企业供应链的管理，适应了企业在知识经济时代市场竞争的需要。

(二)体现精益生产、同步工程和敏捷制造的思想

ERP 系统支持对混合型生产方式的管理，其管理思想表现在三个方面。

1. 体现"精益生产"的思想

它是由美国麻省理工学院提出的一种企业经营战略体系。所谓精益生产，即企业按大批量生产方式组织生产时，把客户、销售代理商、供应商、协作单位纳入生产体系，企业同其销售代理、客户和供应商的关系，已不再是简单的业务往来关系，而是利益共享的合作伙伴关系。这种合作伙伴关系组成了一个企业的供应链，这就是精益生产的核心思想。

2. 体现"敏捷制造"(Agile Manufacturing)的思想

当市场发生变化，企业遇到特定的市场和产品需求时，企业的基本合作伙伴不一定能满足新产品开发生产的要求。这时，企业会组织一个由特定的供应商和销售渠道组成的短期或一次性供应链，形成虚拟工厂，把供应和协作单位看成是企业的一个组成部分，运用同步工程(SE)组织生产，用最短的时间将新产品打入市场，时刻保持产品的高质量、多样化和灵活性，这即是敏捷制造的核心思想。

3. 体现事先计划与事中控制的思想

ERP 系统中的计划体系主要包括主生产计划、物料需求计划、能力计划、采购计划、销售执行计划、利润计划、财务预算和人力资源计划等，而且这些计划功能与价值控制功能已完全集成到整个供应链系统中。另外，ERP 系统通过定义事务处理(Transaction)相关的会计核算科目与核算方式，以便在事务处理发生的同时自动生成会计核算分录，保证了资金流与物流的同步记录和数据的一致性，从而实现了根据财务资金现状可以追溯资金的来龙去脉，并进一步追溯所发生的相关业务活动，改变了资金信息滞后于物料信息的状况，便于实现事中控制和实时做出决策。

此外，计划、事务处理、控制与决策功能都在整个供应链的业务处理流程中实现。要求在每个流程业务处理过程中最大限度地发挥每个人的工作潜能与责任心，流程与流程之间则强调人与人之间的合作精神，以便在有机组织中充分发挥每个人的主观能动性与潜能。总之，借助 IT 技术的飞速发展与应用，ERP 系统得以将很多先进的管理思想变成现实中可实施应用的计算机软件系统。

三、ERP 系统的构成

ERP 是对企业资源进行整合集成管理，简单地说，就是将企业的资金流、物流、信息流进行全面统一管理的管理信息系统。它的功能模块不同于以往的 MRP 或者 MRP Ⅱ 的模块，它不仅可用于生产企业的管理，而且在许多其他类型的企业中，也可以得到广泛的应用。一般来说，ERP 管理系统包括生产控制(计划、制造)、物流管理(分销、采购、库存管理)、财务管理(会计核算、财务管理)、人力资源管理等模块。下面对财务管理、生产控制、物流管理和人力资源管理等模块进行具体分析。

(一)财务管理模块

清晰分明的财务管理模块对于企业数字化的发展是极其重要的，是 ERP 整个方案中不可或缺的一部分。ERP 中的财务模块与一般的财务软件不同，作为 ERP 系统中的一部分，它和系统的其他模块有相应的接口，能够相互集成。例如，它可将由生产活动、采购活动输入的信息自动计入财务模块生成总账、会计报表，取消了输入凭证烦琐的过程，几乎完全替代以往传统的手工操作。一般的 ERP 软件的财务部分分为会计核算与财务管理两大块。

1. 会计核算

会计核算主要是指记录、核算、反映和分析资金在企业经济活动中的变动过程及其结果。它由总账、应收账、应付账、资产、工资、现金、成本、多币制等部分构成。

总账模块的主要功能是处理记账凭证输入、登记，输出日记账、一般明细账及总分类账，编制主要会计报表。它是整个会计核算的核心，应收账、应付账、固定资产核算、现金管理、工资核算、多币制等各模块都以其为中心来互相传递信息。总账系统与各个分类账之间紧密集成，所有在分类账上发生的业务，都应该及时地反映在总账上。同时，总账和成本中心会计及盈利能力分析集成，只要附有有限资料，就可以同时实现财务会计和管理会计双重职能。

分类账共使用了应付账款管理、应收账款管理和固定资产管理三个分模块。

应付账是企业应付购货款等，它包括了发票管理、供应商管理、支票管理、账龄分析等。它能够和采购模块、库存模块完全集成以替代过去烦琐的手工操作。应付账款与采购管理系统集成，自动将供应商发票录入到该供应商的明细账；同时应付账款和采购的发票稽查集成，能够自动将供应商发票与采购订单以及收货单相核对。

应收账模块是指企业应收的由于商品赊销而产生的正常客户欠款账，它包括发票管理、客户管理、付款管理、账龄分析等功能。应收账款与销售系统集成，系统产生销售发票的同时会自动产生该客户的应收账款明细账。同时，系统提供特殊总账分类功能，能够制定特殊的总账，对应客户的明细分类账科目。

资产管理模块集成了固定资产管理、无形资产管理以及低值易耗品的管理。系统集成了资产的采购、折旧或摊销以及资产报废等的会计处理。它能够帮助管理者对目前资产的现状有所了解，并能通过该模块提供的各种方法来管理资产以及进行相应的会计处理。它的具体功能有：登记各种资产卡片和明细账，计算折旧或摊销，编制报表以及自动编制转账凭证，并转入总账。它和应付账、成本、总账模块集成。

工资管理模块自动进行企业员工的工资结算、分配、核算以及各项相关经费的计提。它能够登记工资、打印工资清单及各类汇总报表，计提各项与工资有关的费用，自动做出凭证，导入总账。这一模块是和总账、成本模块集成的。

现金管理模块主要是对现金流入、流出的控制以及零用现金及银行存款的核算。它包括了对硬币、纸币、支票、汇票和银行存款的管理。在 ERP 中提供了票据维护、票据打印、付款维护、银行清单打印、付款查询、银行查询和支票查询等和现金有关的功能。此外，它还和应收账、应付账、总账等模块集成自动产生凭证，进入总账。

成本管理模块将依据产品结构、工作中心、工序、采购等信息进行产品的各种成本的计算，以便进行成本分析和规划，还能用标准成本或平均成本法按地点维护成本。

多币制模块是为了适应当今企业的国际化经营，对外币结算业务的要求增多而产生的。多币制将企业整个财务系统的各项功能以各种币制来表示和结算，且客户订单、库存管理及采购管理等也能使用多币制进行交易管理。多币制和应收账、应付账、总账、客户订单、采购等各模块都有接口，可自动生成所需数据。

2. 财务管理

财务管理的功能主要是基于会计核算的数据，再加以分析，从而进行相应的预测、管理和控制活动。它侧重于财务计划、控制、分析和决策。其中，财务计划是指根据前期财务分析做出下期的财务计划、预算等；财务分析指提供查询功能和通过用户定义的差异数据的图形显示进行财务绩效评估、账户分析等；财务决策是财务管理的核心部分，中心内容是做出有关资金的决策，包括资金筹集、投放及资金管理。

(二)生产控制模块

生产控制管理模块是 ERP 系统的核心所在。它将企业的整个生产过程有机地结合在一起，使得企业能够有效地降低库存、提高效率。同时，各个原本分散的生产流程的自动连接也使得生产流程能够前后连贯地进行，而不会出现生产脱节，耽误生产交货时间。

ERP 的生产控制管理模块是一个以计划为导向的先进的生产、管理方法。首先，企业确定它的一个总生产计划，再经过系统层层细分后，下达到各部门去执行，即生产部门以此生产，采购部门按此采购等。

主生产计划是根据生产计划、预测和客户订单的输入来安排将来的各周期中提供的产品种类和数量，它将生产计划转为产品计划，在平衡了物料和能力的需要后，精确到时间、数量的详细的进度计划。主生产计划是企业在一段时期内的总活动的安排，是一个稳定的计划，是以生产计划、实际订单和对历史销售分析得来的预测产生的。

物料需求计划在主生产计划决定生产多少最终产品后，再根据物料清单，把整个企业要生产的产品的数量转变为所需生产的零部件的数量，并对照现有的库存量，可得到还需加工多少、采购多少的最终数量，这才是整个部门真正执行的计划。

能力需求计划是在得出初步的物料需求计划之后，将所有工作中心的总工作负荷在与工作中心的能力平衡后产生的详细工作计划，用以确定生成的物料需求计划是否是企业生产能力上可行的需求计划。能力需求计划是一种短期的、当前实际应用的计划。

车间控制是随时间变化的动态作业计划，是将作业分配到具体各个车间，再进行作业排序、作业管理和作业监控。

在编制计划中需要许多生产基本信息，这些基本信息就是制造标准，包括零件、产品结构、工序和工作中心，都用唯一的代码在计算机中识别。

(三)物流管理模块

物流管理模块主要包括分销管理、库存管理和采购管理三个方面。

1. 分销管理

分销管理是从产品的销售计划开始，对其销售产品、销售地区、销售客户各种信息的管理和统计，并可对销售数量、金额、利润、绩效、客户服务做出全面的分析。这样在分销管理模块中大致有信息档案建立、销售订单管理以及销售统计分析三个方面的功能。

2. 库存管理

库存管理用来控制存储物料的数量，以保证稳定的物流支持正常的生产，但又最小限度地占用资本。它是一种相关的、动态的、真实的库存控制系统。库存管理能够结合、满足相关部门的需求，随时间变化动态地调整库存，精确地反映库存现状。这一系统的功能又涉及为所有的物料建立库存、验收入库以及日程业务处理等多样工作。

3. 采购管理

采购管理用来确定合理的订货量、优秀的供应商和保持最佳的安全储备。采购管理系统能够随时提供订购、验收的信息，跟踪和催促对外订购或委外加工的物料，保证货物及时到达；建立供应商的档案，用最新的成本信息来调整库存的成本。

(四)人力资源管理模块

内部人力资源越来越受到企业的关注，被视为企业的资源之本。在这种情况下，人力资源管理作为一个独立的模块纳入 ERP 系统。具体来说，人力资源模块包括具体工作分析、招聘管理、人事管理、培训管理、薪酬管理以及绩效评价等。

同时，随着 ERP 系统的不断发展，可能还需要对客户管理、供应商等进行详细的分析和总结。

第四节　电子商务的应用——客户关系管理

随着信息技术的飞速发展和客户驱动市场的形成，制造业面临的竞争越来越激烈。许多企业通过 ERP、供应商关系管理等管理数字化系统强化了财务、生产、物流、产品管理后，发现自己的营销与服务能力的不足，导致人力、费用耗费巨大，但业绩以及顾客满意度却没有显著提高。因此打造一个富有战斗力的营销服务体系成为突破管理与发展瓶颈的明智选择。客户关系管理强调建立以客户为中心的现代企业，以客户价值来判定市场需求。

一、客户关系管理概述

客户关系管理（Customer Relationship Management，CRM）的主要含义就是通过对客户详细资料的深入分析来提高客户满意程度，从而提高企业的竞争力的一种手段。客户关系是指围绕客户生命周期发生、发展的信息归集。客户关系管理的核心是客户价值管理，通过"一对一"营销原则，满足不同价值客户的个性化需求，提高客户忠诚度和保有率，实现客户价值持续贡献，从而全面提升企业盈利能力。

通常所指的 CRM 是：通过计算机实现上述流程自动化的软件系统，使企业员工全面了解客户关系，根据客户需求进行交易，记录获得的客户信息，在企业内部做到客户信息共享；对市场计划进行整体规划和评估；对各种销售活动进行跟踪；通过大量积累的动态资料，对市场和销售进行全面分析。

客户关系管理首先是一套先进的管理模式，其实施要取得成功，必须有强大的技术和工具支持，CRM 软件是实施客户关系管理必不可少的一套技术和工具集成支持平台。企管通 CRM 管理系统基于网络、通信、计算机等信息技术，能实现企业前台、后台不同职能部门的无缝连接，能够协助管理者更好地完成客户关系管理的两项基本任务：识别和保持有价值客户。CRM 管理系统一般应由客户信息管理、销售过程自动化（SFA）、营销自动化（MA）、客户服务与支持（CSS）管理、客户分析（CA）系统五大主要功能模块组成，如图9-3 所示。

二、成功实施 CRM 战略的主要步骤

CRM 指的是企业通过富有意义的交流沟通，理解并影响客户行为，最终实现提高客户获得、客户保留、客户忠诚和客户创利的目的。CRM 是一整套的先进理念、方法和解决方案。要想正确实施 CRM，必须经过以下步骤。

（一）确定业务计划

企业在考虑部署客户关系管理方案之前，首先确定利用这一新系统要实现的具体目标，如提高客户满意度、缩短产品销售周期以及增加合同的成交率等，即企业应了解这一系统的价值。

（二）建立 CRM 人员队伍

为成功地实现 CRM 方案，管理者还需对企业业务进行统筹考虑，并建立一支有效的员工队伍。每一个准备使用这一销售系统方案的部门均需选出一名代表加入该员工队伍。

(三)评估销售、服务过程

在评估一个CRM方案的可行性之前，使用者需多花费一些时间，详细规划和分析自身具体业务流程。为此需广泛地征求员工意见，了解他们对销售、服务过程的理解和需求；确保企业高层管理人员的参与，以确立最佳方案。

(四)明确企业实际需求

充分了解企业的业务运作情况后，接下来需从销售和服务人员的角度出发，确定其所需功能，并让最终使用者寻找出对其有益的及其所希望使用的功能。就产品的销售而言，企业中存在着两大用户群：销售管理人员和销售人员。其中，销售管理人员感兴趣于市场预测、销售渠道管理以及销售报告的提交，而销售人员则希望迅速生成精确的销售额和销售建议、产品目录以及客户资料等。

(五)合理选择CRM系统供应商

确保所选择的供应商对企业所要解决的问题有充分的理解。了解其方案可以提供的功能及应如何使用其CRM方案。确保该供应商所提交的每一软、硬件设施都具有详尽的文字说明。

(六)开发和部署

CRM方案的设计，需要企业与供应商两个方面的共同努力。为使这一方案得以迅速实现，企业应先部署那些当前最为需要的功能，然后再分阶段不断向其中添加新功能。其中，应优先考虑使用这一系统的员工的需求，并针对某一用户群对这一系统进行测试。另外，企业还应针对其CRM方案确立相应的培训计划。

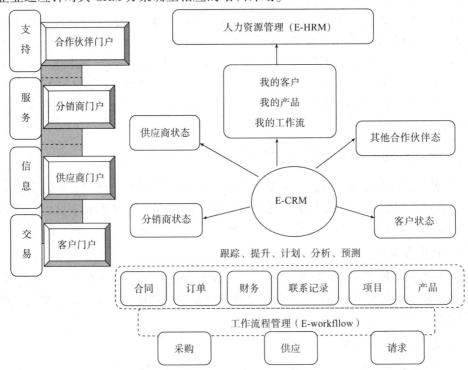

图9-3　CRM管理系统(截图来源 http：//www.ccw.com.cm)

三、CRM 的系统构成

CRM 系统的核心是客户数据的管理。可以把客户数据库看作是一个数据中心，企业可以利用客户数据库记录在整个市场与销售的过程中和客户发生的各种活动，跟踪各类活动的状态，建立各类数据的统计模型用于后期的分析和决策支持。为达到上述目的，一套 CRM 系统大都具备市场管理、销售管理、销售支持与服务、竞争者分析模块。

(一)市场管理模块

市场管理模块主要包括以下内容。

1. 对现有客户数据的分析

识别每一个具体客户，按照共同属性对客户进行分类，并对已分类的客户群体进行分析。

2. 提供个性化的市场信息

在对现有客户数据分析基础上，发掘最有潜力的客户并对不同客户群体制定有针对性的市场宣传与促销手段，提供个性化的、在价格方面具有吸引力的产品介绍。

3. 提供销售预测功能

在对市场、客户群体和历史数据进行分析的基础上，预测产品和服务的需求状况。

(二)销售管理模块

销售管理模块主要包括以下内容。

1. 提供有效、快速而安全的交易方式

一般的 CRM 系统均会提供电话销售、移动销售、网上销售等多种销售形式，并在每一种销售形式中考虑实时的订单价格、确认数量和交易安全等方面的问题。

2. 提供订单与合同的管理

记录多种交易形式，包括订单和合同的建立、更改、查询等功能，可以根据客户、产品等多种形式进行搜索。

(三)销售支持与服务模块

销售支持与服务模块应该包括：呼叫中心服务；订单与合同的处理状态及执行情况跟踪；实时的发票处理；提供产品的保修与维修处理，不仅记录客户的维修或保修请求，执行维修和保修过程，记录该过程中所发生的服务费用和备品备件服务，并在维修服务完成后，开出服务发票；记录产品的索赔及退货等。

(四)竞争者分析模块

竞争者分析主要包括以下内容。

1. 记录主要竞争对手

对竞争者的基本情况加以记录，包括其公司背景、目前发展状况、主要的竞争领域和竞争策略等内容。

2. 记录主要竞争产品

记录其他企业所提供的同类产品、近似产品和其他可替代产品，包括主要用途、性能及价格等内容。

不难看出,一套CRM集成系统的功能构成不应当是独立存在的,它必然与企业后端的供应链管理紧密相关,从而保证CRM系统中每一张订单能够在保证利润的前提下有效及时地得到确认并确保执行。每一笔销售交易的达成都有赖于企业后台的支撑平台,即ERP系统,其中包括分销与运输管理、生产与服务计划、信用与风险控制、成本与利润分析等功能。

第五节　企业数字化应用——供应商关系管理

供应商关系管理(SRM)正如当今流行的CRM是用来改善与客户的关系一样,是用来改善与供应链上游供应商的关系的,是一种致力于实现与供应商建立和维持长久、紧密伙伴关系的管理思想和软件技术的解决方案。了解供应商关系管理的相关知识,将有利于企业市场规模的扩大以及合作伙伴关系的建立,真正实现顺应供应链管理理念的管理模式。

一、供应商关系管理的定义

供应商关系管理(SRM)是旨在改善企业与供应商之间关系的新型管理机制,实施于围绕企业采购业务相关的领域,目标是通过与供应商建立长期、紧密的业务关系,并通过对双方资源和竞争优势的整合来共同开拓市场,扩大市场需求和份额,降低产品前期的高额成本实现双赢的企业管理模式;同时它又是以多种信息技术为支持和手段的一套先进的管理软件和技术,将先进的电子商务、数据挖掘、协同技术等信息技术紧密集成在一起,为企业产品的策略性设计、资源的策略性获取、合同的有效洽谈、产品内容的统一管理等过程提供一个优化的解决方案。实际上,它是一种以扩展协作互助的伙伴关系、共同开拓和扩大市场份额、实现双赢为导向的企业资源获取管理的系统工程。

二、供应商关系管理的重要意义

对许多企业而言,与其供应商之间的伙伴关系已经成为它们对资源的获取、供应链上产品与服务传送的主要模式。至少有三个强烈的理由支持这种模式。

(一)效率与规模经济

随着经济的发展,供应商可以通过与同业伙伴关系,运用科技的力量合力削减成本与改善效率。这在零售业中尤其盛行,例如,J. C. Penny把其存货控制与产品补充系统与其他供应商整合在一起,这样供应链上的企业可以利用各自的能力与资源,节省重叠的成本。

(二)新市场价值

在某些产业中,供应链上的企业之间的伙伴关系进入了一个更新的层次——结合力量创造更多的市场价值,为整合市场做出全新的贡献。也就是说,企业之间结合彼此的核心能力,研发新的产品或推出新的方案,在最高的层次中,这种核心能力的结合甚至会扭转整个产业的方向。从日常运营层面来看，经由合作共同创造的新的市场价值，为结为伙伴的厂商带来更强有力的竞争优势。例如，苹果电脑、IBM 与摩托罗拉之间合作共同创造 Power PC 以及其他产品。

（三）客户需求

改变整个产业策略最强有力的理由在于满足客户的期望与需求。企业之间的携手合作渐渐地成为客户的基本要求与期盼，特别是在高科技产业中这种合作尤为突出。这是由于客户所寻找的不仅仅是能提供产品与服务的供应商，更要求供应商能切入整个供给项目并有能力与他人共谋合作，客户还要求强力的伙伴关系为他们带来完整的解决方案，以及提供最优良的产品和服务。

【案例 9-1】SAP 公司供应商关系管理

本章小结

电子商务与企业数字化之间存在密切的关系。企业数字化是电子商务发展的基础，企业数字化孕育并推动了电子商务的发展；而电子商务的发展又促进了企业数字化的深入进行和深层次开发。企业数字化是在复杂的国际、国内背景下发展起来的。在国内，由于制造业数字化薄弱、市场需求日益个性化和多样化以及国际竞争的加剧，数字化成为企业发展的方向和动力。通俗地讲，企业数字化是把信息技术、制造化技术与管理技术相结合，带动企业的产品、设计、装备的创新，实现产品设计与制造、企业管理过程的数字化、智能化以及网络化。

而电子商务作为数字化的主要表现形式，其应用可以概括为诸多方面。本章主要围绕企业资源计划、客户关系管理以及供应商关系管理进行阐述。

企业资源规划（ERP）不是一个单独的系统，而是一个应用系统的框架和企业管理理念，强调对企业的内部甚至外部的资源进行优化配置、提高利用效率，主要包括管理应用系统（如财务系统、会计系统）、人力资源管理系统（如工资系统、福利系统）和制造资源规划（MRP）系统（如采购系统、生产计划系统）等。企业资源规划系统是企业顺利开展电子商务的基础。ERP 系统的核心管理理念可以概括为：以供应链管理为核心的管理理念、体现精益生产、同步工程和敏捷制造的思想以及体现事先计划与事中控制的思想。

客户关系管理（CRM）的主要含义是通过对客户详细资料的深入分析，来提高客户满意程度，从而提高企业的竞争力的一种手段。客户关系是指围绕客户生命周期发生、发展的信息归集。成功实施 CRM 必须经过一定的程序，如确立业务计划、建立 CRM 人员队伍、评估服务销售环节、明确企业实际需求等。而企业为了达到提高顾客满意度的目的，CRM 系统应该包括市场管理、销售管理、销售支持与服务、竞争者分析等模块。

供应商关系管理（SRM）是用来改善与供应链上游供应商的关系的，是一种致力于实现与供应商建立和维持长久、紧密伙伴关系的管理思想和软件技术的解决方案。了解供应商关系管理的相关知识，将有利于企业市场规模的扩大以及合作伙伴关系的建立，真正实现顺应供应链管理理念的管理模式。

复习题

一、选择题

1. 最早提出 ERP 概念的咨询公司在(　　)。

A. 英国　　　　　B. 中国　　　　　C. 美国

2. 时段 MRP 是在(　　)学说的基础上形成的。

A. 物料需求　　　　　　　　　B. 物料独立需求和相关需求

C. 物料独立需求　　　　　　　D. 物料相关需求

3. MRP Ⅱ 与 MRP 的主要区别就是它运用了(　　)的概念。

A. 会计　　　　　B. 成本会计　　　　　C. 管理会计　　　　　D. 财务管理

4. 客户关系管理的目的是(　　)。

A. 企业利润最大化　　　　　　B. 企业与客户的双赢

C. 企业成本最小化　　　　　　D. 客户价值最大化

5. (　　)是切实保证客户关系管理的有效性的关键所在。

A. 客户忠诚的有效管理　　　　B. 客户价值的有效管理

C. 客户互动的有效管理　　　　D. 企业利润的有效管理

二、简答题

1. 企业数字化具有怎样的功能和作用？

2. CRM 的职能和主要构成模块是什么？

3. 简要阐述供应商关系管理的内涵和构成。

三、论述题

1. ERP 是在怎样的背景下产生的？具有怎样的特点和功能？

2. 简要概述 ERP 目前在我国的发展现状、存在的主要问题以及应对措施。

第十章 电子商务的法律问题

导 读

随着网络技术的迅猛发展，电子商务得到广泛应用，在网络环境下如何规范交易各方就成为世界性的问题。由此，电子商务的法律问题被提上议事日程。目前对电子商务法律问题的研究还处于初级阶段，本章将围绕电子商务交易安全法律保障、消费者权益与保护、隐私保护、网络道德与网络犯罪及知识产权等几个方面的问题展开讨论。

知识目标

1. 了解并掌握电子商务交易安全的法律保障
2. 了解并掌握电子商务中的消费者权益与保护
3. 了解并掌握电子商务中的隐私保护
4. 了解并掌握电子商务环境下的网络道德与网络犯罪问题
5. 了解并掌握电子商务涉及的知识产权问题

素养目标

引导学生遵法守纪、崇德向善、诚实守信

核心概念

电子商务法　网络隐私

第一节　电子商务法律概述

一、电子商务法律产生的原因

经过一段时期的实践，人们发现电子商务发展的主要障碍不是来自技术，也不是来自传统经济活动方式，而是来自政策和法律。这是基于电子商务本身的特点而产生的。

首先，电子商务的技术基础是计算机及互联网络。网络的根本特点在于它的互联性。网络的各个终端(用户)分布于世界各地，极为分散，但它们相互之间又是连通的，而且这种连通不是单向或双向的，而是呈多方向的网状结构，因此，在网络空间，传统的管辖边界不再适用。

其次，电子商务的非政府管理特点。电子商务的管理在很大程度上依赖于网络服务商(包括 ISP 和 ICP)，网络服务商本身是一个非政府机构，而且数量众多。因此，网络上交易活动受政府监管的可能性大大降低。这使得网络社会呈现一种无政府状态，导致无序和结构混乱。

最后，网络社会的虚拟特征，使电子商务中交易者的身份、交易场所、交易权限、交易流程均呈虚拟化、数字化状态，这给建立在物化形态上的法律上的管理带来很大的难度。

由此可见，传统的法律框架已不适应电子商务发展的需要。全球电子商务的持续发展将取决于新的法律框架的制定，只有制定出地方、国家和国际法律所认可的电子商务活动规则，只有参与电子交易的个人、企业和政府的权利义务得以明确，各方的利益变得可以预期，电子商务才能健康有序地发展。

二、电子商务的基本法律问题

(一)电子交易的基本规则

电子商务的参与者，包括企业、消费者、金融机构和网络服务商等主体之间必须建立起一套大家共同遵守的商业规则，且这种规则要为各国法律所确认。这些规则包括：电子商务合同订立，生效的时间、地点，电子商务文件的证据效力，电子商务的书面形式要求和电子签名的认证，争端解决方式及电子商务纠纷的司法管辖权问题等内容。

(二)电子商务中的知识产权保护

电子商务不可避免地涉及知识产权问题。卖家希望他们的知识产权不被剽窃，买家也不希望买到假冒伪劣产品。电子商务活动中涉及域名、计算机软件、版权、商标等诸多问题，这些问题单纯地依靠加密等技术手段是无法加以充分有效的保护的，必须建立起全面的法律框架，为权利人提供实体和程序上的双重法律依据。

(三)电子商务税收

电子商务的虚拟特征、多国性、流动性及无纸化特征，使得各国基于属地和属人两种

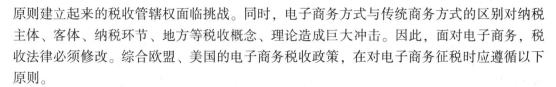

原则建立起来的税收管辖权面临挑战。同时，电子商务方式与传统商务方式的区别对纳税主体、客体、纳税环节、地方等税收概念、理论造成巨大冲击。因此，面对电子商务，税收法律必须修改。综合欧盟、美国的电子商务税收政策，在对电子商务征税时应遵循以下原则。

1. 中性原则

一视同仁，不因交易方式及采用技术的不同而给予不同的税收待遇。

2. 减少电子商务的税收成本

应对电子商务实行税收优惠的政策。对电子商务税收问题，应进行全面、深入的研究，但不应该将注意力集中在如何征税上。对电子商务的征税，应利于电子商务的发展。

3. 保护隐私权

电子商务既要保证信息公开，自由流动，又要防止滥用个人信息，所以要对商品及服务供应商、网络服务商收集、加工、存储和使用个人信息进行规范，防止因隐私权问题影响电子商务的健康发展。

三、电子商务法的概念和特征

（一）电子商务法的概念

广义的电子商务法是与广义的电子商务概念相对应的，它包括了所有以数据电文方式进行的商事活动的法律规范。其内容极其丰富，至少可分为调整以电子商务为交易形式的和调整以电子信息为交易内容的两大类规范。狭义的电子商务法，是调整以数据电文为交易手段而形成的因交易形式所引起的商事关系的规范体系。

（二）电子商务法的特征

1. 商法性

商法是规范商事主体和商事行为的法律规范。电子商务法规范主要属于行为法，如数据电文制度、电子签名及其认证制度、电子合同制度、电子信息交易制度、电子支付制度等。但是，电子商务法也含有组织法的内容，如认证机构的设立条件、管理、责任等，就具有组织法的特点。

2. 技术性

在电子商务法中，许多法律规范都是直接或间接地由技术规范演变而成的。比如一些国家将运用公开密钥体系生成的数字签名规定为安全的电子签名，这样就将有关公开密钥的技术规范转化成了法律要求，对当事人之间的交易形式和权利义务的行使都有极其重要的影响。另外，当事人若不遵守关于网络协议的技术标准，就不可能在开放环境下进行电子商务交易。

3. 开放性和兼容性

所谓开放性，是指电子商务法要对世界各地区、各种技术网络开放；所谓兼容性，是指电子商务法应适应多种技术手段、多种传输媒介的对接与融合。只有坚持了这个原则，才能实现世界网络信息资源的共享，保证各种先进技术在电子商务中及时应用。

4. 国际性

电子商务固有的开放性、跨国性要求全球范围内的电子商务规则应该是协调和基本一致的。电子商务法应当而且可以通过多国的共同努力予以发展。通过研究有关国家的电子商务法规，我们发现其原则和规则包括建立的相关制度，在很大程度上是协调一致的。联合国国际贸易法委员会的《电子商务示范法》为这种协调性奠定了基础。

第二节　电子商务交易安全的法律保障

一、电子商务中的消费者权益保护

电子商务的兴起拓宽了消费市场，增大了消费信息量，增加了市场透明度，给消费者带来了福音，但是，又不可避免地使消费关系复杂化，并增加了消费者遭受损害的机会。因此，电子商务给消费者权益保护带来了新的挑战。

(一)电子商务对消费者的威胁

(1)互联网存在欺诈的沃土。

互联网可以使欺诈行为人将其欺诈行为掩盖得天衣无缝，并通过匿名的方式躲避调查，利用法律盲区和"打擦边球"战术使执法者束手无策。互联网上的欺诈行为有两个显著特征：首先，与其他传统的方式相比，欺诈行为人在互联网上更容易利用易受损害的消费者。例如，利用保健商品和器材、就业机会、金字塔式的销售等骗钱，往往在互联网上更容易大行其道。其次，富有创造性的人更容易利用新技术创造高技术媒体独有的欺骗性方式。例如，在 Fetch. Audiotex Connections. lnc. 一案中，被告在互联网上声称消费者可以免费获取计算机图像下载一种特殊的节目。但是，被告利用软件暗中"劫持"了消费者与其计算机的连接，将消费者引入价格昂贵的国际长途电话系统之中，使消费者的电话经由加拿大、摩尔多瓦、俄罗斯之后再返回美国，从而在外国电话公司"踢皮球"当中大赚其钱。

(2)互联网对隐私可能存在威胁。

互联网具有惊人的整理信息并进行分类的能力，在线消费者的信息随时都有被收集和扩散的危险，从而对传统的隐私价值产生了新的潜在的威胁。互联网技术使得对个人信息的收集、存储、处理和销售有着前所未有的能力和规模，而一般消费者对此可能不太清楚。引诱儿童提供个人信息就是一个比较突出的问题。在没有互联网的时代，经营者在未经家长同意的情况下是很难从儿童那里获得儿童及其家长的个人信息的，但利用互联网就可以很便利地从口无遮拦的儿童那里获取信息，从而极易侵犯他人隐私权。为此，有些国家还制定了专门的法律，如美国国会制定的《1998年儿童在线隐私保护法》(2000年4月生效)责成联邦贸易委员会制定规则，规范从13岁以下儿童处在线收集和使用个人信息的行为。由于儿童是未成年人，该法要求网站经营者在儿童处收集和披露信息时，必须予以告知并经家长同意。美国一些州也对消费者隐私保护问题进行了专门立法，如纽约州限制网上服务的提供者和金融机构在网上收集和披露个人信息的范围。在我国，一些用户在网站注册时都会得到信誓旦旦的保证：确保个人隐私，数据不会被泄露。但事实上有的网站甚至把用户的个人资料(如通信地址、家庭地址、E-mail地址、联系电话、所购物品等详细内容)公开展览，使得用户资料就像放在没有锁的抽屉中，从而引发隐私权保护问题。

(3)由于电子商务无国界，一些在常规的市场交易中不太常见的问题，在消费者保护国际执法的合作和协调中越来越必不可少。人们提出了两个疑问：

第一，经营者在线经营时，就可能受到全世界各国法律的管辖，这是否公平？经营者一旦在线经营，对于谁能够获知其广告和销售信息就无从控制。而各国对销售对象、折扣、产品安全和要求的披露程度差别极大，即使在一国之内也会有这种情况，而且管辖法律常常变动，特别是一些网上交易本来就具有很大的不可预见性。

第二，消费者在线消费时可能丧失本国消费者保护法的保护，这是否公平？消费者熟悉保护其权益的国内法及其适用情况，不熟悉其他国家的法律，如果进行网上跨国消费，从遥远的他国购买商品，往往对销售方所在国的法律一无所知。由于旅途费用、时间跨度、不熟悉当地法律及其救济方式，消费者就可能得不到任何救济。这种网上跨国消费的法律救济需要通过双边协议、多边协议甚至国际公约等国际合作方式来解决，但绝不是一蹴而就的。

(4)电子商务革命加大了穷人与富人、发达国家与发展中国家甚至一国之内发达地区与不发达地区之间的贫富差距。因此，电子商务在促进经济迅速发展的同时，也对消费者福利和国际秩序的稳定带来了威胁。

(二)电子商务要解决的问题

1. 完善反网络欺诈的相关法律

特别是针对网上的虚假广告、不正当引诱方式等欺诈行为，制定特殊的规则，及时纳入规范之列。

2. 加强消费者隐私权的保护

在传统的消费市场中，隐私保护一般不属于消费者保护的突出问题，现行消费者权益保护法也未作特别的规定。但在网上交易中，消费者隐私保护变得非常突出，需要有针对性地制定特别的规则，加强对消费者隐私权的保护。

3. 加强对网上侵犯消费者权益的监管

网上侵犯消费者权益行为类型复杂、隐蔽性强、技术手段先进，对其进行监管的难度也大。因此，对网上侵犯消费者权益的监管需要捕捉和识别违法行为的较高的科技手段并设置相应的监测体系，如网上投诉网络。

4. 密切注意消费者保护国际合作的动态

在我国，目前消费者权益的国际保护问题还不太突出，但迟早也会成为突出的问题。我们要未雨绸缪，及时跟踪相应的国际动态，积极研究对策，在条件成熟时开展相关的国际合作。

二、电子商务中的隐私保护

随着电子商务的应用和普及，有些商家在利益驱使下在网络应用者不知情或不情愿的情况下采取各种技术手段取得和利用其信息，侵犯了上网者的隐私权。网络隐私数据如何得到安全保障，这是任何国家发展电子商务时都会遇到的问题。对网络隐私权的有效保护，成为电子商务顺利发展的重要市场环境条件。

人类的隐私权是人的基本权利之一，它是伴随着人们对自身的尊严、权利、价值的产生而出现的，人们要求在社会生活中尊重、保护隐私权。隐私权包括个人和生活不被干扰权与个人资料的支配控制权，具体到网络与电子商务中的隐私权，隐私权的保护涉及对个人数据(包括企业的商业秘密)的收集、传递、存储和加工利用等各个环节的保护问题。

从权利形态分，有隐私不被窥视的权利、不被侵入的权利、不被干扰的权利、不被非法收集利用的权利；从权利的内容分，可以有个人特质的隐私权(姓名、身份、肖像、声音等)、个人资料的隐私权、个人行为的隐私权、通信内容的隐私权和匿名的隐私权等。其中，隐私不被窥视、侵入的权利主要体现在用户的个人信箱、网上账户、信用记录的安全保密性上；隐私不被干扰的权利主要体现在用户使用信箱、交流信息及从事交易活动的安全保密性上；隐私不被非法收集利用的权利主要体现在用户的个人特质、个人资料等不得在非经许可的状态下被利用上。

【案例10-1】商家因"差评"擅自公布消费者个人信息构成侵权——张某等人诉某商家网络侵权责任纠纷案

(一)网络隐私权问题产生的原因

不断发生在电子商务中的侵犯用户隐私权事件主要是由于互联网固有的结构特性和电子商务发展导致的利益驱动这两个方面的原因。

1. 互联网的开放性

从网络本身来看，网络是一个自由、开放的世界，它使全球连成一个整体，它一方面使得搜集个人隐私极为方便，另一方面也为非法散布隐私提供了一个大平台。由于互联网成员的多样和位置的分散，其安全性并不好。互联网的安全性分为两个广义的类型：认证(Authentication)和隐私权(Privacy)。认证就是指一种功能，其作用是证明某人的身份，以确认当前与自己通信的个人或系统与他们自称的个人或系统是否相符。隐私权似乎比认证更为重要，因为互联网上的信息是通过路由器来传送的，而用户不可能知道信息传送是通过哪些路由器进行的，这样有些人或组织就可以通过对某个关键节点的扫描跟踪来窃取用户信息。也就是说从技术层面上截取用户信息的可能性是显然存在的。任何一个上网者的任何一个网络隐私数据，都有被窥探的可能。

互联网的开放性、全球性增加了人们对其是否安全的担心，数据仓库、数据挖掘技术的兴起，使人们担心，由于利益的驱动，某些集团对个人数据无限制的加工利用最终会导致侵犯个人隐私的结果。

2. 网络"小甜饼"Cookie

某些 Web 站点会在用户的硬盘上用文本文件存储一些信息，这些文件被称为 Cookie。Cookie 包含的信息与用户和用户的爱好有关。例如，如果用户在某家航空公司的站点上查阅了航班时刻表，该站点可能就创建了包含用户的旅行计划的 Cookie。它也可能记录下用户在该站点上曾经访问过的 Web 页，由此帮助该站点在用户下次访问时根据用户的情况对显示的内容进行调整。

现在的许多网站在每个访客进入网站时将 Cookie 放入访客电脑，不仅能知道用户在网站上买了些什么，还能掌握该用户在网站上看过哪些内容、总共逗留了多长时间等，以便了解网站的流量和页面浏览数量。只要网站愿意，它可一直保留这样的信息。这样，访客下次再进入这个网站时，就会被辨认出来，如此，网站管理人员就可以知道访客的"忠诚度"了。另外，网络广告商也经常用 Cookie 来统计广告条幅的点击率和点击量，从而分析访客的上网习惯，并由此调整广告策略。一些广告公司还进一步将所收集到的这类信息与用户在其他许多网站的浏览活动联系起来。这显然侵犯了他人的隐私。由于访客资料是一笔宝贵的财富，某些经营情况困难的网站会将这些收集来的资料出售给买主，以此牟利。根据纽约时报报道，boo. com、Toy Smart 和 craftsbop. com 等网站，都曾将客户姓名、住址、电子邮件甚至信用卡号码等统计分析结果都标价出售，以换取更多的资金。

目前，大部分商业网站都会将 Cookie 放置到访客的电脑里，以跟踪访客的上网习惯、浏览的页面、停留时间、访客来源等。这种行为已经引起许多争议。虽然许多商业网站都保证其站点将确保在线日程表业务中关键的私人隐私数据不会被泄露，然而事实并非这样简单。调查显示，在美国即使是最受欢迎的排名前 100 位的电子商务网站，仍有 35 个网站允许第三方公司跟踪记录访问者的信息，另外，有 18 个网站根本不对消费者公开信息收集原则。

美国国会也对此问题表示关注，国会正在研究方案，将禁止网络公司将用户数据库列入公司资产，这样将禁止网络公司任意将用户数据库资料出售的行为，从而保护了消费者的隐私。

（二）网络服务提供商在网络隐私权保护中的责任

网络服务提供商对网络与电子商务中隐私权保护的责任，包括以下一些内容：在用户申请或开始使用服务时告知使用互联网可能带来的对个人权利的危害；告知用户降低风险的技术方法；采取适当的步骤和技术保护个人的权利，特别是保证数据的统一性和秘密性以及网络和基于网络提供服务的物理和逻辑上的安全；告知用户匿名访问互联网及参加一些活动的权利；不修改或删除用户传送的信息；收集、处理和存储用户的数据必须坚持必要的、特定的、合法的原则；不为促销目的而使用数据，除非得到用户的许可；对所使用的数据负有责任，必须向用户明确个人权利保护措施；在用户开始使用服务或访问 ISP 站点时告知其所采集、处理、存储的信息内容、方式、目的和使用期限；根据用户的要求更正不准确的数据或删除多余的、过时的或不再需要的信息，避免隐蔽地使用数据；向用户提供的信息必须准确、及时予以更新；在网上公布数据应谨慎。

此外，还可以对数据文档的互联与比较做出约定。如澳大利亚法律规定，除非国内法能提供相应的保护措施，否则应当禁止互联，特别是通过连接、合并或下载包含有个人数据的文档，禁止从第三方可查询的文件中建立新的文档，禁止将第三方掌握的文档或个人数据与公共机构掌握的一个或更多的文档进行对比或互联。

在现实社会经济生活中，人们还会遇到网络免费服务与用户信息收集利用的关系问题。目前网上的许多服务都是免费的，如免费电子邮箱、免费下载软件、免费登录，为用户或会员免费提供一些信息及一些免费的咨询服务等，然而人们发现在接受这些免费服务时，必经的一道程序就是登录个人的一些资料，如姓名、地址、工作、兴趣爱好等，服务提供商会声称这是为了方便管理，但是也存在着服务商将这些信息挪作他用甚至出卖的可能。

事实上，隐私权保护的最基本原则之一就是个人资料应在资料所有者许可的情况下被收集利用，而这项原则不应因提供的服务是否收费而有所变化，除非商家在提供免费服务时，在附加条件中就明确说明将相关资料用作一些商业利用的要件。

(三) 客户关系管理与网络隐私权

1. 客户关系管理

客户关系管理(Customer Relationship Management，CRM)起源于1980年初提出的"接触管理"(Contract Management)，即专门收集整理客户与公司联系的所有信息。到1990年初期，则演变成为包括电话服务中心与支援资料分析的客户服务(Customer Care)。经历了近三十年的不断发展，客户关系管理不断演变发展并趋向成熟，最终形成了一套完整的管理理论体系。目前，消费者隐私权的问题正在以各种方式影响着客户关系管理。从最简单的意义上来说，客户关系管理包含着两个互为补充的部分——"进攻"和"防御"，这两个部分对于商家和消费者来说具有不同的意义。

在制定整体的客户关系管理战略之前必须要首先确定到底应该花费多大的努力去收集、分析数据并利用分析结果。管理层必须要通过对客户数据的分析和公司标准化政策的制定来确定为每一个客户提供服务和市场决策是否切实可行。

防御性的客户关系管理包括数据信息的收集、分析以及对分析结果的利用。它使得商家能够向客户提供他们所关注的产品及其他方面的信息，在多种产品的基础上制定服务决策并且依靠大量可靠的信息来提供更有效、更精确的服务。

进攻性客户关系管理包括通过对客户信息的直接或间接使用来影响他们的行为，使他们的行为向着有利于商家的方向发展。进攻性客户关系管理的目的在于比客户更好地了解他们自身，在此基础上为客户提供让他们满意的产品和服务，增加公司的利润。进攻性客户关系管理是通过对公司自身所拥有的或从外部资源得到的大量信息的分析得以实现的。尽管它并不直接应用在客户市场，仍然被消费者和市场管理者看作是一种扰人的行为。对网络及分析技术的滥用已经引起了消费者和市场管理者的愤怒。

要在防御性客户关系管理和进攻性客户关系管理之间划分出一条明确的界限是十分困难的。举例来说，告诉你其他商品与你现在正打算购买的商品是否相配属于进攻性客户关系管理，事先了解你已经购买了哪些商品并提醒你不要进行重复性购买则属于防御性客户关系管理。又比如，为客户提供一份生日小礼物属于防御性客户关系管理，而为客户提供15%的打折优惠则属于进攻性客户关系管理。

2. 客户的网络隐私权

不论客户的个人信息是在公司内部使用还是与第三方共享，在考虑公司客户关系管理战略的时候，如果没有考虑到消费者隐私权这一重要因素将会带来非常消极的负面影响。

维护消费者和合作伙伴的隐私权是商家在商业运作过程中不能忽视的一个基本组成部分，在一个公司考虑自己的客户关系管理战略时，消费者与合作伙伴的隐私权必须引起足够的重视。商家必须要想办法使自己对客户信息的使用为公众所接受，否则的话，他们与客户之间的摩擦就会越来越多，关系就会越来越疏远，他们所能得到的利润也会受到影响。因此，不论是由于地方法规的规定还是出于市场压力的结果，对于以消费者为导向的公司企业来说，消费者隐私权的保护将成为其商业运作过程中的基本组成部分。

美国著名互联网咨询公司 Gartner Group 在消费者可以接受并且不违反相应法律法规的程度上对可以提供的"消费者隐私"做了详细说明：

(1)经过消费者本人亲自确定的消费者个人信息以及公司企业所掌握消费者信息的发布。

(2)公司企业与已经签约或向来签约的第三方之间的市场合同。

(3)经授权的或未经授权的，公司企业及其已经签约或尚未签约合作方对消费者个人信息的使用。

3. 企业管理网络隐私权的措施

对于企业来说，如何保护自己、用户和合作伙伴的信息隐私权问题已经成为企业管理中越来越重要的问题之一。基于此，一些有责任心的企业认识到有必要让专人来负责建立和维护隐私政策。一般的理解认为，互联网隐私保护使用的是技术手段，但隐私专家说，隐私问题更多的是一个管理问题。隐私官将能在个人对隐私的需求和公司以合理手段使用隐私材料的权利之间，建立适当的平衡关系。

首席隐私官(CPO，Chief Privacy Officer)专门负责处理与用户隐私权相关事宜，直接对企业的最高领导人负责。隐私官的任务是处理内部和外部隐私事务。内部事务包括政策的制定、展开和适应及同公司现有及过去员工的联系；外部事务包括公司和其他商家及公共领域、股东、客户、媒体的交流。微软的首席隐私官理查德·普赛尔(Richard Purcell)将他的工作分成三部分：提出公司的数据保密政策；监督公司的业务发展以确保公司开发的新程序保护用户的隐私权；培训公司员工。从目前的情况看，CPO 的需求颇为可观：美国商业信息隐私组织主席表示，类似 CPO 这样的职位在欧洲已经非常普遍。许多国家都要求收集数据的企业指派一位"资料保护"经理。

随着电子商务的发展，越来越多的用户私密信息被记录在计算机中。虽然详尽的统计细节资料可以帮助商家更好地进行商品和服务销售，但是，商家使用这类信息需要冷静及尊重消费者的意见。然而，企业的信息安全与网络隐私保护有时也会出现矛盾。表现在：

(1)一方为了保障其信息安全而影响到了另一方的隐私。

如公司为保障其企业数据的安全而对公司员工行为的监视。对同一个客体来说，往往也存在着冲突，在某方面获得信息安全的同时则要牺牲另一方面的隐私利益，比如银行摄像机的安装，显然这是确保我们在银行的资产不会被不法之徒窃取的有效手段，但我们每个人都要在摄像机中露脸，这是地地道道的隐私侵犯。

(2)企业的声誉。

如果企业在受攻击后立刻向有关机构报告，这固然有利于执法和研究机构立即行动，还可以避免攻击面波及其他企业，可是有多少企业愿意公开自己受攻击的消息呢？对一个企业来说，企业被攻击这种事是企业自己的隐私，一旦公布出去会对企业造成极为负面的影响，于是这又构成了矛盾。

(四)网络隐私权的法律保护及国际协调

目前电子商务仍处于技术高速发展的时期，对于电子商务的法律管理，不是简单的法律调整代替技术调整，而是将技术调整纳入整个调整体系内，立法时就应充分考虑技术要求和现实的可能性。鉴于信息技术的飞速发展，方法上还应该有足够的前瞻性。

信息时代保护网络隐私权的原则应当是力求平衡——既要保证隐私权不受侵犯，又不能使保护隐私成为信息自由流通发挥其经济价值的障碍。当前，以电子商务为代表的网络经济不仅在中国还处于萌芽期，就世界范围而言，也处在由幼稚向成熟发展的探索期，这样一个相对理性的调整时期，正是立法工作可以谨慎而积极开展的时机。同时，法律的完善也是网络经济调整的重要一环，当基础建设达到一定的程度后，法律保障就完全有可能成为复苏以网络经济为代表的新经济的重要动力。

从人们的隐私权法律意识来看，还需逐渐加强。中国近年来虽受西方国家的影响引入了隐私权这一概念，历经数年，隐私权法律意识有所增强，但总的来看还是处于比较低的水平。中国传统文化中重集体、轻个人，重义务、轻权利的传统是与以个人本位、权利本位为基础的隐私权相抵触的。保护隐私权是我国法律长期忽视的盲区，保障信息自由流通是社会发展的新要求——两者都是我国现代化法治建设的薄弱环节。对此进行法律调整既是社会发展的需要，也受到社会的实际经济生活条件的制约。

为了专门解决网上隐私权的保护问题，已有不少国家、地区和组织开始进行这方面的立法工作。个人信息保护的立法可追溯至德国黑森州 1970 年《资料保护法》。此后，瑞士（1973）、法国（1978）、挪威（1978）、芬兰（1978）、奥地利（1978）、冰岛（1981）、爱尔兰（1988）、葡萄牙（1991）、比利时（1992）等国的个人信息保护法亦陆续推出。1973 年，美国发布"公平信息实践准则"报告，确立了处理个人信息处理的五项原则：禁止所有秘密的个人信息档案保存系统；确保个人了解其被收集的档案信息是什么，以及信息如何被使用；确保个人能够阻止未经同意而将其信息用于个人授权使用之外的目的，或者将其信息提供给他人，用作个人授权之外的目的；确保个人能够改正或修改关于个人可识别信息的档案；确保任何组织在计划使用信息档案中的个人信息都必须是可靠的，并且必须采取预防措施防止滥用。在"公平信息实践准则"所奠定的个人信息保护基本框架之上，美国《消费者网上隐私法》《儿童网上隐私保护法》《电子通信隐私法案》《金融服务现代化法》《健康保险流通与责任法》《公平信用报告法》相继出台。

2022 年 6 月，美国参众两院联合发布《美国数据隐私和保护法案》（草案）。该法案中提到的"涵盖实体"指的是收集、处理或传输数据的任何实体或个人。此外，该法案还提及了被定义为"大数据持有者"的一部分涵盖实体，这些实体将受到额外义务的约束。值得注意的是，其中有一项"小数据豁免"可以免除某些组织的有限条款。

关于忠诚义务的规定，该法案概述了涵盖实体不得收集、处理或传输超出合理必要、相称且仅限于某些情况的数据。关于设计隐私，该法案概述了建立和实施有关收集、处理和传输数据的合理政策、实践和程序的明确义务。该法案禁止受管辖的实体根据放弃隐私权的协议收取不同的费率或提供不同的服务/产品。

此外，该法案还规定了多项消费者数据权利。

透明度：涵盖实体将被要求以清晰、显眼和易于访问的方式公开提供隐私政策，该政策提供实体的数据收集、处理和传输活动的详细和准确的表示。

个人数据所有权和控制权：在收到个人经过验证的请求后，需要一个涵盖实体向他们提供访问、更正、删除和可移植性的权利。对于敏感的数据在被收集、处理或转移给第三方之前需要相关个人的明确同意。此外，涵盖实体需要为个人提供明确的撤回同意的方法、退出数据传输的权利以及退出定向广告的权利。

儿童和未成年人的数据保护：禁止向 17 岁以下的任何个人投放有针对性的广告，前提是该实体知道该个人低于此年龄阈值。

　　第三方收款实体：在某些情况下，第三方收款实体将被要求在其网站或移动应用程序上放置清晰且显眼的通知，并在联邦贸易委员会（"FTC"）进行注册。

　　公民权利和算法：受保护实体不得以基于种族、肤色、宗教、国籍、性别而被歧视或以其他方式无法平等享受商品或服务的方式收集、处理或传输受保护数据，但在有限的情况下除外。此外，所有涵盖实体必须进行算法设计评估，大型数据持有者必须进行算法影响评估。

　　数据安全和涵盖数据的保护：涵盖实体建立、实施和维护合理的管理、技术和物理数据的安全程序，以保护数据免受未经授权的访问和获取。

　　2022年4月，欧盟议会通过《数据治理法案》，构建了G2B、B2B商业模式下的数据共享与再利用的框架和模式。2023年7月，欧盟委员会批准通过《欧盟—美国数据隐私框架》，标志着欧美间个人数据合法流动的第三次尝试正式落地。2023年11月通过的《数据法案》对《数据治理法案》进行了有效补充。

　　由于互联网本身没有国界，因此有关网络各种规范的法律在管辖权、国际司法协作等方面必然遇到国际协调问题。这就要求我们一方面尽快完善我国的隐私权保护体系，对我国用户及外国用户进行完善的隐私权保护；另一方面与一些相应国家进行协调，提出我们认可的对我国用户网上隐私权保护的要求与标准。

　　我国于2021年8月20日出台《中华人民共和国个人信息保护法》，该法在《民法典》《网络安全法》《消费者权益保护法》等法律基础上，为个人信息保护提供了更具系统性、针对性和可操作性的法律遵循。该法充分吸收国际成功立法经验，立足中国国情，对个人信息的收集、存储、使用、加工、传输、提供、公开、删除等处理活动全流程做出制度设计；针对关键基础设施运营者、处理个人信息达到国家网信部门规定数量的个人信息处理者，提供重要互联网平台服务、用户数量巨大、业务类型复杂的个人信息处理者，以及国家机关等特殊主体规定了专门的管理要求。

　　《中华人民共和国个人信息保护法》首先明确了个人信息保护的调整范围。个人信息保护法第四条第一款规定"个人信息是以电子或者其他方式记录的与已识别或者可识别的自然人有关的各种信息，不包括匿名化处理后的信息"。与此同时，第四条第二款规定"个人信息的处理包括个人信息的收集、存储、使用、加工、传输、提供、公开、删除等"。数据作为新型生产要素，价值化释放是数据活动的主要目的之一。个人信息在当前发展阶段是价值极为丰富的数据类型，其价值化释放需求十分强烈，而可能伴随的个人信息权益侵害也贯穿于数据处理活动的全生命周期。个人信息保护法通过立法，将有关个人信息活动统一为"处理"活动，以保证全法条文的有效覆盖。另外，加强了对敏感个人信息的保护，对包括生物识别、宗教信仰、特定身份、医疗健康、金融账户、行踪轨迹等信息，以及不满十四周岁未成年人的个人信息，规定了更严格的处理要求。这些信息一旦泄露或者非法使用，容易导致自然人的人格尊严受到侵害或者人身、财产安全受到危害。只有在具有特定的目的和充分的必要性，并采取严格保护措施的情形下，个人信息处理者方可处理敏感个人信息。而且，处理敏感个人信息应当取得个人的单独同意。个人信息保护法也妥当地处理了同法条文的衔接，根据第十三条第二款规定，"依照本法其他有关规定，处理个人信息应当取得个人同意，但有前款第二项至第七项规定情形的（包含：为订立、履行个人作为一方当事人的合同所必需，或者按照依法制定的劳动规章制度和依法签订的集体合同实施人力资源管理所必需；为履行法定职责或者法定义务所必需；为应对突发公共卫生事件，或者紧急情况下为保护自然人的生命健康和财产安全所必需；为公共利益实施新闻报道、舆论监督等行为，在合理的范围内处理个人信息；依照本法规定在合理的范围内处理个人自行公开或者其他已经合法公开的个人信息；法律、行政法规规定的其他情形)，不需取得个人同意"。这充分体现了个人信息处理活动的复杂性、多场景性，明确了除"用户同意"以外合法处理个人信息的情形遵守其他条款的规则，保证了立法的科学性和严密性。其次，个人信息保护法对通过自动化决策方式处理个人信息做出了规定，回应了广为关注的"信息茧房"和"大数据杀熟"问题。个人信息保护法要求"利用个人信息进行自动化决策，应当保证决策的透明度和结果公平、公正"(第二十四条第一款)。针对"信息茧房"问题，个人信息保护法赋予了用户拒绝的权利，规定"通过自动化决策方式向个人进行信息推送、商业营销，应当同时提供不针对其个人特征的选项，或者向个人提供便捷的拒绝方式"(第二十四条第二款)；针对"大数据杀熟"问题，规定"不得对个人在交易价格等交易条件上实行不合理的差别待遇"(第二十四条第一款)。再次，明确了对公共场所视频监控活动的规则。个人信息保护法第二十六条要求"在公共场所安装图像采集、个人身份识别设备，应当为维护公共安全所必需，遵守国家有关规定，并设置显著的提示标识。所收集的个人图像、身份识别信息只能用于维护公共安全的目的，不得用于其他目的；取得个人单独同意的除外"。出于保护公共安全的必要，公共场所设置摄像等设备越来越普及，也发挥了实际的效果。然而，有些摄像等设备的设置超出了维护公共安全的目的，甚至是为了私益。个人信息保护法通过该条做出了原则性规定，为后续规范相关活动提供了法律依据。最后，首次明确了处理已公开个人信息的规则。根据个人信息保护法第十三条的规定，"依照本法规定在合理的范围内处理个人自行公开或者其他已经合法公开的个人信息"属于合法性基础之一。第二十七条对已公开的个人信息处理进行规定，明确可以在合理的范围内处理个人自行公开或者其他已经合法公开的个人信息，但是个人明确拒绝的除外。同时，处理已公开的个人信息对个人权益有重大影响的，还应当依法取得个人同意。

《中华人民共和国个人信息保护法》的出台标志着我国进入了更高水平的个人信息保护的法治时代，这也正是给所有身处网络时代生活的人们最关心、最直接、最现实的利益问题的最好法律答案。①

(五)计算机犯罪以及相应的法律法规

在网络安全技术与黑客不断地在技术的层面进行较量的同时，完备的法律制裁手段也必不可少。不同国家在保障网络安全方面的规定及手段虽然有所不同，但恐怕都要面对如何从不同的角度对计算机犯罪作明确的规定并达到有效的法律威慑作用的问题。在美国，如果以黑客定罪，每一次破坏可判最高五年、最低半年的徒刑，累犯最高可判10年徒刑；在德国，2000年2月震惊世界的美国几大网络相继遭袭击事件的始作俑者——一位开发了名为部族洪水网络软件 Tribe Flood Network，挂在网上供人下载、专门用来袭击网站的青年，被判处6个月的徒刑；在我国，有1999年发生的首例破坏计算机系统案的被告被判有期徒刑一年零三个月的案例。

美国的著名计算机安全专家唐·帕克认为，计算机犯罪应包括三种：计算机滥用——含有使用计算机的任何故意行为、计算机犯罪——指在实施犯罪过程中涉及计算机的行为

---

① http://www.cac.gov.cn/2021-08/25/c_1631491549783065.htm

以及与计算机有关的犯罪。而在《中华人民共和国刑法》（以下简称《刑法》）的第286条、第287条中，对以计算机系统为客体的犯罪、以计算机中的信息为客体的犯罪、制作传播病毒或破坏性程序的犯罪，以计算机为工具的金融犯罪都做出了明确的规定与制裁，此外，再辅之以《计算机信息系统安全保护条例》《计算机信息网络国际联网安全保护管理办法》《金融机构计算机信息安全保护工作暂行规定》《计算机信息网络国际联网保密管理办法》，应该说，我国已基本建立了完备的网络安全保护及计算机犯罪制裁的法律体系，但对于电子商务中新的计算机犯罪问题，我国法律还很少涉及，比如，盗用用户网上支付账户的犯罪、伪造并使用网上支付账户的犯罪、盗用商户电子商务身份证诈骗的犯罪、电子商务中的诈骗犯罪、虚假认证的犯罪、侵犯电子商务秘密的犯罪、电子商务偷逃税的犯罪、非法入侵电子商务认证系统犯罪，等等。

从我国刑法的规定来看，明文规定的计算机网络犯罪大致分成以下几类。

1. 非法侵入计算机系统罪

我国《刑法》第285条规定："违反国家规定，侵入国家事务、国防建设、尖端科学技术领域的计算机信息系统的，处三年以下有期徒刑或者拘役。"最高人民法院将这条罪名规定为"非法侵入计算机系统罪"。而非法侵入计算机系统就是指行为人以破解计算机安全系统为手段，非法进入自己无权进入的计算机系统的行为。公安部于1997年12月16日颁布了《计算机信息网络国际联网安全保护管理办法》，对入侵计算机信息网络的犯罪行为进行了更大范围的规定。其中第六条规定："任何单位和个人不得从事下列危害计算机信息网络安全的活动：未经允许，进入计算机信息网络或者使用计算机信息网络资源的。"

非法入侵计算机系统的目的有很多，甚至有些仅仅是因为黑客的好奇心作祟。在绝大部分情况中，犯罪行为人是以窃取和篡改系统内部的数据为目的，而且很有可能并没有对计算机系统造成破坏。表面上看来仿佛并没有太大的危害性，但是其潜在的破坏力也是巨大的。计算机系统中的数据一般都具有保密性，特别是国家重要部门或是公司内部的计算机系统。它们都会采取一定的防范措施对自己的系统网络加以安全保护，但是任何措施都不是绝对的，都存在被非法者入侵的可能性。而且此类犯罪行为非常难以被发现，因为它并没有对计算机系统造成任何损害，尽管如此，重要信息、数据的丢失，国家机密或是商业秘密的公开造成的损失是无可估量的。

目前在我国《刑法》的规定中，仅仅是将侵入国家事务、国防建设、尖端科学技术领域的计算机信息系统的行为定为非法侵入计算机系统罪，对于计算机信息系统的限制过于狭窄。目前绝大部分的计算机信息系统都有自己的安全系统，有自己的授权范围。未授权人对于计算机信息系统是没有权限去进入的。除了国家事务、国防建设、尖端科学技术领域的计算机信息系统外，国家金融机构、电子商务认证机构、公司或个人的计算机信息系统都应该是未经授权不得擅入的。比如电子商务认证，它是电子商务的重要组成部分，电子商务认证机构的计算机信息系统安全性对电子商务的安全起着至关重要的作用。如果行为人利用计算机网络技术非法侵入电子商务认证机构的计算机信息系统，即使行为人没有删除、修改其中的应用程序和数据或破坏系统安全防护措施，但是非法入侵以及对于秘密信息的窃用，都会导致整个电子商务秩序的混乱，从而给国家电子商务的稳定发展和交易各方造成严重损害。当然量刑轻重可以根据被侵入计算机信息系统之重要程度不同而进行调节。

随着网络技术的发展，对于信息安全的定义已经不仅仅止于对信息的机密性、完整性和可获性的保护。中国工程院院士何德全指出：现代的信息安全涉及个人权益、企业生存、金融风险防范、社会稳定和国家的安全。它是物理安全、网络安全、数据安全、信息内容安全、信息基础设施安全与公共、国家信息安全的总和。

在二十多年前主机时代形成的对信息安全的定义是指经过网络传输的信息不被截获、不被破译，也不被篡改。保护的是设在专用机房内的主机以及数据的安全性，是面向单机、面向数据的。而在20世纪80年代进入了微机和局域网时代，直到90年代进入了互联网时代，计算机已经从专用机房解放出来，成为人们生活中常见的工具。这个时代的安全概念已经不同于面向数据的安全概念。面向数据的安全概念是前面所谈的保密件、完整性和可获性；而面向使用者的安全概念，则包含了鉴别、授权、访问控制、抗否认性和可服务性以及基于内容的个人隐私、知识产权等的保护。

2. 破坏计算机信息系统罪

犯罪行为人通过对计算机信息系统功能进行删除、修改、增加、干扰而造成计算机信息系统不能正常运作。这种网络上的破坏可以用来获取经济利益，促成恐怖分子的非法行为，或是偷窃数据或程序以达到恐吓、威胁的目的。这种对通过网络传播从而对计算机系统造成破坏的行为，按照中国最高人民法院的罪名解释，罪名应为"破坏计算机信息系统罪"。《刑法》第286条所规定的内容事实上就是破坏计算机系统罪。

该条规定："违反国家规定，对计算机信息系统功能进行删除、修改、增加、干扰，造成计算机信息系统不能正常运行，后果严重的，处五年以下有期徒刑或者拘役，后果特别严重的，处五年以上有期徒刑。"该款明确规定了对直接破坏计算机信息系统犯罪行为的处罚。

第286条第二款规定："违反国家规定，对计算机信息系统中存储、处理或者传输的数据和应用程序进行删除、修改、增加的操作，后果严重的，依照前款的规定处罚。"这一款中列出的犯罪行为与上一款有所不同。行为人可能通过上述行为对计算机信息系统造成了破坏，也有可能仅仅是通过上述行为来进行其他目的，并没有破坏计算机信息系统，但是在其他方面造成了严重后果。对于这种行为，《刑法》也将其归入破坏计算机信息系统罪的范围内。

3. 制作、传播计算机病毒等破坏性计算机程序

我国《刑法》第286条第三款规定："故意制作、传播计算机病毒等破坏性程序影响计算机系统正常运行，后果严重的，依照第一款的规定处罚。"

计算机病毒(Computer Virus)在《中华人民共和国计算机信息系统安全保护条例》中被明确定义为"编制或者在计算机程序中插入的破坏计算机功能或者破坏数据，影响计算机使用并且能够自我复制的一组计算机指令或者程序代码"。病毒是一种人为的特制程序，具有自我复制能力、很强的感染性、一定的潜伏性、特定的触发性、很大的破坏性。计算机的信息需要存取、复制、传送，病毒作为信息的一种形式可以随之繁殖、感染、破坏，并且当病毒取得控制权之后，它们会主动寻找感染目标，使自己广为流传。

从1987年引导型病毒的出现，随着计算机与互联网的发展，病毒也随之更新换代。1989年，可执行文件型病毒出现，代表为"耶路撒冷""星期天"病毒。1990年发展为复合型病毒，可感染COM和EXE文件。1992年，伴随型病毒出现。1994年，随着汇编语言的发展，又出现了"幽灵"病毒。到了1995年，随着网络的普及，病毒开始利用网络进行传

播，它们只是以上几代病毒的改进。在非 DOS 操作系统中，"蠕虫"是典型的代表，它不占用除内存以外的任何资源，不修改磁盘文件，利用网络功能搜索网络地址，将自身向下一个地址进行传播，有时也在网络服务器和启动文件中存在。1996 年，随着 Windows 和 Windows 95 的日益普及，利用 Windows 进行工作的病毒开始发展。1996 年，随着 Windows Word 功能的增强，使用 Word 宏语言也可以编制病毒。1997 年，随着互联网的发展，各种病毒也开始利用互联网进行传播，携带病毒的数据包和邮件越来越多，如果不小心打开了这些邮件，机器就有可能中毒。1997 年，随着互联网上 Java 的普及，利用 Java 语言进行传播和资料获取的病毒开始出现。还有一些利用邮件服务器进行传播和破坏的病毒，例如 Mail-Bomb 病毒，严重影响了互联网的效率。

除了病毒之外，还有其他一些程序也对计算机系统具有强大的破坏性，比如"特洛伊木马"。"特洛伊木马"的名称来源于古希腊传说，因其表面合法，而内部往往隐藏一些秘密指令和非法程序段的程序而被称为"特洛伊木马"。1997 年 4 月，美国计算机事件咨询部门向网络用户宣布，一个高度危险的能够删除用户所有硬盘文件的"特洛伊木马"程序正在网络上传播，受害者受骗上当，以为该程序可以使得他们在美国在线的网站上设立账户，结果是用户硬盘上的所有文件都被其删除。另外一次"特洛伊木马"事件发生于 1997 年 8 月，美国在线 AOL 警告所有其在线用户警惕一份伪称来自美国在线关键词列表区（Keyword List Area）的程序文件，该文件能够窃取用户的名称与密码，然后用于非法用途。

由于计算机信息系统的重要性，对于计算机信息系统的破坏就显得格外严重。这种对计算机信息系统进行破坏行为的主体并没有限制，不管是计算机信息系统合法的使用者或是未经授权的侵入者，只要对计算机信息系统功能进行删除、修改、增加、干扰，造成计算机信息系统不能正常运行，或者是违反国家规定，对计算机信息系统中存储、处理或者传输的数据和应用程序进行删除、修改、增加的操作，且后果严重的，都属于犯罪行为人。

4. 网上诈骗犯罪行为

除了《刑法》明文规定的这三种计算机网络犯罪以外，还存在着很多其他类型的以计算机网络为工具而进行的传统犯罪行为，它们也属于我们讨论的计算机网络犯罪的范畴当中。

在电子商务交易中，交易各方最关心的就是交易的安全性。因为电子商务交易的方式完全不同于传统方式，互联网本身具有的无边界性和开放性，使网络交易面临重重危险。由于网络的不安全性，交易各方不愿意将自己的私人保密信息公开在网上，以免被他人非法窃取；同时在交易的时候也常常无法确定对方身份的真实可靠性，从而使得很多人无法接受新型的网络交易，对电子商务具有潜在的排斥性。

网络空间以及网络的特性为那些有组织的犯罪团体提供了一个巨大的空间。信用卡信息、私人资料以及金融财政内部资料早就成为他们窥视的目标。现在，在网络上实施犯罪远比传统手段便利，再也不用蒙面持枪打劫银行或是偷盗抢劫信用卡，只要在网上获取这些私人资料，再将其高价卖给伪造信用卡者，就可以赚取丰厚利润，而且需要冒的风险和可能被抓获的可能性也大大降低。信用卡伪造者利用专门的电脑硬件与软件将虚假的资料进行编码，储存到银行卡的磁条上，该卡就可以使用了。同样伪造虚假的旅行文件也是犯罪团体的一大"生意"。

使用虚假的信用卡和证明文件作为掩护，诈骗犯们可以自如地在网络上通过"合法"身份进行诈骗，使破案难度大大加剧，而人们对网络安全的信任度更是大大下降。

电子商务中非常典型的一种犯罪行为就是盗用商户合法身份行骗的犯罪行为。在电子商务进行的过程中，由于网络的特性，交易各方并不直接见面，在地理位置上，他们甚至远隔重洋。如果在我们所说的 B2C 或 B2B 的过程中，消费者向商家购买物品或商家之间进行交易，则各方只能凭借认证机构发放的证明对方经营信用的电子商务身份证来判断商家能否真正履行合约。如果合法商家的电子身份证被盗取，那么行为人就可以在网上大打合法企业的名号，骗取消费者和商家的财物或信用卡的信息，同时对合法商家的信誉也造成了非常不良的损害。在 C2C 的过程中，由于双方都是个人，对于对方的信誉，只能基于一些表面的凭证，比如由于以往交易信誉良好而获得的星级信誉称号等。但是已经有很多诈骗行为发生，一些人通过制造假的交易记录而使自己的交易信誉呈现良好的一面，以此来进行诈骗。更有"技艺高超"的网上黑客，通过各种先进的电脑技术来盗取他人私人秘密信息，然后对金融机构进行诈骗。网络的特性使得商务诈骗非常难以追究。

为了确保网络交易的安全，人们使用了不同网络层次的安全标准和协议来保护互联网上的数据。如用来保证互联网上安全通信的协议——安全套接协议；用于为应用程序进行鉴别和保证秘密的协议——安全电子交易协议 S-HTTP；对电子商务事务进行安全保证的协议等。它们用于数据通信的不同层次上的安全防护。在上述这些安全协议或者标准中，采用的典型的安全电子交易方法和手段主要包括公私密钥、数字摘要加密方法、数字签名、认证中心、数字时间戳、数字凭证等。这些手段常常结合在一起使用，构成电子交易的安全体系。

5. 未授权盗取

对于计算机软件未经授权的复制、传播会对计算机软件的所有权人造成不可估量的巨大经济损失。美国曾经发生过这一类的事件，司法机构将其归到刑事犯罪并予以制裁。在David La Machida 一案中，David 是一名 21 岁的麻省理工学院的学生，以加密的地址匿名在网络上设立了一个电子公告栏(BBS)，并且鼓励网络使用者上传流行的应用电脑软件以及电脑游戏。然后他将上传的软件转发到另外一个地址，在该地址上，知道密码的网络用户就可以下载应用软件及游戏软件。在事情泄露后，David 被拘捕，被指控违反了美国电信欺诈法案。但由于他并没有从侵权行为中得到任何经济利益，所以当时法院并没有对其进行制裁。但是这一事件却引发了司法及立法机构对此类网络上的软件侵权事件的重视，他们认为这种对软件的侵权行为即使侵权者并没有商业动机，也应该对其处以刑事及民事上的处罚。

6. 滥用计算机系统

滥用计算机系统是指在计算机系统中输入或者传播非法或虚假信息数据，造成严重后果的行为。由于网络没有任何国界的限制，只要联机上网就可以去到互联网上任何一个角落，所以在网络上发布非法或虚假信息而对公众造成的影响和破坏比通过传统媒介要大得多，也严重得多。

利用计算机网络来进行的犯罪还有很多，比如利用网络电子布告板免费发送软件、非法复制软件，侵犯著作权；利用网络发表反政府言论、恐怖言论和从事颠覆破坏活动；利用网络传播内容淫秽的视听资料；利用网络传授犯罪方法等，在这里我们不再一一赘述。

三、垃圾邮件及其法律措施

(一)电子垃圾邮件现象的产生

随着互联网的快速发展和广泛应用，人类正逐步地从工业社会迈入信息社会。网络也已经越来越成为人们社会生活的重要场所。网络的开放性和传播速度快等特征，既使网络中的信息来源渠道广泛、内容丰富，同时又为信息的交流、传播提供了较现实环境更为广阔的空间。例如，网站提供的电子邮箱服务(尤其是免费邮箱服务)极大地提高了信息的交流速度。然而随着人们对电子邮箱服务的依赖性越来越强，人们慢慢发现自己的电子邮箱每天会多出一点无用的广告邮件，而且越来越多，甚至有的用户电子邮箱中的广告邮件由于来不及清理，导致了电子邮箱的崩溃。更有甚者，有的广告邮件本身就带有病毒，会导致用户的计算机染上病毒，从而给用户造成了很大的损失。而当用户向发信人拒收此类广告邮件时，常常会发现寄发电子广告邮件的地址通常是伪造的或并不存在的。

电子广告邮件，通常又被人们称为"垃圾邮件"，在美国又被称为"不请自来的商业电子邮件"(Unsolicited Commercial E-mail)，它是指那些寄发到用户电子邮箱里的不断重复而且不受欢迎的电子广告信函。

(二)电子垃圾邮件引发的相关法律问题

对于众多电子邮箱用户遭遇的这种"尴尬"，仔细追究其因，不外乎两种，要么是论文资料站点广告商费尽心思"淘金所得"，要么是网站所有者的"背后一击"，即由网站所有者向网络广告商有价转让电子邮箱所有者的相关资料。因为在申请注册电子邮箱时，用户需要填写相关的材料。因此，对于众多用户包括电子邮箱在内的相关材料，网站难辞其咎。由此不难看出，电子垃圾邮件的大量出现，一方面使得广大用户不胜其烦，另一方面也引发了相关的法律问题。

1. 侵犯用户隐私权的法律问题

正如上面所述，用户电子邮箱中之所以大量涌现垃圾邮件(除了用户在其他网站自愿订阅电子期刊，而向订阅网站提供电子邮箱外)，探究其因，不外乎两种。其一是寄发垃圾邮件的网络广告商任意在网络上大量搜集众多电子邮箱地址。但这种行为不但费时费力，而且也不存在侵犯网络用户隐私权的法律问题。其二便是提供电子邮箱服务的网站向网络广告商大量转卖其掌握的会员资料，包括用户的电子邮箱的地址，从而使得网络广告商不费吹灰之力，"按图索骥"地向用户的电子邮箱中寄发大量垃圾邮件。这很类似于目前广大学校为了招揽生源，不择手段地获取在校学生的名单，从而乱发所谓的录取通知书的行为。隐私权作为一种基本人格权利，是指公民"享有的私人生活安宁与私人信息依法受到保护，不被他人非法侵扰、知悉、搜集、利用和公开的一种人格权"。它是伴随着人类对自身的尊严、权利和价值的认识而逐渐产生的。然而，近些年来随着互联网的迅猛发展，不但传统的隐私权受到了极大的挑战，而且网络空间个人隐私权也受到了严峻的挑战。如何强化网络空间个人信息和隐私权的法律保护，如何协调、平衡网络空间中个人和社会公共之间的利益，已成为国际社会网络立法的当务之急。

与传统意义上的隐私权范围仅限于"与社会公共利益无关的私生活信息，而在论文资料站环境中，以数据形式存在的不受传统隐私权保护的个人信息或资料，对电子商家来说已经变成了可以赚钱的有用信息"。基于有利可图的商业利润,众多网站纷纷打起了电子邮箱用户的主意,而网络广告商也正有这方向的需求,于是两者一拍即合,从而造成了垃圾邮件大量泛滥的现象。这正是"追求商业利益最大化的经营者,对公民的个人资料进行收集、整理并应用于以营利为目的的经营活动中,侵犯了消费者对于其个人隐私所享有的隐瞒、支配、维护以及利用权"。

综上所述,造成电子邮箱里出现大量垃圾邮件的行为,明显地侵犯了用户的隐私权,即合法控制个人数据、信息材料的权利。而"赋予论文资料站用户对自己的个人信息控制权已经成为民事权利在论文资料站空间中的延伸与发展,成为目前民事立法的重要任务"。

2. 违反合同义务,侵犯论文资料站服务提供商合法权益的法律问题

欲寄发大量电子广告邮件,论文资料站点广告商势必要与论文资料站服务提供商(ISP)签订服务合约,使用论文资料站服务提供商提供的服务器,完成寄发邮件的行为。但这种大量寄发垃圾邮件的行为,一方面会造成服务器负担过重,由于论文资料站服务提供商提供的网宽,在一定时期内是固定不变的,很有可能会因为网络广告商占有大量的网络传输频宽,而造成其他用户服务的中断,或使其他用户收发电子邮件的服务器主机无法顺利运作,甚至还会给用户造成巨大的损失。从而势必从根本上减少用户对该服务器的使用次数,进一步损害服务器所有人——网络服务提供商(ISP)的使用、收益权,并且这种行为显然是故意而为的。另一方面这种行为也违反了合同的约定(通常服务合约中会规定禁止会员利用服务器发送垃圾邮件的行为)。

第三节 电子商务涉及的知识产权问题

一、网络版权问题

所谓版权,有时也称作者权,在我国被称为著作权,是基于特定作品的精神权利以及全面支配该作品并享受其利益的经济权利的合称。一般来讲,版权的客体是指版权法所认可的文学、艺术和科学等作品(简称作品)。但是在信息时代,计算机软件、数据库、多媒体技术给版权的客体带来了新的内容。目前世界上已经建立了一个比较全面的版权保护法律体系,将计算机软件纳入版权保护中,给软件提供更加及时和完善的保护。1972年,菲律宾第一个把"计算机程序"列为"文学艺术作品"中的一项,1980年后,美国、匈牙利、澳大利亚及印度先后把计算机程序或者计算机软件列为版权法的保护客体。1985年之后,又有日本、法国、英国、联邦德国、智利、多米尼加、新加坡等国以及我国台湾与香港地区,都把它列到了版权法之中。1990年,我国制定《著作权法》《计算机软件保护条例》和《计算机软件登记办法》等法律法规,建立了对计算机软件版权的保护。

在涉及电子商务的版权侵权问题时,我们尤其需要注意的是网络服务商侵权问题和链接侵权问题。网络服务商根据其提供服务内容的不同,主要分为网络内容服务商和网络中介服务商两大类。网络内容服务商指自己组织信息通过网络向公众传播的主体。网络内容服务商会提供一些网页,在这些网页上面的内容就存储在网页所在的服务器上。如果网络内容服务商提供的内容服务未经版权人允许,则构成了对作品复制权和网络传播权的侵

犯。网络中介服务商的基本特征是按照用户的选择传输或接收信息，其本身并不组织、筛选所传播的信息。这个基本特征决定了其在版权保护法律体系中具有与网络内容提供商不同的法律地位，从而使得其可能承担的侵权责任问题显得更趋复杂、更具有时代性。

信息共享始终是互联网的理想追求，因此链接技术的出现就深受人们欢迎。所谓链接是指使用超文本标志语言 HTML 的标记指令，通过 URL 指向其他内容。链接的对象可以是一个网站，也可以是网站中的某个网页，或者是网页中的某个组成部分。关于链接技术的侵权问题，目前并没有一个统一的说法，不同的国家有很大的差别。主要来讲，链接可能侵犯的有作品的复制权、演绎权以及精神权利等。

 【案例 10-2】土豆网侵权案

二、域名的知识产权问题

 【案例 10-3】经典案例——开心网的域名之争

域名是一种资源标志符，是互联网主机的 IP 地址，由它可以转换成特定主机在互联网中的物理地址。域名作为一种在互联网上的地址名称，在区分不同的站点用户上起着非常重要的作用。域名是作为一种技术性手段建立起来的，它在本质上并不是一种知识产权，因此域名本来并不能像商标那样被作为知识产权受到保护。但是，随着域名商业价值的不断增强，法律已经开始将某些知识产权的权利内容赋予域名以保护权利人利益。

我国的商标法只规定可受保护标识为"文字、图案或其组合"，而没有把在网上出现的某一动态过程作为商标来保护。在网络环境下的商业活动，已使人们感到用"视觉感知"去认定，比起用"文字、图案"认定商标更能适应商业活动的发展需要。当前在我国最突出的问题是在网络环境下，"域名注册"与商标权的冲突。虽然 1997 年 5 月国务院部门发布了《中国互联网络域名注册暂行规定》，但其中只规定了"不得使用不属于自己的已注册商标，申请域名注册"，并没有禁止以他人的商标和商号抢注域名。因而"域名"已实际上成为商誉乃至商号的一部分并作为无形资产被进行交易。

域名具有唯一性，即它在全球范围内是独一无二的，但同时域名又通常都是按照"登记在先"的原则来进行登记的，因此一旦有人先对某个名字进行了注册，其他人就不得再使用该名字来命名其网址。因为域名具有较高的商业价值，抢注者希望借助于被抢注者的良好名誉得到网络用户的访问，一旦抢注成功，网络用户将无法访问到该域名真正代表的被抢注企业的站点，而是访问到抢注者的站点。法律应当制止这种恶意抢注行为，保护被抢注者的域名名称或商标利益。

在电子商务快速发展的同时，传统的知识产权法面临如何认定电子商务中的侵权行为，以及如何保护电子商务中出现的新的知识产权等问题。为解决这些新问题，国际社会一方面通过制定新的公约加以协调，另一方面要求各国知识产权法做出相应的调整，以适应全球电子商务发展的需要。

(一)版权法的适用问题

传统的版权法要求作品必须附着在载体上或相关的载体(磁盘、磁带)上才会受到保护,但在互联网领域,你所写的东西通过机器来帮助你阅读,也就构成了"附着在载体上"这个法律要件。美国"花花公子"案是第一个涉及计算机网络纠纷的版权案子。《花花公子》杂志诉 Star Ware 公司从网络上取得其 53 张照片资料,并将之放在 CD—ROM 上贩卖而侵犯了其版权。法院经审理,判决"花花公子"胜诉。通过这个案子可以看出,版权的概念在网络环境下必须得到新的扩展。

(二)商标法的适用问题

在这方面,不同的国家规定不同。美国奉行的是域名先使用原则,即谁首先使用这个域名,谁就获得相关的权利。但网络上的域名所涉及的商务意义毕竟不是简单登记问题。司法实践中,对电子商务中未经许可使用注册商标的行为,近年来多是作为商标侵权行为处理的。2023 年 1 月 13 日,中国国家知识产局发布《中华人民共和国商标法修订草案(征求意见稿)》。征求意见稿的一个重要修改,是对互联网中的商标使用行为及电子商务中的侵权行为做出了新的规定。修改之处如表 10-1 所示,其中黑体字部分是征求意见稿增加的部分。

表 10-1　中华人民共和国商标法修订草案(征求意见稿)部分新旧条款对比

《商标法》现行规定	征求意见稿
第四十八条　本法所称商标的使用,是指将商标用于商品、商品包装或者容器及商品交易文书上,或者将商标用于广告宣传、展览以及其他商业活动中,用于识别商品来源的行为	第五十九条　本法所称商标的使用,是指将商标用于商品、商品包装或者容器及商品交易文书上,**将商标用于服务场所或者与服务有关的载体上,**或者将商标用于广告宣传、展览以及其他商业活动中,用于识别商品或者服务来源的行为 **前款所列行为,包括通过互联网等信息网络实施的行为**
第五十七条　有下列行为之一的,均属侵犯注册商标专用权: (一)未经商标注册人的许可,在同一种商品上使用与其注册商标相同的商标的; (二)未经商标注册人的许可,在同一种商品上使用与其注册商标近似的商标,或者在类似商品上使用与其注册商标相同或者近似的商标,容易导致混淆的	第七十二条　有下列行为之一的,均属侵犯注册商标专用权: (一)未经商标注册人的许可,在同一种商品上使用与其注册商标相同的商标的; (二)未经商标注册人的许可,在同一种商品上使用与其注册商标近似的商标,或者在类似商品上使用与其注册商标相同或者近似的商标,容易导致混淆的; **(三)未经商标注册人的许可,在同一种商品或者类似商品有关的电子商务中使用与他人注册商标相同或者近似的标志,误导公众的**

征求意见稿第五十九条第二款是新增加的内容,其措辞为"前款所列行为,包括通过互联网等信息网络实施的行为"。也就是说,通过互联网等信息网络进行的商标使用行为,包括将商标用于商品、商品包装或者容器以及商品交易文书上,将商标用于服务场所或者与服务有关的载体上,或者将商标用于广告宣传、展览以及其他商业活动中,用于识别商品或者服务来源的行为的商标使用行为,都应视为商标法规定的商标使用行为。

按照征求意见稿第七十二条第(一)项、第(二)项、第(三)项规定，电子商务中的商标侵权行为的认定标准和对非电子商务中的商标侵权行为的认定标准，是不同的。一旦征求意见稿被通过并实施，电子商务中的商标使用行为，只有满足"误导公众"的条件，才能被认定为侵权行为。

(三)管辖权问题

一般从民诉方面来讲，起诉需在侵权发生地，但有时候你根本无法知道错误和误导性的信息是从哪里冒出来的。侵权者可能打一枪换一个地方，他把信息输送上去之后，马上关机，你就不知道他在哪儿。就传统的法律而言，提出了一个新课题："到底在哪儿起诉？"传统的民法理论实际上对原告不利，因为在被告所在地或侵权发生地起诉，有时候原告离他很远，对原告的起诉权不利。但在联网系统里面，由于不知道被告(互联网里输送信息的人)具体在哪个地方，反而对原告起诉有利，因为原告既然不知道被告在哪儿，原告就可以随便挑选从法律上和地点上对他最有利的地方起诉。这样，就形成了美国法律上讲的 FIM 效应。但根据一般原则，还是应该在因网络里的诽谤及错误等信息引起伤害的地方起诉。

 【案例 10-4】一起管辖权异议案件引发的思考——论网络虚拟财产侵权案件的管辖权

第四节　我国的电子商务法律和法规

中国政府高度重视电子商务的发展，制定了一系列法律法规来规范电子商务活动，保护消费者权益，促进电子商务的健康发展。

2004 年 8 月 28 日，中华人民共和国全国人大常委会通过了《中华人民共和国电子签名法》(以下简称《电子签名法》)，并于 2005 年 4 月 1 日开始实施，首次赋予可靠电子签名与手写签名或盖章具有同等的法律效力，并明确了电子认证服务的市场准入制度。

2005 年 2 月 8 日，作为《电子签名法》的一个重要配套规章，《电子认证服务管理办法》以信息产业部部令的形式发布。《电子认证服务管理办法》是《电子签名法》授权制订的、与《电子签名法》配套施行的部门规章，具有重要的法律效力和作用。

2005 年 3 月 31 日，国家密码管理局颁布了《电子认证服务密码管理办法》。该《电子认证服务密码管理办法》共十四条，主要规定了面向社会公众提供电子认证服务应使用商用密码，明确了电子认证服务提供者申请"国家密码管理机构同意使用密码的证明文件"的条件和程序，同时也对电子认证服务系统的运行和技术改造等做出了相应规定。

2005 年 4 月 18 日，中国电子商务协会政策法律委员会组织有关企业起草的《网上交易平台服务自律规范》正式对外发布，规范的对象是网络服务平台。它以行业规范的形式确立了网络交易平台提供商的责任和权限，对网络交易服务进行了全面的规范。规范规制的重点在于网络交易平台自治与监管。

2005 年 10 月 26 日，中国人民银行发布了《电子支付指引(第一号)》，意在规范电子支付业务、防范支付风险、保证资金安全、维护银行及其客户在电子支付活动中的合法权益、促进电子支付业务健康发展。

2016 年 6 月 1 日，中国正式实施《中华人民共和国网络安全法》，旨在加强我国网络安全的管理与保障，规范网络安全方面的内容。该法共分为七章，共计七十九条，主要内容包括以下几个方面。

基本原则：明确了网络安全的基本原则，包括依法管理、维护网络安全、保护合法权益等。

网络基础设施安全：要求网络运行者采取技术措施保障网络的安全和稳定运行，防止网络攻击和恶意行为。

个人信息保护：规定了个人信息的收集、使用、保存和传输等行为应当符合法律规定，保障个人信息安全。

关键信息基础设施保护：对国家重点行业、领域的关键信息基础设施的保护提出了要求，要求建立健全安全保护制度。

数据安全管理：明确了对数据的采集、存储、传输和处理等行为应当符合法律规定，保障数据安全。

网络安全监管和应急响应：规定了网络安全监管的机构职责，以及针对网络安全事件的应急响应措施。

法律责任：明确了违反网络安全法规定的责任和法律追究措施。

该法的出台旨在加强我国网络安全的管理和保障，保护个人和国家的信息安全，维护网络秩序，促进网络发展。依据该法，实施网络安全等相关工作的部门和机构应当加强监管，推动网络安全技术的研发和应用，并对违反法律法规的行为进行追责和惩处。

2018 年 8 月 31 日，第十三届全国人民代表大会常务委员会第五次会议通过《中华人民共和国电子商务法》，于 2019 年 1 月 1 日正式实施，它是我国对电子商务领域进行监管和规范的一部法律。该法共计七章，共计八十九条，主要内容包括以下几个方面。

基本原则：电子商务活动应当遵循诚实信用、保护消费者权益、公平竞争、推动创新等基本原则。

电子商务经营主体：规定了电子商务经营主体应当依法设立营业执照、提供真实信息，并明确了网络经营者和网络服务提供者的义务与责任。

电子商务平台：对电子商务平台经营者的责任、义务和管理要求进行了规定，要求平台经营者保护消费者合法权益、建立交易平台规则等。

电子合同：明确了电子合同的效力和成立条件，保护当事人的合法权益。

电子支付：规定了电子支付的监管要求，维护支付安全和消费者权益。

电子商务信用管理：明确了对电子商务经营者和消费者信用信息的采集、管理和使用规范。

电子商务执法和争议解决：规定了对电子商务违法行为的处罚和电子商务纠纷的解决方式。

总体来说，该法旨在提供电子商务经营活动的法律依据，保护消费者权益，维护市场秩序，促进电子商务的健康发展。

我国于 2020 年 10 月 1 日正式实施的综合性民法典——《中华人民共和国民法典》（以下简称《民法典》）其中也包含了对个人信息保护的相关规定。个人信息保护是民法典中的一个重要内容，主要体现在以下几个方面。

个人信息权：民法典确认个人对其个人信息享有保护权，保护个人信息不被非法收集、使用、加工和传播。

个人信息的保护原则：明确了个人信息保护的原则，包括合法性、正当性、必要性、明确性、安全性等。

个人信息的收集与使用：明确了个人信息的收集和使用应当依法进行，并明确了个人信息主体应当给予同意的要求。

个人信息的安全保护：规定了个人信息处理者应当采取相应的技术和组织措施，保障个人信息的安全。

个人信息的权利保护：明确了个人信息主体享有查询、更正、删除、销毁等权利，并规定了个人信息处理者应当依法履行的义务。

个人信息的违法处理：规定了违反个人信息保护规定的处理方法，包括责任追究、赔偿等措施。

《民法典》的出台对我国个人信息保护具有重要意义，尤其是在数字经济时代，强化了对个人信息的保护、规范了个人信息的处理行为，为个人信息保护提供了法律依据。个人信息主体可以依据《民法典》的规定，通过法律途径维护自身合法的个人信息权益。同时，个人信息处理者也需按照法律要求，加强个人信息的保护和管理。

我国在打击电子商务领域的侵权和欺诈行为等方面也开展了一系列的工作。2018 年，国家工商总局、公安部和网信办等部门联合发布了《关于规范互联网领域商品和服务的有关工作要求的通知》，强调了电商交易中不得妨碍消费者的选择和知情权，并明确对虚假宣传、霸王条款等行为进行打击。

除了法律法规，中国政府还积极推动电子商务的国际交流与合作，加强知识产权保护等方面的工作。同时，中国电子商务的监管机构也不断加强监管力度，打击侵权盗版等违法行为，维护市场秩序和健康的竞争环境。

总之，中国电子商务法律法规的建设现状正趋向完善和成熟，为电子商务的发展提供了有力的保障和支持。

本章小结

本章主要阐述了电子商务中的法律问题，重点介绍了电子商务交易安全的法律保障如消费者权益与保护、电子商务中的隐私保护、电子商务环境下的网络道德与网络犯罪问题、电子商务涉及的知识产权问题，介绍了我国电子商务相关的法律法规颁布和实施情况。

复习题

一、选择题

1. 根据规定，涉及域名的侵权纠纷案件，由侵权行为地或者被告所在地的中级人民法院管辖。对难以确定的原告发现该域名的计算机终端等设备所在地可以视为(   )。

A. 原告所在地　　　B. 被告所在地　　　C. 侵权结果地　　　D. 侵权行为地

2. 电子商务法，是调整以数据电文为交易手段而形成的因(   )所引起的商事关系的规范体系。

A. 交易形式　　　B. 交易内容　　　C. 交易方式　　　D. 交易结果

3. 在许多国家，认证机构按不同的层次构建起来，常被称作是(   )。

A. 公钥基础设施　　　B. 认证机构　　　C. 公共密钥　　　D. 公共密码编码

4. 所谓电子支付，是指以电子计算机及其网络为手段，将负载(   )取代传统的支付工具用于资金流程，并具有实时支付效力的一种支付方式。

A. 有特定信息的电子数据　　　　　B. 有秘密信息的电子数据

C. 有一般信息的电子产品　　　　　D. 有通用信息的电子数据

5. 所谓国际协调原则，是指各国在立法过程中尽量采取一套国际上可以接受的规则，以便排除(   )中的障碍，为电子商务创造更加安全的法律环境。

A. 传统技术　　　B. 传统法律　　　C. 传统理论　　　D. 传统观念

二、简答题

1. 产生电子商务法律问题的原因有哪些？

2. 电子商务交易安全的法律保障主要包括哪些方面？

3. 电子商务涉及的知识产权问题涉及哪些方面？

4. 电子垃圾邮件现象产生的因素有哪些，主要有哪些解决的措施？

参 考 文 献

[1]埃里斯曼. 全球电子商务进化史：新零售浪潮中被裹挟还是崛起[M]. 杭州：浙江大学出版社，2018.

[2]United Nations Conference on Trade and Development. Information Economy Report 2007－2008[OL/R]. UnitedNations：http//www.unctad.org/en/docs/sdteecb20071_en.pdf，2008－03－10.

[3]国家互联网信息办公室，北京市互联网信息办公室. 中国互联网20年：网络大事记篇[M]. 北京：电子工业出版社，2014.

[4]Canada National Statistical Agency. Electronic Commerce and Technology Industry Canada[OL/R]. http://e-com.Ic.gc.ca/epic/site/ecic-ceac.nsf/en/h_gv00032e.html，2007－04－20.

[5]LIN JY. New Structural Economics：A Framework for Rethinking Development[J]. The World Bank，2011，51(3)：323－326.

[6]帅青红，李忠俊，张赟，等. 电子商务基本原理[M]. 北京：清华大学出版社，2023.

[7]刘杨林. 网络经济学基础[M]. 北京：清华大学出版社，2008.

[8]张路娜，胡贝贝，王胜光. 数字经济演进机理及特征研究[J]. 科学研究，2021，39(3)：406－414.

[9]黄志，程翔，邓翔. 数字经济如何影响我国消费型经济增长水平[J]. 山西财经大学学报，2022，44(4)：69－83.

[10]杨波，许丽娟，陈刚. 电子商务概论[M]. 北京：北京邮电大学出版社，2017.

[11]孟庆伟，王涛. 电子商务基础与应用教程[M]. 北京：中国铁道出版社，2016.

[12]弭宝瞳，梁循，张树森. 社交物联网研究综述[J]. 计算机学报. 2018(7)：1448-1475.

[13]朱洪波，杨龙祥，于全. 物联网的技术思想与应用策略研究[J]. 通信学报，2010，31(11)：2-9.

[14]王磊. 物联网应用实践教程[M]. 北京：中国铁道出版社，2021.

[15]蔡晓晴，邓尧，张亮. 等. 区块链原理及其核心技术[J]. 计算机学报，2021，44(1)：84-131.

[16]顾娟. 区块链[M]. 北京：中国纺织出版社，2020.

[17]田志宏，赵金东. 面向物联网的区块链共识机制综述[J]. 计算机应用，2021，41(4)：917-929.

[18]刘海平. 信息安全技术[M]. 北京：人民邮电出版社，2021.

[19]李琪，钟诚. 电子商务安全[M]. 重庆：重庆大学出版社，2004.

[20]祁明. 电子商务安全与保密[M]. 北京：高等教育出版社，2006.

[21]劳帼龄. 电子商务安全与管理[M]. 北京：高等教育出版社，2007.

[22]陈荣达，余乐安，金骋路. 中国互联网金融的发展历程、发展模式与未来挑战[J].

数量经济技术经济研究，2020，37(01)：3-22.

[23]蔡皎洁，郭道猛. 网络金融[M]. 北京：机械工业出版社，2016.

[24]陈荣达，余乐安，金骋路. 中国互联网金融的发展历程、发展模式与未来挑战[J]. 数量经济技术经济研究，2020，37(01)：3-22.

[25]凌宏业. 高质量发展下的第三方支付[J]. 中国金融，2021(07)：89-90.

[26]吴心弘，裴平. 中国支付体系发展对金融稳定的影响研究[J]. 新金融，2020(04)：25-30.

[27]史新鹭，周政宁. 电子支付发展、电子货币替代对货币需求的影响研究[J]. 中央财经大学学报，2018(12)：77-86.

[28]市场营销：网络时代的超越竞争[M]. 3 版. 北京：机械工业出版社，2019.

[29]王玮. 网络营销[M]. 2 版. 北京：中国人民大学出版社，2022.

[30]陈德人. 网络营销与策划[M]. 北京：人民邮电出版社，2022.

[31]张润彤，周建勤. 电子商务物流管理[M]. 大连：东北财经大学出版社，2008.

[32]周训武. 电子商务物流与实务[M]. 北京：化学工业出版社，2009.

[33]蔡海荣，肖芳剑，雷丽仙. 电子商务物流与配送[M]. 北京：北京工业大学出版社，2023.

[34]贺登才. 现代物流发展的新方式及其路径：基于《"十四五"规划和 2035 年远景目标纲要》[J]. 北京交通大学学报：社会科学版，2022(1)：6.

[35]Aleksandar Erceg, Jovanka Damoska Sekuloska. E-logistics and E-SCM：How to Increase Competitiveness [J]. Log Forum, 2019, 15(1)：155-169.

[36]宋华. 电子商务物流与电子供应链管理[M]. 北京：中国人民大学出版社，2004.

[37]赵林度. 电子商务物流管理[M]. 北京：科学出版社，2006.

[38]张方. 我国电子商务物流模式选择研究[D]. 大连：东北财经大学硕士学位论文，2007.

[39]王转. 配送中心运营与管理[M]. 北京：中国电力出版社，2009.

[40]胡彪等. 物流配送中心规划与经营[M]. 北京：电子工业出版社，2008.

[41]吴军，胡桃，等. 电子商务物流管理[M]. 杭州：浙江大学出版社，2009.

[42]刘珊慧，等. 电子商务系统分析与设计[M]. 北京：北京理工大学出版社，2022.

[43]李文立，胡雷. 电子商务系统分析与设计[M]. 北京：人民邮电出版社，2022.

[44]吴子珺. 电子商务系统分析与设计[M]. 北京：机械工业出版社，2020.

[45]用友网络科技股份有限公司. 企业数字化[M]. 北京：中信出版社，2019.

[46]王思轩. 数字化转型架构——方法论与云原生实践[M]. 北京：电子工业出版社，2021.

[47]中国电子商务法律网，http://www.chinaeclaw.com.

[48]秦成德. 电子商务法[M]. 北京：科学出版社，2007.

[49]陈德人. 电子商务案例与分析[M]. 北京：高等教育出版社，2010.

[50]蒋文杰. 电子商务实用教程[M]. 杭州：浙江大学出版社，2006.

[51]彭媛，宁亮，熊奇英. 电子商务概论[M]. 3 版. 北京：北京理工大学出版社，2018.